KB068811

노조전임자 임금제도 외국 사례 연구

김동원

박지순

오학수

박제성

전 인

김윤호

정흥준

김종법

이정희

김주희

이정훈

박영사

머 리 말

　세계화는 개별 기업뿐만 아니라 국가들까지도 치열한 무한 경쟁으로 내몰았으며, 국가와 기업들은 경쟁 심화에 따른 대응방안으로서 노사간의 협력과 노동자의 참여를 통해 국제경쟁력을 강화하여 그 돌파구를 찾고 있다. 각 국은 노사간의 갈등과 대립 관계로는 개별 기업의 생존을 위협할 뿐만 아니라 국가의 국제 경쟁력의 강화에 해답이 될 수 없다는 전제 아래서 합리적인 제도 개선으로 노사간의 갈등을 보다 협력적 관계로 전환하고자 하는 노력을 기울이고 있다.

　이러한 무한경쟁의 환경 속에서 우리나라의 노사는 노조전임자에 대한 임금지급 규정에 대한 소모적인 논쟁을 거듭하면서 노사 자율로 해결점을 찾지 못하여 왔다. 특히 우리나라 다수의 노동조합이 기업수준에서 산별수준으로 그 활동수준을 확대하면서 기업수준을 벗어난 산별수준의 노조활동을 하는 노조전임자들에 대한 임금지급의 타당성에 관해 노사간의 논쟁이 수년간 지속되어 왔다. 노사가 외국의 노조전임자 임금지급 관행과 운영에 대하여 서로 상이한 해석과 근거를 제시하면서 전임자 임금지급을 둘러싼 논쟁이 지지부진하게 진행되었다. 이에 보다 객관적인 근거가 제시되어야 한다는 요구가 제기되었고, 본서는 선진국의 노조전임자 제도 운영에 대한 국가 및 기업수준의 사례를 탐구하여 우리나라 노사가 노조전임자 제도 운영의 대안을 모색하는 데 기여를 하기 위한 목적에서 시작되었다.

　우리나라의 노조전임자 제도는 그간 노사간의 자율주의에 입각하여 정해져 왔으나, 노조의 힘이 상대적으로 약한 사업장의 경우 전임자 운영에 대한 사용자의 합의가 원활히 이뤄지지 않아 노조 운영상의 어려움이 존재했다. 반면 노조의 힘이 상대적으로 강한 사업장의 경우 그 규모가 커서 사용자의 높은 부담을 초래하게 되어 노사간의 불필요한 갈등을 유발하는 요인으로 작용해 왔다. 이에 더하여 기존의 기업별 수준에서 개별 사용자들로부터 임금지급을 받아 활동하던 노조전임자들이 산별수준 상급단체에 파견되어 기업수준의 노동자들의 불만 및 노사갈등 요인을 해소하는 본래의 취지와 상관없는 활동인 산별노조 활동에 전념하게 되자, 개별 사용자들의 전임자 임금지급의 부담이 가중되었고, 이러한 상황에서 우리나라 노사는 자율 협상에 따른 해결의 실마리는 찾지 못한 채 논쟁과 갈등을 지속해 왔다.

　그간 노사간의 논쟁과 갈등을 촉발해 왔던 노조전임자 임금지급 규정 적용은 수년간 유예되어 오다가 2010년 1월 1일 개정된 노동법을 근간으로 근로시간면제 제도가 시행되었다.

노동조합 조직률이 급속도로 증가하기 시작한 1980년대 후반 이후 처음으로 우리나라의 노사관계에서 노조전임자에 대한 임금지급 규정이 정해지면서 근로시간면제심의위원회에서 결정한 범위 내에서 노사가 합의하여 유급 노조활동을 인정하는 '근로시간면제 제도'가 시행되게 된 것이다.

제1기 근로시간면제심의위원회에서 노사정 대표가 모여 많은 진통과 협의를 거친 끝에 첫 번째 기준범위가 설정되었으며, 시행 후 3년이 지난 2013년에 제2기 근로시간면제심의위원회가 열려 현재의 기준범위로 변경되었다. 제1기와 제2기의 근로시간면제심의위원회에서 모두 노사간의 첨예한 대립과 주장이 이어졌으며, 이는 제도를 처음 시행하는 우리나라 노사관계의 환경 하에서 거쳐야할 통과의례였다고 볼 수 있다.

현재 운영되고 있는 근로시간면제 제도는 기존의 제도 운영이 노사간의 힘의 균형에 따라서 정하여 왔던 관례에서 벗어나 각 사업장의 규모에 따른 노조전임자의 규모를 정하였다. 이러한 규모에 따른 전임자의 운영의 원칙이 정해지면서 대규모 노동조합에 만연해 있는 비공식적 노조전임자의 인원을 정상화하는 것과 소규모 사업장에서 노조활동이 실질적으로 보장될 수 있는 토대가 마련되었다. 그러나 이러한 기준에 대하여 노동계와 경영계, 그리고 진보진영과 보수진영 등의 정치권에서 다양한 견해와 주장이 나오고 있기 때문에 합리적인 기준을 결정하기 위해서는 다양한 검토를 거칠 필요성이 있었다.

이에 본서에서는 각 국가별 전문 연구진이 참여하여 해외 주요국의 노조전임자 제도에 대하여 면밀히 검토하고자 하였다. 즉, 노사관계의 다양한 환경에 따라 근로시간면제 제도가 어떠한 형태와 범위로 운영되고 있는지를 파악하였으며, 그 결과물이 본서로 출간되기에 이르렀다.

본서는 영국, 미국, 독일, 프랑스, 일본, 호주, 이탈리아 등 7개국의 노조전임자 제도, 즉 근로시간면제 제도에 관해서 상세히 다루고 있다. 특히, 각계에서 주장되거나 논쟁이 되고 있는 근로시간면제의 기준과 운영에 대하여 논의를 할 때 객관적인 자료로서의 역할을 할 수 있도록 개인의 의견을 최대한 배제하고 사실관계에 입각한 자료의 수집과 분석을 시행하였다.

본서에서는 우리나라 노사간의 쟁점이 되어온 사항을 중심으로 각 국의 전임자 제도 운영상의 노조의 자율성 침해관련 규정과 사용자의 임금지급에 대한 규정 및 사용자의 임금지급이 허용된 노조전임자들의 활동 내역과 산별노조에 파견된 전임자들에 대한 임금지급 범위를 파악하고자 하였다. 기업별 수준의 노조 구조를 가진 일본을 비롯하여 산별수준의 노조인 독일의 전임자 운영규정과 분권화가 상당히 진행된 호주의 사례를 통해서 다양한 전임자 운영의 사례를 탐색하고자 하였다. 가장 확대된 형태의 전임자 제도를 운영하고 있는 프랑스와 이탈리아 사례뿐만 아니라 노사 자율주의 원칙에 입각하여 관례와 규정이 혼합되어 전임자 제도를 운영하고 있는 영국과 미국의 사례를 통해서 다양한 수준의 노조구조에 따른 전임자 제도가 각 국에서 어떻게 운영되고 있는지 파악하고 있다.

  본서의 각 장은 저자 전부의 아이디어와 노력이 투입된 결과물이지만 각 국별 주된 담당자는 다음과 같다.

  영국은 이정희 박사, 미국은 김동원 교수, 김윤호 박사, 정흥준 박사, 독일은 박지순 교수, 프랑스는 박제성 박사, 일본은 오학수 박사, 호주와 이탈리아는 각각 전인 교수와 김종법 박사가 주로 자료 수집과 분석을 담당하였다. 특히, 김동원 교수와 김주희 박사, 이정훈 연구실장은 전체 원고를 조율하고 종합분석하는 역할을 담당하였다.

  이 외에도 본서의 특징을 몇 가지 설명하자면 다음과 같다.

  첫째, 해당 국가의 노사관계와 노동법을 전공한 전문연구진의 자료 수집과 분석을 통해 각 국의 노조전임자 제도의 운영 실태와 사례를 제시하고 있다.

  둘째, 국가별 원고를 연구진과 함께 각국의 현지 전문가(노사관계 또는 노동법 전공 교수)의 검증과 자문을 거치고 현지 전문가 의견을 원문으로 실어서 해당 원고의 객관성과 중립성을 강화하였다.

  셋째, 사례조사의 경우에도 현지국가의 실제 사업장을 방문하거나 단체협약 등을 입수하여 분석하였으며, 노동조합 간부, 사용자, 이와 관련된 업무를 진행하는 전문가 등의 인터뷰를 통해 내용을 구체적으로 서술하였다.

  넷째, 각 국가별 제도와 우리나라의 제도를 비교·검토하여 노사관계의 환경과 노조전임자 제도의 인정범위 사이의 연관성과 특징을 파악하여 향후 노조전임자 제도에 대하여 구체적인 검토를 할 때 참고가 될 수 있도록 정리하였다.

  본서는 해외 주요 국가의 노조전임자 제도를 상세히 살펴보고 종합적으로 분석한 최초의 저서라는 점 이외에도 향후 노사관계와 노동법에 관심이 있는 전문연구자와 현장의 실무진, 정책 입안을 담당하는 관료 등 주요 독자들이 각 국가의 제도를 알고자 할 때에도 많은 도움이 되리라 사료된다.

  무엇보다도 본서가 출간되기까지는 각 국가별 연구를 끝까지 수행해 준 연구진들의 노고가 컸음을 언급하고 싶다. 또한 원고에 대한 감수를 하고 독자적인 의견서를 집필한 각 국의 전문가들에게도 감사를 드린다. 그리고 연구에 대한 재정지원을 결정한 고용노동부의 박화진 국장과 김영미 과장 이하 관계자 분들께 감사를 드린다.

  끝으로 이 연구가 독자들에게 잘 전달될 수 있도록 출간과 편집에 많은 도움을 주신 박영사의 박광서 대리께 심심한 감사를 표하고, 고려대학교 대학원의 서현준 조교의 도움에 감사한다.

2014년 4월
저자 일동

목 차

제 3 부 결 론

제 1 부

서   론

J

서 론

1. 연구배경 및 목적

우리나라에서는 2010년 1월 1일 개정된 노동법을 근간으로 하여 노조전임자에 대한 임금지급이 금지되고 근로시간면제심의위원회에서 결정한 범위 내에서 노사가 합의하여 유급 노조활동을 인정하는 근로시간면제 제도가 시행되었다. 새롭게 규정된 노조전임자 제도는 기본적으로 노동조합의 전임자에 대한 급여지급을 부당노동행위로 규정하면서 기업 내에서 조합 활동을 하기 위해서는 근무시간을 활용해야 하며, 기업 내 노조활동의 원활한 보장을 위해서는 일정한 활동시간의 한도를 정하여 임금에 불이익을 받지 않고 조합 활동을 할 수 있도록 하여야 한다는 점을 인정하는 것이라 볼 수 있다.

한국노동연구원에서 2012년 발간된 보고서에 의하면 대부분의 근로시간면제 규정의 적용대상에 해당되는 사업장들이 단체협약으로 근로시간면제 제도의 내용을 규정하고 있으며 이와 관련하여 노사간 큰 갈등이나 저항이 발견되지 않고 있다고 서술하고 있다.

현재 운영되고 있는 근로시간면제 제도는 대규모 노동조합에 만연해 있는 비공식적 노조전임자의 인원을 정상화하고, 소규모 사업장에서는 노조활동이 실질적으로 보장될 수 있는 토대가 마련되게 하는 것이 중요한 원칙이다. 위에서 언급한 2012년 한국노동연구원의 보고서에 따르면 종업원 수 500명 이상의 사업장에서는 유급 노조전임자 수가 절반 가까이 감소한 것으로 조사되어 이러한 원칙을 뒷받침하고 있다.

그러나 일각에서는 노조전임자의 축소와 급여지급 금지로 인하여 노조총회, 대의원 대회, 교육활동 등 노조활동과 상급활동이 감소하는 등 노조활동 전반에 대한 위축을 야기하고 있다는 지적도 나오고 있다. 즉 최상급 단체와 산별노사간 등에서도 기존의 파견인력에 대한 인건비 문제가 발생하고 있으며, 일부 사업장은 특정 상급단체에 대한 전임자를 불인정하는 경우도 발견된다.

본서는 노사간의 논쟁을 발전적으로 해소하기 위하여 전임자 임금제도에 관한 외국의 제도와 사례를 객관적으로 제공하고자 기획되었다.

본서에서는 이러한 문제의식을 바탕으로 해외 주요국가에서 운영되고 있는 노조전임자 임금제도를 검토하고 사례별 특징을 살펴보고 우리나라의 제도에 주는 시사점을 제시하고자 한다. 또한, 각 국가의 노사관계 전문가의 자문의견을 수렴하여 각 국의 제도와 사례에 대한 객관성을 검증하고 전문성을 제고하였다. 또한 각 국의 사례에 대한 보충설명과 함께 제도의 취지나 배경 등에 관한 분석에 대하여 검토를 받음으로써 보고서의 신뢰도를 높일 수 있도록 하였다.

2. 연구방법 및 연구의 구성

본서에서는 각 국의 운영 실태와 사례를 살펴보아야 하기 때문에 해당 국가의 노사관계를 전공하고 있는 연구진과 함께 현지 전문가(노사관계 전공 교수)의 자문과 검토를 거치고 있다. 연구진은 근로시간면제 제도와 관련한 문헌자료를 검토하고 주요 국가별 자료의 수집과 검토를 통해 제도를 소개하고 사례를 조사하였다. 그리고 조사된 자료와 사례를 바탕으로 연구진의 토론과 국내 전문가의 자문의견을 모아 수정 및 보완하였다.

연구진들은 주요국가에서 운영되고 있는 근로시간면제 제도의 실태를 객관적으로 조사하는 것을 최우선 과제로 삼았다. 사례조사의 경우에도 실제 사업장을 방문하거나 단체협약 등을 입수하여 분석하였으며, 노동조합 간부, 사용자, 이와 관련된 업무를 진행하는 전문가 등의 인터뷰를 통해 내용을 구성하였음을 밝히는 바이다. 본서의 결과를 바탕으로 현행 제도의 타당성과 지속가능성에 대하여 다양한 검토를 할 수 있을 것이며 향후 근로시간면제제도에 관한 논의 시 기초자료로 활용될 수 있기를 기대한다. 그리고 주요국가의 제도운영 실태를 분석하여 도입 초기단계에 있는 현행제도의 운영에서 발생하는 문제점을 보완하고 제도를 더욱 정교화할 수 있는데 도움을 얻고자 한다.

2013년 3월부터 시작되어 국내 또는 해외에 거주하고 있는 관련분야 연구진을 섭외하고, 2013년 4월 16일에 중간 보고서를 모아서 연구진 토론을 거쳤으며, 최종원고 취합은 2013년 7월 초에 완료되었다.

이하에서는 영국, 미국, 독일, 프랑스, 일본, 호주, 이탈리아 등 총 7개 국가를 대상으로 노조전임자 임금제도의 운영 실태와 사례에 관하여 서술하였다.

본서에서 선정한 국가들은 노사관계에 대한 시각과 역사적인 발전양태가 다양한 형태를 보이고 있기 때문에 여러 가지 각도에서 근로시간면제 제도를 살펴보는 좋은 기회가 될 것이다. 각 국의 보고서에서는 노동조합의 조직구조와 협상구조, 근로시간면제 제도 및 관행, 각 국의 노조전임자 임금제도의 특징 등을 살펴보고 있으며, 이를 토대로 하여 우리나라에 주는 시사점을 도출하였다. 이하에서는 영국을 시작으로 각 국가별 노조전임자 임금제도에 관해서 노사환경, 제도 및 운영, 구체적 사례 등을 소개하기로 한다.

제 2 부

노조전임자 임금제도 외국 사례

I. 영 국

1. 국가별 연구

가. 서   론

이 글에서는 현재 영국의 노동조합 전임자들에 대한 사용자 재정지원 현황과 이를 둘러싼 법 제도 상의 규정들을 살펴본다. 핵심 질문은, 영국에서는 어떠한 원칙 아래 전임자 임금 문제를 다루고 있는지, 이 과정에서 정부가 어떠한 형태로 '개입'하는지 여부이다.

영국 노사관계를 이해하는 핵심 키워드 중 하나는 자율주의(voluntarism) 전통이다. 1979년 보수당 정권 집권 이후 약화되긴 했지만 성문법보다는 관습법 전통에 기반한 노사관계는 전임자 임금 이슈에 여전히 적용되고 있다. 법에서는 최소한의 원칙을 명시하고 구체적인 사항은 대부분 노사간 자율 교섭에 맡겨둔다는 점이 영국의 전임자 임금을 이해하는 핵심 중 하나이다. 이 글에서 수차례 강조하겠지만 '자율주의' 전통은 노사관계 일반은 물론 특히 전임자 임금지급 문제에 적용되고 있으며, 따라서 국가의 개입보다는 노사의 자율적 판단이 중요시 되고 있다. '자율교섭'보다는 '법적 판단'에 익숙한 한국의 독자들은 이 같은 영국의 자율주의 전통을 이해하는 데 어려움을 겪을 수도 있다. 이러한 이유로 이 글에서는 영국 노사관계를 관통하는 자율주의 전통을 전임자 임금 관련 법 규정과 실제 단체교섭 및 협의에 따른 합의내용, 또한 관행적인 사항을 구체적으로 설명하면서 이해를 돕고자 한다.

나.에서는 영국 노동조합 조직 구조 및 운영체계, 교섭구조, 재정구조의 특징을 개괄적으로 살펴본다. 다.에서는 한국의 사업장 단위 노동조합 혹은 산별노동조합 산하 사업장 지부 혹은 지회 전임자와 비슷한 역할을 하는 영국의 사업장 단위 노동조합 ―주로 산업별 노동조합 혹은 일반노동조합의 사업장 단위 지부― 대표들을 비롯한 사업장 내 노동조합대표들의 유형과 이들의 지위 및 역할을 개괄한다. 이를 위해 사업체고용관계조사(Workplace Employment Relations Survey, WERS) 자료를 활용한다. 가장 최근의 조사인 WERS 2011 첫번째 분석결과가 2013년 1월에 발표된 점을 감안하면, 이 글은 영국 노동조합대표들의 유급활동시간에 관한 활용 가능한 최신 자료를 소개하는 것이다. 본서에서는 각종 법에 규정되어 있는 사업장 단위 노동조합대표권의 유형과 이들에 대한 법적 권리를 언급한다. 유급 노동조합 활동 시간 문제는 영국에서 역시 2010년 보수-자민당 연립정부 출범 이후 논란이 되고 있는 쟁점임을 감안, 이를 둘러싼 노사정의 입장을 정리한다.

라.에서는 전임자 임금에 대한 국가 개입여부를 확인하기 위해 법적인 측면, 노사 자율적인 교섭에 따른 제도 운영을 살펴보기 위해 단체협약적인 측면, 이어 법과 단체협약과 관계없이 현장에서 암묵적으로 동의되는 수준을 검토하기 위해 관행적 측면을 분석한다. 그리고 한국의 전임자 제도 논의 과정에서 쟁점이 되는 항목, 즉 노동조합 전임자 및 일반 조합원의 노동조합 활동에 대한 임금지급 여부, 사용자의 급여지급에 대한 법제화 여부 등을 중심으로 영국의 사례를 검토해 본다.

마지막으로 마.에서는 영국의 전임자 운영을 둘러싼 법제도, 단체협약, 관행에 관한 영국의 사례를 요약 정리하면서 한국에 주는 시사점을 노사 자율 원칙, 국가 개입 최소화, 기업(사업장) 단위 노동조합대표 역할 증대 등을 중심으로 정리한다.

나. 영국 노동조합 조직과 협상구조

이 장에서는 영국 노동조합 조직 구조의 특징과 협상구조를 살펴본다.

(1) 조직구조

전통적으로 직종별 노동조합 형태를 띠었던 영국 노동조합은 산업별 노동조합으로 발전한 뒤 1990년대 이후부터는 여러 산업과 직종을 아우르는 일반노동조합(generalist unions)이 대세를 이루고 있다. 규모로 볼 때 영국 내 상위 4대 노동조합인[1] 유나이트(Unite the Union), 유니손(UNISON: The Public Service Union), 지엠비(GMB, Britain's General Union), USDAW(Union of Shop, Distributive and Allied Workers) 노동조합 모두 특정한 산업에 제한하지 않고 거의 모든 부문의 노동자를 가입대상으로 한다(〈표 I-1〉 참조). 다섯 번째로 규모가 큰 NUT는 영국에서 가장 큰 교사 노동조합으로, 교사들의 직종별 노동조합 형태를 띠고 있다.

---

1) 이는 영국노총(TUC) 가맹노동조합들 가운데 집계한 것이다. TUC 가맹여부를 불문하면 조합원 41만5천명인 RCN(Royal College of Nursing, 간호사협회 혹은 간호사노동조합)이 4번째로 큰 규모를 자랑한다(Certificate Officer 2012: 56).

〈표 Ⅰ-1〉 영국 5대 노동조합 현황(규모별, 2012년 말 현재)

	조합원 수(명)	조직 부문
UNITE	1,407,399	항공, 선박제조, 화학, 제약, 건설, 교육, 전기 엔지니어링, 에너지, 수도 및 가스, 전기, 금융 및 법률, 음료 및 담배, 미디어, 의료, IT 및 통신, 지방정부, 제조업, 금속(주물 포함), 자동차 부품, 승객운송, 도로 수송, 운송, 농업, 서비스 및 일반 산업, 차량 생산 등
UNISON	1,317,500	에너지, 의료서비스, 고등교육, 지방정부, 경찰, 운수, 상하수도와 환경 등
GMB	610,116	조합원 자격기준 없음. 현재 주로 상업서비스, 제조업, 공공서비스 등에 종사하는 노동자들이 가입되어 있음
USDAW	412,441	상점, 공장, 창고 노동자, 운전기사, 콜센터, 사무직, 보험 대리업, 우유배달, 유제품 가공, 정육점, 식당, 세탁, 화학공정, 제약 등
NUT	324,367	교사

출처: TUC(2013: 34); 각 노동조합 홈페이지

이를 직업군을 중심으로 재구성해 보면, 특정 직업에 종사하는 사람이 선택해서 가입할 수 있는 노동조합 개수가 많게는 4-5개에 이르기도 한다(〈표 Ⅰ-2〉 참조). 중앙정부 공무원은 FDA, PSC, Prospect, Unite 등의 노동조합에, 지방정부 노동자들은 GMB, UNISON, Unite 등에 가입할 수 있다. 따라서 같은 사업장에서 같은 직무에 종사하는 노동자들 간에도 가입한 노동조합이 다른 경우가 발생한다. 예를 들어, NHS 병원의 경우 직업군이 의사, 간호사 등 직접 의료 인력에서부터 방사선사, 재활치료사 등 전문 기술직은 물론 청소, 식당 등에 이르기까지 다양하고, 아웃소싱 및 파견업체 사용 등으로 노동자들의 고용이 공공/민간부문 가릴 것이 섞여 있는 경우가 빈번하다. 따라서 같은 NHS 병원에 근무하는 노동자이더라도 가입한 노동조합은 직종, 직무 등에 따라 다양하다. 영국 버밍험에 소재한 NHS Hospital TRSUt에는 UNISON, GMB, RCN, RCM, CSP,[2] Unite 등 6개의 노동조합이 조직되어 있었다(필자 인터뷰).

〈표 Ⅰ-2〉 직업군 및 노동조합 조직 범위

직업	해당 직업군을 대변하는 노동조합
통신	Prospect, Communication Workers Union(CWU)
건축	Union of Constructrion, Allied Trades and Technicians(UCATT), Unite
식당(catering)	GMB, Transport Salaried Staff's Association(TSSA), Unite, USDAW

---

2) RCN(Royal College of Nursing), RCM(Royal College of Midwives), CSP(Chartered Society of Physiotherapy) 등 이 3곳은 간호사, 조산사, 물리치료사들의 협회인데, 단체교섭을 할 수 있는 승인을 받은 사업장에서는 '노동조합'으로서의 기능도 함께 수행하고 있다. 다만 이들 협회는 영국노총(TUC)에 가입한 노동조합은 아니다.

공무원	FDA, Public Commercial Services Union(PCS), Prospect, Unite
건설	GMB, UCATT, Unite
에너지/엔지니어링	GMB, Prospect, Unite
커뮤니티/voluntary	UNISON, Unite
대학강사/교수	Association of Teachers and Lectures(ATL), University and College Union(UCU)
교사	ATL, NUT, National Association of Schoolmasters Union of Women Teachers
지방정부	GMB, UNISON, Unite
런던지하철	Associated Society of Locomotive Engineers and Firemen, National Union of Rail, Maritime and Transport Workers(RMT), TSSA
금속 및 주물	Unite
자동차	Unite
조선	GMB, Prospect, Unite
간호사	UNISON, Unite
석유	Unite
우편	CWU
섬유	Community, GMB, Unite
전기 가스	GMB, Unite, UNISON
수도	TSSA, Unite
사회적 돌봄	Community, Prospect
호텔	GMB, TSSA, Unite
금융(서비스)	Unite
식품생산/가공	Bakers, Food and Allied Workers' Union, GMB, Unite, USDAW

출처: TUC 2013: 36-40, 필자 재구성

　　이 같은 조직대상 중복이라는 영국 노동조합의 특징은 1990년대 이후 더욱 본격화된 노동조합 간 조직 통합(union mergers)의 결과이기도 하다. 조직 통합은 1979년 노동조합에 적대적이었던 보수당 정부가 출범하면서 더욱 촉발되었는데, 노동조합이 강성이었던 탄광 폐쇄와 이에 대한 노동조합의 저항 무력화는 물론 공공부문 민영화 및 아웃소싱, 정리해고 등의 각종 개혁조치들이 주효했다. 그 결과로 1978년부터 1994년까지 16년 동안 영국노총(TUC) 가맹 노동조합 가운데 143건의 통합사례가 발견됐고(채준호 2008: 22), 이후에도 노동조합 통합은 활발히 진행되고 있다. 이른바 '빅3'로 불리는 유나이트(Unite), 유니손(UNISON), 지엠비(GMB) 모두 기존 노동조합들의 통합을 통해 새롭게 설립된 노동조합들이다. 이 가운데 가장 최근인 지난 2007년 출범한 유나이트(Unite)는 아미쿠스(Amicus제조업, 기계공업, 에너지, 건설 등)와 운수일반노동조합(TGWU)의 합병으로 출범한 노조이다. 아미쿠스 역시 유나이트로의 통합 전에 엔지니어들의 노동조합인 AEEU, 재정 및 금융서비스 노동조합(MSF and Unifi), 인쇄업 노동조합인 GPWU가 합쳐진 노동조합이었다. 이처럼 영국 노동조합들의 통합 움직임은 아주 활발하고, 앞으로 영국 노동운동은 소수의 '슈퍼 노동조합'이 주도할 가능성이 더 커지고 있다. 실제 지난 1999년부터 2003년 사이에 28번의 노동조합 간 통합사례가 있었고, 이들 대부분은 현재 '빅3'로 불리는 3대 노동조합으로의 흡수합병으로 이어졌다(채준호 2008: 23). 때문에 이들 3개 노동조합에 가입한 조합원 수(330만 명)는 전체 TUC 조합원의 절반이 넘는다(53%).

소수의 대형 노동조합으로의 조합원 편중현상은 영국 등록관(Certification Office) 자료에서도 확인된다(〈표 Ⅰ-3〉 참조). 2011-12년 연례보고서(Certification Office 2012)에 따르면, 10만 명 이상을 조직하고 있는 14개의 노동조합의 총 조합원 수가 620만9,600명으로 전체 조합원 수의 85.5%를 차지했다.

흥미로운 점은, 이들 빅3 노동조합들이 계속해서 다른 노동조합과의 통합을 꾀하고 있다는 점이다. 지난 2012년 9월, 조합원 규모로는 2, 3위인 UNISON과 GMB가 두 노동조합간

〈표 Ⅰ-3〉 조합원 규모별 영국 노동조합[3]

조합원 규모별	노동조합 수	조합원 수	노동조합 수		전체 노동조합 조합원 수	
			비율	누적 비율	비율	누적 비율
-100	31	1,145	18.0	18.0	0.0	0.0
100-499	32	8,682	18.6	36.6	0.1	0.1
500-999	18	13,699	10.5	47.1	0.2	0.3
1,000-2,499	21	36,945	12.2	59.3	0.5	0.8
2,500-4,999	17	60,068	9.9	69.2	0.8	1.6
5,000-9,999	11	82,078	6.4	75.6	1.1	2.7
10,000-14,999	2	25,276	1.2	76.8	0.4	3.1
15,000-24,999	10	199,736	5.8	82.6	2.8	5.9
25,000-49,999	13	439,236	7.5	90.1	6.1	12.0
50,000-99,999	3	184,745	1.7	91.8	2.5	14.5
100,000-249,999	6	909,861	3.5	95.3	12.5	27.0
250,000 and over	8	5,299,739	4.7	100.0	73.0	100.0
Total	172	7,261,210	100.0	100.0	100.0	100.0

출처: Certification Office(2012: 24)

---

3) 이 조사는 TUC 가맹 여부를 불문하고 2011-12년 현재 노동조합으로 등록된 172곳을 상대로 한 것이다.

동맹을 더욱 강화하겠다고 발표했다.[4] 이들 노동조합은 통합을 위한 본격적인 논의를 언제 시작할 지 날짜를 정하진 않았지만 교섭을 함께 추진하거나, 일부 지역에서는 단체교섭을 위한 공동 승인(joint recognition) 캠페인 등을 벌여나가면서 통합의 분위기를 현장에서부터 만드는 작업을 하고 있다. UNISON 사무총장이 이 같은 공동 활동을 "향후 결혼(marriage)으로 이어질 수 있는 약혼(engagement)"이라고 묘사한 데 미뤄보면, 이들 두 노동조합의 통합은 그리 멀지 않은 시기에 가시화될 것으로 보인다. 만약 이들 노동조합이 통합에 성공한다면 영국에는 지방정부, 의료, 교육, 일정부분의 민간부문까지 모두 포괄하는 조합원 200만 명 가량의 거대 노동조합이 출범할 것으로 기대된다. 비슷한 맥락에서 현재 가장 큰 노동조합인 유나이트(UNITE)는 공공서비스노동조합(PCS)과의 동맹을 강화하고 있다. 이 같은 통합의 결과로 TUC 가맹노동조합의 수는 갈수록 줄어들고 있다. 1980년 109개였던 가맹노동조합의 수는 2012년 말 현재 54개로 줄었다. 물론 조합원 수도 같은 기간 약 1,217만 명에서 620만 명으로 거의 절반으로 감소했다.

조직 통합이 일어나는 가장 큰 이유로는 조합원 수 감소 및 이에 따른 노동조합 재정 상태의 악화를 들 수 있다. 조직 통합이 곧바로 노동조합 재활성화(revitalisation)를 꾀한다고 볼 수는 없지만 노동조합 내부 구조를 개선하고 행정비용 등과 같은 지출 축소를 유발하며 노동조합의 핵심 활동을 재정비할 수 있다는 점에서 어느 정도 조합원 수 감소에 따른 부정적 효과를 완화하는 한 방법이 되기도 한다(Simms and Charlwood, 2010: 141). 하지만 통합이 언제나 긍정적인 결과만을 낳는 것은 아니다. 예상했던 것보다 더 복잡한 효과를 가져오기도 하고 예상했던 만큼의 비용절감 효과가 나타나지 않기도 하며, 기대했던 것보다 장점을 극대화하기 더 어렵기도 하다(Undy, 2008). 이와 함께 통합 노동조합의 증가는 노동조합의 조합원 이익 대변 활동(representative functions)과 각종 행정 기능(administrative functions)이 갈수록 분리된다는 것을, 또한 노동조합 지도부가 그들이 대변해야 할 조합원 대중들로부터 더 멀어진다는 것 등의 문제점을 안고 있다(Willman, 2004). 그럼에도, 통합은 조합원 수 및 재정 감소에 직면한 노동조합이 택할 수 있는 합리적인 방안 중 하나로 여겨지고 있다.

(2) 운영구조

영국의 노동조합 조직형태는 조합원 규모에 따라 다양하지만 일반적으로 전국의 모든 조합원을 총괄하는 전국단위 노동조합(national union), 지역별 또는 가입 대상자별로 조직되어 있는 지역본부 혹은 서비스그룹, 그리고 노동조합의 최하부 공식 조직인 지부(branch) 등 3단계로 구성되어 있다. 전국단위 노동조합과 지역 혹은 서비스그룹의 경우 노동조합 전임자를

---

4) 일간 파이낸셜타임즈 온라인판 2012년 9월 10일자, 'Two unions on path to merger' http://www.ft.com/cms/s/ 0/9fb26410-fa9c-11e1-b775-00144feabdc0.html#axzz2TLp9aR3s

두고 있는데, 이들 노동조합 전임자는 노동조합에 의해 고용되거나 임명된 자들로 자체 조합비에서 임금을 지급하고 있는 것이 일반적이다. 주로 사업장 단위로 조직되어 있는 지부의 경우 상황은 다르다. 지부는 노동조합 본조나 지역 및 서비스그룹에서 결정된 정책이나 추진사항 등을 개별 조합원들에게 전달하는 한편 개별 조합원들의 요구 사항이나 애로 사항을 상부에 전달하는 의사소통의 통로 역할을 수행하고 있다. 지부에서 활동하는 노동조합대표들은 해당 지역 또는 사업장 내 평조합원 중에서 선거에 의해 선출 혹은 임명된다.

(3) 재정구조

영국 노동조합들은 다른 대륙 유럽의 노동조합들과 견줄 때 상대적으로 조합비가 노조 재정에 기여하는 비중이 높다. 노동조합 수입의 대부분을 조합비에 의존하고 있다(Simms and Charlwood 2010: 135). 〈표 I-4〉에서 보는 것처럼, 빅3 노동조합의 경우 노동조합 총 소득의 적게는 77.8%에서 많게는 93.6%를 조합비에서 충당하고 있다. 이는 영국 전체 노동조합으로 확대해서 살펴봐도 비율이 70%대로 다소 떨어질 뿐 상황은 비슷하다.

〈표 I-4〉 영국 3대 주요 노동조합 및 전체 노동조합 재정(2010-2011)

	조합원 수 (명)	총소득(천 파운드, %)					총지출
		조합비(a)	a/b	투자수익	기타소득	총소득(b)	
Unite	1,515,206	152,489	93.6	3,412	7,099	163,000	187,758
UNISON	1,374,500	173,668	92.9	488	12,817	186,973	151,202
GMB	602,212	58,185	77.8	1,001	15,677	74,863	53,512
총계	7,261,210	861,866	71.5	30,366	312,522	1,204,754	1,051,276
cf. 총계 2009-2010	7,328,905	830,337	77.4	28,253	213,986	1,072,577	1,204,163

출처: Certification Office(2012: 56-57)

이처럼 노동조합 재정의 조합비에 대한 의존률이 높기 때문에 조합원 수가 감소한다는 것은 곧바로 노동조합 수입이 감소한다는 것을 의미한다. 노동조합대표들은 수입이 감소하고 있는 가운데 어떻게 노동조합을 계속 운영할 것인지에 대해 결정을 내려야 한다. 일반적으로 이는 조합원에 대한 서비스를 축소하거나, 노동조합의 이해대변 기능을 다른 영역으로 확장하기보다는 기존 조합원들로 제한하는 결과를 초래한다. 하지만 조직화 활동의 축소는 또 다른 악순환을 낳을 가능성이 크다. 조합원들이 줄어들고 있는 상황에서 만약 노동조합이 조직 확대보다 기존 조합원들에 대한 서비스 제공에만 집중한다면 조합원 감소는 더 악화될 것이고, 노조수입 감소 비중도 더욱 커질 것이기 때문이다(Simms and Charlwood, 2010: 135). 이러한 이유로 영국의 노동조합들은 다른 노조와의 합병을 통해 행정비용 등을 축소하면서 재정의 내실화를 꾀하는 방식을 추구하고 있다.

다. 영국 노동조합 전임자 제도 및 관행

여기에서는 한국의 사업장 단위 노동조합 또는 산업별 노동조합의 사업장 지부 혹은 지회 전임자와 비슷한 역할을 하는 영국의 사업장 단위 노동조합대표들(union representatives)의 유형과 역할을 개괄한다. (1)에서는 노동조합대표자의 개념과 정의에 대해, (2)에서는 노동조합대표자들의 역할을 대표권의 유형별로 나눠 살펴보면서 노조대표로서 갖는 법적 권리에 대해 설명한다. (3)에서는 사업장 고용관계조사(WERS) 조사 결과를 바탕으로 사업장 단위 노조(지부)대표자들의 규모와 실제 이들이 사업장에서 맡고 있는 역할에 대해 기술한다. 이어 (4)에서는 2010년 출범한 보수-자민당 연립정부의 반 노동정책 중 하나인 노조대표권 범위 축소를 둘러싼 최근 논란을 짚어본다.

본격적인 논의에 앞서 먼저 짚어야 할 것은 영국 노사관계에서 '자율주의(voluntarism)' 전통에 대한 이해이다. 자율주의는 말 그대로 노사관계에서 제3자로서의 국가 개입(행정적 개입 및 사법적 개입)이 최소화되고 이해관계 당사자로서의 노동조합(혹은 노동자대표들)과 사용자 간의 자율적인 교섭과 합의가 영국 노사관계를 형성하는 가장 기본적인 요소를 이룬다는 것이다. 1979년부터 18년간의 보수당 집권기에 노조대표자 선출 등과 같은 내부 운영, 노동조합 파업 요건 및 면책특권, 노조의 정치자금 모금 등에 관해 기존에 노동조합이 누려오던 권리를 일정하게 축소시키는 법률이 제정, 시행되면서 자율주의 전통이 일정하게 약화된 측면이 있지만, 그럼에도 다른 국가 노사관계와의 비교 연구에서 '자율주의'는 영국의 고유한 특징을 이해하는 핵심 중 하나이다.

(1) 노동조합대표 개념 및 정의

여기에서는 현재 쟁점이 되고 있는 한국 노동조합 전임자와 상응(equivalent)하는 영국 노동조합대표의 개념과 정의에 대해 살펴본다.

1) 정 의

기존 연구에서 영국의 노조전임자는 주로 숍 스튜어드(shop steward, 현장위원 혹은 직장위원으로 번역, 소개되었음)라고 소개되었다(김미영 외, 2011; 김정한 외, 2004, 민주노총, 2009). 숍 스튜어드는 사업장 단위에서 -대개 사업장 내 각 부서별- 조합원들로부터 선출되어 한국 사업장 단위 노동조합 전임자와 비슷한 역할을 하기 때문에 비교 노사관계 문헌에서 상응하는 개념으로 자주 언급되어 왔다. 숍 스튜어드는 회사 내 각 부서별 노동조합대표들을 일컫는 용어인데, 이들은 부서 내 조합원들을 대변하는 것은 물론 숍 스튜어드들 간의 모임(shop steward committee, 기존에 사업장 단위 현장위원회 혹은 직장위원회 등으로 번역, 소개되었음)을 통해 회사 내 노사간 현안 및 문제점 협의, 단체교섭 시 부서 내 조합원 의견 대변, 조합원 모집 및 조직화, 조합비 징수 등의 역할을 담당하고 있다(김성훈 2002: 13-16).

하지만 한국 노조전임자와 상승하는 개념으로 소개된 '숍 스튜어드'만을 놓고 영국 노조의 대표권을 모두 설명할 수는 없다. 왜냐하면, 1) 숍 스튜어드 외에 다른 형태의 노동조합 대표자들이 존재하고, 2) 이들의 역할 및 법적 권리에도 차이가 있으며, 3) 노동법상 규정과 실제 사업장 단위에서 활용되는 노조대표자 규정 간에 간극이 존재하기 때문이다. 앞서 언급한 '자율주의'의 전통이 노조대표들의 명칭에도 적용되는데, 우선 이 글은 현행 노동법에서 한국의 노조전임자와 같은 영국의 노조대표들이 어떻게 규정되어 있는지를 살펴본 뒤, 이러한 법률 규정이 사업장 단위 노조(지부)에서 어떻게 적용되는지에 대해 논의한다.

첫째, 노동조합대표에 관한 법 규정을 살펴본다. 노동조합 및 노동관계법(TULR(C)A 1992)에는 노동조합대표자에 관해 크게 3가지 명칭을 규정한다. 우선 노조임원(union officer)은 노조운영기관(governing body)의 멤버와 노조의 기금 신탁관리자를 말한다(section 119). 노조대표들 가운데 주로 고참급에 해당한다고 할 수 있다. 이들을 포함하는 노조간부(union official)라는 용어도 법에 명시되어 있는데, 이는 노조 혹은 노조의 지부, 노조의 한 부분을 담당하는 임원(officer)과 노조규약에 의해 조합원들을 대변하기 위해 선출되거나 임명된 사람을 말한다(section 119). 이와 함께 노동조합 및 노동관계법에서는 노조대표(representative)라는 명칭도 규정하고 있는데, 이는 '노조간부를 포함, 단체교섭 등을 수행하기 위해 노조로부터 승인을 받은 자'이다(section 181-185). 이 같이 법에서는 노동조합대표자에 관한 최소한의 정의를 명시하고 있는데 이 법 규정 외에 노사 당사자들의 이해를 돕고 자율적인 교섭 시 지침으로서 기능을 하는 조정중재기구(ACAS)의 실행규칙(Code of Practice)이 있다. ACAS 실행규칙에서는 '노조의 규약에 따라 조합원의 전부 혹은 일부를 대변하는 역할을 하기 위해 선출되거나 임명된 자'를 노조대표(union representative)라고 명명하고 있는데, 이는 법상 노조간부(union official)가 지니고 있는 것과 같은 법적 지위가 있는 자를 지칭한다(Code 2, Terminology). 물론 이외에도 ACAS 실행규칙은 노조전임간부(union full-time officer)라는 명칭도 규정하고 있는데, 이는 이 글에서 쟁점으로 다루고 있는 사용자와 고용관계를 맺고 노조활동을 하는 전임자와 달리 '노동조합(지부)이 직접 고용한 상근자'를 지칭하는 것이다. 따라서 노조전임간부에 관한 논의는 이 글에서 다루지 않겠다. 이상에서 살펴본 것처럼 영국 노동법에서는 노조임원(union officer), 노조간부(union official), 그리고 노조대표(union representative)라는 3가지 명칭으로 노조대표를 호명하고 있다.

둘째, 이러한 법상 노동조합대표권 개념 및 정의가 실제 사업장 단위 노조(지부) 운영구조에 어떻게 적용되고 있는지 검토한다. 먼저 확인할 수 있는 것은 현장에서 일반적으로 통용되는 숍 스튜어드는 법률에 근거한 것이 아니라는 점이다. 노동법에서는 숍 스튜어드의 정의와 지위에 관한 언급이 없다. 그럼에도 숍 스튜어드라는 직책이 현장에서 널리 사용되고 있는 것은 이 제도가 유래되었던 기계 산업 노동조합 운동의 전통에 따른 것으로(오건호, 1998), 지금까지도 제조업 부문은 물론 공공부문에서 이 용어가 사용되고 있다. 하지만 최근 들어 주로 사업장 단위에서 노동조합(지부) 조합원들을 대변하는 역할을 하는 사람들을 묶어서 노동조합대표(union representatives)로 부르는 추세이다(Terry, 2010: 295). 실제 영국노총(TUC)은 물론 가맹조직인 각 노조들의 자료에서 이들 노동조합대표자들을 법적 용어인 노동조합대표(union representatives) 혹은 사업장 단위 노동조합대표(trade union workplace representatives 혹은 workplace reps)라는 용어로 통일해서 지칭하는 경우가 늘고 있다.

하지만 주의할 점은, 상급단위에서 노동조합대표라는 명칭으로 통일성을 꾀하려는 움직임과 달리 여전히 현장에서는 숍 스튜어드라는 표현이 일상적으로 사용되고 있다는 점이다. 공공부문 노동조합인 UNISON런던 캠든카운슬 지부(조합원 3,500명)의 노조대표 현황을 살펴보면 다음과 같다:

- 지부 의장(branch chairperson) 1명
- 지부 사무총장(branch secretary) 1명
- 회계감사(treasurer)
- 선임노조대표(convenor) 6명
- 보건안전대표(Health and Safety Officer) 1명
- 평생교육대표(Life Long Learning Officer) 1명
- 숍 스튜어드(Shop stewards) 70명
- 안전대표(Safety representatives) 5명

이 지부가 사용하고 있는 노동조합대표(union representatives)를 일컫는 다양한 용어가 모든 지부에 똑같이 적용되고 있다고 일반화하긴 어렵지만 영국의 사업장 단위 노조(지부)에서 사용되는 용어는 거의 포함되어 있다. 앞서 언급했던 숍 스튜어드를 제외하더라도 지부 사무총장(branch secretary), 선임노조대표(convenor), 노조임원(officer)이라는 표현이 있음을 확인할 수 있다. 지부 사무총장(branch secretary)은 한국 사업장 단위 노조(지부)위원장 혹은 지부장과 같은 개념이다. 지부조합원들을 대표하여 지부의 집행기구를 이끄는 자이다. Convenor(혹은 senior shop steward)는 대개 숍 스튜어드 가운데 경험이 많고 지도력이 있는 자로서 부서별 숍 스튜어드 위원회(shop stewards committe)를 주관하거나 노사협의회(Joint Consultative Committee)에서 노동조합측 대표로 활동을 한다. 주로 선임노조대표로 해석된다.

살펴본 것처럼 영국의 노조대표는 노동법의 규정과 실제 사업장 단위 노조(지부)운영구조상 규정에 차이를 보이고 있다. 이 역시 '자율주의' 전통에서 기인한 것으로 해석된다. 이해

를 돕기 위해 이 글에서는 한국의 사업장 단위 노조(지부)전임자와 상응하는 개념을 '노동조합(노조)대표(union representative)'라는 용어로 통일한다. 실제 각 지부의 사례를 설명하거나 대표권 유형에 따른 차이를 설명할 경우 숍 스튜어드, 선임노조대표, 노조임원 등의 용어를 불가피하게 사용하는 경우도 있겠지만, 이 경우에도 한국 노조전임자와 상응하는 개념임이 확실할 때에는 '노조대표'로 명기한 뒤 괄호 안에 정확한 명칭에 대한 영어 표현과 필요한 경우 간략한 설명을 덧붙인다. 아래의 〈표 Ⅰ-5〉는 노조전임자의 개념에 관하여 법률상 정의를 내린 내용이다.

〈표 Ⅰ-5〉 노조전임자 개념 및 정의

구분	명칭	법률조항	법률상의 정의	소속기관
유급 (풀타임 or 파트타임) 전임자5)	노조대표 (union representatives)	노동조합 및 노동관계법 (TULR(C)A 1992) Sections 119 and 181	노조임원(Union officer)은 노조의 운영기관 (governing body)의 멤버와 노조의 기금 신탁관리자를 말한다. 노조간부(Union official)는 노조 혹은 노조의 지부, 또는 노조의 한 부분을 담당하는 임원과 노조규약에 의해 조합원들을 대변하기 위해 선출되거나 임명된 사람을 말한다 (section 119). 이 법(TULR(C)A)에서 노조대표(representative)는 노조간부 또는 노조에 의해 그러한 단체교섭을 수행하기 위해 승인받은 자를 말한다 (section 181-185).	사업장 단위노조
		ACAS 코드(ACAS Code) Section 2 Terminology	ACAS는 Code 적용의 일관성을 위해 노조간부 (union official)라는 용어를 '노조대표'로 대체함.	

2) 선 출

노조대표들은 대부분 자신이 대변하고자 하는 조합원들에 의해 선출된다. 노동법에서는 노조대표들이 선출 혹은 임명될 수 있다고만 규정되어 있다(〈표 Ⅰ-6〉 참조). 세부적인 사항은 노조 내 자체 규약에 따른다. 주로 지부 사무총장(branch secretary)과 지부 임원(지부 조합원 전체를 대변하는 대표자)은 대개 1년에 한 번씩 열리는 지부 총회(AGM, Annual General Meeting)에서 조합원 투표로 선출되고, 사업장의 특정한 부서 조합원들을 대변하는 노조대표(숍 스튜어

---

5) 영국 노동법에서 유급 전임자와 유급 부분 전임자 간의 구분은 명확하지 않다. 노조대표들이 노조직무를 수행하거나 그 직무수행을 위해 훈련(training)을 받는 경우에 법상 유급 노동시간면제를 허용하기 때문에 직무수행 및 훈련에 필요로 되는 시간에 따라 전임이거나 부분 전임이거나 하는 구분이 가능하다.

〈표 I-6〉 영국 노동조합대표 선출

구분	법 조항	내용
노조대표	노동조합 및 노동관계법(TULR(C)A 1992) Sections 119 and 181-185	선출 혹은 임명 노조간부(Union official)는 노조 혹은 노조의 지부, 혹은 노조의 한 부분을 담당하는 임원과 노조규약에 의해 조합원들을 대변하기 위해 선출되거나 임명된 사람을 말한다. Section 199 of the TULR(C)A 1992 defines an official as '(a) an officer of the union or of a branch or section of the union, or (b) a person elected or appointed in accordance with the rules of the union to be a representative of its members or of some of them, and includes a person so elected or appointed who is an employee of the same employer as the members or one or more of the members whom he is to represent'. Section 181 (1) of the same Act defines a 'representative', for the purposes of sections 181-185 of the Act, as 'an official or other person authorised by the union to carry on such collective bargaining'.
	ACAS Code, Section 2	ACAS Code에서 노조대표(union representative)는 노조의 규약에 의해 특정 기업 및 사업장 노조조합원 전체 혹은 일부를 대표하기 위해 선출되거나 임명된 자를 말함. 이 '노조대표'는 TULR(C)A 상의 노조간부(union official)와 동등한 의미를 갖는 용어임. In this Code a union representative means an employee who has been elected or appointed in accordance with the rules of the independent union to be a representative of all or some of the union's members in the particular company or workplace, or agreed group of workplaces where the union is recognised for collective bargaining purposes. This is intended to equate with the legal term 'trade union official' for the purposes of this Code.

드)는 해당 부서별 조합원들에 의해 선출된다. 일부 다른 노조대표(선임노조대표 혹은 노조간부)에 의해 임명된 뒤 지부 사무총장의 동의를 얻어 직무를 수행하는 경우도 있다.

(2) 노동조합대표 유형

노동조합대표자들의 개념과 정의에 관한 법률적 이해와 사업장 단위에서의 적용사례에 대한 이해를 바탕으로 노동조합대표자들의 유형을 나눠 살펴보고 이들에게 부여된 법적 권리에 대해 설명한다.

1) 대표권 유형

거의 대다수의 사업장 단위 대표들은 자신의 조합원 이해대변 활동에 대한 법적 권리와 보호를 받고 있다. 사업장 단위에는 최소 9개 유형의 노동자대표권이 법으로 보장되어 있다(〈표 I-7〉 참조). 이 대표권 유형은 사업장 단위 노조(지부)에서 일반적인 조합원 대변 활동을

〈표 I-7〉 영국 노동조합대표권 유형

구분(대표권 유형)	영문명칭	근거법
노조대표	Union representatives	Employment Protection Act 1975 TULR(C)A 1992) ACAS Code of Practice
노조학습대표	Union learning representatives	Employment Act 2002 43조 TULR(C)A 1992
노조보건안전대표	Union health and safety repre-sentatives	Safety Representatives and Safety Committees Regulations 1977
정보 및 협의대표 (비노조대표 포함)	Information and consultation representatives (union or non-union)	Information & Consultation of Employees Regulations 2004 Transnational Information & Consultation of Employees Regulations 1999
유럽직장평의회대표 (비노조대표 포함)	European Works Council repre-sentatives (union or non-union)	European Public Limited-Liability Company Regulations 2004 European Cooperative Society (Involvement of Employees) Regulations 2006
연금대표 (비노조대표 포함)	Pension representatives (union or non-union)	The Occupational & Personal Pensions Schemes (Consultation by Employer & Miscellaneous Amendment) Regulations 2006
TUPE(아웃소싱 중 사업장)대표	TUPE representatives i.e. union representatives in workplaces undergoing a transfer of under-takings(contracting out)	Transfer of Undertakings(Protection of Employees) Regulations 2006)
집단해고	Collective redundancy represen-tatives	TULR(C)A 1992
사업장 협정대표 (비노조대표 포함)	Workforce agreement represen-tatives (union or non-union)	Working Time Regulations 1998, Maternity & Parental Leave Regulations 1999, Fixed-term Employees(Prevention of Less Favour-able Treatment) Regulations 2002

하는 노조대표(union representatives)와 특정 역할을 맡는 것을 전제로 한 다른 8개의 대표권
으로 나뉜다. 조합원들을 상대로 교육을 담당하는 학습대표(union learning representatives), 사
업장 내 안전 보건 문제를 담당하는 보건안전대표(health and safety representatives), 사업장 내
특정 서비스의 아웃소싱으로 발생하는 문제를 협의하는 아웃소싱 관련 노조대표(TUPE repre-
sentatives), 그리고 집단적인 해고가 예고된 경우 이 문제를 집중적으로 다루는 집단해고 관
련 대표(collective representatives)가 있다. 이와 함께 조합원이 아닌 사람, 즉 비노조대표들도
맡을 수 있는 노조대표권으로는 정보 및 협의대표(information and consultation representatives),
유럽직장평의회 대표(European Works Council representatives), 연금 문제를 주로 다루는 연금대

표(pension representatives)가 있다.

　　이들 9개의 대표권이 사업장 단위 노조(지부) 운영구조에 모두 반영되는 것은 아니다. 노조(지부)마다 조합원 수에 따라 노동조합대표들이 사용자로부터 확보할 수 있는 유급 노동조합 활동시간(facility time)이 다르고, 사업장마다 현안 쟁점이 다르기 때문에 이 대표권은 상황에 맞게 운영된다. 일반적으로 노조대표(union representative)라고 명명되는 직책을 가진 자가 가장 많은 역할을 할 것이라고 예상할 수 있겠지만, 예를 들어 건설업의 경우 보건안전대표(Health and safety representative)가 가장 많은 시간 동안 노조대표로서의 직무를 수행하기도 하고, 아웃소싱 문제가 불거진 사업장의 경우 TUPE대표(TUPE representative)가 가장 중요한 역할을 맡기도 한다. 2011년 11월 공공부문 노동자 50만여 명의 파업을 촉발시켰던 연립정부의 공공부문 연금개혁안을 둘러싼 논란이 있었을 때에는 연금대표(pension representatives)가 가장 중요한 역할을 수행하기도 했다.

　　일반적으로 살펴보면, 노조대표와 노조학습대표, 보건안전대표는 기본으로 운영구조에 포괄하고 있고 다른 대표권 유형은 필요에 따라 포함여부가 결정된다. 여기서 꼭 짚어야 할 2가지 사항이 있는데, 첫째는 한 명의 노조대표가 다양한 대표권을 복수로 행사하는 경우도 적지 않은 점이다. 앞서 언급한 UNISON 캠든 카운슬 지부의 경우, 지부에서 보건안전대표(branch health and safety officer)를 맡고 있다고 자신을 소개한 한 노조대표는 자신이 문화와 환경 부문 선임노조대표(Culture and Environment Convenor)도 함께 맡고 있다고 말했다. 이는 겸직이 가능함을 명시한 지부의 규약규정에 따른 것이다.[6] 다음에서 설명하겠지만 복수의 직책을 맡고 있는 경우, 이들에 대한 유급 노동조합 활동시간은 각각의 대표권 유형에 따라 각각 나눠서 보장된다. 둘째는, 법에서 명시된 대표권 유형 외에도 다양한 이름의 직책들이 노조(지부) 단위에서 사용되고 있다는 점이다. UNISON 버밍험대학병원지부의 경우를 보면, 앞서 소개된 캠든카운슬지부에서처럼 의장(chairperson), 사무총장(branch secretary), 회계감사(treasurer), 보건안전대표(health and safety officer), 교육대표(education coordinator) 등이 있고 여기에 더해 정치자금대표(affiliated political fund officer), 평등대표(equality officer), 국제사업 담당자(international officer), 정보통신대표(communication officer)가 있다. 이 지부 규약규정에는 필요한 경우 다른 종류의 대표자를 더 선출할 수 있다고 명시하고 있다.

　2) 법적 권리

　　이들 사업장 단위 노조(지부)대표들에 대한 법적 권리를 설명하기 앞서 다시 한번 강조해야 할 점은 법에서 규정하고 있는 대표권의 유형과 실제 사업장 단위에서 행사되고 있는 대표권 유형이 동일하지는 않다는 것이다. 살펴본 것처럼 사업장 단위 대표권의 유형은 법 규

---

6) 제6조. 지부는 다음의 노조대표들을 선출해야 한다. 이들 직무는 겸임가능하다(The branch shall elect the following officers annually. Job share is permissible).

정보다 훨씬 폭넓게 실제 노조(지부)활동에서 사용되고 있다. 다시 한번 영국의 '자율주의' 전통을 언급해야 하는 이유이다. 여기에서는 영국의 사업장 단위 노조(지부)대표들에 대한 유급 노동조합 활동시간을 포함한 법적 권리에 대해 설명하겠다.

영국에서 노동조합 전임자 및 이들에 대한 유급 노동조합 활동시간 보장은 노동조합 및 노동관계법(TULR(C)A 1992)과 ACAS 실행규칙(Code of Practice on 'Time off for trade union duties and activities')에 의해 규정된다(〈표 Ⅰ-8〉 참조). 이에 따르면, 사업장 단위 노조(지부)대표들이 사용자와의 관계에서 '노조의 대표'로서 역할을 하는 경우, 즉 노조의 직무(union duties)를 수행하는 경우 유급 노조활동시간을 보장받는다. 하지만 한국에서처럼 '조합원 몇 명당 전임자 몇 명'이라는 방식으로 그 유급 노동조합 활동시간을 명시한 법 조항은 없다. 고용법 (Employment Protection Act 1975)은 합당한 수준만큼의 유급시간(reasonable paid time off)을 그들의 노동조합 직무를 수행하거나 노동조합의 훈련을 받기 위해 보장받을 권리[7]를 보장하고 있을 뿐이다. 무엇이 '합당한 수준'인가에 대한 기준은 없다. 사업장 단위에서 '합당한 수준' 을 둘러싸고 분쟁이 발생한 경우에 노사 각 당사자는 이 사건을 고용심판소(Employment tribunal)에 회부해 제3자의 판단을 구할 수 있다. 필자의 인터뷰에 따르면, 유급 노동조합 활동시간의 '합당한 수준'에 대한 논란으로 고용심판소에까지 가는 경우는 거의 없다. 대개는 노사 협의를 통해 자율적으로 해결하고 있다.

직무 수행을 위한 노동조합 활동시간뿐 아니라 노조대표들은 직무 수행을 위해 훈련을

〈표 Ⅰ-8〉 유급 노동조합 활동시간에 대한 법 규정

구분	해당 법 유무	법 조항	내용	기타
유급 (부분) 전임자	○	노동조합 및 노동관계법(TULR(C)A 1992) Section 168, part 3	사용자는 노조대표로서 직무를 수행하는 자에게 '합당한 (reasonable) 시간'만큼의 유급 노조활동을 보장하여야 함. 고용법과 ACAS Code에서도 '합당한(reasonable) 수준의 타임오프'라고 규정하고 있을 뿐 '합당한'의 범위에 대한 법적 규정은 없음. 상한선 혹은 하한선 규정 역시 없음.	노조활동시간은 사업장 단위 노사교섭으로 결정됨. 노사간 이를 둘러싼 갈등과 분쟁이 있을 경우, 고용심판소 (Employment tribunal)에 회부됨. 그러나 법적 다툼으로 가기보다는 자율적으로 해결되는 사례가 다수임. 또한 유급 노조 활동시간을 기록해야 한다는 법적 의무 역시 없음.

7) 원문은 다음과 같다: "A statutory right to reasonable paid time off from employment to carry out trade union duties and to undertake trade union training."

받는 경우 역시 노동조합 직무를 수행하는 것으로 간주되어 활동시간으로 보장받을 수 있다. 이와 함께 보건안전대표, TUPE대표, 집단해고 관련 대표들은 노조활동에 필요한 편의시설 역시 사용자로부터 제공받을 수 있다. 이와 함께 어떠한 형태로든 노동조합대표권을 행사하고 있는 대표자들은 노동조합 활동을 이유로 한 해고나 각종 부당한 대우로부터 보호받을 권리가 있다. 〈표 I-9〉는 이상에서 언급한 사업장 단위 노조(지부)대표들 유형에 따른 각종 법적 권리를 정리한 ACAS의 실행규칙이다. 이 실행규칙은 법률 규정은 아니다. 한국의 시행령과 같은 법적 지위를 갖는 것도 아니다. 굳이 말하자면 준 법률적 지위(quasi-legal status)를 갖는다고 말할 수 있다. 즉, 노조대표들에 대한 유급 노동조합 활동시간을 둘러싼 분쟁이 발생했을 때 고용심판소가 사건을 다루는 과정에서 증거로 제시되거나 사건에 대한 결정을 내릴 때 고려되는 사항이다. 물론 이 내용은 관련된 법률에 종속되는 것이다. 다만 법률에서 '최소한'의 내용만을 정리한 것을 고려하면, 이는 법률 규정을 해석하는 최소한의 가이드라인으로 역할을 하고 있다고 이해된다. 이 ACAS 실행규칙은, 예를 들어 유급 노동조합 활동시간을 노조대표에게 보장하는 경우에도 해당 노조대표가 자신의 업무시간 범위를 벗어나 야간 혹은 주말에 일을 했다는 이유로 연장근무수당을 지급할 의무는 없고, 유급 노동조합 활동시간 외에 노조대표로서 역할을 수행하기 위한 편의시설, 즉 미팅 장소, 전화 사용, 인트라넷과 같은 통신수단에의 접속 등도 사용자가 제공해야 하며, 이와 같은 유급 노동조합

〈표 I-9〉 노동조합대표 유형별 법적 권리

대표권 유형	노동조합 직무에 관한 노동조합 활동시간 보장	훈련을 위한 노동조합 활동시간 보장	편의 시설 규정	노동조합 활동 이유로 한 해고 및 부당한 대우로부터의 보호
노동조합대표	√	√		√
노동조합학습대표	√	√		√
보건안전대표	√	√	√	√
정보 및 협의대표 (노동조합 혹은 비노동조합)	√			√
유럽직장평의회대표 (노동조합 혹은 비노동조합)	√			√
연금대표 (노동조합 혹은 비노동조합)	√			√
TUPE대표, 즉 아웃소싱이 진행 중인 사업장 노동조합대표	√	√	√	√
집단해고	√	√	√	√
사업장 협정대표 (노동조합 혹은 비노동조합)				√

활동시간이 필요한 경우 노조대표는 최소 2-3주 전에 사용자에게 요청을 해서 사용자가 노조업무 수행으로 공석이 된 노조대표 본연의 업무를 대체할 시간을 보장해야 한다는 것 등이 언급되어 있다.

법에서는 노조의 직무(union duties)뿐 아니라 일상적인 노조활동(union activities or union business)에 대해서도 사용자에게 노동조합 활동시간 보장 의무를 규정하고 있다. 물론 이는 '유급'은 아니다. 노조활동일 경우 사용자는 활동시간을 보장할 의무는 있지만 임금을 지급할 의무는 없다. 이때 노조직무가 아니라 노조활동으로 분류되는 것은 1) 노조 내부적 이슈 토의를 위한 회의 참석, 2) 노조정책결정기구 참석, 3) 사업장 단위 이슈 논의 위해 노조가 고용한 상근자(full-time officers)와의 회합, 4) 노조선거에서의 투표, 5) 노조학습대표가 제공하는 서비스에 접근하는 것 등(ACAS Code, Section 3, 36-41조)이다.

이상과 같은 노조대표들에 대한 법적 권리는 1970년대 중반 노동조합 직무(trade union duties)를 수행하는 노조대표들에 대한 유급 노동조합 활동시간을 보장한 이래 점차 확산되고 있다. 특히 1998년 이후부터 눈에 띄는 증가세를 보이고 있는데, 다양한 유럽연합 지침(EU directives) 제정이 일정하게 영향을 미친 것으로 해석된다.

3) 사업장 단위 노사 합의에 따른 권리

법으로 규정된 최소한의 권리를 넘어서 실제 사업장 단위에서 보장되는 권리에 대해 살펴보겠다. 위에서 언급한 것처럼 법과 ACAS 규정에서는 사업장 단위 노조(지부)대표의 정의와 역할, 유급 노동조합 활동시간이 원칙적인 수준에서 명시되어 있다. 따라서 대부분 대표권 행사의 세부적인 내용은 노사간 교섭 또는 협의를 통해 정해진다. 이처럼 사업장 단위에 최종 결정이 맡겨진 현실을 감안하면 법령에만 의존해서 영국의 노동조합대표들의 실태를 파악하는 것은 불가능하다는 것을 알 수 있다. 역시 영국 노사관계의 자율주의(voluntarism) 전통에 따른 것이다. 특이한 것은, 대개의 사업장에서는 노사가 합의한 대표권 행사의 범위를 문서로 정리하고 있지만 구두로 합의한 것에 따르는 사업장도 적지 않다는 점이다. 문서로 정리하는 경우라 하더라도 단체협약(collective agreement)으로서 지위를 갖는 문서도 있고 그렇지 않은 경우도 있다. 때문에 사업장 단위 노조(지부)대표자들의 규모와 이들에게 보장되는 유급 노동조합 활동시간 등에 관해 전수를 통한 전국적인 통계를 만들어내는 것조차 쉽지 않은 일이다.

법에서 정한 최소한의 권리, 즉 '합당한 수준의 유급 노동조합 활동시간'은 사업장 단위 노사 교섭을 통해 최종 결정된다. 이는 사용자의 노조에 대한 태도, 사업장 단위 노사관계 환경, 현안 쟁점사항 등에 따라 그야말로 지부별, 사안별로 결정된다. 일반화시켜 설명하는 것이 거의 불가능하다. 또한 한국에서 일반적으로 쓰이고 있는 노조전임자, 부분(혹은 반) 전임자 같은 방식으로 노조대표들을 유형화하는 것 역시 쉽지 않다. 각 노조대표들이 담당하고 있는 노조직무(union duties)에 따라 보장받은 유급 노동조합 활동시간이 풀타임 노동에 준하는 전임으로 여겨질 수도 있고, 부분 전임으로 여겨질 수도 있다. 이는 사업장 현실(규모 및 현안 등)에 따라 '합당한(reasonable) 수준'이 어느 정도인지 결정되기 때문이다. 예를 들어 조합원 규모가 큰 곳은 특정 노조대표(들)가 전임으로 활동할 수도 있겠지만, 법에서든 단체협약에서든 사업장 혹은 노동조합원 규모에 따라 전임 1명 + 부분 전임 2명, 이런 식으로 규정하고 있는 경우가 많지 않다는 점이 특징이다.

또한 적용과정에서는 사업장 단위 노사 교섭을 통해 법에서 정한 것보다 좀더 유연한 접근이 시도되고 있다는 점도 특징적이다. 첫째, 노동조합 활동(activities)에 대해서도 사용자가 유급 노동조합 활동시간으로 승인하는 경우가 적지 않다는 점이다. 앞서 살펴본 것처럼 노동조합 직무(duties)가 아닌 노동조합 활동에 대해 사용자는 노동조합 활동시간을 부여할 의무는 있지만 이에 대해 임금까지 지급해야 할 의무는 없다. 하지만 사업장 단위에서는 임금이 지급되는 경우가 있다. 노동조합 활동으로 분류되는 노조 정기 대의원대회 참석에 대해서도 대다수의 사업장 단위 노조(지부)대표들은 사용자의 유급 노동조합 활동시간 권리로 일부 혹은 전부 승인받고 있었다.

둘째, 사업장 단위 노조(지부)대표 가운데 자신이 확보한 유/무급 노동조합 활동시간을 중앙 단위 노동조합 활동을 위해 사용하거나 지부 소속 조합원이 아닌 사업장 내 다른 노동조합들의 불만사항과 고충처리를 위해 사용하는 경우 역시 적지 않다. 필자가 면담한 병원 사업장 UNISON 지부에서 의장(chair person) 직책을 갖고 있는 한 노조(지부)대표는 자신의 활동 시간 가운데 거의 절반을 지역본부와 본조 회의 시간 등에 투자한다고 말했고, 다른 지부 대표는 아웃소싱된 서비스 부분에 아직 노조가 결성되지 않아 해당 서비스 부문 노동자들을 위해 자신의 유급 노동조합 활동시간의 일부를 사용한다고 답했다.

(3) 노동조합대표 역할과 규모: WERS 2011[8] and WERS 2004

이 절은 사업장 단위 노조대표들이 영국 노동조합 내에서 어느 정도 규모로 배치되어 있고, 어떠한 역할을 하는지 살펴보는 것을 그 목적으로 한다. 본격적인 논의에 앞서 먼저 개별 사업장 단위 노동조합 존재유무와 그 변화 추이를 살펴보겠다. 이는 노동조합 조직률 및 영향력 하락, 조직률의 산업부문별 불균형 확산, 노동조합대표권 갭 증대, 단체교섭 분권화 경향성 확대 등 영국 노동조합이 당면한 상황이 사업장 단위 노동조합대표권 행사에 어떤 영향을 미치는지에 대한 일정한 답을 던져줄 것으로 기대된다. 이를 위해 사업장 고용관계조사

---

8) WERS 2011 조사 결과는 연구 수행 시점 현재(2013년 6월), 첫번째 분석결과만 공개됐다. 최신 현황을 커버하기 위해 이 글에서는 이 자료를 활용하되, 숍 스튜어드들의 구체적인 활동내용을 서술할 때에는 기존 WERS 2004 자료도 함께 사용하겠다.

(WERS, Workplace Employment Relations Study)9) 2011조사에 대한 첫 번째 분석 결과(Wanrooy et al., 2013)를 참고하였다.

첫째, 사업장 내 노동조합 및 조합원 비율이다. 2004년 WERS 조사결과와 비교할 때 소규모 민간사업장에서의 노동조합 존재 비율은 계속해서 하락했다. 하지만 다른 부문에서는 상대적으로 탄탄한 조직률이 계속 유지되었다. 전체적으로 보면, 노동자 5명 이상을 고용한 사업장에서 노동조합에 가입한 노동자들의 비율은 32%(2004년)에서 30%(2011년)로 약간 하락했다. 다만 사업장 규모에 관계없이 모든 노동자를 대상으로 조직률을 산정하는 공식 통계 (Brownlie, 2012) 상 꾸준한 하향곡선과 일치한다. 사업장 단위 조합원 집중도를 살펴보기 위해 사업장 단위별 조합원 존재 비율을 보면, 1명 이상의 조합원이 있는 사업장 비율은 2004년 29%에서 2011년 23%로 하락했다. 또한 절반 이상의 노동자들이 조합원인 사업장 비율은 같은 기간 14%에서 10%로 하락했다. 영국에서 노동조합 승인(union recognition)이 임금과 노동조건 교섭을 위한 전제조건임을 감안, 승인된 노동조합이 존재하는 사업장 비율을 보면 같은 기간 24%에서 21%로 하락했다. 하지만 〈표 Ⅰ-10〉에서 보이는 것처럼 이 같은 하락세는 주로 민간부문에서 주도했다.

〈표 Ⅰ-10〉 노동조합 존재 사업장 비율(%)

		2004	2011
조합원이 존재하는 사업장 비율	민간 제조업	23	14
	민간 서비스	20	14
	공공부문	90	90
	전체	29	23
승인된 노동조합이 있는 사업장 비율	민간 제조업	13	11
	민간 서비스	14	11
	공공부문	89	91
	전체	24	21

출처: Wanrooy et al., 2013: 14, 필자 재구성
Base: All workplaces

현장 노동조합대표자(shop stewards)가 있는 노동조합 존재 사업장 비율은 2004년 26%에서 2011년 27%로 큰 차이가 없었다.

사업장 단위 노동자대표권 문제를 살펴보기 위해서는 노사협의회(Joint Consultative Com-

---

9) WERS는 한국의 사업체패널조사(Workplace Panel Survey, WPS)와 비슷한 것으로, 고용관계 및 사업장 내 노동실태를 보여주는 영국 내 대표적인 데이터이다. 기업혁신기술부에 따르면, WERS 조사는 약 2,700명의 매니저와 1,000명의 노동자대표자들과의 인터뷰, 노동자 2만 1,000여 명을 상대로 한 설문조사를 바탕으로 진행된다.

mittee)도 다루어야 한다. 사업장 혹은 사업체(다수의 사업장 포괄) 단위 노사협의회는 사용자와 노동자(들의 대표)가 만나 교섭보다는 협의(consultation rather than negotiation)를 하는 기구이다. 1998년에서 2004년 기간 동안 노사협의회 설치 사업장 비율이 하락했으나 이후 2011년까지는 7% 수준에서 거의 변화가 없다. 다만 사업장 단위들을 포괄하는 상위 수준에서만(higher-level only) 노사협의회를 설치한 비율은 2004년 29%에서 2011년 18%로 하락했다. 노사협의회에 대한 노동조합의 영향력 역시 같은 기간 큰 변화가 없었다. 노동조합대표가 조합원을 포함한 노동자들을 대변하기 위한 기능의 일환으로 노사협의회에 참가하는 사업장의 비율은 2004년 31%에서 2011년 28%로 하락했다.

이와 함께 검토해야 할 것은 독립적인 비노동조합 노동자대표권(stand-alone non-union representation)이다. 일부 사업장에서 임명된 노동자대표는 어떠한 노동조합과도 관련이 없고, 노사협의회 운영에도 참여하지 않는다. 이 같은 독립적인 비노동조합대표권이 행사되는 사업장 비율은 2004년과 2011년 각각 7%를 차지했다. 주목할 것은, 이 같은 독립적 비노동조합대표권 행사가 민간부문 대규모 사업체에 속한 사업장에서 빠른 증가세를 보이고 있다는 점이다. 2004년 6%였던 이 비율은 2011년 13%로 두 배 이상 증가했다.

이상에서 살펴본 것처럼, 노동자대표권은 다음 4가지 방식을 통해 행사된다: 1) 승인된 노동조합, 2) 승인받지 못한 노동조합의 사업장 노조대표, 3) 사업장 단위 노사협의회, 또는 4) 독립적 비노동조합대표. 이 네 가지 방식 중 하나 이상의 대표권을 행사할 수 있는 구조를 갖춘 사업장 비율은 2004년 45%에서 2011년 35%로 하락했다. 하지만 이 하락세를 민간부문 소규모 사업장이 주도했다. 따라서 4가지 중 어느 한 가지 이상의 대표권이 행사되는 사업장에서 일하는 노동자들의 비율은 67% → 64%로 하락했다. 어떠한 형태로든 현장 노동자대표가 있는 사업장 비율은 15%(2004년) → 14%(2011년)로 약간 하락했고 이러한 사업장에서 일하는 노동자들의 비율은 각각 47%로 같았다. 다시 말하면, 이 4가지 대표권 행사 방식을 종합해 볼 때 2004년과 2011년 사이 전체적인 노동자대표권 행사 사업장 규모는 축소되었지만, 개별 노동자들이 그들이 일하는 사업장의 노동자대표들에게 개인적으로 접근할 수 있는 범위는 큰 틀에서 거의 바뀌지 않았다.

1) 규   모

앞서 살펴본 것처럼 2011년 현재 거의 절반에 가까운 노동자들(47%)은 적어도 한 가지 형태 이상의 사업장 단위 노동자대표가 있는 사업장에서 일을 하고 있었다. 여기에서는 WERS 2011 에서 다뤄진 사업장 단위 선임 노동조합대표(senior union representatives) 또는 비노동조합 현장 대표(non-union lay-representatives) 설문조사 결과를 분석한다. 이들은 모두 대표권을 행사하는 사업장에 고용된 노동자들로서, 즉 '고용계약'을 맺고 있으면서 사용자와의 교섭 및 협의 등을 통해 노동자들을 대표하는 역할을 맡고 있다. 다른 방식의 대표권보다 노동조합을 통한 대표권 행사 비율이 높았는데, 이 조사에서는 노동자대표의 절반이 넘는 60% 가 노동조합대표로 활동하는 것으로 확인되었다.

조사 결과를 정리한 〈표 I-11〉에 따르면, 노동자대표권 행사의 당사자이자 자신의 고용계 약 당사자이기도 한 사용자로부터 자신들이 업무 시간 중 노동자대표 활동을 위해 사용한 시간에 대해 임금을 받는 비율은 노동조합 현장대표와 비노동조합 현장대표들 간에 비슷했 다. 2011년의 경우, 노동조합대표인 경우 86.3%(전임 16.5%, 파트타임 76.2%)이었고, 비노동조 합대표인 경우 85.6%(전임 0.1%, 파트타임 85.4%)이었다. 하지만 거의 모든 비노동조합 현장대 표들은 파트타임 베이스로 노동자대표 역할을 수행하고 있었던 반면 노동조합대표들의 경우 6명 중 1명꼴로 전임으로 일을 하고 있었다.

〈표 I-11〉 노동자대표 지위(%) (연도 옆 괄호, 응답자 수)

	노동조합대표*		비노동조합대표**	
	2004	2011	2004	2011
유급 전임	15.3	16.5	3.4	0.1
무급 전임	0.2	0.2	0.0	0.0
유급 파트타임	76.2	69.8	69.8	85.4
무급 파트타임	8.4	13.5	26.8	14.5

출처: Wanrooy et al., 2013: 16, 필자 재구성
Notes: * 응답자 수: 2004년 727명, 2011년 791명
　　** 응답자 수: 2004년 247명, 2011년 199명

이들 노동자대표들이 사업장 내 노동자들의 이해대변에 사용하는 시간을 보면, 노동조합 대표들은 주당 13시간(2004년 12.2시간)을, 비노동조합대표들은 주당 3.2시간(2004년 6시간)을 썼다. 2004년과 견줄 때 큰 차이가 없었다. 주당 5시간 이하를 현장 노동자 이해대변 활동에 쓰는 노동조합대표들은 절반 가량(51%)이었던 반면 비노동조합대표들의 경우 그 비율이 87% 에 달했다. 현장 이해대변 활동에 사용하는 시간은 노동자대표의 지위별로, 부문별로 차이가 있었다. 공공부문의 경우, 선임 노동조합대표(senior union representatives) 5명 중 1명(19%)은 전임 노동조합대표로, 고용계약상 정해진 모든 업무시간을 노동조합 활동에 사용했다. 선임 노동조합대표의 64%는 유급 파트타임 노조대표, 17%는 무급 파트타임 노조대표였다. 이는 민간부문의 경우, 각각 12%, 80%, 7%였다. 공공부문의 파트타임 노조대표는 주당 평균 10시 간을 노동조합 활동에 사용하는 반면 민간부문의 경우 그 시간이 6시간으로 공공부분의 절 반보다 조금 높은 수준이었다.

유급 노동조합 활동시간을 보장받는 노동조합대표들이 존재하는 사업장의 비율은 〈표

I-12) 에서 보여주는 바와 같이 1980년대 이후 지속적인 노동조합 조직률 및 교섭력 하락 등의 영향으로 줄어들고 있다. 승인받은 노동조합이 1개 이상 있는 사업장에서 노동조합대표가 존재하는 비율은 1980년 79%에서 1984년 83%까지 증가하였다가 이후 감소세를 기록, 2004년에는 62%에 불과했다(Willman and Bryson, 2006: 18).

전임자에 대한 법 규정과 이들에 부여되는 전임활동 시간이 사업장 단위에 맡겨져 있다는 점에서 노조전임자와 부분전임자, 혹은 무급 전임자 등으로 나눠 규모를 추산하기는 어렵다. 현재 영국에는 약 20만 명의 노조대표들이 사업장 단위에서 노조활동에 대한 시간(facility time)을 보장받으며 활동하는 것으로 추정된다(Carley, 2012; TUC, 2012). 노조조합원 수가 700만여 명임을 감안하면 사용자로부터 활동시간을 부여받는 노조대표는 조합원 약 35명당 1명 꼴로 존재하는 셈이다. 하지만 이들이 모두 풀타임 유급 전임자인 것은 아니고 유급 파트타임 전임자 및 학습대표, 보건안전대표 등과 같이 특수한 기능을 담당하는 노조대표도 포함되어 있다.

다만, 연간 임금총액 가운데 유급 노조활동시간으로 지출되는 비율이 공공부문은 0.14%, 민간부문은 0.04%이고, 공공부문 가운데에서도 공무원 노조의 경우 그 비율이 0.2%라는 통

〈표 I-12〉 사업장 노조대표 인정 비율 1980-2004(단위: %)

분류/연도		1980	1984	1990	1998	2004
노동조합 인정 사업장	숍 스튜어드	79	83	72	72	62
	전임 숍 스튜어드	3	3	2	4	7
부문	민간제조업	86	98	90	92	70
	민간서비스	69	69	59	58	56
	공공	82	85	73	76	63
사업장 규모 (노동자 수)	25-49	68	77	60	61	41
	50-99	83	84	72	71	75
	100-199	88	89	89	85	79
	200-499	97	95	93	91	90
	500-999	97	99	96	94	94
	1000+	98	98	98	95	94
사업장 내 승인 노동조합 수	1	..	..	63	65	60
	2	..	..	73	78	57
	3개 이상			80	78	74
일괄공제	있음	84	85	74	80	66
	없음	66	74	61	50	49

출처: Willman and Bryson(2006: 18)

계는 제시된 바 있다(R. Neill MP, Hansard: Written answers to questions, column 126W, Local Government: Trade Unions, 25 Oct 2011). 일부 연구에서는 이 통계를 근거로 특히 공무원 노조의 경우 노조대표들에 지급되는 금액(2010-11년 회계년도의 경우 1억1,300만 파운드)을 임금으로 환산하면 풀타임 공공부문 노동자 2,840명을 고용하는 것과 같다고 주장하기도 한다(Taxpayers' alliance, 2011).

2) 역   할

급속히 분권화되고 있는 영국에서는 대다수 조합원들의 이해대변 기능은 사업장 단위 운영구조를 통해 이행되고 있다. 사업장 단위에서 선출되거나 임명된 노동조합대표들이 조합원들의 집단적이거나 개별적인 이해와 요구를 대변하는 활동을 하고 있다(Terry, 2010: 278). 노조(지부)대표들의 역할은 한국의 전임자들과 크게 다르지 않다. 사용자와의 관계에서 조합원들을 대리하여 현안과 문제점에 대해 협의하고, 단체교섭에서 사업장 내 조합원들의 의견을 대변하며, 노조 내부적으로는 조합원 모집과 조직화를 주도하고 조합비를 징수하며 불만사항들을 청취하고 해결하는 등의 역할을 하고 있다. 또한 노동조합의 본조 혹은 지부와 사업장 간의 매개 역할을 담당하기도 하고, 파업 시 노동조합과 사용자 간의 매개 역할을 수행한다.

다음에서는 WERS 조사 결과를 바탕으로 실제 사업장 단위 노조(지부)대표들이 어떤 역할을 하는지 자세히 살펴보겠다. WERS 조사에서는 11개의 항목을 현장대표들에게 제시하고 얼마나 많은 시간을 어떤 활동에 할애하는지, 어떤 이슈가 그들의 사업장에서 중요하게 다뤄져야 한다고 생각하는지를 물었다. 전체적으로 보면, 노동조합대표들은 징계와 고충 처리에 가장 많은 시간을 썼고, 반면 비노동조합대표들에게는 교육훈련이 가장 일반적인 이슈였다.

노동조합 및 비노동조합 현장대표들의 의견을 종합해서 노조대표들이 가장 많은 시간을 쓰는 사업장 내 가장 빈번한 이슈는 2011년의 경우, 징계와 고충처리(discipline and grievances, 64%), 건강과 안전(62%), 임금률(61%) 등이었다. 2004년 조사 때와 크게 다르지 않았다. 현장대표들이 점점 더 많은 관심을 갖고 있는 이슈는 연금수급(pension entitlements)과 성과평가(performance appraisals)로 2004년과 2011년을 비교할 때 각각 30% à 45%, 28% à 41%로 증가했다. 특정 이슈들에 대해 관심이 높아진다는 것은 노조대표들이 시간을 할애하는 이슈의 개수도 증가한다는 것을 뜻한다. 2004년 조사에서는 2-3개 이슈를 함께 다룬다는 노조대표의 비율이 73%였는데, 2011년 조사에서 88%로 증가했다.

노조대표들이 다루는 이슈를 개별적, 집단적 이슈로 나눠서 보면, 비노동조합대표들(64%)이 노동자 그룹에 영향을 미치는 이슈에 중점을 두고 현장활동을 하는 경우가 노동조합대표들(41%)보다 많았다. 노동조합대표들은 비노동조합대표들과 견주어 그들의 시간을 집단적, 개별적 이슈에 공평하게 나눠서 쓰는 경향이 있었다.

<그림 I-1> 노조대표들이 다루는 주요 이슈

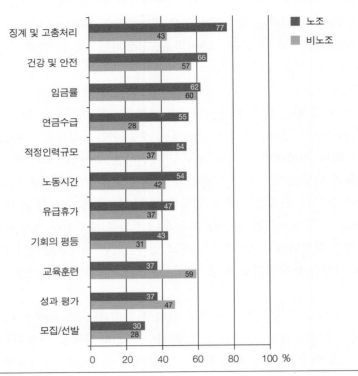

출처: Wanrooy et al., 2013: 17
Base: All senior employee representatives

　흥미로운 조사결과는, 조사에 응한 노동자들 가운데 자신의 노동과 관련 다양한 이슈(a range of work-related issues)와 관련, 가장 그들을 잘 대변해 줄 사람으로 자기 자신을 꼽은 비율이 노동조합대표나, 노동자대표, 혹은 동료나 라인 매니저보다 훨씬 높았다는 점이다. 다만 그 비율은 2004년에 비해 2011년에 줄었고, 대신 노동조합도 동료도, 라인 매니저도 아닌 또 다른 이해대변자를 선호하는 비율이 증가했다. 물론 선호도는 조합원 여부, 사업장 내 이해대변 시스템 존재 유무 등에 따라 큰 차이를 보였다. 대부분의 노동조합 조합원들은 노동조합대표들이 가장 잘 자신들을 대변해 줄 것이라고 생각하고 있었다. 임금 삭감 및 (임금에 직접 영향을 미치는) 노동시간 축소, 징계 문제, 임금인상 등의 문제를 다루는 데에는 노동조합대표가 가장 잘 자신들의 이해를 대변할 것이라고 답변한 조합원은 각각 76%, 71%, 69%였다. 반면 아무런 이해대변 구조가 없는 사업장에서 일하는 노동자들은 사용자와의 문제를 다루는 과정에서 무엇보다 자기 자신에 의존하는 경향이 많았다. 흥미로운 점은 '또 다른 이해대변자(other sources)'에 대한 의존도가 높아지고 있다는 점이다. 이 '또 다른 이해대변자'에는 라인 매니저, 혹은 다른 동료 노동자가 포함된다.

(4) 유급 노동조합 활동시간을 둘러싼 논란[10]

여기에서는 지난 2012년 말 영국 정부가 발표한 노동조합 재정지원 축소 방침의 내용과 배경을 짚어보고, 재정지원 중단을 주장하는 영국 납세자연합(Tax Payer Alliance) 및 보수당 내 우파그룹의 입장과, 반대를 주장하는 영국노총(TUC)을 비롯한 노동계 입장을 차례로 살펴본다.

2012년 10월, 프란시스 모드 내각장관은 보수당 전당대회에서 "노동조합에 부여되는 유급 활동시간(paid time off)을 줄이겠다"는 정부 방침을 밝히고, 국회에 정부 법안을 제출하기 전 관련 단체나 개인의 의견을 수렴하는 협의(consultation)에 들어가겠다고 발표했다. 모드 장관의 제안은 일단 공무원 노동조합에 국한된 것이었는데, 그는 공무원들로 조직된 노동조합에 제공되는 유급 노동조합 활동시간을 금액으로 환산하면 연간 3천만 파운드(약 180억원)에 달하고, 약 150명의 공무원들이 정부로부터 임금을 받으면서 풀타임으로 노동조합 활동에만 전념하고 있는 셈이라고 주장했다. 공무원노동조합의 유급 전임활동이 국민들(납세자들)의 지나친 부담에 의존하고 있기 때문에 이를 줄여나갈 필요가 있다는 것이다. 이어 정부는 2013년 2월 말, 법안 개정은 1) 유급 노동조합 활동시간 축소, 2) 자신의 모든 업무시간을 노동조합 활동에 전념하는 관행 중지 또는 제한, 3) 사용자와 관련되지 않은 노동조합 자체 활동에 관한 타임오프 보장 종료, 4) 유급 전임활동시간을 보고하고 검토하는 시스템 개발 등에 초점이 맞춰져야 한다고 밝혔다. 정부는 또한 유급 노동조합 활동시간에 관한 광범위한 개혁을 공무원 노동조합뿐 아니라 공공부문 전반으로 확산시킬 것을 원하고 있다. 이미 정부는 산하 기관들에게 유급 노동조합 활동시간을 검토할 것을 지침으로 내렸고, 보수당이 집권하고 있는 영국 중서부 스윈돈 자치구의회(Swindon Borough Council)는 이미 폐지를 검토하고 있다(Carley, 2012).

국회에서도 이 문제에 대한 논의가 시작됐는데, 보수당 에이단 벌리 의원은 2012년 10월 하원 논의에서 "전적으로 노동조합 활동에 전념하는 노동조합대표들이 납세자들로부터 임금을 받는 관행은 종식되어야 한다"고 주장했다. 지방정부 장관인 보수당 밥 닐 의원도 국회 질의응답시간에 "유급 노동조합 활동시간이 특히 공공부문에서 과도하게 활용되고 있다"며 "적어도 민간부문 수준으로 줄여나가기 위해 정부가 적극 권장하겠다"고 밝혔다. 우파 압력 단체인 납세자연합(Tax Payers Alliance)과 보수당의 우파 등의 캠페인은 정부의 든든한 우군이다. 2013년 1월 출범한 노동조합 개혁 캠페인(Trade Union Reform Campaign)은 "납세자들이

---

10) 이정희(2012) 참조.

노동조합에게 비용을 지불하도록 강제 받아서는 안 된다"는 원칙에 따라 노동조합과 관련된 각종 법과 기금지원 규정의 개혁을 추진하고 있다.

영국에서는 고용보호법(Employment Protection Act of 1975)에 따라 1975년부터 노동조합 직무를 수행하는 노동조합대표들에게 유급 노동조합 활동시간을 보장하고 있다. 법에서 노동조합 활동시간을 보장하는 경우는 크게 2가지이다. 첫째는 노동조합대표가 사용자와의 관계에서 조합원들을 대변하는 역할을 하는 경우 즉 노동조합대표들의 직무(trade union duties)를 행할 경우이고, 둘째는 일상적인 노동조합 활동(union activities or union business)을 하는 경우이다. 물론 첫 번째의 노동조합 직무에 대해서는 사용자가 임금을 지급할 의무가 있지만 두 번째의 경우 그 의무가 없다. 하지만 이는 법 규정이 그렇다는 것이고, 실제 많은 사용자들은 노동조합과의 별도 합의를 통해 노동조합 내부적인 활동에 대해서도 추가적인 유급 노동조합 활동시간을 보장하고 있다(Carley, 2012). TUC는 공공, 민간부문 가릴 것 없이 사용자들은 효과적이고 효율적이며 보다 전문적인 노동조합의 이해대변기능이 사업장 내 현안문제 해결이나 교섭과정에서 유리하다는 것을 알고 있기 때문에 추가적인 지원을 하고 있다고 주장했다(TUC, 2012).

그렇다면 얼마나 많은 노동조합대표들이 얼마나 많은 시간을 유급 노동조합 활동에 쓰고 있을까? 현행 영국 법규상 유급 노동조합 활동시간 상한규제가 없다. 노동조합 및 노동관계법에 따르면, 유급 노동조합 활동시간은 ACAS가 정한 규정에 따라 사용자와 노동조합대표들에 의해 '합당하다'고 여겨지는 범주에서 제한없이 활용가능하다.[11] 그런데 사업장 단위에서 노사가 합의 하에 보장되고 있는 유급 노동조합 활동시간이 어느 정도 되는지 가늠하기는 쉽지 않다. 이 시간을 기록해야 하는 의무는 누구에게도 없다. 사업장별로 노동조합대표들에게 부여되는 유급 활동시간이 필수적인 것인지 따지기 위해 기록하는 곳도 있지만 모든 시간을 꼼꼼히 적는 경우는 별로 없어 일부에서는 이 같은 유급 노동조합 활동시간이 얼마나 '남용'되고 있는지 확인하기는 어렵다는 지적도 제기된다. 납세자연합(TPA)이 매년 유급 노동조합 활동시간을 조사하는 이유가 바로 이 때문이다. 정부 차원의 보고서는 기업규제개혁부(BERR)[12]가 2004년 사업장고용관계조사(WERS) 결과를 분석, 2007년 내놓은 것이 최신 자료인데, 이에 따르면 선임노조대표들(senior union representatives)은 주당 평균 10시간이 약간 넘는 시간을 유급 노동조합 활동시간으로 인정받고 있었다. 또 다른 조사에 따르면, 노동조합학습대표들과 건강안전대표들의 유급 활동시간은 각각 주당 2시간과 주당 1시간이 넘지

---

11) Trade Union and Labour Relations (Consolidation) Act 1992, part Ⅲ, section 168. 만약 사용자들이 유급 활동시간을 보장하지 않는다면 노동조합은 노동법원에 제소할 수 있다.

12) 기업규제개혁부(Department for Business, Enterprise and Regulatory Reform, BERR)는 기업혁신기술부(Department for Business Innovation and Skills, BIS)로 바뀌었음.

않는 것으로 나타났다(TUC, 2011).[13)]

보수당 의원이자 지방정부 장관인 밥 닐(Bob Neill)은 2012년 10월 국회 하원에서 2010년 발표된 납세자연합의 자료를 근거로 "공공부문, 특히 공무원 조직에서 이른바 유급 노동조합 활동시간이 민간부문에 비해 광범위하게 활용되고 있다"고 지적했다.[14)] 이 자료에 따르면, 공공부문 연간 임금총액의 0.14%가 유급 노동조합 활동시간으로 지출되고 있다. 반면 민간 부문의 유급 노동조합 활동시간이 임금 총액에서 차지하는 비중은 공공부문의 29%인 0.04% 에 불과하며, 공공부문 가운데에서도 공무원 노동조합의 경우 그 비중은 0.2%에 달한다. 밥 닐 장관은 "공공부문, 특히 공무원 조직에서 합당한 범위를 넘어 지나치게 많은 유급 노동조 합 활동이 보장되고 있음을 보여준다"며 "이는 제도개선이 얼마나 시급한지 여실히 보여주 는 증거"라고 말했다.[15)]

납세자연합은 지난해에도 50명 이상을 고용하고 있는 1,300개 공공부문 기관을 상대로 설문조사를 실시, 2011년 11월에 그 결과를 공개했다(TPA, 2011).[16)] 이에 따르면, 2010-11년 회계년도 기간 중 1억1,300만 파운드(약 2,037억원)가 노동조합 활동에 쓰였다. 납세자연합은 또한 사업장 단위에서 유급 노동조합 활동시간을 제대로 기록하지 않아 보고되지 않은 사례 를 포함하면 실제 규모는 확실히 더 늘어날 것이라고 덧붙였다. 논의를 부추긴 또 하나의 사 건은 2011년 11월 30일, 정부 재정지출 감축과 연금개혁안에 반대하는 공공부문 노동조합들 의 대규모 파업이었다. 유급 활동시간 보장에 반대하는 납세자연합 같은 조직은 노동조합이 정부 정책방향에 반대하는 캠페인을 조직하는데 납세들로부터 엄청난 재정적 지원을 받고 있다고 지적한다. 노동조합대표들에게 보장되는 전임활동시간을 일반 노동자들의 노동시간 으로 환산하면 총 2,840명의 풀타임 노동자와 같은 수준이고 납세자들이 내는 세금 8천만 파 운드(약 1,442억원)가 자신들도 모르는 사이 노동조합 활동을 하는 대표들의 임금으로 지급되 고 있다는 것이다. 이들은 여기에 덧붙여 세금 3,300만 파운드(약 595억원)가 노동조합의 정 치적 캠페인이나 활동에 충당되고 있다고 주장한다. 따라서 이들은 노동조합 특히 공공부문 노동조합들은 국민의 세금이 아닌 자신들의 조합비로 노동조합대표들의 임금을 충당해야 한

---

13) 유급 노동조합 활동시간은 산업별, 직업별, 사업장 노사관계 특성 등에 따라 같은 노동조합 내에서도 지부별로 차이가 있다.

14) R. Neill MP, Hansard: Written answers to questions, column 126W, Local Government: Trade Unions, 25 Oct 2011.

15) 정부와 우파 조직들이 민간부문과의 형평성을 강조하는 근거 중에는 공공부문과 비교할 때 민간부문의 조직률 이 지나치게 낮다는 점도 한 몫 한다. 2011년 말 현재 노동조합 조직률은 전년과 견주어 0.6%p 떨어진 26%인 데, 공공부문은 0.2%p 증가한 56.5%, 민간부문은 0.1%p 줄어든 14.1%를 기록했다(Brownie, 2012).

16) 조사대상 기관에는 26개 정부 중앙부처, 434개 지방 정부, 197개 NHS 트러스트, 145개 NHS 기초건강보호 트러 스트, 97개 경찰기관과 278개 준 공공기관 등이 포함됐다.

다고 강조한다. 노동조합 조합원들은 자유의지로 그들의 조합비를 내는 만큼 노동조합들은 그들의 원하는 방식대로 이 조합비를 써야 하며, 앞으로는 납세자들이 노동조합대표들에게 돈을 지급한다고 여겨져서는 안 된다는 것이다.

노동조합들은 정부나 보수단체들의 이 같은 움직임이 지극히 이데올로기 공세에 불과하고, 노동조합이 사업장 단위에서 하고 있는 긍정적인 역할에 대한 고려를 배제한 것이라고 비판하고 있다. 노동계의 반발 근거는 크게 3가지이다. 첫째, 오히려 현행 법 규정상 유급 노동조합 활동으로 인정받을 수 있는 범주가 엄격하게 규정되어 있어 노동조합 활동을 수행하기에 어려움이 많다고 주장한다. TUC는 유급 노동조합 활동시간이 부족해 적지 않은 노동조합대표들이 유급 노동조합 활동으로 인정받는 시간을 초과해서, 즉 자신이 회사에서 맡은 업무를 하기 전이나 후에 별도의 시간을 내어 노동조합 활동을 하고 있다고 주장했다. TUC가 2005년 실시한 한 설문조사를 보면, 노동조합대표 16%가 노동조합 활동을 위해 쓰는 전체 시간 중에 유급 노동조합 활동으로 보장받는 시간은 4분의 1에도 미치지 못한다고 답했다. 또한 공무원들을 조직하고 있는 공공서비스노동조합(PCS)은 "유급 노동조합 활동시간은 특히나 1990년대 이후 정부가 전국 단위 교섭구조를 분권화시켰기 때문에 사업장 단위에서 해야 할 일이 늘어나 불가피하게 필요한 시간"이라고 주장했다.

둘째, 노동조합에 투자되는 비용(costs)만 볼 것이 아니라 이득(benefits)도 함께 살펴야 한다는 주장이다. 유급 노동조합 활동시간 보장이 각 사업장 단위에 어떤 효과를 주는가에 대한 정부 분석 보고서(BERR 2007)에 따르면, 노동조합이 사업장에서 다양한 긍정적인 역할을 수행하고 있었다. 노동조합 있는 사업장의 정리해고 비율과 자발적 이직비율이 낮았고, 또한 고용심판소 구제신청 사건 수와 업무와 관련된 사고 및 질병 건수도 낮아 연간 총 3억7,200만~9억7,700만 파운드의 비용 절감을 꾀한 것으로 조사됐다. TUC는 노동조합 있는 사업장의 60% 가량이 공공부문이라는 점과, 노동조합대표들의 활동으로 발생한 이득을 물가 등을 감안해 이 비용절감액을 2010년 가치로 환산하면 공공부문에서 노동조합대표들의 활동에 따라 발생한 이득은 연간 2억6,700만~7억100만 파운드에 달한다고 주장했다.[17] 따라서 TUC는 공공부문에서 노동조합대표들에 대한 유급 노동조합 활동시간에 연간 1억1,300만 파운드가 지불됐다는 납세자연합 주장에 따르더라도 투자된 1파운드 당 2-5파운드의 이득을 남긴 것으로 집계된다고 주장했다.

셋째, 납세자연합의 유급 노동조합 활동시간에 따른 비용부담 추정치를 신뢰할 수 있는가의 문제다. TUC는 몇 가지 방법론적인 문제제기를 하였다. 하나는 법상 노동조합이 아닌

---

17) TUC는 노동조합 활동이 생산성에 미치는 이득은 WERS 조사에 포함되지 못했다는 점을 들어 노동조합 활동으로 발생한 사업장 전체 이득은 훨씬 클 것이라는 점을 강조했다. 하지만 엄밀하게 계산되기 어렵다는 이유로 포함시키지 않았다.

조직이나 더 이상 존재하지 않는 노동조합을 조사대상에 포함시켜 유급 활동시간을 부풀려 잡았다는 점이다. 또 다른 하나는 일반적으로 조합원들을 대변하는 노동조합 활동과는 다른 노동조합 주도의 학습과 기술훈련 활동이 포함됐다는 점이다. 노동조합 학습기금(Union Learning Fund)은 노동조합의 관여와 작업장 노동자의 자발적 참여를 통해 기술 개발과 직업 훈련을 활성화하기 위해 1998년 정부 주도로 도입된 것이고(김주섭, 2002) 이 활동을 도맡고 있는 것이 노동조합학습대표(Union Learning Representative)임에도 이를 여타의 노동조합 이해 대변 활동과 묶어선 곤란하다는 주장이다. 이를 감안하면 납세자연합이 주장하는 유급 노동 조합 활동시간으로 충당된 금액은 8천만 파운드로 줄게 되고, 따라서 노동조합에 투자되는 1파운드는 3-9파운드 가량의 가치로 현장에 돌아가는 것으로 집계된다고 주장했다.

라. 영국 노동조합 전임자 임금제도의 특징

이상에서 살펴본 영국 노동조합 구조 및 운영의 특징, 노동조합대표들의 개념과 정의, 이들에 대한 법적 권리 및 사업장 단위 노사 교섭을 통해 보장된 권리 등에 기반해 영국 노동조합 전임자 임금제도의 특징을 법적인 측면, 단체협약적 측면, 관행적 측면 등 3가지로 나눠서 살펴본다. 이어 한국의 전임자 임금 관련 논의에서 제기되는 쟁점을 중심으로 영국의 사업장 단위 노조(지부)대표들에 대한 사용자 지원 여부 및 현황과 이러한 전 과정에서 국가는 어떻게 개입하는지 여부를 요약, 정리한다.

(1) 법적인 측면

한국의 노조전임자에 대한 임금 지급 여부 논의에서 쟁점이 되는 이슈 중 하나는, 사용자의 노동조합대표들에 대한 임금 지급이 노동조합의 자주성을 훼손하는지 여부이다. 영국에서 역시 노동조합 자주성은 중요한 이슈이다. 노동조합의 자주성은 노동조합이 조합원들의 이해를 대변하는 자주적인 조직으로 기능하는지 여부를 판단하는 기준이 된다. 노동조합이 '자주성'을 갖추었다고 판단되는 경우에 한하여 단체교섭에 관한 권리가 부여되고 이를 위해 활동하는 노동조합대표들에 대한 유급 노동조합 활동시간 등이 보장된다.

영국 노동조합 및 노동관계법(TULR(C)A 1992)에 대한 분석을 통해 노동조합의 자주성이 사용자의 노동조합에 대한 재정적, 물질적 지원과 어떤 관련이 있는지 살펴본다. 만약 사용자의 지배, 통제의 일환으로 이러한 재정 및 편의시설 제공이 이뤄졌을 경우, 징벌적 제재가 가능한 지 역시 논한다. 둘째, 좀 더 구체적으로 사업장 단위 노동조합대표들의 활동시간에 대한 법적 규정을 살펴본다. 노동조합이 조합원들을 대표하여 사용자를 상대로 노동조합으로서 역할을 하는 경우(union duties) 노동조합대표들은 유급으로 노동조합 활동을 법 규정에 근거하여 보장받을 수 있다. 하지만 구체적으로 할애되는 노동조합 활동시간의 양에 대해서는 법으로 규정하지 않고 노사간 협의에 의해 합리적 수준에서 결정하도록 위임하고 있다.

1) 노동조합의 자주성 여부에 대한 판단

영국에서는 요건을 갖춘 노동조합이 등록관(Certification Officer)에 양식을 제출한 뒤 등록관의 리스트에 등재되면 법적인 노동조합으로 권리를 행사할 수 있다. 이렇게 등록이 된 뒤 각 노동조합은 '자주성 인준' 신청을 할 수 있다. 이는 해당 노동조합이 국가와 사용자로부터 독립적인지 여부를 판단하는 것이다. 자주적인 노동조합(independent union)으로 인정이 되면, 1) 노동조합 활동을 이유로 한 사용자의 해고 또는 불이익으로부터 보호받을 수 있고, 2) 법령상 단체교섭을 위한 승인 절차를 밟을 수 있으며, 3) 사용자에 대한 정보제공청구권 및 협의권을 갖게 되고, 4) 노동조합의 조합원들은 노동조합 업무나 활동에 참가하기 위한 유급의 노동시간면제를 받을 수 있다(이승욱, 2003: 132).

'자주성'의 기준과 인준 신청에 관한 내용은 노동조합 및 노동관계법(TULR(C)A 1992)에 규정되어 있다. 이 법에 따르면, 자주적인 노동조합은 (a) 특정 혹은 복수의 사용자, 혹은 사용자단체들의 지배나 통제 아래 존재하지 않고, (b) 그러한 지배나 통제를 향한 재정적 또는 물질적 지원 또는 다른 여타의 수단에 의한 사용자들의 개입에 의존하지 않는 노동조합을 말한다. 사용자가 실제로 노동조합에 대한 지배와 통제를 행사하는지 여부는 물론 그러한 지배와 통제를 향한 '개입의 여지'가 있는지 여부가 함께 고려된다. 법에서 구체적인 자주성에 대한 기준을 제시하고 있진 않지만 판례[18]에 따르면, 이 법에서 명시한 사용자들의 재정적·물질적 지원 등과 같은 개입에 영향받기 쉬운지 여부를 가리키는 'liable'이라는 단어는 '개입할 가능성(likelihood of interference)'이라기보다는 '개입에 취약한(vulnerability to interference)'이라고 해석되는 것이 타당하다.

다음으로 노동조합의 자주성이 인정되는 절차에 관해 살펴보겠다. 노동조합이 자주성 인준 신청을 한 경우, 등록관(Certification Officer)은 신청 노동조합이 '노동조합의 자주성 인증을 위한 지침서(Guidance for trade unions wishing to apply for a certificate of independence)'에 정해진 법적 기준을 만족하는지 여부를 판단한다. 이때 주요하게 고려되는 것은 노동조합의 역사, 조직 대상, 조직 및 구조, 재정, 사용자가 제공한 원조, 그리고 교섭기록 등 6가지이다(Certification Office 2011: 5-7). 자세한 내용은 다음과 같다.

    a. 역사: 종종 노동조합이 사용자의 지원과 고무를 받으며 설립되거나, 심지어 사용자의 지배를 받는 경영의 한 파트(creature of management)로 출범하는 경우가 있는데, 등록관은 신청서를 낸 시점을 중심으로 종속성 여부를 따지게 된다.

    b. 조직대상: 등록관은 하나의 사용자에 고용된 노동자들만을 조직대상으로 하는 노동조

---

18) Squibb UK Staff Association v Certification Officer ([1979] 2 All ER 452, [1979] IRLR 75, CA).

합은 표면적으로 볼 때, 여러 사용자를 커버하는 노동조합(broadly-based union)보다는 사용자의 개입에 취약할 것이라고 본다. 좁은 조합원 규정은 노동조합의 자주성을 확보하는 것을 더욱 어렵게 할 수 있다. 그렇다고 해서 자주성을 확보하는 게 불가능하다는 것은 아니다.

c. 조직 및 구조: 노동조합은 모든 조합원들이 의사결정구조 전 과정에 참여할 수 있도록 조직되어야 하고, 어떠한 형태로든 사용자가 개입하거나 노동조합 내부 활동에 간여할 수 없도록 해야 한다. 등록관은 사용자 혹은 고참 노동자, 특히 이사회 구조 바로 밑에 있는 고참들이 노동조합에 가입할 자격이 있는지를 특별히 더 주목한다.

d. 재정: 사용자로부터 직접적인 보조금(direct subsidy)을 받는 경우가 없는 것은 아니지만 취약한 재정과 불충분한 예비비를 갖고 있는 노동조합은 재정이 튼튼한 노동조합에 비해 상대적으로 사용자의 개입에 더욱 취약할 가능성이 높다. 따라서 노동조합 수입의 주된 원천, 조합비의 수지균형, 조합비 수준의 타당성, 예비비의 상태 등을 특별히 점검한다.

e. 사용자에 의한 원조의 범위: 사용자는 노동조합 활동시간 보장(time off), 사무실 및 다른 서비스 제공 등과 같은 노동조합 활동을 위한 편의를 제공하기도 한다. 등록관은 설사 노동조합이 편의시설이용에 관한 일정 비용을 부담한 경우라 하더라도 사용자로부터 제공받은 편의시설이 얼마나 행정적 편의를 도모했는지, 또한 만약 이런 편의시설 제공이 중단된 경우에 노동조합이 얼마나 잘 대처할 수 있는지 등에 초점을 두고 자주성 여부를 판단한다. 사용자에 의한 편의시설 제공은 일반적인 관행(common practice)인데, 자주성이 갖는 중요성은 상황에 따라 다르게 판단될 수 있다. 예를 들어 조직대상이 넓은 경우(a broadly-based union)가 단일 기업 노동조합(a single-company union)과 견주어 동원 가능한 자원, 재정 확보 능력 등을 감안할 때 자주성을 발현하는 것이 조금 더 유리할 것이라고 본다.

f. 교섭 기록: 교섭 기록이 충분치 못하다는 것이 바로 의존성을 의미하는 것은 아니고, 교섭 기록이 잘 정리됐더라도 이것이 노동조합의 자주성을 위협하는 다른 요소를 능가하지는 않는지 잘 살펴야 한다. 교섭 기록을 평가할 때 반드시 노동조합이 운영되고 있는 특별한 환경 같은 요소를 반드시 고려해야 한다. 예를 들어 교섭 상대방인 사용자의 특징, 노동조합이 대변하는 노동자들의 태도 등이 고려된다. 이 지점이 자주성과 효과성이 겹치는 대목이다. 물론 이 2가지 개념이 동일한 것은 아니다. 특정 노동조합이 다른 여타의 대규모 노동조합들이 일반적으로 제공하는 서비스를 조합원들에게 제공하지 못한다는 이유로 의존성이 있다고 할 수는 없다. 하지만 분명한 것은 효과적인 노동조합이 그렇지 않은 노동조합보다 조금 더 자주적일 가능성이 높다는 점이다.

자주성 이슈를 노동조합에 대한 사용자의 재정 지원 문제로 한정시켜 정리하면, 핵심은 영국 노동조합의 경우 사용자로부터 유급 노동활동 시간을 포함한 재정적, 물적 지원을 받는 것 자체가 '사용자의 부당한 개입'으로 간주되지는 않는다는 점이다. 다만 노동조합의 재정이 주로 어디에서 조성되는지, 재정의 수입과 지출 사이에 어느 정도의 적정한 균형이 이뤄지는지, 조합비가 너무 높거나 낮지는 않은지, 특별한 상황에 대비하기 위한 예비비가 어느 정도로 마련되어 있는지 등에 대한 조사를 바탕으로 노동조합이 사용자의 개입(interference)에 어느 정도 취약한 지를 따져 자주성 판단 기준으로 삼는다. 사용자로부터 제공받을 수 있는 편의시설의 범위는 노동조합대표들에 대한 유급 활동시간 보장은 물론 노동조합 게시판, 전화, 회의 장소, 사무실 공간 등이 될 수 있다. 재정 및 편의시설 제공이 사용자의 노동조합에 대한 개입, 통제에 해당하는지 여부를 따질 때 중요한 것은 사용자가 이 같은 지원을 중단했을 경우, 노동조합이 계속 기능할 수 있는지에 대한 판단이다. 등록관은 조직 대상이 넓은 경우, 그 반대의 경우보다 이러한 상황에 대처할 능력이 상대적으로 높다고 보고 있다. 물론 단일 기업을 조직 대상으로 하는 노동조합일 경우에는 그렇지 않다는 말은 아니다.

그렇다면, 노동조합의 자주성이 훼손되었다고 판단될 경우 어떤 조치가 내려지는지 살펴보자. 등록관은 위에 언급된 자주성 판단 기준에 따라 노동조합 자주성 인준 신청을 거부할 수 있고, 또한 기 인증된 노동조합의 자주성을 취소할 수 있다. 만약 자주성 인증이 취소되었다면, 해당 노동조합은 고용항소법원에 이의를 제기할 수 있고, 인증을 거부당하면 재신청을 할 수 있다. 하지만 당사자 노동조합이 아닌 사용자나 다른 노동조합 등이 직접 자주성 인증 부여를 다툴 수 있는 권리는 없다(이승욱 2003: 133). 이는 노동조합 자주성 인준 신청이 해당 노동조합에 의해서만 이뤄질 수 있는 것과 맥을 같이 한다.

2) 유급 노동조합 활동시간 보장 명시

영국에서는 유급 노동조합 전임 활동이 법으로 보장되어 있다. 사용자들은 사업장 단위 노동조합 활동을 위해 일정 시간의 전임 활동을 보장해야 한다. 영국에서 노동조합대표들에게 유급 노동조합 활동이 보장된 것은 1975년 일이다. 고용보호법(Employment Protection Act of 1975)은 노동조합 직무를 수행하는 노동조합대표들(union representatives)[19]에게 유급 노동조합 활동시간을 보장해야 한다고 규정했다. 이어 1992년에 유급 노동조합 활동시간 관련 모든 조항들은 '노동조합 및 노동관계법 1992'(TULR(C)A 1992)으로 통합됐다. 2002년 고용법(Employment Act) 개정 과정에서 노동조합학습대표(learning representatives)에 대한 유급 활동

---

19) 이 글에서 '노동조합대표'는 사업장 단위에서 선출된 노동조합 활동가를 뜻한다. 전국 단위 산업별 혹은 일반노동조합의 사업장 단위 지회(branch)에서 일하는 상근 혹은 비상근 활동가들이다. 현장위원(shop stewards)이라 불리기도 한다.

시간이 보장됨에 따라 학습대표로서 임무를 수행하거나, 수행하기 위해 교육훈련을 받는 시간 역시 유급 노동조합 활동으로 인정되었다. 이 같은 법 규정 외에 우리나라 노동위원회와 비슷한 역할을 하는 조정중재기구(ACAS)에서 내놓은 전임자에 관한 실행규칙(Code of practice)이 있어 사용자들에게 노동조합대표들의 유급 활동시간을 어떻게 보장할 것인지에 관한 실무적인 가이드라인을 제시하고 있다.

이들 법 조항 및 규정에 따르면, 사용자들은 그들이 단체교섭의 당사자로 승인한 노동조합(recognised trade unions)의 대표에게 '합당한(reasonable) 시간'만큼의 유급 노동조합 활동시간을 보장할 의무가 있다. 유급 노동조합 활동시간은 주로 타임오프(time-off)로 불리기도 하는데, 공식 명칭은 '퍼실러티 타임(facility time)'이다. 유급 노동조합 활동시간으로 인정되는 노동조합대표들의 직무(trade union duties)에는 다음 5가지 사항이 포함된다(〈표 Ⅰ-13〉 참조).

a. 임금, 노동시간, 휴일, 연금, 평등한 기회 등 고용계약조건에 관한 사항
b. 채용과 선발 정책, 인적자원기획, 해고 및 정리해고 등 고용관련 사항
c. 직무 평가, 분석, 유연노동관련 정책, 가족친화적 정책(일과 생활의 균형)에 관한 사항
d. 징계 절차 등에 관한 사항
e. 조합원 규정에 관한 사항 등

〈표 Ⅰ-13〉 노동조합대표의 직무(union duties)

구분	내용
노조대표	유급 노조활동시간으로 인정되는 노조대표 직무(trade union duties)에는 다음 5가지가 포함됨(ACAS Code, Section 1, 13)
학습대표	교육 및 훈련 수요 분석, 교육 및 훈련 관련 사항에 대한 정보 및 조언 제공, 교육 및 훈련 배치 및 중요성에 대한 홍보, 학습대표로서의 훈련
보건안전대표	보건안전에 관한 활동
정보 및 협의대표	정보 및 협의
유럽직장평의회대표	유럽직장평의회 관련
연금대표	연금 관련 제반 사항
TUPE(아웃소싱 진행 중 사업장)대표	TUPE 관련 제반 사항
집단해고	집단해고에 관한 사항
사업장 협정대표	노동시간, 모성 및 부성 휴가, 기간제 노동자 등에 관한 사업장 내 협정 관련 사항

노동조합학습대표의 경우, 조합원들의 교육훈련에 관한 수요 분석 및 각종 이슈에 관한 정보 제공 및 조언, 교육 및 훈련 일정 수립, 관련 이슈에 대한 사용자와의 협의, 학습대표로서의 훈련 등의 활동이 법상 유급 노동조합 활동으로 보장받을 수 있는 범주에 포함된다.

덧붙여 모든 노동조합대표들은 그들의 역할을 수행하는 데 필요한 훈련을 받을 경우, 역시 전임활동의 일환으로 인정되어 유급 노동조합 활동시간을 보장받을 수 있다.

노동조합대표가 사용자와의 관계에서 노동조합으로서 역할을 하는 경우(trade union duties)를 제외한 일상적인 노동조합 활동(union activities or union business)도 노동조합 활동시간으로 보장받을 수는 있다. 하지만 법상 '유급'은 아니다. 노동조합 내부적인 이슈를 토의하기 위한 모임에 참석하는 것, 노동조합 정책결정기구의 모임에 참석하는 것, 사용자와의 교섭시 필요한 노동조합 전술 등을 논의하기 위해 사업장 단위 모임에 참석하는 것, 사업장 단위 이슈를 논의하기 위해 사업장과 떨어진 곳에 노동조합대표들을 만나는 것, 사업장 단위 노조(지부)대표(숍 스튜어드 등)를 선출하는 노동조합 선거에서 투표를 하는 경우 등은 유급 노동조합 활동 범위에 포함되지 않는다.

법에서는 사용자가 사업장 단위 노조(지부)대표들에게 보장해야 하는 유급 노동조합 활동시간이 어느 정도인지 명시적으로 규정해 두지는 않았다. 노사의 자율적인 협상 결과에 맡겨두었다. 만약 노사가 '합당한(reasonable) 시간'의 양에 대한 이견을 좁히지 못했을 경우에는 고용심판소(Employment Tribunal)에 사건을 의뢰할 수 있다. 그러나 이를 둘러싼 분쟁이 발생해 고용심판소에까지 가는 경우는 드물고 대부분은 사업장 단위에서 교섭 혹은 협의를 통해 그 규모를 결정한다.

사업장 단위 노조(지부)대표들에 대한 유급 노동조합 활동시간 보장에 관한 법적 규정을 이해하는 핵심은 크게 3가지로 요약된다. 첫째, 국가의 개입이 최소화된다는 점이다. 살펴본 것처럼 노동법에서는 노조대표들에 대한 유급 노동조합 활동시간 보장을 사용자의 의무로 규정하고, 부여해야 하는 시간의 양도 '합당한 수준'이라고 명시할 뿐 그 이상의 개입의 여지를 차단하고 있다. 이는 영국 노사관계의 자율주의 전통에 따른 것으로 해석된다. 한국의 경우에서처럼 사용자의 노조전임자에 대한 임금지급이 부당노동행위로 규정되는 것과 같은 상황은 발생할 여지조차 없다. 둘째, 유급 노동조합 활동시간 보장에 관한 법률 규정에도 불구하고 노동조합의 '자주성'은 이러한 지원을 받기 위한 기본 전제가 된다는 점이다. 사용자가 노동조합 활동에 대한 지배의 목적으로 재정을 지원하는 등의 행위는 용납되지 않으며 노동조합 역시 조합원들의 자발적이고 민주적 참여에 의한 조직으로서 이를 운영하기 위한 기본 재정구조를 갖추지 않을 경우 자주적인 노조로 인정받기 어렵다. 하지만 자주적인 노조로 인정받은 경우에는 노동조합 활동을 하기 위한 각종 법률적 보호, 즉 유급 노동조합 활동시간 보장은 물론 노조활동을 이유로 한 해고 등 불이익으로부터의 보호 등의 혜택을 받을 수 있다. 셋째, 자주성을 갖추었다고 판단되는 노동조합에 대한 사용자의 유급 노동조합 활동시간 보장 의무는 활동시간을 일정한 범위에서 제한하겠다는 취지가 아니라 민주적이고 자주적인 노동조합의 활동을 보장하겠다는 의미이다.

(2) 단체협약적인 측면

앞서 살펴본 것처럼 노동조합 및 노동관계법(TULR(C)A 1992)과 ACAS 실행규칙에서는 사업장 규모, 조합원 규모 등에 따른 유급 노동조합 활동시간의 양을 명시적으로 규정하지 않고 '합당한 수준(reasonable paid time off)'이라고만 규정하고 있다. 따라서 실제 사업장 단위 노조(지부)의 대표들은 사용자들과의 노사교섭 또는 협의를 통해 해당 노조(지부)가 확보할 수 있는 유급 노동조합 활동시간의 규모를 정한다. 이 노사 교섭 또는 협의의 결과는 문서로 정리되는 경우도 있지만 구두 합의로 마무리되는 경우도 있다. 문서로 정리되는 경우이더라도 이 문서가 단체협약과 같은 효력을 갖는가의 질문은 영국 노사관계에는 적합한 것으로 보이지 않는다. 왜냐하면, 단체협약서 자체에 대한 법적 구속력이 없기 때문이다. 이 역시도 자율주의 전통에 따른 것으로 이해된다.

여기에서는 사업장 단위 노조(지부) 규모별 노조대표들의 수와 이들에게 부여되는 유급 노동조합 활동시간의 규모에 대한 이해를 돕기 위해 필자의 인터뷰를 바탕으로 몇 가지 지부의 사례를 1) 유급 노동조합 활동시간 규모와 2) 실제 사안별로 이 활동시간이 어떠한 절차를 거쳐 보장 되는지로 나눠서 살펴본다. 인터뷰는 모두 공공부문노조인 유니손(UNISON) 각 지부 대표들을 상대로 진행되었다.

1) 유급 노동조합 활동시간의 규모

사업장 노조(지부)에서 보장되고 있는 유급 노동조합 활동시간의 규모를 UNISON의 3개 지부 사례를 통해 살펴본다.

사례1: UNISON 캠든카운슬 지부

앞서 3.1.1 에서 언급한 것처럼 이 지부(조합원 3,500여 명)에서 노조대표로 활동하는 사람들의 직책과 규모는 다음과 같다.

- 지부 의장(branch chairperson) 1명
- 지부 사무총장(branch secretary) 1명
- 회계감사(treasurer) 1명
- 선임노조대표(convenor) 6명
- 보건안전대표(Health and Safety Officer) 1명
- 평생교육대표(Life Long Learning Officer) 1명

- 숍 스튜어드(Shop stewards) 70명
- 안전대표(Safety representatives) 5명

이 직책들 가운데 전임(full time)으로 지부 활동을 하는 사람은 지부 사무총장 1명뿐이다. 선임노조대표(convenor)는 6명인데, 이들은 고용계약에 의한 노동시간의 50%를 노조활동에 사용할 수 있다. 이 지부에서 선임노조대표(Culture and Environment Convenor)와 보건안전대표(Branch Health and Safety Officer) 직책을 함께 맡고 있는 한 지부 대표는 거의 풀타임으로 노조활동을 하고 있다고 자신을 소개했다. 노동시간의 절반은 선임노조대표에게 주어진 유급 노동조합 활동시간으로, 나머지 절반은 보건안전대표에게 주어진 시간(주당 2일)으로 할애를 받기 때문이다. 이 지부의 숍 스튜어드들은 주당 2시간을 유급 노동조합 활동시간으로 보장받는다.

사례2: UNISON 북동부 링컨셔 지부

조합원은 1,600명이다. 사례 1과 견줄 때 노조대표들의 수가 적고, 부서별 노조대표를 숍 스튜어드라는 직책 대신 노조대표(union representatives)로 부른다는 점에서 차이가 있다. 명칭의 차이가 있음에도 이들의 역할에는 큰 차이가 없다.

- 선임노조대표(convenor) 2명
- 회계감사(treasurer) 1명
- 학습대표(union learning representatives) 2명
- 보건안전대표(health and safety representatives) 1명
- 노조대표(union representatives) 10명

이 지부에서는 선임노조대표(convenor) 2명이 풀타임으로 노동조합 활동시간을 보장받고 있는데, 이 2명의 직책이 지부 사무총장(branch secretary), 지부 부사무총장(assistant branch secretary)이다. 노조대표(union representatives)라는 직책을 갖고 있는 대표들은 다른 지부에서의 숍 스튜어드들과 마찬가지로 부서별 불만사항, 고충처리 등을 담당하고 단체교섭 과정에서 부서의 의견을 수렴하는 역할을 한다. 이들 노조대표들에게는 한 달에 16시간의 유급 노동조합 활동시간이 보장된다. 10명의 노조대표들은 지부 사무총장 등과 함께 지부집행위원회(BEC, Branch Executive Committee) 위원으로 활동한다.

사례3: UNISON 레스터셔 경찰 지부

조합원 830명이다. 사례1과 2에서 유급 노동조합 활동시간에 관해 노사가 합의한 내용이 문서로 정리되어 있는 것과 달리 이 지부에는 별도의 문서가 없다. 구두 합의사항이 전부이다.

- 지부 사무총장(branch secretary) 1명
- 지부 부사무총장(assistant branch secretary) 1명
- 회계감사(treasurer) 1명
- 보건안전대표(health and safety representatives) 5-6명
- 학습대표(union learning representatives) 3명
- 흑인조합원대표(black members officer) 1명
- 청년조합원대표(young members officer) 1명

이 지부에서 특이한 사항은 앞서 소개한 2개의 지부에는 없는 2개의 노조대표 직책이 있다는 점이다. 흑인 조합원과 청년 조합원을 대표하는 대표들이다. 이는 갈수록 다양해지는 조합원들의 성(gender), 인종, 연령, 장애, 성정체성 등을 반영한 노조대표권의 확장의 한 형태로 이해된다. 이 지부의 경우, 지부 사무총장과 부사무총장은 풀타임으로 유급 노동조합 활동시간을 보장받는다.

2) 유급 노동조합 활동시간 확보 절차

이상의 논의를 바탕으로 노조대표로 선출 혹은 임명된 자가 고용관계상의 노동시간을 유급 노동조합 활동시간으로 사용하려고 하는 경우 필요로 되는 절차에 대해 살펴보겠다. 모든 노조대표들은 자신의 직책에 따라 할당받은 유급 노동조합 활동시간 범위 안에서 노동조합 활동을 위한 노동시간면제를 사용자에게 요청할 수 있다. 요청 절차는 보장받은 노동조합 활동시간이 풀타임인지, 파트타임인지에 따라 다르다. 첫째, 풀타임 노조대표의 경우를 살펴보자. 조합원 규모에 따라 노조지부들은 일정 수의 노조대표의 전임 노동조합 활동시간을 보장받는다. 특정 노조대표가 풀타임 노동조합 활동시간을 보장받는 직책(예: 지부 사무총장, 부사무총장, 의장 등)에 선출된 경우, 이들은 사용자와의 별도 면담을 통해 자신의 고용 계약서를 재 작성한다. 고용계약서는 회사와의 고용관계 하에서 특정 직무를 수행할 것을 명시하고 있는데, 노조대표로서 활동하는 임기 기간 동안 고용관계상의 직무를 수행하지 않아도 그에 상응하는 임금을 지급한다는 계약서를 개별적으로 재 작성한다. 물론 정해진 임기가 끝나면 원래의 직무 혹은 상응하는 직무로 복귀한다는 계약서를 다시 작성한다.

둘째, 파트타임 노조대표의 경우이다. 노동조합대표로서 활동할 일이 발생한 경우(예: 사용자와의 교섭, 교섭 전 단계로서 조합원들의 의견을 수렴하기 위한 모임, 사전 자료 조사, 노조대표로서의 직무수행을 위한 훈련 참여 등), 문서로 자신이 수행하려고 하는 노동조합 활동 내역, 필요한 시간 등을 문서로 작성하여 사용자(주로 자신의 부서 대표 혹은 라인 매니저)에게 제출한다. 사용자는 요청된 노동시간의 면제가 합리적인지 여부를 살펴, 수용 혹은 거부 여부를 결정한다. 만약 사용자가 노조대표의 요청을 거부한 경우 노조는 그 이유를 물어볼 수 있고, 재협

의를 통해 합의를 이끌어 내거나 합의에 실패한 경우 고용심판소로 사건을 회부할 수 있다. 하지만 불허하는 경우는 거의 발생하지 않고, 발생하더라도 협의를 통해 노사 자율적으로 접점을 찾는 경우가 대부분이다.

필자가 면담한 노조대표들은 최근 들어 유급 노동조합 활동시간 보장을 위한 협의가 갈수록 어려워지고 있다고 말했다. 일부 사용자들은 노조대표가 직무수행을 위해 유급 노동조합 활동시간을 보장받는 경우, 그 시간만큼 원래의 직무 수행이 차질 없도록 동료들이 그 시간 동안 당사자의 업무를 대신 맡아주는 등의 조치를 취할 것을 노조대표들에게 요구하기 때문이다. 이는 2010년 보수-자민 연립정부 집권 이후 반 노동정책이 확산되는 것과 함께 특히 공공부문을 중심으로 한 예산삭감, 인력축소, 특정 서비스의 민간부문 이전 등의 영향으로 공공부문 인력이 줄어들고 노동 강도가 높아지고 있는 현실과도 맞물려 있다. 잉글랜드 남부 햄프셔 카운슬에서 지역 주민들의 정신건강 상담업무를 담당하면서 UNISON 지부에서 숍 스튜어드로 일을 한다는 한 지부 대표는 이렇게 말했다:

"우리 부서 동료들은 각각 자신의 담당구역을 갖고 있다. 최근 인력 감축으로 한 사람이 담당해야 할 구역이 더 확대된데다 예산 삭감으로 템프(파트타임 노동자)를 보유하기도 어려운 조건이다. 노동조합 활동을 위해 자리를 비우는 경우에도 다른 동료들에게 내 업무를 대신 해 달라고 부탁하기가 어렵다. 사용자는 본연의 직무 수행에 차질을 빚지 않는 범위에서 노동조합 활동을 보장하겠다고 한다. 때문에 노동조합 활동을 하는 중에도 응급상황이 발생하면 이를 중단하고 본연의 직무수행을 위해 복귀해야 한다."

또 다른 어려움은 특히 공공부문에서 일부 서비스가 민간부문으로 아웃소싱되는 사례가 증가함에 따라 지부가 상대해야 하는 사용자의 수가 증가하고 있다는 점이다. UNISON 북동부 링컨셔 지부의 경우, 노조대표는 링컨셔 지방정부 외에도 정부로부터 서비스를 위탁받은 지역보건(커뮤니티케어), 학교, 주택 업무 등을 담당하는 7개의 민간업체와도 교섭 및 협의를 해야 한다. 영국에는 TUPE 규정에 따라 아웃소싱이 되기 전에 확보한 집단적인 노사관계에 대한 권리(조합원 신분 및 노조대표들에 대한 유급 노동조합 활동시간 등)는 민간업체에도 이전이 되기 때문에 상대적으로 노조대표권 확보에 어려움이 적다고 할 수도 있다. 하지만, 기 확보한 집단적 노사관계에 대한 권리가 없거나 취약한 경우, 혹은 있더라도 민간업체가 이를 거부하는 사례도 적지 않다. 이럴 경우 원청(예를 들어 지방정부)으로부터 유급 노동조합 활동시간을 보장받은 노조대표가 자신의 활동시간의 일부를 민간업체로 고용이 이전된 조합원들을 위해 사용하기도 한다. 이와 관련된 관행적인 측면은 다음에서 다루겠다.

(3) 관행적 측면

영국 노사관계의 '자율주의' 전통은 법률이나 ACAS 실행규칙에 최소한의 규정이 명문화되어 있고, 구체적인 실행과 관련해서는 사업장 단위 노사의 자율적인 교섭 및 협의의 결과에 의존하고 있다는 사례연구에서 충분히 확인되었다. 이 절에서는 최소한의 법적 규정이 사업장 단위에서 얼마나 유연하게 적용되고 있는지를 몇 가지 사례를 들어 설명하겠다. 여기에서 '관행'은 법적 규정을 뛰어넘는 유급 노동조합 활동시간이 보장되는 것은 물론 노사간 교섭의 결과보다 더 유연한 협의가 사업장 단위에서 일상적으로 이뤄지고 있고, 그 결과는 사업장 단위 노사관계 컨텍스트에 따라 매우 다양함을 의미한다.

첫째, 노동조합 직무(duties)가 아닌 노동조합 활동(activities)에 대해서도 사용자의 유급 노동조합 활동시간 보장이 이뤄지고 있다. 법률과 ACAS 실행규칙에 따르면, 사용자는 노동조합 활동에 대해서는 '유급'으로 노동조합 활동시간을 보장할 의무는 없다. 노동조합 활동으로 분류되는 대표적인 사례가 노동조합 정기 대의원대회에의 참석이다. 필자가 참관하였던 UNISON 정기 대의원대회(National Delegate Conference 2013, 2013년 6월 18-21일, 리버풀)에 참석한 노조대표들은 대부분 사용자로부터 유급 노동조합 활동시간으로 인정받아 대회에 참석했다고 답했다. 인정받은 기간은 차이가 있었다. 대회기간 나흘 모두를 인정받은 경우도 있고, 절반인 이틀만 인정받은 경우도 있었다.

> "대의원대회 참석은 법률상으로 노동조합 직무에 포함되지 않는다고 여겨진다. 하지만 우리 사업장에서 노사관계가 상대적으로 좋은 편이어서 사용자는 나흘 모두를 유급 노동조합 활동시간으로 인정해 주었다."(햄프셔카운슬 지부)

> "유급 노동조합 활동시간을 보장받기 위해서는 라인매니저에게 신청서를 제출해야 한다. 무엇보다 라인매니저의 노조에 대한 태도가 보장받을 수 있는 활동시간의 규모에 상당히 큰 영향을 미친다. 우리 부서의 경우, 라인매니저 역시 UNISON 조합원이다. 덕분에 큰 어려움 없이 나흘 모두를 유급 노동조합 활동시간으로 보장받았다."(북동부 링컨셔지부)

> "우리 지부에서 2명의 대표가 대의원대회에 참석하였다. 1명은 풀타임으로 노동조합 활동시간을 보장받은 지부 사무총장이어서 별도의 절차를 거칠 필요가 없었다. 나는 노동시간의 절반을 노동조합 활동에 쓸 수 있는 보건안전대표이기 때문에 나흘 동안 내 업무를 비우고 대의원대회 참석하기 위해 라인매니저와 협의를 해야 했다. 그 결과, 이틀은 유급 노동조합 활동시간으로 보장받고 이틀은 내가 휴가를 내는 방식으로 합의했다."(레스터셔 경찰지부)

필자의 인터뷰가 상대적으로 조직률이 높은 공공부문 노조의 지부를 상대로 한 것이기 때문에 조직률이 낮은 민간부문까지 일반화시켜서 설명하기에는 어려움이 있다. 그럼에도 이 사례에서 확인된 것은 법률 규정으로 노동조합 활동에 대해서는 사용자의 유급 노동조합 활동시간 보장에 대한 의무가 부여되지 않았음에도 관행적으로 노동조합 활동에까지 이 의무를 확대 적용하는 사례가 적지 않다는 점이다.

둘째, 노조대표가 자신이 확보한 유급 노동조합 활동시간에 고용관계를 맺지 않은 사업장의 노동자들을 상대로 활동하는 경우도 있다. 이는 특히 공공부문에서 특정 서비스의 일부 혹은 전부를 민간부문으로 아웃소싱하는 사례가 증가하고 있는 현실과도 맞물린다. 앞서 설명한 것처럼 아웃소싱되기 전에 이미 확보한 집단적 노사관계에 관한 권리는 TUPE 규정에 따라 아웃소싱 후에도 새로 서비스 제공을 담당하는 민간업체에도 그대로 이전된다. 문제는 기 합의된 집단적 권리가 없거나 취약한 경우, 혹은 새로운 쟁점이 형성되어 확대된 노조의 대변기능이 요구됨에도 기 확보된 유급 노동조합 활동시간이 부족하거나 없는 경우 등이다. 런던에 위치한 호머튼병원의 UNISON 지부 사례를 살펴보자. 자신의 노동시간의 절반을 유급 노동조합 활동시간으로 보장받은 한 노조대표는 노조활동시간의 거의 절반으로 아웃소싱된 업체에 소속된 조합원들의 고충처리, 불만사항 청취, 이를 통한 조직화 등에 할애한다고 답했다. 자신을 고용하고 있으면서 유급 노동조합 활동시간을 보장하고 있는 병원 측에서도 이 같은 사실을 어느 정도 알고 있지만 특별히 제재를 가하는 등의 조치를 취하지는 않고 있다고 말했다.

(4) 노동조합 전임자 임금제도의 요약

여기에서는 앞서 언급한 영국의 노동조합대표들에 대한 유급 노동조합 활동시간 보장에 관한 법률적, 단체협약적, 관행적인 내용을 요약, 정리한다.

1) 전반적인 노동조합 전임자(무급/유급 여부), 일반 조합원의 time-off 실태

사업장 단위 노조(지부)대표들에 대한 유급 노동조합 활동시간 보장은 노동조합 및 노동관계법(TULR(C)A 1992)과 ACAS 실행규칙에 명시되어 있다. 노조대표가 노동조합 직무(duties)를 수행하는 경우 사용자는 합당한 수준(reasonable paid time off)의 활동시간을 '유급'으로 보장해야 한다. 어느 정도가 '합당한지'에 대한 판단은 철저하게 노사의 자율적인 교섭 및 협의 결과에 맡겨진다. 노동조합 직무(duties)가 노조대표가 사용자를 상대로 집단적인 대변업무를 담당하는 것을 의미하는 것이라면 노동조합 활동(activities)으로 분류되는 노조대표들의 업무도 있다. 이는 사업장 단위 노조(지부) 내부 의사결정을 위한 회의 및 활동을 의미한다. 법에서는 이러한 노동조합 활동에 대해서는 사용자가 유급 노동조합 활동시간을 보장할 의무는 없다고 명시하고 있지만 사례연구에서 확인된 것처럼 관행적으로 인정되는 경우가 적지 않다.

이러한 유급 노동조합 활동시간을 보장받기 위해서는 노조는 '자주성'을 갖춘 조직이라는 것을 인정받아야 하고, 해당 노조대표들은 조합원들로부터 선출되거나 노조의사결정기구에서 임명되는 등의 공식 절차를 밟아야 한다.

2) 노동조합 전임자에 대한 사용자의 급여 지급에 대한 법제화 여부

(법으로 운영비 원조를 금지하는 법령 및 time-off 한도를 규정하고 위반 시 조치 등에 관한 내용)

영국 노동법에서는 노조대표들에 대한 유급 노동조합 활동시간 보장을 금지하고 있지 않다. 노조의 원활한 운영 및 활동을 보장하기 위해 합당한 수준의 유급 노동조합 활동시간을 보장해야 한다고 명시하고 있다. 이러한 보장을 받기 위한 전제조건은 노동조합이 '자주적인 조직'이라는 인정을 받아야 한다는 것이다. 노동조합 및 노동관계법(TULR(C)A 1992)에서는, 사용자(들 혹은 단체들)의 지배나 통제 아래 존재하지 않고 여타의 수단에 의한 사용자들의 개입에 의존하지 않는 노조에 한해 자주성을 인정하고 있다. 노조의 자주성을 확보하지 못하면, 해당 노조(지부)는 사용자의 단체교섭 상대로 인정받을 수 없고, 유급 노동조합 활동시간 보장을 요구할 수도 없다. 한국의 논의에서 쟁점이 되고 있는 노조에 대한 운영비 원조나 전임자에 대한 임금지급을 금지하는 등의 내용은 법률에서 확인되지 않는다. 지나치게 사용자의 재정적 지원에 의존하는 경우는 '자주성'이 없는 노조로 판단되어 노조로서의 법적 권한을 행사할 수 없도록 규정한 것이 그나마 비교가능한 법률 조항이다.

유급 노동조합 활동시간의 보장 범위에 대해서는 어떠한 법률 규정도 없다. 합당한 수준(reasonable paid time off)이라고 명시한 것이 전부이다. 따라서 타임오프 한도 규정 및 위반시 조치 등과 같은 한국에서의 쟁점사항은 영국에서 논의대상이 될 수 없다.

3) 노동조합 간부의 급여를 노동조합이 충당하는 구체적인 사례

사업장 단위 노조(지부)가 노조대표들의 급여를 지부의 자체 재정에서 충당하는 사례는 찾아보기 힘들다. 물론 전국 단위 노조대표들에 대해서는 노조재정으로 급여를 지급하는데, 이는 이들이 사업장 단위에서 사용자와 고용관계를 맺지 않고 노동조합에 고용되어 있기 때문이다.[20)

사업장 단위 노조(지부)대표들은 풀타임으로 노동조합 활동시간을 보장받은 경우를 제외하면 고용계약에 따른 본인의 업무와 노동조합 활동을 병행하고 있었고, 사용자와 합의된 노동조합 활동시간 범위 안에서 이해대변 활동을 다하지 못한 경우에는 자신의 업무시간 전후, 주말 등의 시간을 활용하거나 연월차 휴가 등을 내는 방식으로 노조활동시간을 확보하고 있었다. 이러한 활동에 대해 노조지부가 별도로 급여를 지급하는 경우는 찾아보기 힘들다.

이를 확인하기 위해 필자가 면담한 UNISON 호머튼대학병원지부(조합원 640여 명)의 재정

---

20) 영국 노동조합들은 재정의 일부를 노동조합 사무총장(General Secretary, 한국 노동조합 본조의 위원장 역할을 함)을 비롯한 전국 단위 간부들과 집행위원들에게 임금과 수당(salaries and benefits) 명목으로 지급하고 있다. 여기서 노동조합 간부들에 대한 노동조합의 임금 지급은 사업장 단위가 아닌 주로 전국 혹은 지역 단위에 한한다. 등록관 연례보고서(Certification Office 2012)에 따르면, 8%의 노동조합이 그들의 사무총장에게 연간 10만 파운드 이상을 지급했고, 6만~10만 파운드를 지급한 곳이26%, 3만~6만 파운드 17%, 3만 파운드 이하 10% 등의 순이었다. 그러나 나머지 39%의 노동조합 사무총장들은 노동조합로부터 어떠한 형태로도 임금을 지급받지 못했다. 다만 5곳의 노동조합(3%)은 임금을 지급하지 않는 대신 사례금이나 다른 수당을 일정부분 지급하는 것으로 조사됐다.

현황을 살펴보겠다. 2011-12년 회계연도에 총 지출액 14,800파운드 가운데 노동조합대표에게 지출된 금액은 270 파운드에 불과했다. 이는 노동조합 활동에 따른 노동조합대표의 임금 지급의 성격이라기보다는 아주 적은 규모의 활동비 지급에 관한 것이다. 그 비율도 총 지출액의 2%를 약간 밑도는 수준이다. 전체 재정 가운데 가장 많은 부분을 차지한 지출항목은 조합원들에 대한 지원(2,667파운드)이고, 기부활동(donation, 1,500파운드), 선전 사업(publicity, 1,327파운드), 조합원 미팅(475파운드), 훈련(440파운드) 등의 순이었다.

노조지부가 노동조합대표들에게 임금을 지급한 사례는 딱 한 곳에서 발견되었다. 하지만 이 역시도 지부 자체 대표에 대한 임금 지급이 아니라 서비스의 아웃소싱에 따른 특별한 상황이 발생하였기 때문에 일반적인 상황이라고 보긴 어렵다. 이 지부가 기반한 지방정부 업무 가운데 일부가 민간업체로 위탁되었는데 새로운 민간업체 사용자가 업체 노동조합대표에게 유급 노동조합 활동시간을 보장하지 않았다. 이는 TUPE 규정으로 보장받을 수 있는 기 확보된 집단적 노사관계에 대한 권리가 없어서 발생한 것이다. 때문에 기존의 지부가 새로운 민간업체 노동조합대표에게 일정한 시간만큼의 노동조합 활동에 대해 임금을 보완하는 정도의 금액을 지급한 사례이다. 이는 예외적인 상황이다. 이 지부 대표는 현재 새로운 민간업체와 노동조합 승인을 위한 교섭을 진행 중이라고 말했다. 이 지부가 민간업체에 고용된 노동자들도 대변할 수 있는 노조로 승인이 되면, 그에 기반해 유급 노동조합 활동시간 보장을 위한 협의를 진행할 수 있다.

마. 소   결

이 글에서는 영국의 전임자 운영을 둘러싼 법제도, 단체협약, 관행과 최근 영국에서 벌어지고 있는 노동조합대표들에 대한 유급 노동조합 활동시간을 둘러싼 논쟁을 다루었다.

영국에는 현재 약 20만여 명의 노동조합대표들이 사업장 단위에서 사용자로부터 노동조합 활동시간(facility time)을 보장받으며 활동하고 있다. 하지만 사업장 단위 노조(지부)대표들이 모두 풀타임으로 노동조합 활동에 종사하는 전임자들이 아니고 사안에 따라 노동조합 활동시간을 부여받는 경우가 많아 한국과 직접 비교할 수는 없다. 유급 노동조합 활동시간을 보장받는 노동조합대표들이 존재하는 사업장의 비율은 1980년대 이후 지속적인 노동조합 조직률 및 교섭력 하락 등의 영향으로 줄어들고 있다. 승인받은 노동조합이 1개 이상 있는 사업장에서 노동조합대표가 존재하는 비율은 1980년 79%에서 1984년 83%까지 증가하였다가 이후 감소세를 기록, 2004년에는 62%에 불과했다. 이처럼 노동조합의 조직률과 영향력이 감소하고 있는 가운데 보수-자민당 연립정부 출범 이후 노동조합에 대한 유급 노동조합 활동시간 축소를 통해 노동조합의 영향력을 축소시키려는 움직임은 확산되고 있다. 지난 2010년 출범한 보수-자민당 연립정부는 재정적자 감축을 목표로 이뤄지고 있는 각종 재정지출 축소

방편의 하나로 유급 노동조합 활동시간 축소를 추진 중이다. 그 대상이 현재는 공무원노동
조합으로 국한되어 있지만 정부는 이를 공공부문 노동조합 전체로 확산시켜 나갈 방침이다.
근거는 국민들이 낸 세금이 공무원을 비롯한 공공부문의 노동조합 활동에 투입되는 것은 부
당하고, 납세자들의 과도한 부담을 주고 있기 때문이라는 것이다. 하지만 노동계는 '이념적
공세'로 규정하고 노동조합대표들의 활동이 생산성에 긍정적 영향을 미칠뿐 아니라 정리해
고와 이에 따른 채용비용, 개별적 분쟁 여지를 줄여내면서 사용자는 물론 납세자들의 비용을
줄이고 있다는 점을 강조하고 있다.[21] 유급 노동조합 활동시간 축소에 관한 정부 방침이 발
표된 것이 정부의 공공부문 연금개혁안에 반대하는 대규모 파업(2011년 11월) 이후인데, 정
부는 이외에도 NHS 시장화·민영화를 통한 공공부문 축소, 중앙 집중화된 공공부문 교섭구
조의 분권화 등을 추진하고 있음을 감안하면 노동조합 영향력 축소라는 정부 의지는 더욱
분명해 보인다.

이러한 상황을 감안하더라도 영국의 유급 노동조합 활동시간에 대한 법규정과 사업장 단
위에서의 적용방식을 검토한 결과, 다음과 같은 시사점을 도출할 수 있다.

첫째, 국가 개입의 최소화이다. 살펴본 것처럼 영국의 법 조항 및 ACAS 실행규칙은 일반
적인 노동조합 직무(duties)의 범위를 명시하고 이를 수행하기 위해 '합당하다'고 여겨지는 시
간만큼을 노동조합대표들이 유급 노동조합 활동시간으로 활용할 수 있도록 보장하고 있다.
교섭 상대방인 사용자와 관계없이 이뤄지는 노동조합 자체 활동(activities)에 대해서도 '유급'
은 아니지만 노동조합 활동시간으로 인정하고 있다. 국가가 법령과 다른 행정적 조치를 통
해 유급 노동조합 활동시간 보장에 개입하는 범위는 최소화되어 있다. 이는 한편으로는 영
국 노사관계의 오래된 전통인 '자율주의'에 따른 것이고, 다른 한편으로는 국가 개입의 최소
화가 노사 자치에 의한 관행을 발전시키는 데 효과적이라는 점이 실증적으로, 법리적으로 검
증되었다는 것을 웅변하고 있다.

영국의 사례에서 확인된 것은, 법으로 전임자의 적정 규모를 정하고 있지 않고, 노사간
자율 교섭에 맡겨진 일에 국가 개입은 '최소화'된다는 점이다. 사용자의 재정적 원조가 지나
치다고 판단되는 경우에는 노동조합의 법적 권한을 부여하지 않는 방식으로 노조의 자주성
확보를 중요한 원칙으로 다루고 있을뿐 이에 대해 사용자를 처벌하는 등의 조치를 취하고
있지 않다. 덧붙여 사용자의 노조대표들에 대한 임금 지급을 금지하는 법 규정은 없다.

둘째, 국가 개입의 최소화와 관련된 사항이기도 한 노사 자율의 원칙이 유급 노동조합 활
동시간 보장 논의에 핵심이라는 점이다. 앞서 살펴본 노조대표의 개념 및 정의, 이들에 대한
법적 권리에 대한 최소한의 법적 규정에 기반해 노사는 사업장 단위에서 '자율적'으로 유급

---

21) UNISON 2012년 7월 13일자 보도자료, 'Benefits of facility time far outweigh the costs' http://www.unison.
org.uk/asppresspack/pressrelease_view.asp?id=2763

노동조합 활동시간에 대한 규모를 결정한다. 노조대표의 종류와 그들에 대한 지위, 노조활동을 위해 필요로 되는 활동시간 등에 대한 내용은 노사 자율 교섭을 통해 단체협약 또는 별도의 문서, 혹은 구두합의를 통해 정리된다. 협약자치, 혹은 노사자치라는 노동법의 이념이 구현되고 있다.

사용자의 노동조합 및 노동조합대표들에 대한 재정적, 물질적 지원은 아주 일상적으로 (common practice) 이뤄지고 있다. 첫번째 항목에서 살펴본 것처럼, 사용자의 재정 및 편의시설 제공은 노동조합 자주성을 인증하는 데 아주 중요한 기준으로 사용되고 있는데, 그렇다고 해서 아예 재정 및 편의시설 제공을 금지해야 노동조합의 자주성이 확보된다는 기조는 아니다. 노동조합 자주성을 가늠하는 핵심은 노동조합이 설립에서부터 운영까지 사용자의 지배 및 통제 하에 있었는지 여부이다. 따라서 재정 및 물질적 지원 역시 사용자가 지배/ 통제 측면이 아니라 사업장 내 노사관계가 원활하게 형성되기를 바라는 측면에서 진행되는 것이라면 자주성 침해로 판단되지 않는다. 더욱 중요하게는, 사용자의 재정 및 물질적 지원이 중단 및 철회되었을 때에도 노동조합이 노동조합으로서 기능할 수 있는 자원(resources)과 능력 (ability)을 갖췄다면 이러한 지원이 노동조합의 자주성을 침해했다고 볼 여지는 없다는 점이다. 설령, 등록관(Certification Officer)에 의해 자주성이 훼손되었다고 확인된 경우에도 노동조합은 재심을 신청할 수 있고, 최악의 경우 자주성을 승인받은 노동조합이 받을 수 있는 법적 혜택 수혜 대상에서 제외될 뿐이다. 이 과정에서 사용자는 노동조합 자주성 승인을 신청하거나, 승인이 반려된 경우 재심을 신청하거나 할 수는 없다. 또한 사용자가 지배 통제를 위한 재정·물질적 지원을 이유로 처벌 대상이 되지는 않는다. 이에 대한 법적 규정이 아예 없다. 이는 노동조합 전임자들에 대한 임금 지급 여부의 논란에서 국가는 최소한의 가이드라인을 제시할 뿐 법적인 제재를 가하는 방식으로 개입하지는 않는다는 점을 확인시켜 주는 동시에 노사 자율 원칙의 중요성을 강조하고 있다.

셋째, 교섭구조의 분권화 등의 영향으로 사업장 단위 노조(지부)대표들의 역할이 더욱 증대될 수밖에 없다는 현실을 감안할 때 노조대표들에 대한 유급 노동조합 활동시간 보장은 더더욱 사업장 단위 노사관계 안정을 위해서도 요구되는 지점이다. 민간부문은 물론 최근 들어 공공부문에서도 전국 단위 중앙 집중적인 교섭구조가 분권화되는 현실을 감안할 때 사업장 단위 노조(지부)대표들의 역할은 갈수록 확대될 수밖에 없다. 이러한 이유로 사업장 노사간 자율교섭에 의한 일정 규모 유급 노동조합 활동시간 보장은 노사 모두에게 긍정적인 효과를 주고 있다.

📖 참 고 문 헌

〈국내〉

김미영, 이명규, 김미정. (2009). 노동조합 전임자의 급여 지급에 관한 연구, 민주노총.

김성훈. (2002). 외국의 기업단위 전임자제도 운영실태와 시사점: 프랑스, 독일, 영국, 노사정위원회 노사관계소위원회, 제82차 노사관계소위원회 회의 참고자료.

김정한, 문무기, 윤문희. (2004). 노동조합전임자 급여지급실태 및 개선방안, 노동부.

김주섭. (2002). 노동자 학습재원 마련이 시급하다, 월간 노동사회, 66호, 한국노동사회연구소.

심재진. (2010). '영국 산별노동조합의 실태 및 법률적 쟁점', 국제노동법 연구원, 산업별 노동조합의 실태에 관한 비교법적 분석, 법원행정처, pp. 48-93.

오건호. (1998). '영국 현장위원 조직의 전개과정과 전망, 한계', 월간 현장에서 미래로, 35호, 한국노동이론정책연구소.

이승욱. (2003). 영국 산별노동조합 조직, 운영 및 활동에 관한 법적 구조, 박종희·이승욱. 산별 노동조합 운영 및 활동에 관한 법 해석상의 문제점과 개선방안, 노동부 학술연구용역, pp. 127-173.

이정희. (2012). 영국 공공부문 유급 노동조합 활동시간을 둘러싼 최근 동향, 국제노동브리프 10(8), 2012년 8월호, pp. 44-52, 한국노동연구원.

채준호. (2008). 영국의 노동당과 노동조합, 연구총서 2008-11, 한국노총 중앙연구원.

〈외국〉

BERR. (2007). Workplace representatives: a review of their facilities and facility time: Government response to public consultation, London: Department for Business Enterprise and Regulatory Reform.

Brownie, N. (2012). Trade Union Membership 2011, London: Department for Business Innovation and Skills, http://www.bis.gov.uk/assets/BISCore/employment-matters/docs/T/12-p77-trade-union-membership-2011.pdf.

Carley, M. (2012). Trade union 'facility time' under review, http://www.eurofound.europa.eu/eiro/2012/03/articles/uk1203019i.htm.

Certification Office. (2011). A guide for trade unions wishing to apply for a certificate of independence, London: Certification Office for Trade Unions and Employers' Associations.

Certification Office. (2012). Annual Report of the Certification Officer 2011-2012, London: Certification Office for Trade Unions and Employers' Associations.

DTI. (2007). Workplace representatives: a review of their facilities and facility time: Consultation Document, London: Department of Trade and Industry.

Simms, M. and Charlwood, A. (2010). Trade Unions: Power and Influence in a Changed Context, In: Colling, T. & Terry, M. (eds.) Industrial Relations: Theory and Practice. 3rd ed. Oxford: Wiley-Blackwell, pp.125-148.

Terry, M. (1995). Trade Unions: Shop Stewards and the Workplace, In: Edwards, P. (ed.) Industrial Relations: Theory and Practice in Britain, Oxford: Blackwell Business, pp.203-228.

Terry, M. (2010). Employee Representation, In: Colling, T. & Terry, M. (eds.) Industrial Relations: Theory and Practice. 3rd ed. Oxford: Wiley-Blackwell, pp.275-297.

TPA. (2011). Taxpayer funding of trade unions 2011, Research Note 97, London: The Taxpayers Alliances.

TUC. (2011). The Facts about Facility Time for Union Reps, http://www.tuc.org.uk/tucfiles/108/TheFactsAboutFacilityTime.pdf

TUC. (2012). Facility time for union reps – separating fact from fiction, http://www.tuc.org.uk/tucfiles/206/FacilityTimeSeparatingfactfromFiction.pdf

TUC. (2013). TUC Directory 2013, London: TUC.

Undy, R. (2008). Trade Union Merger Strategies: Purpose, Process and Performance. Oxford: Oxford University Press.

Wanrooy, B., Bewley, H., Bryson, A., Forth, J. Freeth, S., Stokes, L. and Wood, S. (2013). The 2011 Workplace Employment Relations Study First Findings, London: Department for Business, Innovation and Skills.

Willman, P. (2004). Structuring Unions: The Administrative rationality of Collective Action, In: Kelly, J. & Willman, P. (eds.) Union Organization and Activity. London and New York: Routledge, pp.73-88.

Willman, P. and Bryson, A. (2006). Accounting for Collective Action: Resource Acquisition and Mobilization in British Unions, CEP Discussion Paper No. 768, London: Centre for Economic Performance.

I. 영 국
영국 노동조합 타임오프 실태에 관한 보고서

2. 영국 현지 전문가 의견: 멜라니 심스(Melanie Simms)[1]

이 글은 노동조합의 직무(union duties)를 수행하는 노동조합대표들에 대한 사용자의 재정적 및 물적 지원을 둘러싼 영국의 법과 관행을 정리한 것이다.

가. 배경 – 자율주의의 역사적 중요성

영국은 고용에 관한 집단적인 규정과 관련, 자율주의(voluntarism)의 전통을 갖고 있는 것으로 잘 알려져 있다. 영국 노사관계에서의 자율주의 전통은 국가로부터는 독립적이면서, 당사자인 노동조합과 사용자 간에 관련된 절차와 관행을 합의하는 데 중점을 두고 있다. 노동조합대표들에 대한 유급 노동조합 활동시간(facility time)에 대한 규정들은 대개 기업들이 노동조합을 단체교섭의 당사자(collective bargaining partner)로 받아들이는(recognise) 시점에 협상이 이뤄지며 그 이후에 다시 협상을 하는 경우는 드물다. 이 사실은 매우 중요한 의미를 갖는다. 유급 노동조합 활동시간에 대한 이슈는 주로 기업이나 사업장 단위 단체협약(및 이에 준하는 합의서)에서 규정되기 때문이다. 이러한 이유로 협약이 공식화되는지 여부, 서면으로 작성되는지 여부, 강제성이 있는지 여부 등에 대해서는 사업장마다 다양하다. 협약이 서면으로 작성되고 공식 문서로 만들어지는 경우가 점점 일반화되고 있음에도 일부에서는 그런 절차를 따르지 않고 오래된 '관습과 관행(custom and practice)'의 유형에 의존하는 경우도 있다.

영국의 법들이 '합리적인' 행위('reasonable' behaviour)에 초점을 두고 있다는 사실을 이해하는 것이 매우 중요하다. 이는 특히 고용관계에서 그러한데, 이러한 특징 때문에 어떤 특정한 상황에서 무엇이 합리적인가를 판단하는 것을 일반화(generalise)하는 것은 거의 불가능하

---

1) 영국 워릭대(University of Warwick) 노사관계연구소(IRRU) 부교수. 심스 교수의 주요 연구주제는 노동조합이다. 심스는 노동조합 조직화와 재활성화와 관련된 다수의 저널 논문, 연구보고서, book chapters를 출판하였다. 최근 저작은 2012년 코넬대출판부에서 출간한 'Union Voices: Tactics and Tensions in UK Organizing'이다. 55 Victoria Court Allesley Hall Drive Coventry CV5 9NQ UK. Melanie.Simms@wbs.ac.uk

다. 중요한 원칙 중 하나는 어떠한 당사자도 그것에 대해 불만을 가지지 않을 때가 합리적이라고 여겨진다는 점이다. 이는 '관습과 관행'이라는 중요한 원칙에 의해 이해된다. 역사적으로 특히 노동과 고용 문제에 관해 영국은 성문법 전통이 약하기 때문에 사업장에서 대표들이 갖는 권리는 법에서 정한 최저선보다 광범위하게 보장된다. 관습과 관행은 사업장 단위에서 실제로 발생하는 이슈들을 규율하는 데 넓게 적용된다. 그럼에도, 관습과 관행은 준법적 지위(quasi-legal status)를 갖는다고 볼 수 있다. 예를 들어 사용자가 일방적으로 회사가 제공한 사무실과 컴퓨터 사용 권한을 박탈하는 방식 등을 통해 사업장 노동조합대표들의 지위에 변화를 주려고 시도하는 경우를 생각해 보자. 이럴 경우 노동조합의 불만은 고용심판소(Employment Tribunal)에서 처리될 수 있다. 물론 이러한 일이 발생할 가능성은 거의 없다. 영국 노동조합들은 법보다는 단체교섭을 통해 분쟁을 해결하려는 성향이 더 강하기 때문이다. 만약 고용심판소로 사건이 회부된 경우, 노동조합은 사용자들의 행위가 비합리적이라고 주장할 것이다. 노동조합대표들에 대한 재정과 편의시설을 사용자들이 제공하는 것이 오랜 관행과 관습이기 때문이다. 최종 판단을 담당하는 고용심판소는 사업장 단위의 상황을 고려하여 그러한 사용자 행위가 합리적인지 아닌지를 판단하게 된다.

자율주의 전통을 이해하는 것은 이 영역에서 엄청 중요하다. 물론 지난 수십 년 동안 전해져온 일련의 법령에 의해 사업장 단위 노동조합대표들에게 부여된 보호장치들과 권리들이 있다. 하지만 이들은 노동조합이 승인된 대부분 사업장에서 법령 조항 그대로 적용된다고 기대되지 않는다. 왜냐하면 노동조합들은 법에서 정한 최소한의 권리보다 훨씬 더 관대한 지원에 대해 사용자와 합의를 하기 때문이다. 다른 한편, 이러한 상황은 사용자들이 그러한 지원을 철회한다고 할 때 노동조합이 그들의 기존 지위(혜택)를 지키기 어렵게 만들 수도 있다. 요약하면, 영국 고용관계에서 자율주의의 중요성을 이해하는 것은 영국에서 노동조합대표들에 대한 유급 노동시간 보장이 아주 다양한 방식으로 이뤄지고 있다는 것을 이해하는 핵심이 된다.

나. 법적 지위

노동조합 —어떤 경우에는 비노동조합 노동자단체의— 대표들이 법적으로 관련된 직무를 수행하기 위해 노동조합 활동시간을 보장받는 권리를 지원하기 위한 법 규정엔 9가지 영역이 있다. 어떤 노동조합대표들은 노동조합대표로 직무를 수행하기 위해 훈련을 받을 때에도 편의시설과 시간을 보장받을 수 있는 권리를 갖는 한편, 모든 노동조합대표들은 노동조합 활동을 이유로 한 해고나 부당한 대우로부터 보호받을 수 있는 권리를 갖는다. 영국 자문알선중재위원회(Advisory, Conciliation and Arbitration Service, ACAS)는 이들 권리에 관한 아주 유용하고 자세한 안내를 제공하고 있고, 사업장 단위에서 어떻게 사용자들과 노동조합들이 이러한 필요조건들을 이행할 수 있는지에 관해 조언을 하는 실행규칙(Code of conduct)도 발표한다. 〈표 Ⅰ-14〉는 대표적인 노동조합대표들과 그들의 법적 권리를 보여준다. 이는 노동조합 직무와 활동에 관한 ACAS Code of Conduct에 정리된 아주 요약된 표이다. 이들 권리들은 ACAS website에 명시된 상세한 법령들의 조합을 통해 노동조합대표들에게 부여된 것들이다.

〈표 Ⅰ-14〉 노동조합대표 유형별 법적 권리

대표권 유형	노동조합 직무에 관한 노동조합 활동시간 보장	훈련을 위한 노동조합 활동시간 보장	편의 시설 규정	노동조합 활동 이유로 한 해고 및 부당한 대우로부터의 보호
노동조합대표	√	√		√
노동조합학습대표	√	√		√
보건안전대표	√	√	√	√
정부 및 협의대표 (노동조합 혹은 비노동조합)	√			√
유럽직장평의회대표 (노동조합 혹은 비노동조합)	√			√
연금대표 (노동조합 혹은 비노동조합)	√			√
TUPE대표, 즉 아웃소싱이 진행 중인 사업장 노동조합대표	√	√	√	√
집단해고	√	√	√	√
사업장 협정대표 (노동조합 혹은 비노동조합)				√

이 표는 이러한 협약들의 복잡한 특징들을 잘 보여주고 있다. 또한 앞서 지적했던 자율주의에 관한 특징을 기억하는 것이 중요하다. 〈표 Ⅰ-14〉에서 얘기하는 것들은 법적인 최소한도이고, 노동조합을 승인한 많은 기업들은 이 법적인 수준을 상회하는 규정들을 제공한다. 이러한 권리들을 뒷받침하는 법률에 대해 몇 가지 언급할 필요가 있다.

(1) 노동조합 직무 및 활동

노동조합 직무(duties)라는 단어는 입법상 중요하다. 또한 이는 대개 무급으로 이뤄지는 광범위한 노동조합 활동과는 별개의 개념이다. ACAS 가이드라인의 한 섹션은 이것이 실제 현장에서 적용될 때 어떠한 의미를 갖는지에 대해 아래와 같이 설명한다:

"노동조합대표들은 고용법(Employment Protection Act 1975)에 따라 합당한 수준만큼의 유급시간을 그들의 노동조합 직무(duties)를 수행하거나 노동조합의 훈련을 받기 위해 보장받을 법적 권리가 있다. 노동조합대표들과 조합원들은 또한 그들이 노동조합 활동(activities)에 참가할 때 합당한 수준만큼의 무급 노동조합 활동시간을 보장받을 법적 권리가 있다. 여기서 노동조합의 직무(union duties)는 달리 합의된 사항이 없을 경우 사용자들과 노동조합들간에 체결된 단체협약에 의해 정해진 활동과 관련되어야 하고, 노동조합대표들 자신의 사용자와 관련되어야 한다."(ACAS 실행규칙 3:4, 필자 강조)

노동조합 활동(activities)은 사업장(workplace) 안에서 노동조합대표들에 의해 수행되는 사용자를 상대로 하는 노동조합 직무를 제외한 모든 추가적인 역할과 관련이 있다. 내부적인 노동조합 현안을 토론하기 위한 회의나 모임, 정책회의에의 참가, 사용자와의 교섭을 위한 사전 회의 등을 포함한다. 이러한 활동이 노동조합 직무를 뒷받침하는 것임을 감안하면 고용계약상 업무에서 벗어나 유급 노동조합 활동시간을 보장받은 노동조합대표들은 상당한 양의 추가적인 책임을 지고 있음을 알 수 있다. 사용자에게 이러한 광범위한 노동조합 활동을 지원해야 하는 의무는 없다. 하지만 승인받은 노동조합이 있는 많은 사업장에서는 노동조합 '직무'가 아닌 '활동'에 대해서도 사용자가 지원을 하는 경우가 많다.

(2) 훈련 규정

〈표 I-14〉에서 설명하고 있듯이 노동조합대표들의 대표권 유형에 따라 일부는 그들의 이해대변 역할과 관련된 훈련을 위해 유급 노동조합 활동시간을 부여받고 있다. 이러한 훈련은 개별적인 노동조합이나, 영국노총(TUC)에 의해 승인받은 것이어야 한다.

(3) 합당한 수준의 타임오프

'합당한 수준'의 타임오프라는 것은 영국 고용규정(employment regulation)의 자율주의 원칙에서 나온 용어이다. 때문에 'reasonable'이 갖는 아주 정확한 의미는 국가가 아닌 사용자와 노동조합에 의해 정의되고 동의되는 것으로 여겨지고 있다. 물론 합의의 내용을 서면으로 정리해야 할 필요가 있는 건 아니다. 만약 'reasonable'의 의미를 두고 분쟁이 발생한다면, 이 케이스는 고용심판소(Employment Tribunal)에서 다뤄질 수 있다. 하지만 고용심판소까지 가는 경우는 상당히 드물다. 대개는 당사자들이 교섭을 통해서 이러한 분쟁을 해결하기 때문이다.

무엇이 '합당한' 것으로 여겨질 수 있는지에 대한 ACAS 가이드라인은 사용자들과 노동조합들이 고려해야 할 것으로 다음 4가지를 제시하고 있다.

• 기관(사업장 혹은 기업)의 규모
• 생산과정의 유형

- 공공의 서비스를 유지해야 할 필요성
- 항상적인 안전과 보안의 필요성

영국에서는 고용관계의 양 당사자들(사용자와 개별 노동자, 혹은 노동조합이 승인된 곳에서는 사용자와 노동조합)이 노동조합 활동시간 등을 포함한 개별 규정들을 실행하기 위한 자세한 사항에 대해 합의하는 것이 일반적이다. 물론 자율주의 원칙에서 발생하는 많은 이슈들이 있다. 특히 유급 노동조합 활동시간(time off)에 관한 공식적인 합의의 부재 그 자체가 각각의 법적 권리를 부인하는 것은 아니다. 다시 말하자면, 노동조합대표들은 설령 이들 권리가 서면계약으로 만들어져 있지 않더라도 권리를 행사할 수 있다.

다. 노동조합 활동시간에 관한 ACAS 실행규칙

영국 고용법제하에서 법률상의 규정들은 어떻게 사용자들과 노동조합들에 의해 해석되고 실행될지에 관한 지침(guidance)과 권고(advice)에 의해 뒷받침된다. 이러한 점에서 ACAS는 실행규칙(Code of Conduct)을 제공하는데, 이는 준법률적 지위(quasi-legal status)를 갖는다. 다시 말하자면, 실행규칙 내에 있는 권고(advice)사항들은 고용심판소에서 법률 분쟁에 관한 심리가 진행될 때 증거로 제시될 수 있고, 사건에 관한 결정을 내릴 책임이 있는 사람들에 의해 고려된다. 사실, 이 실행규칙은 관련된 법률과 함께 읽혀져야 하며, 또한 법이 사용자들과 노동조합들에 의해 어떻게 해석되도록 의도되었는지에 관한 아주 자세하고 실무적인 지침을 제공한다.

실행규칙에서 명시한 몇 가지 중요한 사항들은 법률에서 명시한 세부사항을 넘어서(go beyond) 법률 규정들의 의도된 해석이 무엇인지를 분명히 해 주고 있다. 대표적으로 8가지 항목을 들 수 있다.

1) 사용자는 노동조합 업무가 보통 노동조합대표가 일을 하지 않던 시간(역자 주: 예를 들어 정시 출근자의 경우 오전 9시 이전 및 오후 6시 이후의 시간, 혹은 주말 등)에 이뤄졌다는 이유로 추가적인 임금을 지급해야 한다고 기대되지는 않는다. 예를 들어 노동조합대표가 야간노동이 이뤄지는 시간에 노동조합 직무를 수행해야 했다 하더라도 야간노동에 따른 할증임금을 지급할 필요는 없다.

2) 실행규칙은 효과적인 훈련이 대표자들의 대표권 행사에서 아주 중요한 것임을 분명히 하고 있고, 따라서 사용자들은 노동조합대표들이 이러한 훈련에 참가하도록 적극적으로 독려하도록 하고 있다.

3) 노동조합 활동 그 자체가 파업과 같은 노동쟁의일 경우에 유급 노동조합 활동시간에 관한 권리는 없다. 다시 말하면, 파업이 발생할 경우, 노동조합대표들은 다른 파업 참가 노동자들과 같은 대우를 받게 된다.

4) 대표권 행사를 위한 역할을 수행하기 위한 편의시설에 대한 규정과 관련, 사용자가 모든 종류의 노동조합대표들에게 이를 제공해야 할 의무는 없다(〈표 I-14〉 참조). 그러나 실행규칙은 사용자들이 미팅 장소, 전화 사용, 인트라넷과 같은 다른 종류의 통신수단에의 접속, 이들을 위한 사무실 공간 등과 같은 편의시설을 제공할 것을 권장하고 있다.

5) 노동조합대표들은 사용자들이 제공하는 편의시설, 특히 회사의 정보 이용과 관련된 합의사항을 인지하고 적극 준수해야 한다.

6) 사용자들은 노동조합대표들이 그들의 통신수단이 사용자에 의해 감시되지 않아야 한다는 합당한 기대를 가져야 한다는 것과, 예외적인 경우에 한하여 노동조합대표들의 이메일에 대한 접속을 요구할 수 있다는 점을 상기하여야 한다.

7) 노동조합대표들은 그들의 사용자들에게 유급 노동조합 활동시간 요청에 관한 가능한 한 충분한 예고를 해야 한다. 대개 이는 2-3주 가량 전인 것으로 해석된다.

8) 사용자들은 현장 라인 매니저들이 이 영역에 관한 규정들을 인식하게 해야 한다.

라. 노동시간면제를 둘러싼 갈등 및 논란

노동조합대표들에 대한 노동조합 활동시간은 보수당(우파)과 자유민주당(중도)이 연립정부를 구성한 2010년 5월 선거 이후 정치적으로 민감한 이슈가 되고 있다. 정부는 최근 노동조합 활동시간을 줄이겠다는 의도로 공공부문의 노동조합 활동시간에 관한 자금에 관한 조사에 착수했다. 논의의 핵심은 공공부문 노동조합대표들에 대한 사용자의 유급 노동조합 활동시간 보장이 납세자들의 세금을 낭비한다는 측면에서 접근되고 있다. 다시 말하자면, 이 논의는 "납세자들은 그들이 납부한 세금이 노동조합대표자들의 직무수행에 쓰이기보다는 그들을 위한 서비스 제공을 위해 쓰여질 것을 선호한다"는 데에서 출발하고 있다.

정부가 조사에 나선 것은 납세자동맹(Tax Payers' Alliance)과 같은 조직으로부터 제기된 이 이슈에 관한 로비에 대한 대응일 개연성이 있다. 납세자동맹은 공공부문의 노동조합 활동시간에 관한 합의에 대해 격렬히 비난해 왔다. 그들은 노동조합이 2010-11년 회계연도 동안 납세자들로부터 1억 1,300만 파운드를 받았다고 주장한다. 이는 유급 노동조합대표들에 대한 보조금 8,000만 파운드와 직접적인 임금 지급 3,300만 파운드를 합한 금액이다. 이 보고서는 상당한 주목을 받았고, 1억 1,300만 파운드는 납세자들에 의한 공공부문 노동조합에 대한 보조금으로 보고되었다.

물론 이에 대한 다수의 반론이 제기되었고, 영국노총(TUC)은 연구보고서(research report)를 냈다. 이 보고서는 납세자동맹이 낸 보고서에 2가지 중대한 문제가 있다는 점을 지적했다. 첫째는 노조에 보조금 형식으로 지급됐다고 보고된 금액을 계산하는 데 사용된 방법에 대한 심각한 문제제기이다. 둘째는, 비용-이익 분석이 이뤄지지 않았다는 점이다. 비용-이익 분석은 공공부문 노동조합들을 위한 효과적인 지원으로부터 발생한 긍정적인 효과(재정적인 면에서)를 계산하는 용도로 사용될 수 있다. TUC 보고서는 당시 기업규제개혁부가 2007년 내놓은 보고서를 더 발전시킨 것인데, 당시 정부의 보고서는 사업장에서 노동조합 활동시간을 부여받은 노동조합대표들로부터 발생한 이익을 강조하고 있다. 당시 보고서(report)는 전국단위 데이터인 2004 사업장 고용관계조사(WERS 2004) 자료를 사용했는데, 노동조합대표들을 보유하고 있는 노동조합이 조직된 사업장에서 다음의 5가지 점에서 모두 낮은 발생률을 기록했다는 점을 보고하고 있다.

- 해고 비율
- 자발적 이직
- 고용심판소 사건 수
- 산업재해
- 업무상 질병

영국노총은 이들 모든 효과는 여전히 명백하며 노동조합 활동시간에 대한 지원의 결과로 순수익을 만들 수 있게 기여하고 있다고 주장했다.

노동조합 활동시간 보장에 대한 논쟁과 심의는 정부의 공무원 서비스 부서들에 대한 지침으로 귀결되었는데, 이 지침은 다음과 같은 것들을 제언하고 있다:

1) 표준화된 보고 메커니즘 도입을 통한 보다 엄격한 모니터링과 보고가 이뤄져야 한다. 이는 분기별로 총리실(Cabinet Office)에 보고되어야 하며 매년 연례 보고서로 작성된다.

2) 노동조합대표들은 적어도 노동시간의 50%를 본연의 대시민 서비스 업무에 사용하도록 한다.

3) 예외적인 상황에서, 정부 부처와 노동조합이 노동조합대표가 자신의 노동시간의 50% 이상을 노동조합 업무에 사용하는 것이 동의됐다고 하면 이는 국무 장관(Secretary of State) 또는 수석집행관(Chief Executive)으로부터의 동의가 전제되어야 하며 그러한 업

무는 3년 이상 지속할 수 없다.

4) 3년 이상 100%의 시간을 노동조합 활동에 사용한 노동조합대표들은 오직 추가 1년 동 안만 그러한 방식의 노동조합 활동을 지속할 수 있다.

5) 만약 노동시간의 100%를 노동조합 활동에 쓰는 노동조합대표들이 새로운 업무를 맡 은 경우에, 그들은 100% 노동조합 활동을 하는 대표로 계속 활동할 수 없다.

6) 이 지침의 기본 입장은 노동조합 활동(activities)은 노동시간면제를 받는 대상이 될 수 없다는 점이다. 예외적으로 노동조합 활동에 대해서도 노동시간면제를 부여하기를 바 라는 부처에서는, 국무장관이나 수석 집행관으로부터 동의를 구해야 하며 예외적인 상황에 대해 보고해야 한다.

7) 총리실로부터 제공받은 이 새로운 지침은 각 부처들이 어떠한 활동이 노동시간면제에 해당되지 않는 노동조합 활동(activities)인지를 결정하는 것을 지원한다.

8) 총리실로부터 제공받은 이 새로운 지침은 현장 라인 매니저들과 노동조합대표들이 노 동조합 활동에 따른 노동시간면제를 좀더 엄격하게 관리하는 것을 돕는다.

9) 노동시간면제 범위를 모니터하기 위해 지표 수치(guide figure)가 도입된다. 도입 첫 해 지표수치는 전체 임금(pay bill)의 0.1%이다. 이는 노동조합대표들에 대한 모든 노동시간 면제 범위는 물론 보건안전 대표, 노동조합 학습대표들에 대한 면제 시간까지도 포함된 다. 이 범위를 넘어서는 노동시간면제에 대해서는 국무장관과 수석집행관으로부터 동 의를 받아야 하고 총리실에 미리 보고해야 한다.

노동조합 활동시간에 대한 이슈는 매우 정치적 사안으로 부상되어 있고, 영국노총과 가 맹 노동조합들은 앞으로 추가적인 노동조합에 대한 압력이 있을 것으로 예상하고 있다.

마. 사업장 단위 노동시간면제 합의 사례연구

앞서 언급한 자율주의에 관한 몇 가지 사항들이 이 글에서 다시 한번 상기되어야 한다. 영국 고용관계에서 노동조합대표들에 대한 유급 노동조합 활동시간 보장에 관한 협약이 사 업장 단위에서 어떻게 운영되고 있는지 일반화시키는 것은 거의 불가능하다. 모든 사업장들 이 각각 다른 관습과 관행을 갖고 있기 때문이다. 여기서 분명히 말할 수 있는 것은, 법률상 조항들은 최저선이라고 이해되어야 하며, 대부분 노동조합대표들이 있는 사업장에서는 법 조항보다는 더욱 관대한 지원을 하고 있다는 점이다. 그럼에도, 실제 그러한 합의서들이 사업장에서 어떻게 운영되고 있는지에 대한 이해를 돕는 몇 가지 문서들이 있다.

(1) 영국노총 모범 노동시간면제 모범 협약안

영국노총(TUC)은 노동시간면제와 관련된 모범 협약안(model agreement)을 만들었고 많은 공식적인 서면 합의서들이 비슷한 내용을 다루고 있다. 이는 법률상 최저선을 넘는 것이고 많은 경우 사업장 단위에서 유급 노동조합 활동시간에 대한 협상에서 유용한 출발점이라고 여겨지고 있다. 다음에서 언급할 2가지 사례는 유급 노동조합 활동시간 보장이 실제 공공부문과 민간부분에서 어떻게 운영되는지 더욱 자세하게 보여줄 것이다.

(2) 공공부문: 브리스톨 학교

공공부문에서 작성된 몇몇 문서들은 아주 세부화된 합의가 어떻게 기능하는지에 관한 시사점을 준다. 공공부문 내 공무원 부문을 제외한 다른 부문에까지 유급 노동조합 활동시간에 대한 추가적인 압력이 제기될 것으로 예상되는 가운데, 영국 내 가장 큰 도시 중 하나인 브리스톨(Bristol)에서 학교의 교사와 스태프들을 대변하는 7개의 노동조합에 의해 작성된 문서(impressive document)는 주목할 만하다.

이는 현존하는 유급 노동조합 활동시간에 관한 합의를 계속 존치시킨다는 것을 명시하는 문서이다. 이 문서 그 자체가 단체협약서인 것은 아니다. 이는 노동조합에 의해 작성된 것으로, 노동조합대표들에 대한 유급 노동조합 활동시간 보장이 계속되어야 한다는 것을 옹호하는 내용을 담고 있다. 하지만 이 문서의 서두에 사용자들에 의해 쓰여진 내용에서 확인되는 것처럼 이 문서는 사용자들도 동의한 내용을 담고 있다. 이 문서는 공식적인 합의가 실제 어떻게 운영되고 있는지에 관한 아주 중요하고 상세한 내용을 제공하고 있다. 이 문서의 〈부록 2〉는 모든 교사노동조합들에게 부여되는 유급 노동조합 활동시간에 관한 공식적인 단체협약을 다시 한번 정리한 것이다. 이는 매우 기술적이고 상세한 내용을 담고 있지만 영국에서 유급 노동조합 활동시간에 관한 노사 합의서가 어떻게 마련되고 운영되는지를 살펴보는데 아주 중요한 자료이다.

이 문서는 합의 당사자들인 각 조직에 대한 설명에서부터 시작해 일반적인 원칙, 즉 노동조합대표권을 지지한다는 것을 분명히 명시하고 있다. 제3절과 제4절은 누가 노동조합대표로 인정되는지에 대해 쓰고 있고, 누가 노동조합대표권을 행사하는지에 관한 정보를 경영진에게 알려야 한다는 노동조합의 책임을 강조하고 있다. 제5절은 어떠한 종류의 노동시간 면제가 부여되는지, 즉 불만사항, 분쟁, 노동조합 회의나 대의원대회 등에의 참석, 개별적으로 그리고 집단적으로 노동자들을 대표하는 행위, 훈련에 참가하는 것 등이 명시되어 있다. 제6절은 언제 회의가 소집되어야 하는지 등에 관한 일반적인 사항을 나열하고 있다. 노동조합 및 노동자대표들에게 제공되는 편의시설의 자세한 사항과 관련, 제7절에서는 다음을 명시하고

있다:

- 노동조합 직무를 수행하는 시간
- 새로운 교사들 연락처
- 모든 교사들의 명단(연간 종합)
- 회의 장소
- (노동조합 소식 등을) 전달할 시스템 사용(이메일, 우편, 알림판 등)
- 조합원과 노동조합이 원할 경우, 조합원의 임금에서 조합비를 공제하는 방안
- 합당한 만큼의 프라이버시를 보장받는 조건에서 전화 사용
- 학교의 타자기 및 복사기 사용

다른 조항들은 개별 학교들에서 관련 조항을 마련할 때 합당하다고 여겨지는 것들이 담긴다.

브리스톨 합의서는 또한 이 합의가 실제 운영되는지를 보여준다. 학교 부문은 노동조합 대변기능이 매우 분권화되어 있는 곳으로 알려져 있다. 종종 조합원 모집을 두고 경쟁이 일어나는데, 특히 전문적인 교원들을 상대로 그렇다. 그 결과 개별적인 노동조합들은 대개 개별 사업장(학교)에서 다수의 조합원을 확보하지 못한 상태이고, 이는 효과적인 대변기능 담보를 어렵게 만들기도 한다. 7개의 노동조합들[2](ATL, GMB, NAHT, NASUWT, NUT, Unison and Unite)이 브리스톨 전역에 있는 공립학교(state funded schools)에서 근무하는 교육 전문직, 행정직, 단순노무직 노동자들을 대변하고 있다. 이 노동시간면제 합의서는 영국 노동조합들이 효과적으로 함께 협력하고 있다는 것을 보여주는 좋은 예이다. 또한 이 합의서는 브리스톨 시의 인사노무 담당자들에 의해 지원받고 있다. 약 15만 파운드가 노동조합대표들—그들이 사업장 대표들인지 여부와 관계없이— 이 브리스톨 시 전역에 있는 모든 학교를 아울러 이해 대변기능을 수행하는 노동조합대표들에 쓰여지고 있다. 이 문서는 어떻게 지원금이 각 개별 학교에 의해 조성되는지에 대해서도 자세히 설명하고 있다. 규모가 큰 학교는 조금 더 많이 내고 적은 학교는 적게 내는 방식이다.

(3) 민간부문: 통신업체 BT(옛 British Telecom)

민간부문에서는 통신업체인 BT(옛 British Telecom)와 BT가 승인한 노동조합인 CWU (Communication Workers' Union, 통신노동조합) 간에 체결한 노동시간면제 합의를 예로 들 수

---

2) ATL(Association of Teachers and Lectures, 교사 및 강사노동조합), GMB(Britain's General Union, 영국 내 규모로 3번째 큰 노동조합, 60만여 명 조직), NAHT(National Association of Head Teachers, 전국교장협의회), NUT(National Union of Teachers, 전국교사노동조합), Unison(공공부문노동조합, 2번째로 큰 노동조합, 130만여 명 조직) and Unite(유나이트, 첫번째로 큰 노동조합, 140만여 명 조직).

있다. 원본은 인쇄된 자료로만 접근이 가능한데, 필요하면 PDF본으로 제공이 가능하다. 이 합의서는 영국노총의 모범 합의안과 브리스톨 학교들에서 체결된 합의서와 비교할 때 구조와 다루는 범위가 매우 유사하다는 점에서 주목할 만하다.

다시 한번 강조하자면, 기저에 깔린 원칙은 효과적인 노동조합의 대변활동은 기관(회사 및 사업장)에도 긍정적인 기여를 한다는 것이 동의된다는 점이고, 그렇기 때문에 합당한 방법으로 지원이 되고 있다는 것이다.

바. 맺음말

살펴본 것처럼 영국에는 노동조합 직무 수행을 위해 사용자로부터 노동시간을 면제받는 노동조합 및 다른 노동조합(노동자)대표들에 대한 상대적으로 강한 법적 지원이 있다. 그럼에도 공공부문에서의 노동시간면제 제도 운영에 관한 새로운 논쟁이 제기되었다. 이러한 논쟁은 그러한 노동조합대표들에 대한 지원제도의 비용과 이익을 수량화시키려는 시도에 특별한 초점을 두고 있다. 영국 고용규정의 자율주의 전통이 있음에도 많은 노동시간면제 합의사항은 공공·민간부문 가릴 것 없이 매우 비슷한 방식으로 운영되어 오고 있고, 최소한의 법률적 규정을 넘어서 있다.

I. 영 국
영국 노동조합 타임오프 실태에 관한 보고서(원문)

Report on UK Trade Union Facility Time

2. 영국 현지 전문가 의견: 멜라니 심스(Melanie Simms)[1]

This report summarises the law and practice in the UK relating to agreements between trade unions and employers with regards to providing facilities and time to undertake union duties.

A. Background-The Historical Importance of Voluntarism

It is widely known that the UK has a history of 'voluntarism' with regard to the collective regulation of employment. This places the emphasis on trade unions and employers to agree relevant procedures and practices independent of regulation from the State. Provisions relating to facility time will be usually be negotiated at the point that the organisation accepts the trade union as a collective bargaining partner and rarely re-negotiated after. This is important because this issue is typically regulated at the level of company or workplace collective agreements. Agreements can therefore vary with regard to the extent to which they are formalised (or not), written (or not), and enforced (or not). As a result, although it is increasingly common that such agreements are written, formal documents, some are not and rely on longstanding patterns of 'custom and practice'.

It is important to understand that UK law places a strong emphasis on 'reasonable' behaviour. This is especially true in the area of employment and it is therefore impossible

---

1) Dr. Melanie Simms is Associate Professor at the Industrial Relations Research Unit of the University of Warwick. Her research focuses on trade unions in the UK and elsewhere around the world. She has published extensively on trade union organising and renewal. Her most recent book was published in 2012 by Cornell University Press: Union Voices: Tactics and Tensions in UK Organizing.

to generalise about what might be judged to be 'reasonable' in any given situation. One principle is that something is considered to be reasonable if neither party complains about it. This is what is understood by the important underpinning principle of 'custom and practice'. Because of the historical absence of statute law in the area of work and employment, the rights of workplace representatives are usually far wider that the statutory minima. Custom and practice is far more common in regulating what actually happens at workplace level. Nonetheless, 'custom and practice' can take on a quasi-legal status. In a situation where, for example, managers attempted to unilaterally change the role of the workplace union representative by, say, removing their rights to use an office and computer provided by the company. It is possible (although unlikely as there is a strong preference of UK unions to resolve disputes through negotiation rather than law) that a complaint might be taken to an Employment Tribunal. If that were to happen, the union might well argue that the behaviour of managers was unreasonable because long-standing custom and practice was to provide such facilities. It would then be up to the Tribunal to decide whether such actions were or were not reasonable in the context.

This reliance on voluntarism is extremely important in this area. There are protections and rights that accrue to workplace representatives through a series of statues passed over recent decades. However, these are largely irrelevant in most workplaces that recognise trade unions because the unions typically agree far more generous support than the legal minima. On the other hand, this situation can make it difficult for unions to defend their position if managers withdraw support. In short, understanding the importance of voluntarism in UK employment relations is essential in understanding the large variety of way that time off for representatives operates.

B. The Legal Position

There are nine areas of statute (law) where union —and in some cases non-union— representatives have legally supported rights to paid time off to undertake relevant duties. Some also have a right to be provided with facilities and time to undertake training and all representatives have a right to protection against dismissal and detrimental treatment that might result from their duties as a representative. The Advisory, Conciliation and Arbitration Service(ACAS) has produced an extremely useful and detailed guide to these rights and also issues a code of conduct recommending how employers and unions can implement these requirements. Table 1 outlines the main types of representative and their statutory rights. It is a simplified version of a table that appears in the ACAS Code of Conduct for trade union duties and activities. These rights accrue to representatives through a complex set of statutes that are detailed on the ACAS website.

〈Table 1〉 Rights of different forms of worker representatives

Type of representative	Paid time off for duties	Paid time off for training	Provision of facilities	Protection against dismissal and detriment
Union representatives	✓	✓		✓
Union learning representatives	✓	✓		✓
Health and safety representatives	✓	✓	✓	✓
Information and consultation representatives(union or non-union)	✓			✓
European Works Council representatives(union or non-union)	✓			✓
Pension representatives(union or non-union)	✓			✓
TUPE representatives i.e. union representatives in workplaces undergoing a transfer of undertakings(contracting out)	✓	✓	✓	✓
Collective redundancy	✓	✓	✓	✓
Workforce agreement representatives (union or non-union)				✓

This table highlights the complexity of these arrangements. And it is important to remember the previous point about voluntarism; these are statutory minima and many organisations that recognise trade unions will give provision beyond this. A number of points are important to highlight with regard to the legal underpinning of these rights.

(1) Trade union duties and activities

The word duties is important in the legislation and is separated from wider trade union activities which would usually be undertaken on an unpaid basis. The relevant section of the ACAS guidelines explains what this means in practice:

"Union representatives have had a statutory right to reasonable paid time off from employment to carry out trade union duties and to undertake trade union training since the Employment Protection Act 1975 ⋯ Union representatives and members were also given a statutory right to reasonable unpaid time off when taking part in trade union activities. Union duties must relate to matters covered by collective bargaining agreements between employers and trade unions and relate to the union representative's own employer, unless agreed otherwise in circumstances of multi-employer bargaining, and not, for example, to any associated employer."(ACAS Code of Practice 3:4, emphasisadded).

Union activities relate to all the additional roles undertaken by trade union representatives within the workplace and might include meetings to discuss internal union business, attending policy meetings, pre-meetings to discuss negotiations with the employer etc. It is therefore immediately clear that even trade union representatives who are released from their usual work in paid facility time, typically undertake a considerable amount of additional responsibilities. There is no obligation on their employer to support these wider activities, but where unions are recognised, many do.

(2) Training provisions

The table above highlights that some representatives are entitled to paid time off for training related to their representation role. This training must be approved either by the individual union or by the Trades Union Congress.

(3) Reasonable time off

This is a term that emerges from the voluntarist principles of UK employment regulation. It is assumed that its precise meaning is to be defined and agreed by the employer and the union, although it is not necessary to write down the agreement. If there is dispute about the meaning of 'reasonable' a case could be heard by an Employment Tribunal to adjudicate. However, this is relatively unlikely as it is expected that the parties resolve such disputes through negotiation.

ACAS guidance on what might be regarded as reasonable highlights four major factors for employers and unions to consider:

• The size of the organisation,
• The nature of production process,

• The need to maintain a service to the public,

• The need for safety and security at all times.

It is typical that UK employment law expects the two parties to the employment relations(either the employer and the individual employee, or —where recognised— the employer and the trade union) to agree the details of the implementation of regulations, including those regarding facility time. There are many issues that emerge from this principle of voluntarism. In particular, the absence of a formal agreement on time off does not in itself deny an individual any statutory entitlement. In other words, representatives have these rights even if they are not enshrined in a written agreement.

C. ACAS Code of Conduct on Facility Time

As is typical in UK employment law, legal provisions are supported by guidance and advice about how they should be interpreted and implemented by employers and unions. In this regard, ACAS produces a Code of Conduct that has a quasi-legal status. In other words, the advice within the Code can be presented as evidence in a legal dispute that is heard at an Employment Tribunal and will be taken into account by the people responsible for making a decision in the case. In practice, this document is to be read alongside the relevant laws and it provides more detailed and practical guidance about how the law is intended to be interpreted by employers and unions.

Several important details go beyond the detail of the law and clarify the intended interpretation of the legal provisions.

1) There is no expectation that an employer makes any additional payments as a result of union work taking place at times when the representative was not previously working. So, for example, it is not necessary to pay a night shift premium even if a representative has to undertake duties during the night shift.

2) The Code of Conduct is very clear that effective training is essential in representation roles and therefore actively encourages employers to release staff for this training.

3) There is no right for time off where trade union activities are themselves industrial action(e.g. a strike). In other words, in a strike a trade union representative would be treated like any other striking worker.

4) With regard to the provision of facilities to undertake the representation role, there is no statutory obligation on employers to provide this for most kinds of representatives(see Table 1). However, the Code encourages employers to consider providing a number of kinds of facilities including: accommodation for meetings, access to a telephone, access to other forms of communication(e.g. intranet), dedicated office space etc.

5) Representatives are strongly urged to acknowledge and adhere to any agreements relating to the use of facilities and, in particular, the use of company information.

6) Employers are reminded that representatives should have a reasonable expectation that their communications should not be monitored by the employer and should only require access to representatives' emails under exceptional circumstances.

7) Representatives are urged to give their employer as much notice as possible about any time off requests —normally interpreted as a few weeks.

8) Employers are urged to ensure that line managers are made aware of the regulations in this area.

D. Conflicts and Debates over Facility Time

Facility time has become a politically sensitive topic since the election in May 2010 of the coalition government of the Conservative Party(right wing) and the Liberal Democrat Party(centrist). The government has recently undertaken a review of funding for trade union facility time in the public sector with the intention of reducing provision. This argument is largely framed as wasting tax payers' money. In other words, the argument is that tax payers would prefer their contributions to be directly spent on the provision of services rather than on trade union representation duties.

It seems probable that the government has responded to lobbying on this issue from an organisation called the Tax Payers' Alliance who have been vocal critics of trade union facility agreements in the public sector. They claim that trade unions received £113 million of funding from taxpayers in the financial year 2010-11. This was accounted for by around £80 million in subsidising paid staff, and £33 million in direct payments. The report highlighting these figured gained considerable attention and was largely reported as being a subsidy to public sector trade unions.

There are, of course, many counter-arguments to this analysis and in response the Trades Union Congress published a research report highlighting the benefits of union facility time demonstrating two key problems with the orignal report. First, there are serious questions about the methods used to calculate the headline figures. Second, there is no form of cost-benefit analysis that might try to calculate any savings accrued from effective support for trade unions within the public sector. The TUC report develops a previous analysis published in 2007 by the then-named Department for Business, Enterprise and Regulatory Reform which highlighted the benefits of trade union representatives being given facility time in the workplace. That report used national level data from the 2004 Workplace Employment Relations Survey and found lower rates of all of the following in unionised workplaces that have union representatives:

- Dismissal rates
- Voluntary exit
- Employment tribunal cases
- Workplace-related injuries
- And workplace-related illnesses.

The TUC argued that all of these effects are still evident and contribute to a net saving as a result of funding facility time.

The debate and review has resulted in government guidance to Civil Service departments advising the following:

1) More rigorous monitoring and reporting through the introduction of a standardised reporting mechanism for departments with a requirement to report quarterly to the Cabinet Office and publish annually.

2) Trade union representatives will spend at least 50% of their time delivering their Civil Service job.

3) In exceptional circumstances, where a department and trade union agree that it is essential that a representative spends more than 50% of their time on union work, this will be subject to agreement by the Secretary of State or Chief Executive, and such roles will be time-limited to no more than three years.

4) Trade union representatives who have already held 100% roles for more than three

years will only be able to continue to do so for one further year.

5) If a 100% representative is promoted to a new role they will not be able to continue as a 100% representative.

6) The default position will be that activities will not attract paid time off. Where a department does, in exceptional circumstances, wish to provide paid time off for activities, it will need to seek agreement from the Secretary of State or Chief Executive, and report on any exceptions.

7) The use of new guidance provided by Cabinet Office to support departments to determine which functions are activities not attracting paid time off.

8) The use of new guidance provided by Cabinet Office to assist line managers and representatives in managing facility time robustly.

9) The introduction of a guide figure to monitor the spend on facility time. In the first year the guide figure will be 0.1% of the pay bill, including all facility time, time for Health and Safety representatives and time for Union Learning representatives. Any spend over 0.1% of pay bill departments will need agreement from the Secretary of State or Chief Executive, and report it to Cabinet Office in advance.

It is evident that the issue of facility time is highly politically charged at the moment and the TUC and affiliate unions expect further attacks in future.

E. Case Studies of Facility Time Agreements at Workplace Level

The points about voluntarism raised at the outset must be remembered here. It is impossible in UK employment relations to generalise about how facility time agreements operate at workplace level because each workplace will have different customs and practices. What we can say is that the statutory provisions are taken to be a minimum and that most workplaces with union representatives have more generous support. Nonetheless, there are some documents that help us to understand how such arrangements work in practice.

(1) TUC model facility agreement

The TUC has produced a recommended model agreement relating to facility time and many formal, written agreements cover similar ground. This goes beyond the legal minima and is typically considered to be a good starting point for negotiations about facility time in workplaces. The following two examples give more detail of how facilities agreements can work in practice in both the public and private sectors.

(2) Public sector: facilities agreement in Bristol schools

Some documents in the public domain give us insight into how specific deals work. In anticipation of further pressure on facilities agreements in other parts of the public sector, one particularly impressive document has been produced by the 7 trade unions representing staff in schools in a large UK city, Bristol to present the case for a continuation of existing arrangements. The document itself is not a collective agreement. It has been written by the unions to help argue for continued support for paid facilities time for union representatives. It has been supported by the employers as we can see by the fact that the employers have written the introduction. It is included as part of this report because it gives important details about how the formal agreement operates in practiceAppendix 2 of that document is a reproduction of the formal collective agreement on facilities time for all teaching unions. Although it is technical and detailed, it gives a good overview of the arrangements.

It begins by outlining the parties to the agreement and then moves on to the general principles which explicitly state a commitment to supporting trade union representation. The third and fourth clauses state who can be considered to be a union representative and emphasis the union's responsibility to inform management as to who are accredited reps. Clause 5 outlines the matters for which facilities time will be granted (grievances, disputes, attendance at conferences, representing staff individually and collectively, attendance at training) and clause 6 outlines normal expectations of when meetings should be held.

With regard to the details of the facilities granted, Clause 7 outlines the following:

• Time to undertake duties
• Contact lists of new teachers
• Annual list of all teachers

- Accommodation for meetings
- Use of distribution systems(email, post, notice boards etc.)
- Arrangements to deduct membership subscriptions from salary if the member and union wishes
- Use of telephone with reasonable privacy
- Use of school typing and photocopy equipment in exchange for payment

Other clauses outline what can be considered to be reasonable in the setting of individual schools.

The Bristol document also shows how this agreement operates in practice. The school sector is known for highly fragmented union representation with unions often competing for members, especially in the teaching profession. As a result, individual unions often do not have a large number of members in individual workplaces, making it difficult to ensure effective representation. The seven named unions(ATL, GMB, NAHT, NASUWT, NUT, Unison and Unite) represent members across professional, administrative and manual roles in state funded schools in Bristol. This facility time agreement is a good example of UK unions working effectively together and is also supported by HR managers in the city council. Approximately £150,000 is paid in total to allow trade union representatives to undertake work across all schools in the city, whether or not there are workplace representatives. This document explains in detail how the resourcing is paid for by individual schools, with larger schools paying more and smaller schools paying less.

(3) Private sector: facility time agreement in BT

The final example summarised in this document is the facilities agreement between BT (formerly British Telecom) and their recognised trade union, the CWU. The full document was only accessible in hard copy and a PDF of the document can be provided if necessary. It is notable how similar the structure and scope of the agreement is to both the TUC model agreement and the Bristol schools agreement. Both documents outline a list of roles for which facility time can be granted and the kinds of activities that will be supported. Again, the underpinning principles are that effective trade union representation is agreed to be a positive contribution to the organisation and should therefore be supported in any reasonably way.

F. Concluding Comments

Although there is relatively strong legal support for trade union (and other) representatives who need to take time off to undertake their duties, there is renewed debate about the operation of facility time in the public sector. These debates have a particular emphasis on attempting to quantify the costs and benefits of such arrangements. Despite the voluntarist nature of UK employment regulation, many facilities agreements are operationalised in very similar ways in both public and private sectors and go far beyond the minimal legal provisions.

Ⅱ. 미 국

연구요약서

미국 노동조합의 노조활동전임간부에 대한 임금지급관행에 관하여는 그간 많은 오해가 있어 왔다. 일반인들은 무노동 무임금의 원칙이 미국의 경우에는 철저히 지켜질 것이므로 노조활동을 전임으로 하는 미국노조의 간부는 당연히 기업으로부터 임금지급을 전혀 받지 못하는 것으로 상정하고 있다. 그러나 일반적으로 알려진 경우와는 달리, 미국 노사관계에서는 전통적으로 노조간부의 노조활동에 대하여 사용자가 임금의 일부 또는 전부를 지급하는 오랜 관행이 있어 왔으며, 미국의 노동법과 판례도 이를 허용하고 있다. 이러한 관행은 민간부문에서는 Released time, Union leave, 공공부문에서는 Released time 혹은 Official time이라는 명칭으로 불린다. 민간부문에서는 법률로는 명시되어 있지 않으나 주로 법원의 판례와 연방노동위원회의 결정, 그리고 관행에 의하여 허용되고 있으며, 공공부문에서는 법률에 명시되어 있는 경우도 있으며 그렇지 않은 경우에는 관습에 의하여 허용되고 있다. 다만, 민간부문과 공공부문 모두 임금의 지급을 받는 노조간부의 숫자와 노조업무의 종류에 대하여 법률적 또는 관행적으로 일정한 제한을 형성하고 있다.

구체적으로, 반전임 등 일부전임자의 경우 노조활동의 내용이 산업안전, 교육훈련 참가, 고충처리업무, 단체협상에의 참여, 고충중재업무인 경우에 주로 단체협약에서 사용자가 임금을 지급하도록 규정하고 있는 것으로 드러났다. 반면, 신규노조원 가입 등 노사관계와 무관한 노조의 자체적인 업무를 수행하는 경우에는 사용자가 임금을 지급하는 경우는 거의 없는 것으로 보인다.

1. 국가별 연구

가. 서   론

미국 노동조합의 노조활동전임간부에 대한 임금지급관행에 관하여는 그간 많은 오해가 있어 왔다. 일반인들은 무노동 무임금의 원칙이 미국의 경우에는 철저히 지켜질 것이므로 노조활동을 전임으로 하는 미국노조의 간부는 당연히 기업으로부터 임금지급을 전혀 받지 못하는 것으로 상정하고 있다. 심지어, 국내의 언론이나 공공기관에서도 이것이 사실인 것처럼 보도한 사실도 있었다. 그러나 이러한 믿음은 사실이 아니며 미국에는 노동조합의 노조활동 전임간부에 대하여 사용자가 임금을 지급하는 오랜 관행이 있어 왔으며, 미국의 노동법과 판례도 전임자의 임금지급을 허용하고 있다. 즉, 미국의 경우에는 이러한 관행을 민간부문에서는 Released time, Union leave, 공공부문에서는 Released time 혹은 Official time이라는 명칭으로 불려지며, 법률과 판례 및 결정에 의하여 대체로 허용이 되고 있다. 미국의 경우 한국과 독일 등 성문법 계통의 법률체계가 아닌 판례법 중심의 국가이므로, 노조전임자에 대한 규율도 법률에서 구체적으로 정하기보다는 노사의 단체교섭에 의해 결정되는 것이 보통이고 노사간 분쟁이 있는 경우에 형성된 판례나 판정 등이 그 허용범위를 형성하고 있는 것이다. 또한, 민간부문과 공공부문이 약간씩 다른 관행을 보이고 있으며, 노조간부가 수행한 업무의 성격에 따라 선별적으로 지급되어온 것이 그 특징이다.

여기에서는 한국 노동조합의 전임자에 대한 임금지급의 문제와 관련하여 정책대안을 마련하고자, 미국 노동조합의 노조활동전임간부에 대한 임금지급관행과 법률적인 배경을 연구하였다. 우리의 경우 전임자에 대한 임금지급을 2010년부터 금지한 현행 노동법에 대하여 그간 많은 논란이 있어 왔다. 우리보다 노사관계가 훨씬 더 성숙한 미국의 경우를 세밀히 따져보는 것은 한국 노사관계의 현안중 하나인 전임자 임금지급문제를 슬기롭게 해결할 수 있는 계기를 마련해 줄 수 있을 것으로 생각된다.

다만, 논의를 시작하기 전에 미리 개념에 대한 정리를 하여야 할 부분이 있다. 일반적으로 "노조전임자에 대한 임금지급"이 이슈가 되고 있으나, 엄밀히 따져본다면 노조업무를 전임으로 담당하거나 반전임 등 일부전임의 경우가 정도의 차이가 있을 뿐 본질적으로 같은 이슈임을 알 수 있다. 우리의 경우에도 노동조합 및 노동관계조정법의 제24조에 "전임자"는 사용자로부터 어떠한 급여도 지급받아서는 안 된다고 규정하고 있으나, 이 조항을 해석함에 있어서 반전임자 등 근무시간의 일부를 노조업무에 종사하는 경우 역시 그 시간에 대한 사용자의 임금지급을 금하는 것으로 해석하는 것이 일반적인 견해이다. 따라서 우리의 노동법에서 전임자라고 하는 것은 반전임이나 일부전임을 포함한 경우로 보아야 할 것이다. 본고의 논의에서는 근무시간 전부를 노조업무에 할애하는 노조전임자의 경우뿐만 아니라 근무시간중 일부를 노조업무에 할애하는 반전임자 등 일부전임의 경우를 함께 고려하기로 한다.

이하에서는 (1) 미국 노사관계에 대한 독자의 이해를 돕기 위하여 먼저 미국 노동조합의 구조 및 조직체계를 간략히 살펴보고, 이어서 (2) 미국 노조전임자 개념 및 정의를 알아보고, (3) 노동조합전임자의 임금지급을 허용하는 법률적인 배경과 사례를 민간부문과 공공부문의 경우로 나누어 논의한 후, (4) 미국 노동조합전임자의 임금지급관행을 단체협약의 분석을 중심으로 살펴보고, 마지막으로 (5) 결론을 맺고자 한다. 참고로 본 원고는 김동원(2009)을 수정·보완한 것임을 밝혀둔다.

나. 미국 노동조합의 구조 및 조직체계

미국 노조간부에 대한 임금지급관행을 이해하기 위해서는 먼저 미국 노동조합의 구조와 체계를 이해할 필요가 있다. 미국의 노동조합은 (1) 노동조합연맹, (2) 직종별, 산별노동조합, (3) 노동조합지부의 삼층 구조로 구성되어 있다. 미국 노동조합은 국가의 크기만큼이나 지극히 분권화된(Decentralized) 구조를 유지하고 있다. 즉, 노동운동의 실질적인 권한은 노동조합연맹보다는 직종별 혹은 산별노동조합에 있으며, 대부분의 단체협상은 사업장별, 지역별 노동조합지부에서 이루어진다.

(1) 미국의 노동조합의 구조

미국의 노동조합연맹으로는 1955년에 통합된 AFL-CIO가 미국의 노동운동을 대표한다. AFL-CIO는 산하의 직종별, 산별노동조합으로부터 회비를 받아 운영한다. AFL-CIO의 주요 기능은 정치권에 로비를 통하여 근로자와 노동조합에 유리한 법안을 통과시키거나, 조합원들에게 노동운동과 경제현황, 복지에 관련된 정보를 전파, 교육하며, 노동조합지도자의 교육 및 훈련을 실시하고, 선거에서 특정후보를 지원하고, 특정 정치적 사안에 대한 노동운동의 입장을 일반대중에게 홍보하며, 신규노동조합의 결성을 조정, 지원하는 기능을 맡고 있다. 또한, 산하노조간에 관할권에 대한 갈등이 있는 경우 이를 조정하는 역할도 담당한다. AFL-CIO는 직접 협상에 참여하지 않으며 산하노조의 단체협상에 필요한 조사, 연구, 조언 등 지원활동을 할 뿐이다. 대부분의 미국의 직종별, 산별노조가 AFL-CIO에 가입되어 회비를 납부하고 있다.

미국의 경우는 기업별로 노동조합이 결성된 경우는 드물며 대부분의 노조가 직종별, 산업별, 혹은 지역별로 조직되어 있다. 대부분의 노동조합이 AFL-CIO에 가입되어 있지만, AFL-CIO의 지원을 받을 뿐이며 그 운영과 방침은 독립적이다. 노동조합은 자체적으로 회비를 징수하며, 독립적인 정관을 가지고 조합원을 위한 간행물을 발간한다. 직종별, 산별노동 조합의 주된 기능은 산하 노조지부의 활동에 대한 법률적인 자문을 하고, 노동조합원의 교육 및 훈련을 담당하며, 문제가 있는 노동조합원이나 조합의 지부를 징계하고, 신규노동조합의 결성에 법률적, 기술적, 재정적인 지원을 하며, 산하 노동조합지부의 파업 시에는 노조별로 적립된 파업기금(Strike fund)을 사용하여 재정적인 지원도 한다. 또한, AFL-CIO와는 별도로 사안에 따라서 독자적인 정치활동을 실시한다. 자동차산업이나 철강산업 등 산업별 협상이 이루어지는 경우에는 직접 노사협상에 참여하기도 하지만 이러한 경우는 예외에 속하며, 대 부분의 경우에는 노동조합지부의 단체협상을 감독 지원할 뿐이다.

직종별 노동조합(Craft Union)의 대표적인 예는 미국목수노동조합(United Brotherhood of Carpenters), 미국기계공노동조합(International Association of Machinists) 등이 있다. 산업별 노동 조합(Industrial Union)의 대표적인 예로는 미국자동차노동조합(United Auto Workers), 미국철강 노동조합(Uniter Steelworkers of America), 미국지방공무원노동조합(American Federation of State, County, and Municipal Employees) 등이 있다.

마지막으로 직종별, 산별노동조합의 노동조합지부(Local union)는 미국 노동조합의 최소단 위이다. 노동조합과 노동조합지부와의 관계는 AFL-CIO와 노동조합과의 관계보다 훨씬 밀접 한데, 노동조합은 그 지부를 감독하고 경우에 따라서 기능정지 혹은 해산을 시킬 수도 있다. 노동조합지부는 사업체별로 혹은 지역별로 구성된다.

대부분의 경우 단체협상과 파업은 노동조합본부의 감독하에 노동조합지부단위에서 이루 어진다. 예를 들면, 위스콘신 주에 위치한 오스카마이어사(Oscar Mayer & Co.)는 AFL-CIO에 가입한 미국식료품제조노동조합(United Food and Commercial Workers)의 노조지부 538(Local 538)을 상대로 단체협상을 한다. 또한, 미국 뉴욕 주의 로체스터시에 위치한 제록스 복사기회 사의 웹스터공장은 AFL-CIO에 가입한 미국의류직물노동조합(Amalgamated Clothing and Textile Workers Union)의 노조지부 14A(Local 14A)를 상대로 단체협상을 한다(김동원, 1997).

또한, 자동차산업이나 철강 산업과 같이 단체협상이 산별노동조합과 기업 사이에서 이루 어지더라도 노동조합지부에서는 그 사업장이나 지역의 특성을 고려한 별도의 보충협약을 현 지의 사용자 측과 맺는 것이 일반적이다. 노동조합지부의 중요한 업무 중의 하나는 단체협 약을 운영함에 있어서 노동조합원들의 고충이 제기되면 이를 처리하고, 체결된 단체협상이 준수되는지를 감시하는 역할이다.

(2) 미국 노동조합의 구조와 전임자 임금지급의 문제

미국의 경우, 노동조합연맹(AFL-CIO)이나 직종별, 산별노동조합의 선출직 간부나 직원들 은 노동조합의 사무를 전담하는 노동조합 전임자이며, 이들 조직이외의 다른 조직(예를 들면,

민간기업)의 피고용인 자격을 유지하지 않는다. 따라서 이들의 급여는 당연히 이들이 소속된 노동조합연맹(AFL-CIO)이나 직종별, 산별노동조합에서 지급하므로 사용자에 의한 전임자 임금지급의 문제가 발생하지 않는다.

다만, 가장 미국노조에서 최하단위인 노동조합지부의 경우, 노조지부장(Local union president), 대의원(Committeeman) 등 노동조합의 간부들은 노조지부가 위치한 사업장의 피고용인 자격을 유지하면서 동시에 노동조합의 일을 전임으로 혹은 근무시간 중 일부시간을 활용하여 담당하므로, 노조의 사무를 처리하는 시간에 대한 임금지급이 노사간의 관심사항이 되어 왔다. 특히, 노조대의원(Committeemen)의 숫자에 대한 사항은 노사간의 관행이나 협상으로 정해진다. 예를 들어서, 제너럴 모터스와 미국 자동차노조간의 단체협약에는 평균적으로 노조원 250명당 1명의 노조대의원(Committeemen)을 두도록 규정하고 있다(General Motors Corporation and UAW, 1990). 본고에서 다루는 미국노조의 전임자 임금지급에 관한 사항은 노동조합지부의 노조지부장, 대의원 등 노조지부가 위치한 사업장의 피고용인 자격을 유지하는 노동조합의 간부들에 국한된 것임을 밝혀둔다.

다. 미국의 노조전임자 개념 및 정의

미국의 경우 독일 등 성문법계통의 법률체계가 아닌 판례법 중심의 국가이므로, 노조전임자에 대한 규율도 법률에서 구체적으로 정하고 있기보다는 노사의 단체교섭 등에 의해 매우 다양한 사례가 존재하고 있다. 따라서 미국 노조전임자의 개념을 파악하기 위해서는 실제 단체교섭에서 노조전임자를 어떻게 개념화하고 있는지 살펴보는 것이 요구된다. 이와 관련하여 미국의 단체협약들을 분석한 결과 사용자로부터의 임금지급 여부에 따라 유급 전임자와 무급 전임자가 모두 존재하는 것으로 나타났다. 먼저, 유급 전임자는 "사용자가 근로계약관계를 유지하면서 노동조합 활동을 위한 시간에 대한 임금도 사용자로부터 지급받는 자"를 의미한다. 이는 다시 구체적으로 유급 근로시간면제에 의한 노조전임자(full-time union officer in time-off with pay)와 유급 근로시간면제에 의한 노조부분전임자(part-time union officer in time-off with pay)로 구분된다. 이와 관련하여 미국에서의 용어사용과 관련하여 유의해야 할 점이 있다. "full-time paid union officer"는 번역하면 "유급 전임자"가 되지만, 이것이 반드시 사용자가 전임자의 임금을 지급하는 것을 의미하지 않는다. 예를 들어, 펜실베니아주립대학과 팀스터스 8지부 간 단체협약에 의하면, 단체협약 제14장에서 노조활동을 위한 휴직조항을 정하면서 "Full-time paid Union Officer"의 근속기간의 손실은 없지만, 다른 근로자로서의 혜택과 권리는 지속되지 않는 것으로 규정하고 있다. 이에 따라, 임금과 복리후생 비용은 최종적으로 노동조합에서 부담한다(예, 대학의 건강보험서비스를 유지해도 보험비용은 노조가 부담). 결국, "paid"의 용어는 반드시 사용자가 지급하는 것을 의미하지 않는다.

둘째, 무급 전임자는 다음의 두 가지 유형이 존재한다. 우선, 위에서 설명한 바와 같이 노동조합(산별 또는 직종별 노조) 자체에 의해 고용 혹은 임명된 자로서 노동조합으로부터 임금을 지급받는 자가 있다. 다음으로는 사용자와의 근로계약이 유효한 근로자이면서 노동조합의 활동을 위하여 일정기간 동안 휴직(Union leave)을 받고 임금은 노동조합으로부터 지급받는 유형이다.

결국, 미국에서 노조전임자의 임금지급 주체를 구별하는 합의된 개념은 존재하지 않으며, 이를 구체적으로 확인하기 위해서는 일부 지방자치단체의 법률이나 단체협약에서 정하고 있는 전임자 임금지급과 관련한 내용을 세부적으로 확인할 필요성이 있다. 이를 정리하면 〈표 II-1〉과 같다.

〈표 II-1〉 미국 노조전임자 개념 및 정의 구분

구분	존재유무 (있음 o, 없음 x)	명칭 (현지 원어)	법률 및 단체협약 조항	법률 및 단체협약상의 개념	소속 기관
유급전임자	○	유급 근로시간면제에 의한 노조전임자 (full-time union officer in time-off with pay)	California Educational Employment Relations Act, Section 3543.1(c)	*사용자와 근로계약관계를 유지하면서, 노동조합 활동을 위한 시간에 대한 임금도 사용자로부터 지급받는 자 "A reasonable number of representatives of an exclusive representative shall have the right to receive reasonable periods of released time without loss of compensation for…"	캘리포니아주
유급부분전임자	○	유급 근로시간면제에 의한 노조부분전임자 (part-time union officer in time-off with pay)			
무급전임자	○ (사용자와의 근로계약이 유효한 근로자)	무급 근로시간면제에 의한 노조전임자 (full-time union officer in time-off without pay)	Michigan Council 25 AFSCME AFL-CIO and the State of Michigan, Article 7, Section A	*사용자와 근로계약관계를 유지하면서, 임금은 노동조합으로부터 받는 자로 일종의 휴직중인 근로자의 지위 "To the extent that attendance for Union business does not substantially and adversely interfere with the Employer's operation, properly designated Union Representatives, … shall be allowed time off without pay for legitimate Union business…"	미국 공공노조 AFSCME의 미시간 지부 25와 미시간주 정부간 단체협약
참고	○	full-time paid union officer		노동조합(산별 또는 직종별노조) 자체에 의해 고용 혹은 임명된 자	

라. 미국의 노동조합전임자의 임금지급에 대한 법률적 배경과 사례

(1) 민간부문의 경우

흔히 미국 민간부문의 경우 노조간부에 대한 임금지급이 부당노동행위에 해당되는 것으로 생각하는 경우가 많다. 즉, 미국 민간기업의 노사관계를 규율하는 법인 연방노동법(Labor Management Relations Act or Taft-Hartley Act, 1947)의 Section 8(a)2에는 민간기업의 사용자가 노동조직(Labor organizations)에 대하여 금전적 기여나 다른 종류의 기여를 할 경우(Contribute financial or other support), 부당노동행위에 해당된다는 구절이 있다. 또한, 같은 법의 Section 302에도 사용자, 사용자집단, 혹은 사용자의 이해를 대변하여 행동하는 노사관계전문가, 조언자, 컨설턴트 등이 금전이나 금전적 가치가 있는 물건을(any money or other thing of value) 노동자대표, 노동자조직, 노동자집단에게 지급, 제공, 배달하는 행위는 불법(unlawful)이라고 규정하고 있다.[1] 이 두 조항들을 자구대로 해석한다면, 미국 민간부문의 사용자가 노조간부에게 임금을 포함한 어떠한 금전을 지급하는 것은 부당노동행위가 된다는 것으로 볼 수 있다.

그러나 이들 조항의 적용을 제한하는 조항들이 있음을 간과하여서는 안 된다. 즉, Section 8(a)2의 하단에는 노동자가 근무시간 중 임금의 손실이 없이 사용자와 상의하는 행위를 금하여서는 안 된다고 규정하고 있다. 또한, Section 302(b)에서도 이 규정의 자구가 사용자가 자신의 피고용인이면서 노동자의 대표인 자에 대하여 노동의 대가로 임금을 지불하는 것을(compensation for their services as employees) 금하는 것으로 해석되어서는 안 된다고 규정하고 있다. 그러나 이러한 제한규정들은 노조의 간부들이 노동조합의 사무를 보는 시간에 대하여 임금을 지급하는 것이 반드시 적법하다는 것으로 의미하는 지에는 불명확하다.

따라서 그간 미국 연방노동위원회(National Labor Relations Board, NLRB)와 미국의 법원에서 이 문제가 쟁송의 대상이 되어왔다(Leahy, 1975). 그간의 연방노동위원회 결정과 법원의 판례에서는 대체로 일관된 경향이 관찰되는데, 이들을 종합한다면 다음과 같이 정리해 볼 수 있다.

1) 노조전임자 관련 판례의 일반원칙

일반적으로 노사간의 협약에 의하여 피고용인이면서 노동조합의 간부인 자가 노조업무를 취급한 시간에 대하여 회사 측에서 임금을 지급하는 것은 위법이 아닌 것으로 판시하고 있다.[2] 이 경우, 피고용인인 노조간부가 전임으로 노조사무를 담당하는 경우와 반전임이나 일부전임인 경우 모두 사용자가 임금을 지급하는 것을 적법하다고 판정하고 있다. 예를 들어, 회사에서 휴직을 얻어서 노동조합의 업무에 전임으로 종사하고 있는 노조간부가 매주 회

---

1) 이들 조항은 별첨1에 수록되어 있으므로 참조할 것.
2) 예를 들면, Coppus Engineering Corp. vs. NLRB, 240 F. 2d 564 (CA-1, 1957).

사로부터 임금을 수령하는 것은 적법하다는 판례가 있다.[3] 또한, 노조의 지부장(Local union president)과 부지부장(Local union vice president)이 전임으로 노조사무에 종사할 경우 주40시간에 대한 임금지급은 적법하지만, 40시간을 초과하는 경우 초과근무수당(Overtime pay)은 지급할 수 없다는 판례도 있다.[4]

2) 노조전임자 업무성격에 따른 적법성 구분

임금지급의 적법성여부를 노조간부가 수행하는 업무의 성격에 따라 구분하는 경우도 있다. 이 경우에는 대체로 전임보다는 반전임이나 일부전임의 경우에 해당이 된다. 대체로 노조간부가 노사관계에 관련된 업무를 수행할 경우 이에 대한 사측의 임금지급은 허용되는데 구체적으로 다음의 경우가 이에 해당된다(Jackson, 1993).

① 단체협상의 준비와 진행
② 고충처리의 준비와 진행
③ 중재에 관한 준비와 진행
④ 산업안전에 관한 검사와 산업안전위원회업무의 준비와 진행

그러나, 다음의 경우에는 Section 8(a)2의 부당노동행위에 해당되는 것으로 판정하고 있다.

① 노조간부가 고충처리에 사용한 시간이 일반적인 경우에 비추어 지나치게 많을 경우에 사측에서 이 시간에 대하여 임금을 지급하는 것.[5]
② 사용자가 피고용인의 노동조합회비를 대납하는 경우.[6]
③ 사용자가 노동조합의 운영비용을 지원하는 경우.[7]
④ 노동조합의 신규회원 모집활동에 소요된 비용을 사측에서 지원하는 경우.[8]
⑤ 노조간부가 신규회원 모집활동을 한 시간에 대하여 회사가 임금을 지불하는 경우.[9]
⑥ 사용자가 노동조합의 간부에게 선물을 주는 경우.[10]

3) 근로시간면제의 대상이 되는 노동조합 활동

임금지급의 적법성을 더욱 면밀히 이해하기 위해서는 임금지급 주체(유급 또는 무급)의 문

---

3) Caterpillar Inc. vs. United Auto Workers, CA3, No. 96-7012, 3/4/97. d; 판례의 전문은 별첨3에 수록되어 있다.
4) Douglas vs. Argo-TechCorporation, 1997 U.S. App. LEXIS 9883 (6th Cir.).
5) 예를 들면, Axelson Mfg. Co., 88 NLRB 761 (CA-2, 1950).
6) Dixie Bedding Mfg. Co. vs. NLRB, 268 F. 2d 901 (CA-5, 1959).
7) Ampex Corp., 168 NLRB 742 (1967).
8) NLRB vs. Pennsylvania Greyhound Lines, Inc., 303 U.S. 261 (1938).
9) NLRB vs. Bradford Dyeing Assn., 292 F. 2d 627 (CA-3, 1961).
10) Superior Engraving Co. vs. NLRB, 183 F. 2d 783 (CA-1, 1957).

제와 별도로 근로시간면제의 대상이 되는 노동조합 활동(union business)의 개념에 대하여 이
해할 필요가 있다. 즉, 일단 union business에 해당하여야 근로시간면제의 대상이 되며, 그
범위 내에서 전임자에 대한 임금지급의 주체를 논의할 수 있다. 우선 union business에 해당
하는 범위는 아래와 같다(BNA, 2013).

① 조합원들의 교섭대표로서 노동조합에 의해 수행되는 활동
② 노동조합 자체를 위하여 수행하는 활동. 예) 신규 조합원 모집활동
③ 단체교섭과는 관련이 없지만 조합원들의 이익을 위한 활동. 예) 고충처리 절차에 참여

하지만, 아래와 같은 사례는 union business에 해당하지 않아 임금지급의 유무를 논의하
기 이전에 사용자가 근로시간의 면제 자체를 허용하지 않을 수 있다.

① 노동조합의 정치적 행위와 관련한 위원회 등에 참여하는 활동. Anchor Duck Mill, 5
  LA(Hepburn, 1946)
② 다른 노동조합을 위한 활동. Swift & Co., 6 LA 422(Gregory, 1946)
③ 다른 사용자와 교섭하기 위한 활동. Leonetti Furniture Mfg. 64 LA 975(O'Neill, 1975)
④ 다른 사용자에 대한 피케팅 행위. Chrysler Corp., 11 LA 732(Ebeling, 1948)

4) 민간부문의 전임자 임금지급 관행

미국 민간부문의 전임자 근로시간면제와 임금지급의 관행을 구체적으로 살펴보기 위하
여, 뉴저지 주 미들섹스카운티에 소재하는 전기 및 가스 공급 민간업체인 PSE&G 인사담당
자와의 인터뷰를 통해 사례를 살펴보았다. 이 회사는 총 근로자가 약 10,000명 정도이며, 이
중 6,500명이 노동조합 조합원이다. 회사에는 복수노조가 존재하는데, 업무부문(예, 가스부문,
전기부문)과 직종(배관공 등)에 따라 총 5개의 노동조합이 존재한다. 참고로 일부 노조는 투쟁
적이지만 대부분의 노조는 회사에 협력적이다. 현재 완전전임자는 노동조합별로 5명씩이 있
어, 총 25명이다. 부분전임자(steward 등)는 그 수를 정하고 있지는 않다. 이 회사의 노조전임
자 임금지급과 관련한 단체협약 내용[11]은 아래와 같다.

지역위원회의 위원과 여타 권한이 있는 노동조합 위원은 임금의 감소 없이 이 단체협약
에서 정한 고충처리와 관련하여 회사와 논의하는 데 필요한 근로시간이 면제된다. 노동조합
집행위원회 위원들도 임금의 감소 없이 일반정책문제와 회사와의 상호문제들을 논의하는 데
필요한 근로시간이 면제된다. 다만, 노동조합의 대의원들이 자신이 고용된 지역사무소(카운
티별 소재)에 위와 같은 목적으로 결근하는 것은 근로시간면제에 해당하지 않는다. 이 경우,

---

11) 이 단체협약의 원문내용은 별첨1에 소개하였다.

회사와의 사전 협의와 동의가 있는 회의에 참석한다는 것을 해당 관리자가 인지하는 경우는 예외로 한다(Article XV, SEC. 2.).

　　노조활동가(steward) 또는 권한 있는 노동조합 위원은 회사의 내부와 근무시간에 근로자들로부터 제기되는 불만과 고충사항에 대하여 접수받고 논의할 수 있다. 다만, 이 목적에 할 애되는 시간은 합리적인 범위를 초과하지 않으며, 노조활동가의 근로자로서의 정상적인 의무수행을 과도하게 방해하지 않아야 한다(Article XV, SEC. 3.).

　　이 단체협약 사례를 보면, 사용자와 근로계약을 맺고 있는 근로자 중 노동조합 전임자로서 임금의 감소 없이 근로시간을 면제받을 수 있는 대상자와 활동범위를 정하고 있다. 우선, 완전전임자의 경우에는 노동조합에서 임금을 전액 지급하기 때문에 문제될 것이 없고, 다만 반전임자와 노조활동가(local steward)의 경우 타임오프의 시간이나 전임자의 수를 노사가 합리적인 범위 내에서 유연하게 운영하고 있는 것으로 나타났다. 중요한 것은 단체협약에도 구체적인 시간을 정하고 있지 않고, 다만 "합리적인 범위"의 시간을 초과할 수 없음을 밝히고 있다는 것이다. 이 합리적인 시간에 대한 인사담당자의 의견은 다음과 같았다. "특별히 정하고 있는 것은 없지만, 나의 주관적 견해로는 근무시간의 10%정도가 적당하다고 생각한다. 회사도 노사간의 균형을 위한 열린 의사소통이 멈추는 것을 원치 않기 때문에 일정시간의 타임오프는 합리적이라고 생각한다 … 적게는 일주일에 2시간 점심시간을 전후로 활용하고, 많게는 일주일에 4시간을 이용하는 것이 보통이다." 또한 그의 설명에 의하면, 이미 30년간 노사간에 합리적인 타임오프의 범위에 대한 어느 정도의 상호이해가 형성되어 있기 때문에, 앞으로도 구체적으로 내용을 정하는 쪽으로 변경되지는 않을 것으로 예측하였다. 또한 미국 민간부분의 경우에는 구체적으로 타임오프의 시간과 범위를 정하고 있는 회사들도 있다는 점도 그를 통해 확인할 수 있었다.

5) 민간부문 소결

　　결론적으로, 미국의 민간부문의 경우에는 사용자가 노조간부가 노조의 업무를 수행한 시간에 대하여 임금을 지급하는 것은 그 자체로는 부당노동행위에 해당되지 않으며, 노사양측이 협상에 의하여 결정한 경우에는 대체로 적법한 것으로 인정이 된다. 특히, 노조간부의 노조업무가 노사관계에 밀접한 관련이 있는 경우에는(예를 들면, 단체협상, 고충처리, 중재, 산업안전에 관한 노조업무) 전임과 일부 전임을 막론하고 임금지급이 허용된다. 다만 임금지급이 과도하거나(예를 들면, 노조전임자에 대한 초과근무수당의 지급, 노조업무 수행시간이 지나치게 많은 경우), 노조의 독립성을 저해하는 금전의 지급(예를 들면, 노동조합회비 대납, 노동조합의 운영비용 지원, 선물제공)이나, 노사관계와 무관한 노조업무에(예를 들면, 신규노조원 모집 업무 등) 대한 임금지급은 위법으로 보고 있다. 또한, 임금지급의 범위를 논의하기 이전에, 근로시간면제의 대상이 되는 union business의 범위가 무엇인지를 고려해야 하는데, union business의 범위에는 포함되지만 사용자의 임금지급이 위법이 되는 경우(예를 들면, 신규노조원 모집업무)도 존재하기 때문이다. 그리고 노동조합의 정치적 행위와 관련한 업무, 다른 노동조합을 위한 활동, 다른 사용자와 교섭하기 위한 활동, 다른 사용자에 대한 피케팅 행위 등은 union business 범위에 해당하지 않기 때문에 전임자에 대한 임금지급주체를 논의하기 이전에 근로시간면제 자체를 사용자가 허용하지 않을 수 있다.

또한, 민간부문의 경우, 미국 노사관계의 오랜 전통인 노사자율주의의 특성이 노조전임자 임금지급과 관련한 영역에도 그대로 반영되어, 법률보다는 노사간의 단체협약과 노사관행에 의해 합리적인 범위 내에서 근로자의 노동권과 사용자의 경영권을 균형을 이루고 있는 것을 확인할 수 있다.

(2) 공공부문의 경우
1) 공공부문 개요

미국의 경우 연방정부의 공무원은 주정부의 공무원이나 공립학교 교사 등 공공부문의 노사관계는 하나의 법률에 의하지 않고 각각 별도의 법에 따라 규정된다. 즉, 연방정부 공무원은 1978년의 공공부문개혁법안(Civil Service Reform Act)의 적용을 받고, 연방정부의 공무원 중 우편공사(Postal Service)에 소속된 우편공무원들은 1970년의 우편업무재조직법안(Postal Reorganization Act)이 관할하고 있다. 반면, 주정부와 지방정부의 공무원(예를 들면, 경찰, 소방관, 주청의 공무원, 공립학교 교사, 주립대학교 교수)은 각주의 독립된 노동법안의 적용을 받는다.

미국의 공공부문의 경우 노조사무를 수행하는 노조간부에 대한 임금지급은 Official time 혹은 Released time이라는 명칭으로 통용되며 법에 의하여 일정한 한도를 정하여 허용이 되거나, 노사간의 협상으로 그 테두리를 정하여 시행되고 있다(Jackson, 1981). 예를 들면, 1978년에 제정되어 연방정부 공무원의 노사관계를 관할하는 공공부문개혁법안(Civil Service Reform Act)의 Section 7131에는 노조간부가 노사협상에 관한 사무를 수행할 수 있도록 Official time(즉, 회사에서의 근무 시간 중에 임금을 받으며 수행하는 활동)을 제공하도록 규정하고, 다만 Official time을 제공받는 노조간부의 수는 노조대표의 수를 넘지 못하도록 제한하고 있다. 그리고 신규노조원모집, 간부선출, 노조회비 징수 등 노조내부의 사무를 수행할 경우에는 Official time을 제공받지 못하며 이러한 노조내부의 사무는 근무 시간 외에 행하도록 규정하고 있다.

주정부, 지방정부의 공무원(예를 들면, 경찰, 소방관, 주청의 공무원, 공립학교 교사, 주립대학교 교수)의 노사관계를 관할하는 각 주의 노동법에서도 노조간부의 노조활동에 대한 사용자의 임금지급을 명시한 경우가 있다. 특히, 캘리포니아의 경우가 비교적 널리 알려진 사례이다.[12]

---

12) 뉴욕주의 경우에도 뉴욕주노사관계법(New York State Employment Relations Act)에서, 임금의 손실없이 근로자

캘리포니아의 초등학교, 중고교와 전문대학의 교원을 대상으로 한 California Educational Employment Relations Act의 Section 3543.1(c)에서는 노사간의 회의, 협상, 고충 처리 등에 종사하는 노조간부의 숫자와 시간을 합리적인 범위에서 산정하여 임금을 지급하도록 규정하고 있다. 물론 이 합리성(Reasonableness)이 구체적으로 의미하는 바에 대하여는 노사의 입장이 다를 수 있으며 이에 대하여는 노사간의 협상이나 제3자의 중재, 혹은 법원의 해석에 의존할 수 있을 것이다(Leonard, 1980). 또한, 캘리포니아의 주립대학교의 교원을 관할하는 California Higher Education Employer-Employee Relations Act의 Section 3569에서도 이와 흡사한 내용을 규정하고 있다.[13]

이렇게 법으로 명시되어 있지 않은 공공부문의 경우에는 노조전임자에 대한 임금지급이 금지되는 것은 아니며, 노사협상을 통하여 노사협약에 명문화하여 지급하거나, 비공식적으로 지급하는 것이 일반적이다. 이 경우에는 민간부문의 경우와 흡사하게 노조간부의 노조업무가 노사관계에 밀접한 관련이 있는 경우에는(예를 들면, 단체협상, 고충처리, 중재, 산업안전에 관한 노조업무) 임금지급을 허용하며, 당해 사업장의 노사관계와 무관한 노조업무에(예를 들면, 신규노조원 모집 업무 등) 대한 임금지급은 대체로 허용되지 않고 있다.

2) 공공부문의 전임자 임금지급 구체적 사례

전임자 규모와 관련한 규정들을 구체적으로 살펴보면, 위의 California Educational Employment Relations Act와 같이 상한선이 존재하지 않고 합리적인 범위를 정하도록 하고 있는 것에서부터, 캘리포니아주 공공고용관계위원회(The Public Employment Relations Board, PERB)의 MEYERS-MILIAS-BROWN ACT 3569.5. 조항 "캘리포니아주 정부는 캘리포니아 주립대학교의 근로자를 대표하는 각 노동조직마다 3명까지의 근로자 대표에게 보상과 복리후생의 손실없이 근로시간 중에 합리적인 시간을 면제할 수 있다…"와 같이 상한선을 규정하고 있는 경우도 존재한다.

또한, 상한선이 존재하고 그 상한선을 넘으면 기존 기간에 대한 임금도 노동조합이 부담하도록 규정한 사례도 발견된다. 예를 들어, 미국공공노조 AFSCME의 미시간지부 25와 미시간주정부간 단체협약은 "만약 노조대표가 당해 회계기간 동안 520시간 이상의 시간을 사용하게 되면, 그 노조대표는 사용자에 의해 노조활동을 위한 휴직을 받아야 한다. 이 근로자는 휴직한 후 회계기간의 남은 기간 동안 모든 근로의무를 면제받으며, 노동조합은 주정부에게 해당 근로자가 사용한 520시간을 포함하여 해당 회계기간 동안 지출된 임금 및 복리후생의 모든 비용을 상환하여야 한다"고 규정하고 있다.

가 근로시간 중에 법에서 정한 정당한 노동조합 활동을 하는 것에 임금을 지급하는 것에 대하여 부당노동행위로 보지 않는다는 규정을 갖고 있다. 별첨2 참조.

13) 이들 조항은 별첨2에 수록되어 있으므로 참조할 것.

3) 공공부문 소결

이상의 내용을 요약한다면, 민간부문의 경우에는 주로 판례와 NLRB의 결정, 그리고 관행에 의하여 노조간부의 노조활동에 대한 임금지급이 이루어지고 있으며, 공공부문의 경우에는 법과 관습에 의하여 허용되고 있다. 다만, 민간부문과 공공부문 모두 임금의 지급을 받는 노조간부의 숫자와 노조업무의 종류에 대한 포괄적 또는 구체적으로 일정한 제한을 두고 있다.

마. 미국 노동조합 전임자의 임금지급 관행: 단체협약 분석을 중심으로

이상에서 보듯이 미국 노동조합 간부의 노조활동에 대한 임금지급은 원칙적으로 허용이 되지만, 실제로 얼마나 많은 경우에 적용이 되는지를 파악하기는 쉽지 않다. 다만, 미국의 노동부에서는 정기적으로 일정규모 이상의 전국 사업장의 단체협약을 수집하여 여러 가지 차원에서 분석하는 사업을 진행하고 있는데, 노동조합 간부의 노조활동에 대한 임금지급에 관한 분석은 1959년과 1980년에 각각 실시되어 출판되었다(U.S. Department of Labor, 1959 & 1980). 1959년의 조사는 미국사회에 공공부문의 노동조합이 아직 등장하기 전이었으므로 주로 민간부문의 단체협상을 분석하여 정리한 것이다. 반면 1980년의 조사는 민간부문과 공공부문의 단체교섭을 모두 조사·정리한 점에서 더 큰 의미가 있다고 할 수 있다. 본고에서 소개할 1980년의 조사결과는 다소 오래된 자료라는 느낌이 있으나, 이보다 더 최근의 자료가 존재하지 않는다는 점과 이 자료의 분석대상이 광범위하다는 점을 고려할 때 나름대로 살펴볼만한 가치가 있다고 할 수 있다.

다만, 이러한 조사들은 몇 가지 측면에서 미국의 노조간부의 노조활동에 대한 임금지급 현황을 정확히 밝혀내지 못하는 한계점이 있다.

우선, 이들 조사는 비교적 대규모 사업장의 단체협약만을 분석하다보니 중소규모 사업장의 경우는 반영된 정도가 미흡하다는 점이다. 한편, 미국의 민간부문 노사관계를 관할하는 연방노동위원회(NLRB)에서는 노동조합 간부의 노조활동에 대한 임금지급(즉, Released time)에 관한 사항은 노사간의 중요 현안에 해당되므로 "강제적 협상대상"("Mandatory Bargaining Subject")이 되어야 한다고 판정한 바 있으나,[14] 여전히 상당수의 경우 노조간부의 임금지급이 관행상 단체협약에 명기하지 않고 실시되는 경우가 많다(Bierman, 1980). 또한, 관행상 실시하던 것을 단체협약에 명기하는 이유는 보다 엄밀히 단체협약에 규정함으로써 임금지급의 대상과 규모를 축소하기 위한 것으로 추정된다. 이러한 점들을 고려할 때, 본고에서 소개하는 내용들은 단체협약에 나타난 사실만을 분석한 것이므로, 노조간부에 대한 사용자의 임금

---

14) Axelson, Inc. 234 NLRB 414(1978)를 참고할 것. 강제적 협상대상은 어느 일방이 이를 제기하였을 때 쌍방이 성실교섭의 의무(Good faith bargaining)가 있다는 것을 의미하며, 반드시 합의에 도달하여야 한다는 의미는 아니다.

〈표 II-2〉 노조간부에 대한 임금지급: 1979-1980 민간부문 단체협약 분석

노조활동의 종류	사용자가 지급하도록 규정한 협약	사용자가 지급 않도록 규정한 협약	임금지급에 대한 규정이 없는 경우
산업안전 조사	60%	7%	33%
교육훈련 참가	54%	2%	44%
고충처리	46%	5%	49%
산업안전위원회 업무	45%	6%	49%
단체협상	8%	4%	88%
고충중재	3%	3%	94%

분석대상 단체협약의 총수: 1,765개

출처: U.S. Department of Labor. 1980. Major Collective Bargaining Agreements: Employer Pay and Leave for Union Business Bulletin 1425-19, Washington, D.C.: U.S. Department of Labor, Bureau of Labor Statistics.

지급의 규모나 정도가 실제보다는 다소 과소평가되어 전달될 가능성이 크다는 점을 미리 일러둔다(U.S. Department of Labor, 1980, pp. 6).

〈표 II-2〉에서는 1980년 민간부문의 1,000명 이상의 노동자를 대상으로 한 1,765개의 단체교섭을 분석한 결과가 나타나 있다. 이 1,765개의 단체교섭의 적용을 받는 노동자의 숫자는 약 800만 명으로서 당시의 전체 민간부문 노동조합원의 약 절반에 해당되는 숫자이다. 〈표 II-2〉에서 보듯이, 노조간부의 노조활동에 대한 임금지급규정의 포함여부는 노조활동의 종류에 따라 차이가 큼을 알 수 있다. 예를 들면, 산업안전에 관련된 조사를 할 경우, 60%의 단체협약에는 사용자가 임금을 지급하도록 규정하였으며, 7%의 협약에서는 사용자가 임금을 지급하지 않도록 규정한 반면, 33%의 단체협약에서는 임금지급에 대한 규정을 두고 있지 않다. 임금지급에 대한 규정을 두지 않은 33% 중에는 관행적으로 지급하는 경우와 관행적으로 지급 않는 경우가 함께 포함된 것으로 보아야 할 것이다. 반면, 교육훈련 참가의 경우에는 54%, 고충처리업무는 46%, 산업안전위원회 업무는 45%, 단체협상의 경우에는 8%, 고충중재업무는 3%의 단체협약에서 사용자가 임금을 지급하도록 규정하고 있다.

한편, 〈표 II-3〉에는 1980년 공공부문의 인구 100,000명 이상의 지역에 대한 모든 단체교섭 497개를 분석한 결과가 나타나 있다. 이 497개 단체교섭의 적용을 받는 노동자의 숫자는 약 64만 명이다. 민간부문과 마찬가지로 공공부문에서도 노조간부에 대한 임금지급규정의 포함여부는 노조활동의 종류에 따라 차이가 큼을 알 수 있다. 구체적으로 노조간부가 고충처리업무를 실시한 경우에는 58%, 노사간 협의에 참가한 경우에는 48%, 산업안전위원회 업무는 33%, 단체협상에 참가한 경우에는 27%, 고충중재 업무의 경우에는 17%의 단체협약에서 사용자가 임금을 지급하도록 규정하고 있다.

〈표 Ⅱ-3〉 노조간부에 대한 임금지급: 1979-1980 공공부문 단체협약 분석

노조활동의 종류	사용자가 지급하도록 규정한 협약	사용자가 지급 않도록 규정한 협약	임금지급에 대한 규정이 없는 경우
고충처리	58%	2%	40%
노사간 협의 참가	48%	0%	52%
산업안전위원회 업무	33%	0%	67%
단체협상	27%	1%	72%
고충중재	17%	2%	81%

분석대상 단체협약의 총수: 497개

출처: U.S. Department of Labor. 1980. <u>Major Collective Bargaining Agreements: Employer Pay and Leave for Union Business</u> Bulletin 1425-19, Washington, D.C.: U.S. Department of Labor, Bureau of Labor Statistics.

결론적으로, 미국의 민간부문과 공공부문 모두 주로 단체협약에 의하여 경우 노조활동을 하는 노조간부에 대한 임금지급을 규정하고 있다. 특히 노조활동의 내용이 산업안전, 교육훈련 참가, 고충처리업무, 단체협상에의 참여, 고충중재업무인 경우에 주로 사용자가 임금을 지급하도록 단체협약에서 규정하고 있는 것으로 드러났다. 반면, 신규노조원 가입활동 등 사업장 내의 노사관계와 무관한 노조의 자체적인 업무를 수행하는 경우에는 사용자가 임금을 지급하도록 단체협약에 규정된 경우가 거의 없는 것으로 보인다.

바. 소 결

이상에서 보듯이 미국 노사관계에서는 전통적으로 노조간부의 노조활동에 대하여 노사가 공유하는 합리적인 범위를 형성하여 사용자가 임금을 지급하는 오랜 관행이 있어 왔으며, 미국의 노동법과 판례도 이를 허용하고 있다. 다만, 미국의 경우 한국과 독일 등 성문법 계통의 법체계가 아닌 판례법 중심의 국가이므로, 노조전임자에 대한 규율도 법률에서 구체적으로 정하고 있기보다는 노사의 단체교섭에 의해서 결정되는 것이 보통이고 노사간의 분쟁이 있는 경우에 형성된 판례 등이 그 허용의 범위를 형성하고 있는 것으로 이해하여야 할 것이다.

미국에도 유급 전임자와 무급 전임자의 개념이 모두 존재하고 있었다. 우선 유급 전임자는 "사용자가 근로계약관계를 유지하면서 노동조합 활동을 위한 시간에 대한 임금도 사용자로부터 지급받는 자"를 의미한다. 이는 다시 구체적으로 유급 근로시간면제에 의한 노조전임자와 유급 근로시간면제에 의한 노조부분전임자로 구분된다. 둘째, 무급 전임자는 다음의 두 가지 유형이 존재한다. 우선, 위에서 설명한 바와 같이 노동조합(산별 또는 직종별 노조) 자체에 의해 고용 혹은 임명된 자로서 노동조합으로부터 임금을 지급받는 자가 있다. 다음으로는 사용자와의 근로계약이 유효한 근로자이면서 노동조합의 활동을 위하여 일정기간 동안 휴직(Union leave)을 받고 임금은 노동조합으로부터 지급받는 유형이다.

민간부문에서는 법률로는 명시되어 있지 않으나 주로 법원의 판례와 연방노동위원회의 결정, 그리고 관행에 의하여 허용되고 있으며, 공공부문에서는 법률에 명시되어 있는 경우도 있으며 그렇지 않은 경우에는 관습에 의하여 허용되고 있다. 다만, 민간부문과 공공부문 모두 임금의 지급을 받는 노조간부의 숫자와 노조업무의 종류에 대한 일정한 제한을 두고 있다. 제한의 사례는 매우 다양하게 나타난다. 즉, 1) 전임자의 인원이나 근로시간면제의 상한선을 두고 있는 경우, 2) 상한선을 두되 해당 상한선을 넘으면 기존 면제시간을 포함한 인건비 전액을 노동조합이 부담하도록 정한 경우, 3) 구체적인 상한선을 설정하지 않지만 합리적인 범위에서 운영되도록 노사가 노력하는 것으로 정한 경우 등이 존재한다.

노조전임자의 노조활동의 범위와 관련해서는 다음과 같이 정리할 수 있다. 일단 정당한 노동조합 활동(union business)에 해당하는 경우에만 근로시간면제의 대상이 될 수 있는데, 여기에는 1) 조합원들의 교섭대표로서 노동조합에 의해 수행되는 활동, 2) 노동조합 자체를 위하여 수행하는 활동(예, 신규 조합원 모집활동), 3) 단체교섭과는 관련이 없지만 조합원들의 이익을 위한 활동(예, 고충처리 절차에 참여)이 포함된다. 하지만, 1) 노동조합의 정치적 행위와 관련한 위원회 등에 참여하는 활동, 2) 다른 노동조합을 위한 활동, 3) 다른 사용자와 교섭하기 위한 활동, 4) 다른 사용자에 대한 피케팅 행위에는 근로시간면제 자체가 허용되지 않는 것으로 알려져 있다. 정당한 노동조합 활동에 해당하는 경우에도, 1) 단체협상의 준비와 진행, 2) 고충처리의 준비와 진행, 3) 중재에 관한 준비와 진행, 4) 산업안전에 관한 검사와 산업안전위원회 업무의 준비와 진행에는 일반적으로 면제된 근로시간에 대한 사용자와 임금지급이 허용되지만, 1) 노조간부가 고충처리에 사용한 시간이 일반적인 경우에 비추어 지나치게 많을 경우, 2) 노조간부가 노동조합의 신규회원 모집활동에 소용된 시간에 대하여 사측에서 임금을 지급하는 경우는 부당노동행위에 해당될 수 있다.

근로시간이 면제된 노조전임자에게 사용자가 임금을 지급하는 것과 관련하여, 많은 단체협약이 해당 시간을 구체적으로 정하지 않고 "합리적인 범위"에서 운영하도록 정하고 있었다. 이 경우 면접조사를 시행한 민간부분 회사의 인사담당자는 근무시간의 10% 정도가 적당한 것으로 인식하고 있었다. 이와 같이 미국에서는 법률로서 구체적인 한도를 정하고 있지 않은 경우에도, 노사가 장기적으로 형성해온 관행에 따라 합리적인 범위의 합의된 인식을 형성하여 전임자제도를 운영해오고 있었다.

📖 참 고 문 헌

〈국내〉

김동원. (1997). 미국의 노사관계와 한국에의 시사점, 노사포럼 제7호, 서울: 한국경영자총협회 노동경제연구원.

김동원. (2009). 미국의 노조전임자 임금제도, 2009. 2. 11, 노사정위원회 발표논문.

〈외국〉

Bierman, Leonard. (1980). ""Released Time": California Style," Labor Law Journal December: 765-771.

BNA. (2013). Collective Bargaining and Contract Clauses (Analysis), CBNC 14:1501, Union Leave, Labor and Employment Law Resource Center, The Bureau of National Affairs, Inc.

General Motors Corporation and UAW. (1990). U.S. Agreement between General Motors Corporation and UAW September 17, Detroit: UAW.

Jackson, Barry S. (1981). "Is Too much Official Time Spent on Labor Relations and EEOC?" Public Personnel Management Journal Summer: 253-260.

Jackson, Gorden E. (1993). Labor and Employment Law Desk Book Second Edition, Englewood Cliffs, NJ: Prentice-Hall, Inc.

Leahy, William H. (1975). "Grievances over Union Business on Company Time and Premises," Arbitration Journal September: 191-199.

U.S. Department of Labor. (1959). Collective Bargaining Clauses: Company Pay for Time Spent on Union Business, Bulletin 1266, October, Washington, D.C.: U.S. Department of Labor, Bureau of Labor Statistics.

U.S. Department of Labor. (1980). Major Collective Bargaining Agreements: Employer Pay and Leave for Union Business, Bulletin 1425-19, October, Washington, D.C.: U.S. Department of Labor, Bureau of Labor Statistics.

Ⅱ. 미 국

Released Time for Unions

(The Case of the United States)

2. 미국 현지 전문가 의견: 파울라 부스(Paula B. Voos)[1]

보고서는 다양한 형태의 노동조합을 대표하는 노조전임자에 대한 사용자의 임금지급에 관한 법적인 부분이 정확하게 요약되어 있을 뿐만 아니라 정부가 사용자인 경우 임금지급의 관행에 대해 기술되어 있다. 다만, 구체적인 부분으로서 미국의 노사관계에 대한 역사적인 측면과 미국과 한국의 제도적인 차이에 대한 이해가 필요할 것으로 보이며 (본 조언은 이에 초점을 두었다).

(미국과 한국의) 핵심적인 제도적 차이는 (미국의 경우) 기업별로 근로자를 대표하는데 제한을 두지 않는다는 점이다(즉, 기업별 노조로 제한되어 있지 않다). 산업별로 사용자들은 중소 기업정도의 크기이지만 미국 노동조합은 local 수준에서 그 영역을 확대해 왔다. 예를 들어 장기요양산업에 속한 간호보조원들을 대표하는 노동조합은 metropolitan수준 혹은 state수준의 여러 사용자들과 (교섭에 관한) 사법권적 권리를 가진다. 청소부나 경비원을 대표하는 local 노동조합 (역시) 비슷하게 적어도 시 단위로 조직되어 있다. 사용자들은 그러한 노동조합과 개별적으로 혹은 다른 사용자들과 함께 공동으로 교섭을 하게 된다. 뉴욕city병원(협회)는 후자의 사례가 될 수 있다. 이것은 노동조합이 사용자의 규모에 관계없이 조합원들로부터의 조합비만으로도 전임자들에게 임금을 지급할 충분한 규모가 됨을 의미한다. 그러므로 미국 노동법은 근로자 수에 따른 전임자의 비율을 정하고 있지 않다. 노동조합은 그들이 원하는 수준만큼 많은 전임자를 가질지, 아니면 작은 규모를 유지할지에 대해 자유롭다. 또 (미국)노동법은 회사가 지급하든 그렇지 않든 상관없이 풀타임노조전임자가 사용자에 의해 임금을 지급받아야 한다고 가정하지도 않는다. 요약하면, 한국(노동)법은 (노조전임자의 비율을) 구체화하는 것이 필요한데 그 이유는 노동조합이 기업별 형태의 구조를 가지고 있기 때문이다.

---

1) 럿커스 대학교 고용관계스쿨 교수. School of Management and Labor Relations, Rutgers University 50 Labor Center Way New Brunswick, NJ 08903. pbvoos@rci.rutgers.edu

만약, (이러한 노조구조가) 법적으로 바뀌거나 다사용자노동조합이 일반화된다면 현재의 노동법은 근본적으로 바뀌어야 할 것이다. 여기의 comments은 (노조의 구조가) 단기간에 바뀌지 않음을 전제하고 있다.

풀타임노조전임자에 덧붙여, 대부분의 노동조합은 숍 스튜어드 혹은 단순히 노조대표자들로 알려진 공장수준의 대표들을 가지고 있다. 이들은 근로자의 고충처리, 산업안전, 근로자참여 혹은 comments들을 수행하는 개인들이다. 그들은 노조와 조합원을 연결하는 핵심적인 연결고리이다. 이들은 새로운 근로자들에게 노조에 가입하는 것을 권유하거나 노조관련 meeting을 알리거나 노조가 개선되어야 할 것이 무엇인지를 묻는 일을 병행한다. 정&김의 보고서에도 나탔듯이, 이들 공장단위의 노조대표자들은 단체협약에 의해 "released time"과 같은 형태로 노조활동(union business)을 위해 할애된 시간에 대해 사용자로부터 임금을 지급받는다.

미국 노동역사는 사용자에 의한 노조대표자의 임금지급을 이해하는데 중요하다. 1935년 미국노사관계법(NLRA, 1947년 Taft-Hartley법에 의해 개정됨)이 통과되기 전, 일부 대기업의 사용자들은 사용자의 인사부서의 근로자들로 이루어진 "company union(어용노조)"를 설립하였다. 이들 노동조합은 독립노조형태를 유지하고 있었다. 이러한 역사적 사실은, 보고서에서도 인용되어 있듯이, 노조에 대해 지배를 목적으로 한 사용자의 재정적 지원을 금지하는 NLRA section 8 (a) 2조항을 만들어내게 되었다. 그러나 행정법은 이러한 규정이 "released time" 그 차제가 노동조직에 대한 사용자의 지배를 입증하는데 충분하지 않다는 제도적인 현실에 기초하여 이해해야 하며, 대신 (사용자에 의한 임금지급이) 스튜어드에 의해 대표되는 공장수준의 노조가 효과적으로 근로자들을 대표하는데 도움이 됨을 강조한다.

또 다른 역사적 사건 또한 중요하다. 1950년에 트럭노조와 소규모사용자를 가진 산업에서 노동조합의 부패에 관한 상원의 조사가 있었다. 잘 알려진 McClellan Hearings가 널리 알려지게 되었고 이는 1959년에 Landrum Griffin 법[2]이 통과하도록 이끌었는데, 이는 노조를 민주적으로 만들고 재정에 대해 조합원들에게 공개하도록 의무화하여 노조의 부패에 대응하고자 함이었다. 스캔들의 특성 상, 주된 관심은 사용자들이 노조로 하여금 이른바 "sweet-heart contract"인 (근로자의) 고충처리를 무시하거나 근로자에게 뇌물을 제공하는 것을 어렵도록 하는 것이었다. 그러나 지금까지도 법은 released time을 위한 사용자의 임금지급을 제한하지는 않고 있는데, 이는 (released time을 제공하더라도) 문제가 되지 않기 때문이다. (즉) released time을 위한 임금지급이 (노조로 하여금) 조합원들을 배신하지 않고 노조를 효과적으로 만드는데 도움이 되기 때문이다. 법과 직업노조의 부패가 정&김의 보고서에서도 인용된

---

2) 공식명칭은 the Labor Management Reporting and Disclosure Act이다. 이 법은 앞서도 언급한 NLRA의 개정으로서 민간부문에 초점을 두고 있다.

Section 302 (b) 2의 특별한 측면과 연결되어 있다. 이것은 노조전임자가 근로자이거나 이전에 근로자였을 때 예외를 제공한다. 그리고 이는 한국에서 사용자들에 의한 노조대표자의 임금지급이 잠재적인 위험성이 있음을 증명하는 것이기도 하다.

미국에서 공공부문 근로자들에 의해 단체교섭을 포괄하는 최초의 공공부문법은 1959년 Wisconsin주에서 통과되었다. 공공부문의 단체교섭은 1960년에 공공부문근로자의 확대에 따라 성장하였고, 모든 주는 아니더라도 다른 주들에서 NLRA에 의해 보호받지 못하는 공공부문 근로자들의 단체교섭을 포괄하는 법들을 통과시켰다. 이들 state법의 대부분은 NLRA의 내용을 패턴화한 것이었다. 그러나 state법은 근로자의 단체교섭에 대해 주마다 다양하게 규정하고 있으며 잦은 변화를 겪어왔다. 그러므로 주마다 차이가 존재하지만 대개 다음의 미국노동법의 4가지 원칙들을 포함하고 있다. (1) 법은 근로자 수 대비 노조전임자의 비율을 구체화하지 않고 있다. (2) 노동조직에 대한 사용자의 지배개입은 금지되어 있다. (3) 노조전임자에 의한 노조활동시간에 대한 reimbursement는 사용자의 지배개입이 아니라 노조를 효과적으로 만드는 것이다. (4) 만약 reimbursement는 존재할 경우 그것의 특성과 금액은 단체교섭의 협약에 의해 정해진다.

노조활동을 위한 사용자의 임금지급에 대한 공공부문협약은 다양하다. 정&김의 보고서는 근로자 수 대비 노조전임자의 비율을 정하고 있는 한국에 의미 있는 사례를 제공하고 있는데, 그 이유는 사례의 일부가 노조규모와 관련하여 "time bank"를 사용하고 있기 때문이다. 사용자로서 정부는 아마도 노조활동에 사용된 시간에 대한 임금지급의 비용을 제한하기 위하여 단체협약에 (time bank)조항을 삽입할 것을 요구한 것으로 추측된다. 이는 한국이 노동법개정을 고려해야 하는 또 다른 문제이다.

사례별 단체교섭조항 개요

Case 1 and Case 2a. 이 사례들은 NLRA에 의해 적용되는데, 사례기업들이 모두 민간부문의 사용자들이기 때문이다.

PSE&G는 가정과 사무실에 전기와 가스를 공급하는 민간기업이다. CWA 1022는 2곳의 민간부문 통신기업인 AT&T와 Verizon의 근로자들을 대표한다. PSE&G는 lineman들을 대표하는 많은 노동조합을 가지고 있는데, 라인맨들은 태풍 등에 의한 (전기) 수리를 책임지고 있으며 그들의 업무를 수행하는데 있어 상당한 재량권이 허용된다. 이러한 맥락에서 계약서의 조항(단체협약조항)은 노조활동에 소비된 시간이 노조활동이 평상시의 업무를 방해하지 않거나 이유 있는 제한들을 초과하지 않는 한 허용된다.

AT&T와 Verizon은 현장직과 사무직 모두의 노동조합을 가지고 있다. 단체협약은 스튜어드만이 아니라 local에 3명의 노조전임자(풀타임 또는 파트타임)의 임금을 지급하도록 명시되어 있다. 스튜어드들은 그들이 노조활동(union business)을 했을 때에 정상적인 근로를 제공했을 때와 같은 임금을 지급받는다.

Case 2b. 이 사례는 뉴욕 주공공부문법에 의해 적용되는데, 그 이유는 조합원들이 뉴욕시를 위해 일하고 있기 때문이다. Case 1에서처럼 사용자들은 필요하고 이유 있고, 근로자를 보호하는 고충처리에 대해 스튜어드에게 임금을 지급한다. 정&김의 보고서에도 명확히 서술되어 있는 것처럼 명시적으로 뉴욕 주법을 따른 것이다. (이 점에서 뉴저지 주법은 뉴욕 주법과 대비되는데 뉴저지 주법은 이 문제에 대해 명시적이지 않지만 사용자의 임금지급을 금지하지는 않는다).

Case 3. 이 사례는 UPS (우체국서비스)근로자들을 우선적으로 포괄하지만 동시에 운전자 (대여자동차운전자), L&B Cartage(local delivery drivers)와 심지어 Escanaba공공학교 근로자들을 포함한다. 그러므로 이 사례는 우선적으로 NLRA의 적용을 받지만 부분적으로 미시간 주 법의 적용을 받을 수 있다. 명백하게, 스튜어드에 대한 사용자에 의한 임금지급은 두 경우 모두 제공된다. 민간부문에서, 노조활동(union business)을 수행하기 위한 "dock time(여기서 dock는 운반의 시, 종점이 이루어지는 장소를 의미한다)"의 제한과 교섭준비에 있어서 스튜어드의 노조활동시간은 제한이 있다. 공공부문의 맥락에서, 스튜어드들은 업무를 방해하지 않는 노조활동(absence)에 대해 사용자들에게 미리 알릴 조항이 추가적으로 존재한다. Case 2a에서와 마찬가지로 사용자보다 노동조합이 스튜어드에 대한 임금을 지급하는 실체이다.

Case 4. 이 사례는 캘리포니아 주법의 적용을 받는 사례이다. 이것은 한국의 상황에 적용할 수 있는 특별한 사례인데, 그 이유는 (노조전임자)에 대한 비율이 포함되어 있기 때문이다. 풀타임노조전임자는 상당히 오랫동안 (3년, 재연장가능) 노조활동을 할 수 있으며 500명의 근로자 당 1/2에서 1명의 풀타임노조전임자를 둘 수 있다. 더 나아가, (임금지급에 있어서 노조와 사용자의) 비용분담이 존재한다. 사용자는 전임자의 총인건비의 66%를 지급하는 반면, 노동조합은 34%를 지급하도록 규정되어 있다. 이것은 풀타임에 관한 규정이며 스튜어드에 대해서는 특별한 조항이 없다.

Case 5. 이 사례는 미시간 주법의 적용을 받는다. 계약조항(단체협약)은 스튜어드에 의해 행해지는 일(고충처리와 공동위원회)에 초점을 두고 있다. 이 사례 역시 회사규모에 따라 노조전임자의 수를 규정하는 한국의 상황에 잘 들어맞는다. 임금지급은 사용자로부터 이루어진다.

요약하면, 조사된 사례들은 미국적 상황에서 노조활동에 관한 임금지급 혹은 지급된 시간, 그리고 누가 비용을 부담하는지를 잘 보여주고 있다. 이것은 참여한 근로자들의 타입이나 노조활동의 패턴(트럭회사보다 대학은 상당히 다름)에 따라 상당한 유연성이 존재한다. 한편, 이들 사례들은 모두 문화적 맥락에서 이해되어야 하며 그 안에서 풀타임전임자들과 파트타임 스튜어드들은 union business를 수행하는 일에 대해서만 임금을 지급받으며 미국노사관계시스템에서 노조조합비는 상대적으로 높은 편이고, local 노동조합은 서로 다른 많은 사용자들과 교섭이 허용된다. 미국시스템이 가진 하나의 문제점은 규모가 크고, 교섭력이 큰 노동조합이 작고 약한 노조에 비해 상대적으로 유리한 조건을 갖고 있다는 것이다.

한국의 노사관계시스템에서 노조대표체계들과 노조의 재정여건은 미국과 다르므로 노조대표자들에 대한 임금지급의 법적 요구들은 현실을 반영해야 한다. 즉, 최소한의 임금지급의 메커니즘을 입법화하는 장점을 가지되, 임금지급은 강제적인 방식보다는 다소 일반적으로 구상하는 것이 가능할 것이다. 이러한 방식은 사용자들에게는 노조가 협력적이고, 산업안전, 참여 등의 일에 스튜어드가 보다 많은 시간을 사용하도록 유도할 수 있으며 또한 노조가 그들의 조합원들을 위해 보다 효과적으로 회사와 교섭할 수 있도록 만들 것이다.

2. 미국 현지 전문가 의견: 파울라 부스(Paula B. Voos)[1]

Not only is this an accurate summary of the law with regard to payments by employers to employees who are doing union representation work of various types, but also it is a study that adds to our knowledge of these practices when government itself is the employer. Some specifics should be understood in light of the history of labor management relations in the U.S. and current institutional differences between the U.S. and Korea.

The key institutional difference is that American unions are not limited to representing employees in a single enterprise or single corporation. In industries in which employers are small to moderate in size, American union locals typically span many such employers in a given locale. For instance, unions that represent nursing aides in the long-term care industry (nursing homes) will have jurisdiction over multiple employers in a metropolitan area or part of a state. Union locals that represent janitors or doormen would similarly be at least city-wide. Employers might bargain with such unions either individually or on a multi-employer basis through an employer association (N.Y. City Hospitals would be an example of the latter). This means that American unions can be of sufficient size to compensate full-time officers from dues paid by members, whether or not the employer is large. Hence, American law does not have to provide for a specified ratio of union representatives to union members. Unions are free to have as many or as few representatives as they wish. Nor does the law assume that full-time union officers are paid by the employer. They may or may not be. In short, the Korean law specifying a ratio is necessary because of the

---

[1] Professor of Labor Studies and Employment Relations School of Management and Labor Relations Rutgers University.

enterprise-specific structure of union representation in Korea. If that were to be legally altered and multi-employer unions became common, this aspect of Korean law could be changed in a fundamental way. I am assuming throughout these comments that this is not likely in the short-run.

Besides full-time officers, most American unions have shop-floor representatives known as stewards or simply union reps. These are individuals who represent employees with grievances, sit on health and safety, employee involvement, or other committees that periodically meet with local management. They also are the union's key link to the membership. They may ask new employees to join the union, or publicize a union meeting, or ask employees about what the union should attempt to improve. These shop-floor representatives are typically paid by employers at their regular hourly rate for time spent on union business, although as this paper demonstrates, the specifics of payment for such "released time" is determined by the collective bargaining agreement.

American labor history is relevant to understanding the law governing employer payments to union representatives. Before the passage of the National Labor Relations Act in 1935 (later amended by the Taft-Hartley Act in 1947 to form the current basis for private sector labor relations law), some large American employers established "company unions," with "employee representatives" that were actually employees of a Personnel Department loyal to the employer. These organizations were designed to keep independent unions from being formed. This historical fact led to section 8(a)2 of the NLRA, as cited in the paper, designed to prohibit employer domination of a union via financial support of it. However, the administrative law enforcing this rule used an understanding based on institutional reality – that mere payment for "released time" would not in itself be sufficient for employer domination of a labor organization, but would instead help the union be an effective representative of the workforce by nourishing a structure of shop-floor representation by stewards.

Another historical event is important. In the 1950s, there was a Senate investigation into union corruption in the trucking and some other industries in which there were many small employers. The McClellan Hearings, as they were known, were widely publicized and ultimately led to the passage of the Landrum Griffin Act of 1959,[2] which was designed to

---

2) The formal name is the Labor Management Reporting and Disclosure Act. As before, the focus of this partic-

counteract corruption by making unions more democratic and by providing more financial information to union members. Given the nature of the scandals, a major concern was to make it harder for employers to corrupt union officers by paying them bribes to be less aggressive in representing members than they otherwise would be – to ignore a grievance, or bargain an inferior contract (known as a "sweetheart contract"). Still, however, the law did not restrict employer payment for released time, because this was not a problem. Payment for released time helps unions be effective – not to betray the membership. The law and this history of occasional union corruption does relate to a particular aspect of the law (exceptions to payment to union representatives under Section 302(b)(2)c as cited by Jeong and Kim in this paper. This provides for exceptions when the union officer is either an employee or a former employee. And it also demonstrates the potential dangers of payments by employers to union representatives that Korea should consider as it contemplates changing its current law.

The first public sector law governing collective bargaining by government employees in the United States was passed by the state of Wisconsin in 1959. Such bargaining mushroomed in the 1960s as public sector workers organized and a variety of other states (but not all) passed statutes governing this group of employees, who are not protected by the National Labor Relations Act. Many of these state laws were patterned after the NLRA. However, they are more varied and have proven to be more changeable, as they are amended frequently in individual states. Hence, there is some variety in state statutes governing collective bargaining by public employees, but in large part they preserve the fundamentals of American labor law in that (1) the law does not specify the ratio of union officers to union members, (2) employer domination of a labor organization is prohibited, and (3) mere reimbursement for time spent on union activity by union officers is not evidence of employer domination, but is understood to be something that makes unions more effective representatives, and (4) the existence, nature, and amount of reimbursement, if any, is determined by the collective bargaining agreement.

Public sector contracts vary, of course, in their provisions for employer payment for released time. This paper provides some interesting examples of public sector contracts that might reasonably inform a nation like Korea in which there is a legislated ratio of union representatives to union members, because some of these contracts do contain a such a ra-

---

ular set of Amendments to the National Labor Relations Act is the private sector.

tio or a bank of "hours" to be used for such representation that is related to the size of the union. Government as an employer probably demanded that such clauses be included in contracts in order to limit the cost of paying employees for time spent on union business. This is another matter that Korea might consider as it contemplates changing its law.

Contract provisions in cases examined by Jeong and Kim

Case 1 and Case 2a. These are both cases governed by the National Labor Relations Act since they are both private sector employers.

PSE&G is a private corporation providing electricity and natural gas to homes and offices. CWA 1022 represents employees at two private telecommunication corporations – AT&T and Verizon. PSE&G has many union-represented linemen who are responsible for quickly repairing electrical equipment damaged by storms, a work context that allows for considerable leeway by employees in performing their duties; the contract's provisions that the time spent on union activities must be such as to not exceed reasonable limits or to interfere with regular duties is an understandable limitation in this context.

AT&T and Verizon have represented employees both in "field" and in "office" contexts. This contract specifies pay for the 3 officers of the local (full-time or part-time) but not for union stewards, who receive pay from the union at the rate they are paid by the corporation for time off.

Case 2b. This is a case governed by New York State public sector law because its members work primarily for the city of New York. As with Case 1, the employer pays stewards their basic hourly rate for handling grievances as long as the time spent is necessary and reasonable, protecting the employer. As Kim and Jeong make clear, this is explicitly legal under New York state law. (They contrast NY state law with New Jersey law in this regard – the latter is simply silent on the matter but it does not prohibit such payment and in fact it is common).

Case 3. This is a local that primarily represents UPS employees, but it also has contracts with Rider (a rental car agency), L&B Cartage (local delivery drivers) and even the Escanaba Public Schools. Hence its provisions are primarily governed by the National Labor Relations Act, but in some cases, by Michigan State law. Clearly compensation by employers for union work by stewards is provided for in both contexts. In the private sector, we see limits on time spent by stewards in preparation for bargaining, and limitations on "dock time" for conducting union business – presumably this is at the local where the delivery vehicles begin and end each day. In the public sector School District context, there are additional provisions for advance notice to the employer as to when the steward will be absent from their usual job and the requirement that their absence does not interfere with the conduct of District business. As with Case 2a, the union (rather than the employer) is the body that provides payment to the stewards.

Case 4. This is a public sector case under California State labor law. It may be particularly applicable to the Korean situation because of the ratio provisions that it contains. Full-time union officers may be on leave for quite long periods of time (3 years; renewable) but only one-two officers may be on paid leave – one for each 500 employees. Furthermore, there is cost-sharing. The employer pays for 64% of the officer's salary and benefits, whereas the union must pay for 34%. It should be noted that this case concerns full-time officers; there are apparently no provisions for stewards.

Case 5. This is a public sector case under Michigan labor law. The contract clauses are focused on work done by stewards (grievances; committee meetings). Again, this may be particularly relevant to Koreans in that the contract establishes a leave bank that depends on the size of the membership in a particular unit. The payment is from the employer and is at the usual hourly rate of pay of the employee.

In summary, examination of these cases show the advantage in the American context of leaving the precise amount of payment, and the number of persons or hours to be paid, and who bears the cost (employer or union) or the split of costs to individual contracts. This provides for maximum flexibility in fitting the language to the type of employees involved and the union activities that they perform (which might be quite different in a university than in a trucking firm). On the other hand, this is all in a cultural context in which it is understood that both full-time officers and part-time stewards must be paid for conducting union business, and in an American employment relations system in which dues are relatively high and local unions are allowed to have contracts with many different employers (giving them financial resources).

In the Korean industrial relations system, fundamentals of representation structure and union finances are different, and hence the legal requirements for the payment of union representatives must be adapted to that reality. There may be advantages to legislating minimum payment mechanisms but it is also possible to conceive of a law in which payment may be more (but not less) generous than the mandated minimum. This would allow employers who want to have stewards spend more time on labor-management cooperation/involvement committees, health and safety task forces, etc., have the flexibility to do so. And it would also allow unions to negotiate for better representation for their members.

별첨 1. 미국 민간부문 노동법의 전임자 임금지급에 대한 관련 조항

1. Labor Management Relations Act(Taft Hartley Act)

Section 8. (a)

It shall be an unfair labor practice for an employer --

(2) to dominate or interfere with the formation or administration of any labor organization or contribute financial or other support to it⋯

an employer shall not be prohibited from permitting employees to confer with him during working hours without loss of time or pay.

Section 302

(a) It shall be unlawful for any employer or association of employers or any person who acts as a labor relations expert, advisor, or consultant to an employer or who acts in the interest of an employer to pay, lend, or deliver, or agree to pay, lend, or deliver, any money or other thing of value --

(1) to any representative of any of his employees who are employed in an industry affecting commerce; or

(2) to any labor organization, or any officer or employee thereof, which represents, seeks to represent, or would admit to membership, any of the employees of such employer who are employed in an industry affecting commerce; or

(3) to any employee or group or committee of employees of such employer employed in an industry affecting commerce in excess of their normal compensation for the purpose of causing such employee or group or committee directly or indirectly to influence any other employees in the exercise of the right to organize and bargain collectively through representatives of their own choosing; or

(4) to any officer or employee of a labor organization engaged in an industry affecting commerce with intent to influence him in respect to any of his actions, decisions, or duties as a representative of employees or as such officer or employee of such labor organization.

(b) It shall be unlawful for any person to request, demand, receive, or accept, or agree to receive or accept, any payment, loan, or delivery of any money or other thing of value prohibited by subsection(a)···

(c) The provisions of this section shall not be applicable (1) in respect to any money or other thing of value payable by an employer to any of his employees whose established duties include acting openly for such employer in matters of labor relations or personnel administration or to any representative of his employees, or to any officer or employee of a labor organization, who is also an employee or former employee of such employer, as compensation for, or by reason of, his service as an employee of such employer, ···

2. PSE&G의 단체협약

Time off to Discuss Grievances with the Company

Article XV, SEC. 2. Members of the Committee of the Local Council and other authorized officials of the Union shall be allowed the necessary time off, without loss of pay, to discuss with the Company, grievances arising under this Agreement. Members of the Executive Committee of the Union shall be allowed the necessary time off, without loss of pay, to discuss matters of general policy and mutual problems with the Company, provided that no representatives of the Union shall absent themselves for such purposes from the District Office where they are employed, except with the knowledge of the Manager to attend a meeting which has been arranged with and agreed to by the Company.

Discussion of Grievances by Stewards

Article XV, SEC. 3. Stewards or authorized officials of the Union may accept and discuss, on the premises and time of the Company, complaints and grievances presented by employees, provided that the time they devote to this purpose does not exceed reasonable limits, and does not interfere unduly with the performance of their regular duties as employees.

별첨 2. 미국 공공부문 노동법의 전임자 임금지급에 대한 관련 조항

1. Civil Service Reform Act, Section 7131

(a) "Any employee representing an exclusive representative in the negotiation of a collective bargaining agreement under this chapter shall be authorized official time for such purposes, including attendance at impasse proceeding, during the time the employee otherwise would be a duty status. The number of employees for whom official time is authorized under this subsection shall not exceed the number of individuals designated as representing the agency for the purposes."

(b) "Any activities performed by any employee relating to the internal business of a labor organization (including the soliciytation of membership, elections of labor organization officials, and collection of dues) shall be performed during the time the employee is in a non-duty status."

2. California Educational Employment Relations Act, Section 3543.1(c)

"A reasonable number of representatives of an exclusive representative shall have the right to receive reasonable periods of released time without loss of compensation for meeting and negotiating and for the processing of grievances."

3. California Higher Education Employer-Employee Relations Act, Section 3569

"A reasonable number of representatives of an exclusive representative shall have the right to receive reasonable periods of released or reassigned time without loss of compensation where engaged in meeting and conferring and for the processing of grievances prior to the adoption of the initial memorandum of understanding."

4. New York State Employment Relations Act

Unfair Labor Practices

It shall be an unfair labor practice for an employer:

1. To spy upon or keep under surveillance, whether directly or through agents or any other person, any activities of employees or their representatives in the exercise of the rights guaranteed by section seven hundred three.

2. To prepare, maintain, distribute or circulate any blacklist of individuals for the purpose of preventing any of such individuals from obtaining or retaining employment because of the exercise by such individuals of any of the rights guaranteed by section seven hundred three.

3. To dominate or interfere with the formation, existence, or administration of any employee organization or association, agency or plan which exists in whole or in part for the purpose of dealing with employers concerning terms or conditions of employment, labor disputes or grievances, or to contribute financial or other support to any such organization, by any means, including but not limited to the following:

(a) by participating or assisting in, supervising, controlling or dominating (1) the initiation or creation of any such employee organization or association, agency, or plan, or (2) the meetings, management, operation, elections, formulation or amendment of constitution, rules or policies, of any such employee organization or association, agency or plan; (b) by urging the employees to join any such employee organization or association, agency or plan for the purpose of encouraging membership in the same; (c) by compensating any employee or individual for services performed in behalf of any such employee organization or association, agency or plan, or by donating free services, equipment, materials, office or meeting space or anything else of value for the use of any such employee organization or association, agency or plan; provided that, an employer shall not be prohibited from permitting employees to confer with him during working hours without loss of time or pay.

5. 캘리포니아주 MEYERS-MILIAS-BROWN ACT 3569.5.

3569.5. California state universities; employee representatives; time off with compensation to attend meetings.

(a) The state shall allow up to three employee representatives from each employee organization which represents employees of the California State University reasonable time off during working hours without loss of compensation or other benefits, to attend and make oral presentations at meetings of the TRSUtees of the California State University, or a committee thereof, held during the working hours of the employees, if a matter affecting conditions of employment is scheduled for consideration.

(b) Any employee organization wishing to send employee representatives to make oral presentations at such a meeting shall submit a request to the TRSUtees far enough in advance to permit scheduling of speakers pursuant to rules and regulations of the TRSUtees. Each employee organization shall be limited to not more than three speakers at any meeting.

(c) Only employee representatives who are named in the request submitted to the TRSUtees as employee representatives who will make an oral presentation, and who intend to make an oral presentation, shall be allowed time off as specified in subdivision (a). Other employees may attend meetings by taking vacation time, compensating time off, or time off without pay if the workload permits, when approved by their supervisor.

(d) Nothing in this section shall preclude the TRSUtees from adopting rules and regulations relating to time off for employees not represented by an employee organization to attend meetings.

(e) If the provisions of this section are in conflict with the provisions of a memorandum of understanding reached pursuant to this chapter, the memorandum of understanding shall be controlling without further legislative action, except that if the provisions of a memorandum of understanding require the expenditure of funds, the provisions shall not become effective unless approved by the Legislature in the annual Budget Act.

6. 미국공공노조 AFSCME의 미시간지부 25와 미시간주정부간 단체협약[1]

Section F. Union Leave/Leave for Union Office.
If any Union representative(s) spends more than five hundred twenty (520) hours in a

---

1) http://www.michigan.gov/documents/ose/ARTICLE_7_381156_7.pdf

fiscal year (beginning October 1 of each year) in representation activities, on administrative leave, he/she shall be placed on "Union leave" by the Employer. Such employees shall be relieved of all work duties for the remainder of the fiscal year and the Union shall reimburse the State for the gross total cost of such employee(s) wages and the Employer's cost of all fringe benefits for the five hundred twenty (520) hours and for the time the employee is on Union leave.

별첨 3. 미국 전임자 임금지급에 대한 최근 판례전문

(Caterpillar Inc. vs. United Auto Workers, CA3, No. 96-7012, March 4, 1997).

지면관계상 생략. 판례전문은 아래 주소에서 확인할 수 있음.

http://www2.ca3.uscourts.gov/opinarch/967012.txt

Ⅲ. 독 일

1. 국가별 연구

가. 서 론

오랫동안 우리나라 노사관계의 뇌관이었던 노조전임자 급여지급 문제가 지난 2010년 1월 1일 노동조합 및 노동관계조정법(이하 '노조법'이라 함)의 개정을 통하여 일단락됨으로써 노조전임자 제도의 큰 골격이 완성되었다. 개정 노조법은 노조전임자에 대한 급여지급을 노동조합에 대한 자주성 침해요소로 인식함과 동시에 그 지급행위를 사용자의 부당노동행위로 규정하는 한편, 기업 내에서 조합 활동을 행하기 위해서는 취업시간을 활용할 수밖에 없다는 점과 기업 내 노사관계의 원활한 전개를 위해서는 일정한 시간범위를 정하여 임금상실 없는 조합 활동 가능성을 부여하는 것이 부득이하다는 점 또한 인정하고 있다.

먼저 노조법 제24조 제2항은 단체협약이나 사용자의 동의를 전제로 근로계약상의 노무제공의무가 면제되는 기간 동안 노조전임자에 대한 급여도 쌍무계약의 일반원칙인 급부와 반대급부의 견련성에 따라 함께 소멸한다는 취지를 확인하고 있다. 반면 노조법 제24조 제4항은 근로자가 조합 활동으로 인하여 근로제공을 하지 않더라도 법 소정의 한도 내에서는 노사합의로 정한 시간에 대하여 임금청구권이 상실되지 아니한다고 정하고 있다. 다시 말하면 노조전임자 인정 여부와 조합 활동 중 유급 근로시간면제 범위가 협약자율의 대상임을 명확히 하는 동시에 조합 활동에 대한 급여지급과 관련하여 협약자율의 범위를 법정함으로써 "협약자율의 한계"(Grenze der Tarifautonomie)도 명시하였다.

그렇지만 지난 입법과정에서 노사의 상충적 이해관계가 충돌하면서 기본원칙 외에 세부적인 규율내용에 대해서는 체계적이고 치밀한 검토가 제대로 이루어지지 못한 채 법 개정이 행해짐으로써 해석상 다양한 논점이 제기되어 온 것도 사실이다.[1] 가장 큰 논점은 역시 원칙에 관한 것이다. 다시 말하면 노조전임자의 급여문제가 협약자율에 의하지 아니하고 법률

---

[1] 대표적으로 근로시간면제 제도의 법적 쟁점에 관해서는 박지순, "근로시간면제제도의 법적 쟁점",「노동법포럼」(제5호), 노동법이론실무학회, 2010. 10, 5면 이하 참고.

의 규율대상이 될 수 있는가? 법률로 규율한다면 과연 어디까지 규율할 수 있는지가 핵심논점이다. 이 점에 대해서는 입법 이전부터 논란이 되어왔으며, 지금도 노동계 일부를 중심으로 지속적으로 문제제기가 되고 있다.

다음에서는 독일의 노조전임자 제도와 근로시간면제 한도에 대한 규율방식을 구체적으로 살펴봄으로써 우리 노조전임자 및 근로시간면제 제도의 규율방향을 모색하고 적절한 시사점을 도출하고자 한다. 다만 독일의 노동조합체계는 원칙적으로 산별에 기초를 두고 있다는 점에서 우리나라 노동조합 조직체계와는 본질적으로 구별되므로 노조전임자 제도를 단순히 평면적으로 비교하는 것은 의미가 없으며, 비교법적 조사가 의미를 갖기 위해서는 오히려 사업장 단위에서 활동을 하는 노조신임자 및 종업원평의회의 전임자 제도에 대한 보다 자세한 비교·검토가 선행될 필요가 있다.[2] 그러므로 이하에서는 독일의 노조신임자 제도와 종업원평의회 제도를 중심으로 그들의 법적 지위를 비롯하여 구체적인 활동내용을 검토함으로써 노조전임자 및 근로시간면제 제도의 합리적인 개선방안을 강구하도록 한다.

나. 독일의 노동조합 조직과 협상구조

(1) 협약자율의 법적기초

독일의 집단적 노사관계법은 기본법(우리의 헌법에 해당) 제9조 제3항의 단결의 자유(Koalitionsfreiheit)에 기초한 협약자율(Tarifautonomie)에 관련된 부분 및 사업장과 기업단위에서의 근로자참가를 보장하는 부분으로 분류된다. 특히 나치정부의 등장과 제2차 세계대전으로 사실상 노사관계시스템이 붕괴되었던 독일은 1949년 기본법에 '단결의 자유'가 규정됨으로써 협약당사자가 각 업종 및 사업장의 근로조건을 자율적으로 규율할 수 있는 현대 독일 노사관계의 중요한 규범적 토대가 마련되었다.

단결의 자유는 근로자와 사용자에게 단결체를 조직하고 가입할 수 있는 권리(적극적 단결의 자유)와 가입하지 않을 권리(소극적 단결의 자유)뿐만 아니라, 노사단체의 단결목적에 따른 존립과 활동을 보장하는 단결체의 권리를 함께 포함하는 것으로 이해되고 있다. 한편 단결의 자유는 종속적 지위에 있는 근로자에게 사용자와 대등한 지위에서 근로조건 등을 결정하는 데 참여할 수 있는 가능성을 부여하고 있으며, 독일 기본법은 협약당사자에 의한 근로조건의 자율적 결정(이를 '협약자율'[3]이라 한다)에 절대적으로 우선적 지위를 부여하고 있다.

---

2) 이러한 관점에서 독일의 노조전임자 제도를 소개하고 있는 문헌으로는 박지순, "독일의 노조신임자 및 종업원평의회 전임자 제도와 우리 노조전임자 제도에 관한 시사점", 「노동과 법」(제7호), 금속법률원, 2006, 37면 이하 참고. 본 파트는 동 문헌을 기초로 수정, 보완하여 작성한 것임을 밝힌다.

3) 협약자율은 독일 기본법에서 정하고 있는 협약당사자의 특별한 지위를 표현하는 것이다. 최근 독일의 협약자율에 관한 설명으로는 박지순, "독일노사관계와 단체협약제도", 「노사공포럼」(제22호), (사)노사공포럼, 2011, 40-47면 참고.

협약당사자와 단체협약에 대한 기본적 요건과 효력에 대해서는 1949년에 제정된 단체협약법(Tarifvertragsgesetz)이 실정법으로서 규율하고 있다. 반면 쟁의행위에 관해서는 아무런 법률상의 규정을 두고 있지 않다. 쟁의행위의 제한 내지 한계에 관한 일반적 기준은 오래전부터 형성된 판례(연방노동법원에 의해 확립된 법관법)가 법률을 대신한다.[4)]

한편 경영조직법(Betriebsverfassungsgesetz)은 노사가 공동으로 참여하여 사업장 내 주요문제를 결정하는 기구인 종업원평의회(Betriebsrat)에 관하여 규율한다. 경영조직법은 사회적 경제질서를 배경으로 근로자와 근로자대표의 참여를 통해 기업가의 결정의 자유와 타인에 의해 결정되는 노동조직 내에서 일하는 근로자의 자기결정권간의 균형을 이루기 위한 토대를 마련하고 있다.

(2) 독일 이원적 노사관계의 구조

독일의 집단적 노사관계는 이원적 근로자대표 시스템을 가지고 있다. 즉 근로자의 이익은 노동조합과 종업원평의회에 의해 대표된다. 먼저 노동조합은 기본법 제9조 제3항에 보장된 결사의 자유를 법적근거로 한 단결체로서, 대체로 산별단위로 구성되어 있고 사용자단체와 당해 산업에 일률적으로 적용되는 단체협약을 체결함으로써 그 조합원의 이익을 대표한다. 반면 종업원평의회는 경영조직법에 근거한 단체로서 선거에 의해 선출되고, 해당 사업장에 속한 전체 근로자를 대표한다. 이들은 사업장 단위에 일정한 사항에 관하여 공동결정권 등을 가지며, 사용자와 합의한 사항에 관하여 경영협정(Betriebsvereinbarung)을 체결한다. 이와 같이 독일의 이원적 집단적 노사관계는 노동조합과 종업원평의회의 과제와 임무를 달리 구성하고, 이 과제 분리의 원칙은 다양한 측면에서 발현되고 있다.[5)]

반면 노동조합과 종업원평의회의 운영에 있어서는 양자간의 긴밀한 관계가 성립하게 되는데, 실제 종업원평의회 위원들 대부분이 노동조합의 조합원들로 구성된다는 점은 노동조합이 개별 기업에서의 영향력을 증대하려는 기본취지와 맞물려 있는 것이다.[6)] 다시 말하면 노동조합으로서는 사업장 단위에서 노조의 역할을 일정부분 행사하고 사업장 차원에서의 근로자 이익과 노동조합 차원에서의 전략수립이 항상 연계될 수 있도록 하기 위해서는 자신의 조합원이 종업원평의회를 구성·운영하는 데에 상당한 이해관계를 가지게 된다. 이와 같은 현실은 경영조직법 제2조에서 명시적으로 반영되고 있다. 즉 사용자와 종업원평의회는 그 사업에서 대표되는 노동조합 및 사용자단체와 협력해야 한다(동법 제2조 제1항[7)])는 것이다.

---

4) 하경효, "독일의 협약자율제도의 구조와 현황", 「한터 이길원 교수 정년기념논문집」, 1998, 149면 이하.

5) 박제성·박지순·박은정, 「기업집단과 노동법−노사협의회와 단체교섭제도를 중심으로−」, 한국노동연구원, 2007, 84면.

6) 박종희, "독일 노동관계법 개요", 「노동과 법」(제2호), 금속법률원, 2002, 351면.

7) 사용자와 종업원평의회는 유효한 단체협약을 고려하면서 근로자와 사업장의 안녕을 위해 상호신뢰에 근거하여

그리고 종업원평의회는 사업의 구체적인 쟁점사항에 관하여 노동조합과 협의할 권리를 가지며, 사용자와 종업원평의회와 노동조합의 협의 및 협력활동을 방해하려고 시도하는 경우에는 경영조직법상의 의무위반을 구성한다. 또한 경영조직법은 노동조합에 대하여 다음과 같은 권한과 과제를 부여하고 있는데, 종업원평의회의 조직에 관한 발의권(제14조, 제16조, 제17조), 종업원평의회 회의 및 사업장총회에 대한 참가 및 총회소집요구권(제31조, 제43조, 제46조), 종업원평의회의 선거감시(제19조, 제23조) 등이 바로 그것이다.

이 밖에도 일부 노조(금속·광업·화학·에너지 노조 등)는 사업장 내에 '노조신임자'(Vertrauensleute) 제도를 두고 있는데, 1960년대 기업 내의 노조활동을 강화할 목적으로 도입되었다. 따라서 독일의 관련 제도는 산별노동조합의 전임자(hauptamtliche Gewerkshchafter), 종업원평의회의 전임자(freigestelle Betriebsratsmitglieder), 그리고 사업장 내의 노조신임자가 존재한다고 볼 수 있다. 사업장 내의 신임자는 명문화된 법 규정은 없고 단체협약 혹은 관행에 기초한다. 독일 연방노동법원도 노조신임자에 관한 사항을 독일 기본법 제9조 제3항에 의한 보호대상, 즉 협약자율의 대상으로 인정한 바 있다.

(3) 노동조합의 조직현황과 단체교섭

독일에서 가장 큰 상급노조는 독일노동조합총연맹(Deutsche Gewerkschaftsbund, 줄여서 DGB라 한다)이다. 독일 노동조합의 지위는 DGB라는 강력한 통일적 노동조합이라는 배경하에서만 이해될 수 있다. 독일 기본법은 복수단결주의를 취하고 있음에도 불구하고 현실적으로는 그와 같은 복수노동조합은 매우 제한적으로만 존재한다. 노동조합의 권력은 DGB로 집중되어 있으며, DGB는 8개의 노조(IG BAU, IG BCE, GEW, IG Metall, NGG, Gewerkschaft der Polizei, Transnet, Verdi)로 구성되어 있다. 이 노조는 산별조직원리(Industrieverbandsprinzip)에 따라 설립된 통일노조(Einheitsgewerkschaft)이다.

산별조직원리란 노동조합이 개별 기업 또는 사업장 차원에서 조직되는 것이 아니라 산업부문 내지 업종을 단위로 조직된다는 것을 의미하며, 그 조직대상인 사업에서는 하나의 노조가 근로자의 구체적인 직업과 직무를 가리지 아니하고 모든 종업원을 조직대상으로 한다.[8] 그러한 의미에서 직업별 조직원리(Berufsverbandsprinzip)와 구별된다. 후자의 경우는 하나의 업종 내지 하나의 사업장마다 각 직업별로 대표조직이 존재한다. 또한 통일노조라 함은 근로자의 지위나 업무에 관계없이 동등하게 조직하며, 다양한 정치적 노선을 아우르는 조직원리를 의미한다.

사업장 내에서 노동조합과 사용자단체를 대표하는 자의 협력을 통해 공조하여야 한다.

8) DGB 규약에서도 이 원칙을 천명하고 있다. 따라서 근로자들은 산별노조체제에 따라 자신이 고용되어 있는 사업이 속해 있는 분야를 중심으로 단결권을 행하게 되고 결과적으로 하나의 사업장에는 하나의 노동조합(ein Betrieb, eine Gewerkschaft)만이 존재하게 된다는 사실이 오랫동안 관행으로 인정되어 온 상태이다.

최근 자료에 의하면 DGB에 소속된 노조원은 약 640만 명 정도인데, 이는 독일 전체 근로자의 20%에 이른다. 즉 조직률이 20%라고 할 수 있다. 다만, 그 조직률은 업종이나 지역 그리고 사업규모에 따라 천양지차이다. 전통적으로 금속, 철강, 광산업의 조직률이 높고, 서비스부문은 낮다. 가장 규모가 큰 노동조합은 잘 알려져 있듯이 금속노조(IG Metall)로서 약 230만 명에 이르고, 다음으로는 통합서비스노조(ver.di)로 약 218만 명 정도이다. 그밖에 광산·화학·에너지노조(IG BCE)의 경우는 약 70만 명, 건설·농업·환경노조(IG BAU)의 경우는 약 34만 명 정도이다. 공공부문에서는 독일공무원노조(DBB)가 약 100만 명의 조합원으로 조직되어 있다.

독일의 전체 노동조합 조직률은 1990년 37.5%, 1995년 36%, 2000년 22.4%, 2003년에는 21.5%로 감소하고 있으며 최근 10여년간 매우 빠르게 조합원 수가 감소하고 있음을 알 수 있다.

독일에서는 산업별 통일교섭이 주를 이루고 대각선 교섭도 부분적으로 이루어진다. 주로 산업별 단위노조와 사용자단체가 교섭하는 형태가 주를 이루지만 사용자단체에 속하지 아니한 사용자와 산업별 단위노조가 교섭하여 사업장 내 단체협약(Firmentarifvertrag)을 체결하는 경우도 있다. 이와 같이 단체협약의 체결은 단위노조별로 이루어지며, DGB는 각 노동조합의 협약정책을 조율하는 기능을 담당한다. 실제로 DGB는 협약정책과 관련하여 노동조합간 정기적인 정보교환을 담당하며, 대국민 홍보와 언론활동을 통하여 개별 단체교섭을 지원하는 역할을 담당한다. 반면 노동조합과 사용자가 단체협약당사자가 되기 위해서는 단체교섭능력(Tariffähigkeit)과 단체교섭권한(Tarifzuständigkeit)을 가지고 있어야 한다.[9) 이 때 단체교섭능력은 단체협약의 당사자가 될 수 있는 능력을 의미하기 때문에 협약능력과 동일한 의미로 이해된다.

(4) 단체협약의 현황

독일의 단체협약 현황을 보면 산별노조와 산별사용자단체가 체결하는 산별단체협약(Flächen- bzw. Verbandstarifvertrag)이 가장 전형적인 모습이라고 할 수 있다. 이와 같은 산별협약은 예컨대 동일산업부문(금속) 중에서도 자동차나 전자, 조선 등 특정 업종별로 단체협약이 체결되기도 하고 업종을 불문하고 산업 전체를 포괄하는 단체협약을 체결할 수 있다. 또한 지역적으로도 전국단위를 적용대상으로 하거나 지역단위로 적용대상을 정할 수 있다. 이와 같은 적용범위의 결정은 협약당사자의 협약정책 및 교섭전략과 밀접한 관련이 있다. 산별단체협약은 법적으로는 사용자단체와 협약을 체결한 노동조합의 조합원에 대해서만 구속력을 갖기 때문에 협약의 적용을 받는 사용자는 원칙적으로 자유롭게 비노조원을 협약에서 정한 조건과 달리 하여 채용할 수 있다. 그러나 현실적으로 이와 같은 가능성은 거의 없다.

---

9) 김형배, 「노동법」(제22판), 박영사, 2013, 889면.

실제로 전체근로자 대비 단체협약의 적용률은 63%에 이른다. 100명중 63명에게 단체협약의 규범적 효력이 미친다는 것이다. 그 밖에 사실상의 적용을 고려하면 거의 모든 근로자가 업종별 단체협약의 적용을 받는다고 할 수 있다.

업종별로 체결되는 단체협약(산별협약) 수는 250개 이상이다. 예컨대 금속산업에 대해서 체결되는 단체협약은 상당히 다양한 업종(예컨대 자동차업, 기계제작업, 조선업, 전기산업, 항공기제작업, 주물업 etc.)을 포괄하는데 비해 피혁·가죽산업의 경우에는 단지 4개의 업종으로 구성된다. 따라서 각 업종별로 단체협약이 체결되면 산별단체협약 수가 증가하게 된다.

산별협약 외에 독일에도 산별노조가 사용자단체에 가입하지 아니한 특정 기업과 체결하는 기업별 협약(Firmentarifvertrag, Haustarifvertrag)이 존재한다. 이와 같은 기업별 단체협약의 수는 절대적으로는 많지만 전체 경제적 관점에서 그 사회경제적 비중은 산별단체협약보다는 낮다. 물론 일부 기업별 협약의 경우는 상당히 중요한 의미를 갖기도 한다. 예컨대 소수의 기업에 의하여 지배되는 정유 산업이라든가 항공운수업에서는 기업별 협약이 중요한 협약형태이다. 또한 에너지산업이나 통신업에서도 기업별 협약의 비중이 높다고 할 수 있다.

단체협약의 의제나 내용에 따라 임금협약, 임금기준협약, 포괄협약 등으로 구별할 수 있다. 임금협약(Lohntarifvertrag)은 통상 임금요율표상 기본급의 인상률을 결정하는 전통적인 단체협약이다. 기본급외에도 교육훈련을 위한 급여가 여기에 포함될 수 있다. 임금협약의 유효기간은 주로 1년 내지 2년이다. 임금기준협약(Lohnrahmentarifvertrag)이란 여러 단위의 임금기준등급(예컨대 우리의 직호봉)과 그 결정기준 등을 정하는 것이다. 임금기준등급의 수는 각 업종별로 다양하게 존재한다. 예컨대 생산직 근로자의 경우에는 7-10개의 등급, 사무직·기술연구직 근로자의 경우는 5-7개, 마이스터의 경우는 1-3개의 임금기준등급이 존재한다. 포괄단체협약(Rahmentarifvertrag, Manteltarifvertrag)은 다양한 근로조건에 관한 규정을 담고 있다. 예컨대 시용기간, 해고예고기간, 근로시간 및 그 배분, 야간근로 및 교대제근로, 휴가, 휴업에 관한 사항 등이 모두 포괄된다. 이와 같은 포괄적인 기본단체협약은 임금협약과 달리 일단 한번 정해지면 쉽게 변경되기 어려우므로 그 유효기간은 통상 장기적이다.

그 밖에도 개별 주제를 대상으로 하는 특수한 단체협약이 다수 체결된다. 예컨대 기업구조조정에 따른 근로자보호(이른바 고용안정협약), 단시간근로, 모니터업무, 조기퇴직, 사업장퇴직연금에 관한 사항, 안전 및 건강, 직업능력향상, 여성근로자지원 등을 각각 대상으로 하는 특수한 단체협약의 체결이 그것이다. 상당수의 교섭단위에서는 이들 문제가 포괄기본협약에서 함께 규율되기도 한다.

연방노동부의 단체협약등록부에는 2008년 말을 기준으로 모두 70,600개의 단체협약이 등록되어 있다. 그중에서 44,000개가 최초 체결된 단체협약이고 나머지는 그 단체협약을 변경 내지 보충하는 단체협약이다. 44,000개의 최초 단체협약 중 약 34%가 산별단체협약이고 나머지는 기업별 단체협약이다. 그리고 서독지역의 근로자중 63%, 동독지역의 근로자 54%가 단체협약의 적용을 받는다.

(5) 노동조합의 구조와 전임자 임금문제

앞서 살펴본 바와 같이 독일의 노동조합은 산별단위로 조직되어 있고 단체교섭도 산별노조에서 주로 담당하며, 이들 조직에서 활동하는 노조전임자는 노동조합 스스로가 고용하거나 임명한 자들로 임금은 노조재정에서 충당하는 것이 관행으로 되어 있다. 노동조합의 재정은 조합원 회비로 충당(봉급의 1%)하며,[10] 조합비가 노조전임자 임금의 주요 원천이다. 따라서 독일의 전임자의 임금지급에 있어서는 우리나라와 달리 사용자의 임금지급을 둘러싼 법적 분쟁이 발생한 여지는 적다고 할 것이다. 다만 우리나라의 노조전임자 문제와 관련하여 살펴볼 것은 산별노조업무를 전담하는 자 이외에 사업장 단위에서 활동하는 노조신임자와 종업원평의회의 전임자 제도를 살펴보는 것은 유의미할 것이다. 이에 관하여 자세한 설명은 항을 나누어 기술하도록 한다.

다. 독일의 노조전임자 제도 및 관행

(1) 개   요

노동조합의 전임자 개념이 사용자의 동의를 전제로 근로계약상 소정의 근로를 제공하지 않고 노동조합의 업무에만 종사하는 자로 정의한다면(노조법 제24조 제1항 참조), 독일에서는 이와 동일한 모습을 보여주는 제도가 없다.

독일의 경우에도 노동조합의 업무만을 전담으로 하는 자가 있는 것은 당연하지만, 이들은 우리나라의 노조전임자와 같이 특정 사용자와 구체적인 근로계약을 체결하고 있으면서 소정의 근로를 제공하지 않고 노동조합의 사무에 전념하는 자들이 아니라, 노동조합 자체에 의해 고용되거나 임명되는 자들이다. 그러므로 이들에 대해서는 우리의 경우처럼 사용자의 임금지급을 둘러싼 법적 분쟁이 발생할 여지가 없다. 다만 사업단위에서 노조업무를 수행하기 위하여 선임된 노조신임자와 독일 경영조직법상의 종업원평의회가 있는데, 특히 후자 중에는 근로계약상 소정의 근로제공의무를 면제받는 전임자의 사례가 있다.[11]

주지하다시피 독일 노동조합의 경우 산업별 차원에서 조직되어 있으므로, 이러한 사실적 특징에서 노조활동을 전담하는 전임자의 법적 지위를 우리의 경우와 평면적으로 비교한다는

---

10) 예컨대 ver.di 노조의 조합비는 일반 근로자의 경우 공제 전 월급여의 1%, 은퇴한 근로자나 구직자의 경우에는 자신의 통상 월 소득의 0.5%이고 그리고 학생 및 주부의 경우는 월 2.50 유로로 결정되어 있다(하경효·김상호·박지순·전윤구, 「노동조합 재정운영의 투명성제고 방안에 관한 연구」, 고용노동부 연구용역보고서, 2005.9, 46면).
11) 박종희, "독일에 있어서 전임자 제도의 내용과 법적 지위", 「노동과 법」(제2호), 금속법률원, 2002, 357면.

점은 실익이 크지 않은 과제라고도 볼 수 있다. 따라서 독일에서의 노동조합과 사업장의 관계구조로부터 우리 노조전임자제도의 규율방향을 모색하고 시사점을 얻기 위해서는 노조신임자제도와 종업원평의회제도를 중심으로 검토하지 않으면 안 된다.[12] 따라서 노조신임자제도와 종업원평의회제도를 중심으로 그들의 법적 지위에 관해서 검토하고 우리 문제에 대한 시사점을 도출하기로 한다.

(2) 노조신임자제도

1) 노조신임자의 의의

노동운동의 초기에 노조신임자는 당시 기업에 대하여 전체 종업원의 이익을 대변하는 자의 역할을 수행하였다. 조직적인 사업장의 노조신임자의 승인은 19세기 말 인쇄산업의 공동단체협약에서 이루어졌다.[13] 이 단체협약은 명시적으로 노조신임자를 가장 낮은 차원의, 즉 하부단위의 노동조합기관으로 규정하면서 특히 해고에 대한 특별보호를 인정하였다.[14] 그 후 사업장위원회(Betriebsausschuss)와 종업원평의회(Betriebsrat)가 발전하면서 노조신임자를 대신하여 전체 종업원의 대표자역할을 수행하게 되었다. 1920년의 종업원평의회법(Betriebsrätegesetz)과 그 이후에 제정된 경영조직법(Betriebsverfassungsgesetz) 및 직원대표법(Personalvertretungsgesetz)[15]은 노조신임자의 제도화를 도외시하였다. 그렇지만 법률상의 규정 없이도 많은 기업에서 특히 1960년대 이래 노동조합의 주도하에 계획적으로 노조신임자의 네트워크가 형성되었다. 당시 금속노조, 화학노조, 인쇄 및 제지노조 등이 체결한 단체협약에서 노조신임자와 노동조합의 대의원에 대한 법적 지위를 비교적 자세히 규율하기 시작하였다.

노조신임자(gewerkschaftliche Vertrauensleute)란 개별 사업장에서 선출되어 조합원을 위하여 행동하는 자를 일반적으로 의미하며, 이들은 노동조합과 사업장의 근로자 그리고 노동조합과 종업원평의회를 연결하는 일종의 소통 매개자로서의 구실을 한다. 이들은 노동조합의 업무를 전담하는 일반 노조직원과는 달리 당해 사업장에 고용되어 구체적으로 근로관계를 유지하는 동시에 자기에게 주어진 노동조합의 신임자로서의 역할을 수행한다.[16] 즉 노조신임자는 사업장에 소속된 조합원들에게 노동조합의 정책을 설명하고 비조합원을 가입시키기

---

12) 박지순, "독일의 노조신임자 및 종업원평의회 전임자 제도와 우리 노조전임자 제도에 관한 시사점", 「노동과 법」 (제7호), 금속법률원, 2006, 39면.

13) Buchdruckertarif(1890), 이에 관해서는 Bulla, BB 1975, S. 889 참고.

14) Herkner, Die Arbeitsfrage, Bd. 1, 7.Aufl., 1921, S. 463.

15) 공무원과 공공부문에 속하는 사업장의 종업원대표에 관해서는 경영조직법이 아니라 직원대표법(Personal-vertretungsgesetz)이 따로 규율한다. 그러나 대부분의 규율내용은 대동소이하기 때문에 여기서는 양자를 대표하는 법률과 대표조직으로 경영조직법과 종업원평의회라는 용어를 대표로 사용한다.

16) 노사정위원회, 「전임자 제도개선방안 마련을 위한 외국사례 연구」, 연구용역보고서, 1999, 7면.

위하여 홍보하며 조합원이 탈퇴하는 것을 방지하고 경우에 따라서는 조합비를 징수하는 역할을 수행하기도 한다. 또한 종업원평의회 및 직원대표의 선출시에는 노동조합을 대표하는 후보자의 리스트를 작성하고 그에 필요한 서명을 모으기도 한다. 노조신임자는 노동조합의 관점에서 사업장총회(Betriebsversammlung)를 준비하고, 근로자의 관점에서 종업원평의회가 자신의 임무를 제대로 수행하는지 또는 노동조합에 대한 충실의무를 이행하는지 여부를 감독한다. 그리고 필요하다면 파업위원회(Streiksausschuss)를 구성하고 사업장에서의 파업을 조직하기도 한다. 특히 긴급 및 보안작업에 관한 노동조합과 경영진의 교섭에서 노조신임자는 유용한 교섭중개자로 기능한다.[17] 반대로 노조신임자는 노동조합의 지도부에 대하여 조합원의 분위기, 애로사항과 요구사항 등을 보고한다. 뿐만 아니라 그들은 조합원들이 노동조합의 지도와 통제를 벗어난 행위를 하지 않도록 저지해야 할 의무를 부담한다.[18] 사업장에서 종업원이 노조신임자들에 대하여 가지는 인상은 노동조합의 이미지와 직결된다. 즉 노조신임자들이 사업장에서 신망을 잃어버리거나 자신들의 지위를 개인적 이익을 위하여 남용하는 경우에는 노동조합은 그 후폭풍을 받게 된다. 따라서 사업장에서 선출된 노조신임자에 대하여 노동조합이 승인을 유보하는 경우가 있는데 그것이 노동조합의 민주적 운영의 원칙에 반하는 것이 아니라는 견해도 제기된다.[19]

한편 노조신임자가 상부조직의 '연장된 팔'로서 하부연락책의 지위에 설 것인지, 아니면 기층 조합원의 이익을 상부조직에 대변하는 지위에 설 것인지는 구체적인 노동조합 내부의 역학관계 내지 각각 주장하는 바의 설득력에 따라 결정되기도 한다.

2) 법적근거

노조신임자의 선출과 그들의 지위에 관한 법적 근거에 관해서는 여전히 독일 학계와 실무계에서 논란이 되고 있다. 노조신임자의 선출이 헌법상 단결권보장의 내용인가 아니면 단체협약과 관련하여 정한 경우에 비로소 그 법적 근거가 확보될 수 있을 뿐인가? 또한 과연 단체협약에서 노조신임자에 관한 사항이 교섭대상으로 허용되는가? 노조신임자의 선출에 관한 단체협약의 규정 및 그의 근로계약상의 지위(예컨대 임무수행에 필요한 범위에서 유급의 노무면제부여, 특별해고보호, 특별휴가제도 등)에 관한 규정은 채무적 부분에 해당하는가 아니면 규범적 부분에 해당하는가?[20]

---

17) 독일에서는 보안작업의 대상과 범위의 구체적인 업무수행자는 대부분 노동조합과 사용자의 교섭에서 정해진다.

18) 근로자를 비노조파업으로부터 분리해야 할 노조신임자의 의무에 관해서는 LAG DB 1973, S. 2097.

19) Gamillscheg, Kollektives Arbeitsrecht, S. 160; 반대의 견해로는 MünchArbR/Löwisch, § 244 Rn. 15.

20) 노조신임자제도에 관한 협약상의 규율가능성 자체를 부인하는 Bulla(BB 1975, S. 889) 및 논거는 다르지만 그와 결론을 같이하는 Blomeyer(DB 1977, S. 101)에서 협약상의 노조신임자규정이 단체협약법상의 사업장규범에는 해당되지 않으며 따라서 채무적 부분에 해당하지만 노조신임자의 근로관계에 관한 규정은 개별규범적 사항에 해당한다고 보는 Löwisch/Rieble(TVG, 1992, § 1 Rn. 549)와 Wiedemann(TVG, 6. Aufl., 1999, Einleitung Rn.

독일의 판례와 학설의 다수는 단결권을 보장하고 있는 독일기본법 제9조 제3항으로부터 직접 노조신임자제도가 도출되는 것은 아니라고 보고 있다.[21] 연방헌법재판소의 결정[22]에 의하여 이들의 법적 지위에 대한 보장내용이 강화되었어도 아직까지 조합 자체의 회의참가에 대해 유급으로 노무제공의무를 당연히 면제받을 정도로까지 인정되지는 않는다. 노조신임자는 협약당사자가 그에 관하여 단체협약을 체결하거나 노사관행(betriebliche Übung)에 의하여 선출 및 그들의 법적 지위가 결정되는 것으로 본다. 또한 노사합의에 의하여 사업장에서 노조신임자의 선출 및 그의 지위를 보장하도록 하는 것은 노동조합의 교섭상의 지위를 강화하는 것이며 사업장 차원에서의 노동조합의 업무를 효율화한다. 따라서 노조신임자의 지위에 관한 약정은 채무적 부분으로 귀속시킨다. 앞에서 지적하였듯이 노조신임자의 기능은 사업장의 모든 근로자에 대한 대표성을 갖는 것이 아니라(이는 종업원평의회의 기능이다) 근로자와 노동조합의 협력을 촉진하는데 있으며 노동조합과 사용자의 관계에 더 많은 중요한 영향을 미친다. 이와 같은 관점에서 채무적 부분으로 보는 것이 다수이다.[23]

3) 노조신임자의 현황

노조신임자는 단체협약 또는 관행을 근거로 사업장에서 조합원들에 의하여 선출되며 사실상 사업장에 종업원평의회와 이중의 대표를 형성하게 된다. 노조신임자가 종업원으로부터 신뢰를 얻고 영향력을 갖게 되면 이는 종업원평의회에 대하여 긴장 및 갈등관계를 조성할 수도 있다. 노조신임자의 현황의 일단을 보면 그와 같은 우려가 근거가 있음을 알 수 있다.[24]

예컨대 1995년도 금속노조(IG Metall)의 업무보고에 의하면 1991년 현재 141,201명의 노조신임자가 사업장에서 활동하고 있으며 그 중에서 80,946명이 조합원에 의하여 선출된 것으로 기록되어 있다. 금속노조 차원에서는 전체적으로 10,000개 이상의 사업장에서 노조신임자가 활동하고 있는 것으로 파악되고 있다.[25] 화학노조(IG BCE)의 경우 1995년에 전체 750개의 사업장에 17,254명의 노조신임자가 있는 것으로 보고되어 있다.[26]

---

446)를 넘어 단체협약을 통하여 노조신임자에 관한 규범적 규율을 제한없이 허용하여야 한다는 입장(Zachert, BB 1976, S. 514; Däubler, TVG, 1993, Rn. 1193)까지 다양한 견해의 스펙트럼을 보이고 있다. 특히 Wiedemann 은 독일기본법 제9조 제3항이 사업장에서의 노동조합의 활동을 보장하고 있는 한 노동조합의 개별조합원의 활동도 보장되어야 한다고 한다(a.a.O., Rn. 447).

21) BAG AP Nr. 28 zu Art.9 GG; Schaub, Arbeitsrechts-Handbuch, 10. Aufl., 2004, § 191 Rn. 14 ff.

22) BVerfG DB 1996, 1627.

23) Bauer/Haußmann, NZA 1994, S. 854 참고.

24) 노조신임자제도를 부인하거나 제한하려는 견해는 바로 여기에 그 근거를 두고 있다. 즉 법률상 보장된 종업원평의회의 기능과 지위가 우선되어야 한다는 것이다.

25) 통계는 Kittner(Hrsg.), Gewerkschaften heute 1995, S. 290.

26) 1995년 노동조합총회에 보고된 활동보고서 참고.

그러나 최근의 노조신임자에 대한 전국적 통계는 독일정부도 가지고 있지 않는다고 보고 되었다. 2003년 독일 하원에서 자유민주당(FDP)의 의원들이 "전체 독일 기업에서 노조신임 자가 몇 명이 있는가", "어떤 업종과 분야에서 노조신임자들이 주로 활동하고 있는가", 그리 고 "노조신임자중에 몇 명이나 단체협약 등을 통하여 특별한 해고보호를 향유하고 있는가" 를 질의하였으나 독일 정부는 이에 대하여 "독일 기업에서 활동하고 있는 노조신임자 그리 고 주된 활동업종 및 단체협약에 의하여 특별한 해고보호를 향유하는 노조신임자에 대한 현 황과 통계가 없다" 답변한 바 있다.[27] 이와 같은 결과는 상당수의 사업장에 상당수의 노조신 임자가 존재함으로써 구체적 실태의 파악이 어렵다는 점을 시사하고 있는 것이다.

노조신임자는 통상 그 사업장의 조합원에 의하여 선출된다. 그러나 조합원에 의한 선출 이 가능하지 아니한 사업장에 대해서는 노동조합이 자신의 사무직원을 파견한다.

4) 노조신임자의 선출

노조신임자의 선출절차나 기간에 관한 법상 명문의 규정은 존재하지 아니한다. 따라서 노조신임자의 선출에 관해서는 각 사업장별 노동조합의 규약과 단체협약이 주로 규율한다.

예컨대 대표적인 노동조합인 IG-Metall의 경우 4년마다 전국적으로 IG-Metall의 모든 조 합원 중에서 노조신임자를 선출하는 선거를 실시한다.[28] IG-Metall의 각 지역별 사무소에서 선거와 관련된 정보, 자료를 제공하고 조합원들은 선거관련 자문을 받을 수 있다. 그리고 서 비스연합노조(ver.di)의 경우 각 지부와의 사전 합의를 통해 선거일과 장소를 결정한 후 각 지부별로 선거절차를 진행한다. 보통 노조신임자 선출은 연중 개최되는 정기노동조합 총회 전에 이루어지도록 하는 것을 원칙으로 하고 있다.

일반적으로 노조신임자의 선출은 단체협약 또는 별도의 노사합의가 있거나 그와 같은 형 식적 합의 없이 사용자의 認容에 의하여 주로 휴게시간을 이용하여 행해진다. 그러나 앞서 지적하였듯이 노조신임자제도가 독일기본법 제9조 제3항으로부터 직접 도출되는 권리가 아 니므로 근로시간중이거나 근로시간 외에 노조신임자를 선출할 수 있도록 사용자에게 청구할 수 있는 권리가 보장되어 있지 않다. 독일연방노동법원은 노조신임자의 선출은 "노동조합의 내부조직적 활동"("노동조합의 고유한 사항")이며, 근로조건의 유지·개선을 위한 단지 "필요한 인적 요건"을 창출하는 것일 뿐 근로조건의 유지·개선에 직접 관련되는 것은 아니라고 한 다.[29] 노조신임자의 선출이 노동조합의 활동을 보장하기 위하여 불가피한 것이기는 하지만 그 노동조합의 활동과 업무집행이 사업장에서는 "반드시 불가결한 것은 아니"라고 한다. 노

---

27) BT-Drucksache (2003.3.28) 15/731, S. 4.

28) 박귀천, "독일에서의 근로자대표 및 의사결정시스템", 「복수노조체제 하에서의 근로자대표제도 개선방안 연구」, 고용노동부 연구용역보고서, 2010.10, 75면 참고.

29) BAG AP Nr. 28 zu Art. 9 GG.

동조합은 사업장 근처에 적합한 공간을 임차할 수 있으며, 선거용 버스를 투입할 수도 있다는 것이다.[30] 독일연방노동법원은 그와 같은 결정이 국제노동기구 제135호 협약을 침해한 것이 아니라고 판단하였다. 물론 학설 가운데는 이와 같은 연방노동법원의 입장에 반대하는 견해도 있다. 그에 의하면 노조신임자의 선거가 사업의 업무나 사용자의 다른 중대한 이해관계를 침해하지 않으며 자유시간에 행해지는 이상 허용되어야 한다고 한다.[31]

단체협약 등의 규정이 없는 한 사용자의 동의가 없으면 노조신임자는 사업장에서 자유롭게 활동할 수 없으며 근로시간 중에는 사업장을 떠날 수도 없다. 노조신임자가 노조의 홍보용 자료를 배부하는 경우에도 노동조합의 이름으로 하는 것이며 또한 노동조합의 이름으로 회사 내의 시설을 이용하는 것이다. 또한 예컨대 유급의 노무면제시간이나 비용상환 등과 같이 종업원평의회에 부여한 법률상의 권리는 노조신임자에 대해서 발생하지 않는다.[32] 그러나 현실적으로는 상당수가 임금을 지급하고 있다고 한다.[33]

5) 노조신임자와 종업원평의회의 관계

노조신임자에 관한 노동조합의 규약이나 지침에는 종업원평의회와 연소자 및 직업훈련생대표가 당연직으로 노조신임자회(Vertrauenskörper)[34]에 속하도록 규율하는 경우가 많다. 이는 결과적으로 종업원평의회와 노조신임자의 기관을 통합시키는 효과를 가져 온다. 사용자는 노조신임자회의 구성에 반대할 수는 없지만 그 설치에 관하여, 특히 어떤 근로자가 노조신임자회를 주도해 나가는지 그의 신상에 관하여 자료를 요구할 수 있다. 다만 사용자는 노조신임자의 활동을 허용하는 한, 그들의 독립성을 존중하여야 한다.

6) 단체협약을 통한 규율의 정당성에 관한 논의

① 노조신임자에 대한 단체협약상의 규율의 허용문제

노조신임자를 지원하는 협약규범의 허용여부에 관해서는 많은 논란이 있다. 판례는 유급의 노무면제약정을 허용되는 것으로 보고 있다.[35] 그러나 학설은 a) 사용자에 대하여 노조신임자의 노무면제 및 특별한 해고보호를 포함한 보호를 부여하라는 것은 노동조합의 자주성 원칙을 침해한다는 점, b) 균등대우원칙을 침해하고 사용자에게 기대가능하지 않은 것을 요

---

30) 물론 이에 관해서는 독일 학계에서도 논란이 있다. 판례의 견해를 지지 내지 긍정하는 입장으로는 MünchArbR/ Löwisch/Rieble, § 246 Rn. 146; v. Hoyningen-Huene, AR-Blattei, SD, Vereinigungsfreiheit I, Nr. 146 f. 반대의 입장으로는 Richardi, FS für Müller, 1981, S. 413 ff.; Hanau, JbAR 17(1980), S. 39 f.

31) 특히 Gamillscheg, Kollektives Arbeitsrecht, S. 257.

32) Richardi/Richardi, BetrVG, 10. Aufl., 2006, § 2 Rn. 175 f.

33) Däubler, Arbeitsrecht I, S. 599. 1991년 독일연방노동부의 조사에 의하면 상당수의 단체협약이 노조신임자에 관한 규정을 두고 있다고 한다. 그에 관해서는 Schaub, a.a.O., Rn. 20 참고.

34) 노조신임자는 사업장의 규모에 따라 복수로 있으므로 이들을 하나의 기구로 보게 된다.

35) BAG AP Nr. 2 zu § 1 TVG Tarifverträge: Banken; BAG AP Nr. 67 zu § 616 BGB; 반면에 그 판단을 유보한 것으로는 BAG AP Nr. 29 zu § 4 TVG Nachwirkung.

구하는 것이라는 점, c) 종업원평의회와 같이 법률상 보장된 제도에 대하여 임의로 경쟁하는 제도를 세우게 함으로써 다시 말해서 경영조직법상의 이익대표제도와의 충돌을 이유로 경영조직법 제3조(특히 종업원평의회의 중립성유지와 관련하여)에 반하여 무효라는 이유로 노조신임자에 대한 단체협약규정의 유효성을 부인하는 견해도 적지 않다.36)

a) 자주성원칙에 반한다는 주장은 노조신임자의 활동도 노동조합의 활동이므로 사용자가 재정적 지원을 행하는 것은 자주성원칙에 반한다는 것이다. 즉 근로시간 중에 노조신임자를 선출하고 유급의 노무면제를 보장함으로써 노동조합에 대하여 경제적 가치를 부여한 것이라는 지적이다.

그러나 이에 관해서는 다음과 같은 반론이 있다. 자주성원칙의 훼손이 문제되는 한계상황은 노동조합의 고유한 의사결정과정에 영향을 받게 되어 자신의 이익을 더 이상 스스로 결정할 수 없는 경우이다. 단체협약의 유효기간 중에는 사용자는 노조신임자에게 약속한 급부를 거부할 수 없으며 따라서 이를 가지고 노동조합의 의사결정과정에 영향을 줄 수 있을 정도로 위협을 행할 수 없다. 단체협약의 유효기간이 종료되면 상황이 다를 수 있다. 즉 종전 단체협약과 동일한 규정을 두지 않겠다고 거부할 수도 있겠지만 그것은 단체교섭의 자연적인 과정에 지나지 않을 뿐이다. 따라서 노조신임자에 대한 협약상의 규율의 변화로 노동조합의 자주성에 영향을 주지 못한다. 오히려 노조신임자에 대하여 노무면제에 관한 권리를 부여하고 특별한 해고보호를 인정하면 노동조합의 활동범위를 확대하는 것이고 사용자에 대하여 자주적인 협약정책을 추진할 수 있는 가능성이 더 커진다.37)

b) 두 번째 논점은 노조신임자에게 단체협약상의 권리를 부여하는 것은 균등대우원칙에 대한 위반이라는 점이다. 즉 노조신임자에게 노무면제 및 특별해고보호를 부여하는 것은 노동조합 소속이라는 이유로 행하는 허용되지 않는 특혜라는 것이다.

그러나 단체협약은 언제나 조합원과 비조합원을 구별할 뿐만 아니라 균등대우원칙이라는 것은 객관적인 차별사유가 없음에도 불구하고 차별을 둘 때 문제되는 것인 바, 노조신임자에 대하여 특정의 권리를 인정하는 것은 그에 대하여 설정된 특별한 임무부여로 인한 객관적 사유를 전제로 하는 것이라고 보아야 한다. 즉 노동조합과 조합원을 위하여 적지 않은 시간비용을 요구하므로 그에 대하여 노무면제가 반대급부로서 부여되어야 하고, 사용자와의 대립을 초래할 위험이 있으므로 특별한 해고보호가 보장되어야 한다는 것이다.38)

---

36) Blomeyer, DB 1977, S. 101; Bötticher, RdA 1978, S. 133; Richardi, RdA 1968, S. 427; Rieble, RdA 1993, S. 140; 반면에 허용하는 견해로는 Herschel, AuR 1977, S. 137; Wlotzke, RdA 1976, S. 80.

37) Wlotzke, RdA 1976, S. 82; Däubler, TVG, Rn. 1197; Wiedemann, TVG, 6. Aufl., 1999, Einleitung Rn. 447.

38) 특히 Herschel, AuR 1977, S. 143; Zachert, BB 1976, S. 519.

c) 노조신임자가 종업원평의회를 형해화시킨다는 지적에 대하여 이는 사실상 개별사례의 문제일 뿐 일반적으로 평가하기 어려운 부분이라는게 중론이다.[39] 즉 노조신임자가 구체적으로 어느 정도로 종업원평의회의 권한에 개입하거나 그를 대체하고 있는가를 구체적으로 검토해야 한다는 것이다.

② 노조신임자에 대한 단체협약상의 규율의 정당성과 한계

대체로 단체협약에서 노조신임자에 대한 지원을 규정하는 것 자체는 원칙적으로 문제가 되지 않는 것으로 판단되는 듯하다.[40] 내용규범을 통한 협약상의 규율은 그를 통해서 구체적인 근로관계가 규율되는 것이 아닐 뿐만 아니라 그 규정이 일반적 구속력확장의 대상이 될 수 없다는 점에서 가능하지 않다는 주장에 대해서는 다음과 같이 반론이 제기된다. 노조신임자의 선출과 정보제공 및 홍보행사 등을 제외하면 단체협약은 노조신임자의 활동을 규율하는 것이 아니라 그의 활동에 따른 근로계약상의 요건과 효과를 규율하는 것이다. 이는 협약규범의 범위에 속하는 것이다. 또한 모든 협약규범은 일반적 구속력확장의 대상이 될 수 있어야 한다는 것은 단체협약의 유효요건이 아니다.

또한 자주성원칙의 침해도 발생하지 않는다. 왜냐하면 노동조합은 노조신임자의 지원을 통해서 사용자에 대한 어떠한 영향을 받는 것을 의도하는 것이 아니기 때문이다. 자주성원칙은 협약당사자 사이의 힘의 관계가 변화되었다는 사정만으로 침해되는 것이 아니라, 인적 구성의 중복이나 재정적 지원 등에 의하여 고유한 이해관계의 유지·개선이 위태롭게 될 때 비로소 침해가 발생하는 것이다. 그리고 노조신임자에 대한 협약상의 내용규범에 대하여 사용자의 기대가능성이 없다는 것은 협약권한의 일반적 제한사유가 되지 못한다. 특히 사전에 아무런 단체행동 없이 순조롭게 체결된 기업별 협약(Firmentarifvertrag)의 경우 사용자는 스스로 어떠한 부담이 감내될 수 있는 것인지 스스로 결정한다. 산별협약의 경우 단체구성원이 협약체결을 모두 동의하였거나 단체협약을 내부적 이의제기 없이 실행하고 있는 경우에도 그와 같은 기대가능성 여부를 따지지 않는다. 노조신임자에 대한 협약상 규율의 허용여부는 오직 사업장 내 노동조합의 활동 및 그 구성원의 활동이 독일기본법 제9조 제3항과 법질서에 의하여 보장되고 있는 범위 내의 것인가 하는 점에 따라 판단될 뿐이다.[41]

단체협약은 노조신임자의 활동을 오직 협약의 내용규범을 통해서만 그리고 현행 경영조직의 범위 내에서만 지원할 수 있다. 그러나 법질서의 일부인 노동질서의 체계 내에서 단체협약으로 규율할 수 있는 범위 내지 한계도 존재한다.

---

39) Schaub, a.a.O., Rn. 16.

40) Wiedemann, TVG, Einleitung Rn. 447; Gamillscheg, Kollektives Arbeitsrecht, S. 163.

41) Wiedemann, TVG, Einleitung Rn. 447; Gamillscheg, Kollektives Arbeitsrecht, S. 163.

a) 예컨대 단체협약에서 추가적이거나 대안적인 경영조직법상의 경영참가기구의 설치를 규율하는 것은 경영조직법 제3조와 부합되지 않는다. 따라서 근로시간 중에 노조신임자에 의한 선거, 정보제공 및 홍보행사를 단체협약에 규율하는 것은 허용되지 않는다. 그와 같은 행사들은 사업장에서 대표되는 노동조합의 조합원들만을 대상으로 하는 것이므로 경영조직 법에 의하여 추구되는 사업의 통일성이 저해되기 때문이다.[42]

b) 노조신임자에 대한 특별한 해고보호를 위하여 단체협약이 해당 노조신임자에 대한 전 직이나 해고시 사전에 노동조합에 대하여 이를 통지하거나 협의하도록 규정하는 것은 허용 된다.[43] 반면에 단체협약은 해고제한법 제15조와 경영조직법 제103조에 의하여 종업원평의 회 구성원에 대하여 적용되는 것보다도 더 확대된 해고보호를 규정할 수 없다. 왜냐하면 그 로 인하여 부수적 조직임에도 고유한 비중을 확보하게 되기 때문이다. 즉 노조신임자는 어 디까지나 노동조합과 종업원평의회에 대하여 부차적이고 從된 제도적 특성을 유지해야 한다 는 것이다.

c) 노조신임자에 대한 개인적 보호는 예컨대 전체 업무공정에 침해를 주지 않는 범위 내 에서만 허용된다. 그렇지만 이 경우에도 종업원평의회에 대하여 부과된 균등대우원칙을 준 수하여야 한다. 학설의 다수설은 노조신임자활동에 필요한 정도에서 부분적인 유급의 노무 면제, 비용에 대한 상환, 특별휴가 및 기업 내에서 근로시간 중의 노동조합 활동 등이 고려 될 수 있다고 본다.[44]

③ 국제노동기구(ILO) 제135호 협약 제6조와의 관계

Däubler는 노조신임자에 대한 적극적인 법적 근거를 ILO 제135호[45] 협약 제6조에서 찾 고 있다.[46] 이 규정은 단체협약을 국내법의 적용을 위한 일종의 입법수단으로 언급하고 있 다. 협약 제1조는 합법적인 노조활동을 이유로 하는 해고를 포함하여 모든 불이익에 대하여 효과적인 보호를 요구하고 있고, 제2조는 근로자대표에게 신속하고 효과적으로 자신의 임무 를 실행할 수 있도록 활동조건을 "완화"할 것을 요구한다. 제4조는 협약에 규정된 보호가 특 정한 근로자의 이익대표자(예컨대 종업원평의회)로 제한할 수는 있지만, 제5조의 규정에 의하

---

42) Löwisch/Rieble, TVG, § 1 Rn. 549.

43) Wlotzke, RdA 1976, S. 80; 그에 대한 예로는 1963년 2월 1일 남서독 의류산업과 섬유노조 사이에 체결된 단체 협약이다.

44) Biedenkopf, Tarifautonomie, S. 264; Däubler, TVG, Rn. 1170 ff.; Gamillscheg, a.a.O., S. 422; 제한적으로 긍정 하는 견해는 Löwisch/Rieble, TVG, § 1 Rn. 553 f.; 부정하는 견해는 Dietz/Nipperdey, Die Frage der tariflichen Regelung der Einziehung von Gewerkschaftsbeiträgen durch die Betriebe, 1963, S. 26 ff.

45) 1971.6.23, 사업장에서의 근로자대표의 보호와 활동조건의 완화에 관한 협약.

46) Däubler, TVG, Rn. 1205.

면 그로 인하여 노동조합이나 그 대표자의 지위가 형해화되어서는 아니 된다.

그러나 이에 대해서는 반론이 만만치 않다. 특히 협약 제4조는 국내입법자나 기타 관행에 의하여 어떤 종류의 근로자대표에게 그와 같은 보호와 활동조건을 보장할 것인지 결정할 수 있도록 재량을 부여하고 있기 때문이다. 독일의 입법자는 경영조직법을 가지고 이미 보호와 완화를 실현하고 있으며 그러한 한도에서 국제법상의 의무를 다하고 있다고 볼 수 있기 때문이다. 적어도 현실적으로 종업원평의회가 사업장에서의 노동조합의 지위를 형해화시킬 정도로 자신의 지위를 남용하고 있다는 데에는 누구도 동의하지 않는다. 오히려 종업원평의회는 노동조합과 조화를 촉진하고 있다고 평가된다.[47]

(3) 종업원평의회 전임자제도
1) 종업원평의회의 역사를 통해 본 독일 집단적 노사관계의 구조

독일 집단적 노사관계법에서 노동조합과 종업원평의회의 관계 및 후자의 고유한 기능과 역할을 이해하기 위해서는 종업원평의회의 역사를 돌아볼 필요가 있다.

① 초   기

프로이센의 이른바 Stein-Hardenberg의 개혁에 의하여 영업의 자유(Gewerbefreiheit)가 시행되면서 산업분야에 있어서 종래의 조합주의 내지 국가에 의한 근로관계의 규율은 계약자유로 대체되어 갔다. 영업활동에 대한 경찰의 통제권을 정한 1811년의 법이 공장에서의 도제의 지위는 모두 자유로운 계약에 의하여 결정된다고 규정하면서 이 규정이 1845년 제정된 프로이센 영업령(공장법: Gewerbeordnung)으로 전환되었고 이는 다시 지금도 시행되고 있는 영업령 제105조에 확고한 원칙으로 자리잡고 있다.[48]

계약자유를 지배하는 원칙인 대등한 교섭과 합의는 19세기의 세계를 지배한 대량의 飢餓로 인하여 그의 기능을 수행할 수 없었다. 계약당사자의 형식적 대등성은 그들의 실질적 불평등으로 말미암아 아무런 의미를 갖지 못하였다. 계약은 생산수단에 관하여 처분권한을 보유한 사용자에게 사실상 근로조건의 형성에 관한 특권을 부여하였다. 따라서 근로관계의 성립과 규율을 위하여 계약이라는 규율형식이 다른 사회질서와 체제에 의하여 대체되어야 하지 않는가 또는 사회문제의 해결이 시장주의적 법률행위질서의 체제 내에서 과연 실현될 수 있는가가 당시 논쟁의 중심이 되었다.

이러한 논쟁은 당시 사법적 기초위에서 노동조합을 조직하고 단체협약의 체결이라는 그들의 요구를 관철시킬 수 있는 가능성을 열어 놓았다. 노동조합의 단체협약은 자유로운 단

---

47) MünchArbR/Löwisch/Rieble, § 246, Rn. 156.

48) 현행 영업령 제105조: 사용자와 근로자는 강행법률이나 단체협약 또는 경영협정에 반하지 않는 한 근로계약의 체결과 내용 및 형태를 자유롭게 약정할 수 있다. 계약조건이 중요한 부분에 해당하는 경우에는 증명법 (Nachweisgesetz)의 규정에 따라 명시되어야 한다.

체에 대한 가입에 의하여 그 정당성 기초가 발생한다는 점에서 사법적 기초를 가지고 있는
것이다. 그 외에도 (처음에는) 임의적인 사업장에서의 근로자대표기구들이 조직되기 시작하
였다. 이는 노동조합의 조직과 함께 대등한 노동조직의 창출을 위한 두 번째 관점이라고 할
수 있다. 1890년의 황제칙령은 "건강의 유지, 도덕성의 명령, 노동자의 경제적 필요 및 법률
상의 대등한 권리에 대한 그들의 청구가 보장되도록 근로시간과 기간 및 노동의 종류를 규
율하는 것은 국가기관의 과제"라고 명시하였다.[49]

현행 노동법원의 전신인 공장법원의 도입과 함께 당시 가장 두드러진 노동법적 발전은
1891년의 제국영업령의 전면개정이었다. 이 법령은 사업장의 공동결정에 대한 맹아적 제도
를 포함하고 있었다. 이 규정은 현행 우리 근로기준법의 취업규칙의 모태라고 할 수 있다.
그에 의하면 "공장사업주는 노동(취업)규칙을 작성할 공법상의 의무를 부담한다. 취업규칙은
근로시간의 시기와 종기, 임금지급의 시기와 임금지급의 방식, 계산방법, 해고예고기간 및
사유 그리고 계약벌(징계)에 관한 규정을 담고 있어야 한다(제134조의 a)." 그밖에 사용자는
기타의 사업장질서에 관한 규정을 취업규칙에 포함할 수 있다고 규정하였다(제134조의 b). 취
업규칙의 작성은 일방적으로 사용자에 의하여 행해지지만 다른 한편으로 해당 사업장의 근로
자들에게 그들의 의사를 표명할 수 있는 기회를 부여하였고, 상설적인 노동자위원회(Arbeite-
rausschuss)가 존재하는 공장에서는 "취업규칙의 내용에 관하여 노동자위원회의 의견청취
(협의)로써 갈음"할 수 있도록 하였다(제134조의 d). 이와 같이 취업규칙의 작성과 관련하여
처음으로 종업원평의회의 전신이라고 할 수 있는 노동자위원회가 임의적인 기구로 인정되
었다.[50]

② **바이마르시대와 종업원평의회법**(Betriebsrätegesetz)

독일제국이 붕괴하고 아직 국가권력의 주체가 정립되기 전인 1918년 사용자의 대표와 노
동조합은 당시 각 그룹을 대표하던 인물의 이름을 본떠 Stinnes-Legien협정을 체결하였다. 이
협정에서 노동조합이 노동자계급의 대표자로 승인되었고, 당시 실정법에 그 설치가 의무화
되어 있지 않았던 사업장 단위에서의 노동자위원회의 설치가 합의되었다. 노동자위원회에
대해서는 사용자와 노동조합이 함께 체결한 집단적 협약(단체협약)의 준수를 감시하는 역할
이 주어졌다. 1918년 제정된 단체협약법에서 당시 입법자는 협약규범의 직률적 효력에 의하
여 개별 계약에 대한 단체협약의 우선적 지위를 규정하였을 뿐만 아니라 20인 이상의 생산
직 노동자(Arbeiter)를 고용한 모든 사업장에서 노동자위원회(Arbeiterausschuss)를, 20인 이상의

---

49) 이 칙령은 그 후 노동법의 발전에 매우 중요한 의미를 갖는다. 이에 관해서는 Kaufhold, ZfA 1991, S. 277 ff.
참고.
50) 노동자위원회의 설치나 구성을 규정한 것은 아니며 단지 그와 같은 조직이 있는 경우에는 그 조직을 근로자대
표로서 인정한 데에 지나지 않았다.

사무직노동자(Angestellte)를 고용하는 모든 사업장에서 직원위원회(Angestellteausschuss)를 구성하도록 명령하였다.

1918년 11월 혁명을 계기로 확산되기 시작한 이른바 평의회운동(Rätebewegung)은 이것으로 만족하지 않았다. 바이마르(Weimar)에 소집된 국민의회(Nationalversammlung)는 1919년 8월 제국헌법(Reichsverfassung)을 제정하여 이른바 의회–대의제 민주주의(parlamentarisch-repräsentative Demokratie)를 결정하였고, 제국정부는 제국헌법에 이와 같은 평의회사상을 근로자의 단결권의 관점에서 규율하였다.[51] 즉 바이마르헌법 제165조 제1항은 "근로자는 사용자와 공동체를 형성하여 동등한 지위에서 임금과 근로조건의 규율 및 전체 생산력의 경제적 발전에 협력한다. 근로자와 사용자의 조직과 그들의 합의는 승인된다"고 하면서 같은 조 제2항부터 제5항까지 경제적 이익대표조직을 3단계의 평의회체제로 규정하였다. 그에 의하면 "근로자는 그들의 사회적 그리고 경제적 이익의 유지·개선을 위하여 지역단위의 노동자평의회(Bezirksarbeiterräte) 및 경제영역에 따라 구성되는 지역적 노동자평의회 그리고 제국차원의 노동평의회(Reichsarbeitsrat)에서 법률상의 대표를 보유한다."

그러나 1920년에 제정된 종업원평의회법(Betriebsrätegesetz)으로 최하부단위에서만 종업원의 대표조직이 실현되었고, 중간단위의 평의회는 전혀 구성된 바 없으며, 전국단위의 평의회는 단지 잠정적인 형태로 제국경제평의회(Reichswirtschaftsrat)가 구성되어 그 역할을 담당하였을 뿐이었다.

그럼에도 불구하고 노동조직에 대하여 이와 같은 제도는 독일의 집단적 노사관계의 발전에 획기적인 의미를 부여하였다. 이를 통해서 집단적 노동법의 이원주의가 법적으로 확립된 것이다. 나찌 치하에서 공동결정사상은 배제되었으나 제2차 대전의 패전 후 미군정하에서 다시 종업원평의회의 선출이 허용되었다.

③ 시장경제질서와 1952년의 경영조직법

연방독일이 건국된 후 먼저 새로운 경제질서에 관한 이른바 노선투쟁이 개시되었다. 독일은 국가통제형 협약법을 대신하여 자유주의모델에 따른 협약시스템을 결정하였고 이것이 1949년 단체협약법(Tarifvertragsgesetz)으로 귀결되었음에도 불구하고 노동조합은 계속해서 공동결정을 위한 투쟁을 이끌었다. 공동결정에 관하여 사업주들과의 교섭이 결렬된 후 노동조합은 "독일경제의 새로운 질서"를 위한 법률초안을 작성하였다.[52] 이 초안은 사회민주당(SPD)에 의하여 약간의 수정을 거친 후 1950년 7월 의회에 제출되었다.[53] 법률안은 제1부에서 "기업에서의 근로자의 공동결정권"을 다루고 제2부에서는 "경제조직에서의 근로자의 공

---

51) 바이마르헌법 제165조.
52) 법률초안은 RdA 1950, S. 227 ff.에 실려 있다.
53) BT-Drucksache I/1229.

동결정권"을 규율하고 있다.

이 법률안은 채택되지 않았지만 노동조합의 구상(참여적-코포라티즘적 경제질서, partizipator-isch-korporatistische Wirtschaftsverfassung)은 1951년 5월 광산과 철강산업에서의 이사회와 감사회에서의 근로자의 공동결정에 관한 법(이른바 Montan-Mitbestimmungsgesetz)과, 1952년 10월 제정된 경영조직법(Betriebsverfassungsgesetz)에서 부분적으로 실현되었다. 경영조직법은 종업원평의회의 선출을 둘러싼 조직적 부분에 관한 규율과 사기업부문에서의 사업 및 기업경영진의 의사결정에 대한 종업원평의회의 참가를 규율하였다. 1920년의 종업원평의회법이 사업장의 근로자대표들에게 매우 일반적인 임무와 권한을 부여하였던데 반하여 이 법률은 공동결정의 범위를 사회적·인사적·경제적 사항으로 세분화·구체화하고 각 분야에 대하여 차등화된 참여권을 규정하였다. 이로써 사회적 시장경제를 위한 규범적 기본원칙이 마련되었다.

④ 1972년의 경영조직법

1960년대에 공동결정의 확대가 요청되었을 때 경영조직의 구조자체는 더 이상 논란의 대상이 되지 않았다. 1972년의 경영조직법도 종래의 구조를 계속해서 유지하면서 종업원평의회의 참여권한을 확대하고 강화하였다. 그런데 무엇보다도 1972년의 법률은 종업원평의회 위원의 법적 지위를 개선하는 것 등을 위시하여 조직적 부분을 보완하는데 집중하였다. 또한 이 법률은 사업장의 근로자대표와 노동조합의 분리를 전제로 하면서 종전보다도 더 많은 부분에서 노동조합의 의미와 역할을 고려하였다.

1988년 12월의 개정에서는 종업원평의회의 각종 위원회구성에 있어서 소수자의 지위를 보장하고 종업원평의회업무의 원활한 수행을 위하여 그 구성원의 노무면제(또는 전임활동)를 강화하는 것 등을 주된 내용으로 하였다.[54]

2001년의 개혁법률(Reformgesetz)도 그 동안 변화된 기업 및 사업의 구조와 환경에 발맞추어 경영조직법의 조직적 부분에 관하여 세부적으로는 상당한 개정이 이루어졌지만 노동조합과 체계이원적 구조를 유지하면서 사업장에서의 근로자의 경영참가(공동결정)를 실현하는 종전 체계의 기본틀을 그대로 유지하고 있다.[55]

2) 노동조합과 종업원평의회의 관계

① 협력관계

종업원평의회는 노동조합의 하부기관이 아니다. 그렇지만 노동조합의 조합원이 소속 사업의 종업원평의회 구성원이 될 수 있음은 물론이다. 종업원평의회는 소속 사업의 근로자

---

54) Engels/Natter, BB Beil. 8/1989, S. 21 ff.

55) 보다 자세한 내용은 박지순, "노동시장의 변화와 독일 공동결정제도의 대응－독일 경영조직법의 개정내용과 주요 개정내용", 「노동정책연구」, 한국노동연구원, 2001; 유성재, "독일의 노사관계법 개정 내용과 시사점－종업원평의회법(BetrVG) 개정 법률을 중심으로－", 「법제」, 법제처, 2001.11 참고.

중에서 선출되며 노동조합의 조합원여부에 관계없이 그 사업의 모든 근로자의 이해관계를 대표한다. 노동조합의 입장에서는 종업원평의회의 활동이 노동조합의 사업장에서의 활동을 무력화시킴으로써 헌법상의 단결권에 대한 침해를 가져올 수 있다는 점에서 종업원평의회와 긴장 및 갈등관계를 형성할 수 있으나 현실적으로는 양제도의 역사적인 관계와 현실적인 노동조합의 초기업적 영향력 등으로 인하여 협력관계를 유지하고 있다. 이와 같은 현실은 경영조직법 제2조에서 명시적으로 반영되고 있다. 즉 사용자와 종업원평의회는 그 사업에서 대표되는 노동조합 및 사용자단체와 협력해야 한다(제2조 제1항). 종업원평의회는 사업의 구체적인 쟁점사항에 관하여 노동조합과 협의할 권리를 갖는다. 사용자가 종업원평의회과 노동조합의 협의 및 협력활동을 방해하려고 시도하는 경우에는 경영조직법상의 의무위반을 구성한다. 종업원평의회의 직무는 쟁의행위와 관계없이 유지된다.

경영조직법은 노동조합에 대하여 다음과 같은 권한과 과제를 부여하고 있다. 종업원평의회의 조직에 관한 발의권(제16조, 제14조, 제17조), 종업원평의회 회의 및 사업장총회에 대한 참가 및 총회소집요구권(제31조, 제46조, 제43조), 종업원평의회의 선거감시(제19조, 제23조, 제23조) 등이다.

② 차 별 성

사업장 차원의 공동결정의 주체는 사용자와 종업원평의회이며, 종업원평의회는 노동조합과 마찬가지로 사용자와 함께 사업장소속 근로자의 근로관계에 대한 규범적 규율을 행사한다(경영협정). 그 중에서도 중요한 차이점은 다음과 같다.

종업원평의회는 임의적인 조합원들의 단체(노동조합)의 하부기관이 아니라 해당 사업의 모든 근로자들에 의하여 선출된 대표자이다. 따라서 경영협정의 경우에는 협약구속력의 문제가 발생하지 않는다.

사용자와 종업원평의회간의 이익분쟁에 대해서는 쟁의행위가 허용되지 않는다(제74조 제2항). 종업원평의회는 상시적으로 절대적인 평화의무(absolute Friedenspflicht)를 부담한다. 그 때문에 사용자와 종업원평의회를 "사업상의 파트너"(Betriebspartner)라고 부르기도 한다. 종업원평의회는 적어도 사업장 차원에서는 정치적으로 중립을 지켜야 한다(제74조 제2항).[56]

절대적 평화의무에 대한 반대급부로서 종업원평의회는 상당한 범위에서 공동결정권한을 갖는다. 이 권한은 사용자가 종업원평의회와 특정 사안에 대해서는 반드시 함께 결정하도록 강제하는 것이며 노동조합은 갖지 못하고 있는 권한이다. 단체협약이 체결되지 않더라도 사용자는 그의 근로조건 결정권한이 제한되지 않지만, 종업원평의회에게 공동결정권이 인정되는 한 사용자가 일방적으로 결정할 수 없다.

---

56) BAG EzA Art. 5 GG Nr. 19.

종업원평의회는 사용자에 대하여 노동조합과는 구별되는 협력관계에 있다. 특히 이와 같은 협력관계는 경영협정의 체결뿐만 아니라 지속적인 접촉과 상호의사의 교환, 토론, 협의 그리고 종종 행해지는 비공식적인 합의 등이 법률에 의하여 요건으로 규정되어 있거나 촉진되고 있다(제74조 제1항, 제80조).

3) 종업원평의회의 구성

① 선거권과 피선거권

사업 내의 18세 이상의 모든 근로자는 선거권(Wahlberechtigung)을 가진다(동법 제7조). 또한 선거권을 행사할 수 있기 위해서는 선거인명부에 등재되어야 한다. 그 밖에도 가내근로자, 단시간 근로자, 3개월 이상 사용되는 파견근로자도 선거권을 행사할 수 있다.

반면 사업에서 6개월 이상 근속하였거나 또는 가내근로에 종사하는 자로서 주로 사업을 위하여 근로를 제공하는 선거권이 있는 모든 근로자는 피선거권(Wählbarkeit)이 있다. 근로자가 이전에 동일한 기업 또는 콘체른(주식회사법 제18조 제1항)에서 근속한 기간은 6개월 근속기간에 있어 산입된다. 형법상의 유죄판결에 의하여 공법상의 선거권을 얻을 수 있는 능력이 없는 자는 피선거권이 없다(제8조).

② 선출방법

경영조직법은 종업원평의회 선거절차에 대해서도 상세히 규정하고 있다.[57] 종업원평의회 위원은 직접·비밀선거로 선출되며(동법 제14조 제1항), 선거는 비례대표제의 원칙에 따라서 행해진다(제2항). 선거권이 있는 근로자와 사업을 대표하는 노동조합은 위원선거에 대하여 입후보자추천(Wahlvorschlag)을 할 수 있다(제3항). 근로자의 입후보자추천은 선거권 있는 근로자의 최소 20분의 1(최소 선거권이 있는 3명의 근로자)의 서명이 있어야 한다. 선거권이 있는 근로자가 통상적으로 20명 이내인 사업에서는 선거권 있는 근로자 2명의 서명으로 족하다(제4항). 한편 2001년 경영조직법의 개정에 의하여 생산직 근로자와 사무직 근로자를 구별하지 않고 단일한 공동선거가 행해지며, 통상적으로 선거권을 가진 근로자가 5명 이상 50명 이내인 사업에 간소화된 선거절차(Vereinfachtes Wahlverfahren)가 도입되었다(제14조a).

③ 시　기

통상적인 종업원평의회 위원선거는 4년마다 3월 1일부터 5월 31일 이내에 행해진다(동법 제13조 제1항). 1972년 경영조직법에 제정된 이후 선거는 1972년에 최초로 행해졌고, 1990년까지는 3년마다 선거가 실시되었다. 1990년 이후부터는 4년마다 종업원평의회 선거가 실시되고 있다.

---

57) 종업원평의회가 실질적으로 전체 종업원의 대표기구로 작용하도록 하기 위하여 경영조직법에서는 일정한 경우 소수 근로자(청소년 근로자, 장애인 근로자 등)를 대표하는 자의 참여를 법적으로 보장하고 있다(동법 제10조).

④ 위원의 수

종업원평의회의 위원 수는 〈표 Ⅲ-1〉과 같이 법률에서 사업장 규모(종업원 수)에 따라 직접 규정하고 있다(동법 제9조).[58]

〈표 Ⅲ-1〉 종업원평의회 위원 정원

종업원 수	근로자위원 정원
5 ~ 20	1
21 ~ 50	3
51 ~ 100	5
101 ~ 200	7
201 ~ 400	9
401 ~ 700	11
701 ~ 1,000	13
1,001 ~ 1,500	15
1,501 ~ 2,000	17
2,001 ~ 2,500	19
2,501 ~ 3,000	21
3,001 ~ 3,500	23
3,501 ~ 4,000	25
4,001 ~ 4,500	27
4,501 ~ 5,000	29
5,001 ~ 6,000	31
6,001 ~ 7,000	33
7,001 ~ 9,000	35

주: 9,001명을 넘는 경우에는 종업원 수가 3,000명을 넘을 때마다 위원 정원을 2명씩 증가

⑤ 종업원평의회의 운영

일반적으로 종업원평의회의 회의는 근로시간 내에 개최되고, 회의를 언제 개최할 것인지 또한 얼마나 자주 회의를 할 것인가는 종업원평의회가 결정한다. 다만 종업원평의회는 회의를 개최하기 전에 회의시각을 사용자에게 통지하여야 한다(동법 제30조). 회의에는 위원이 참석하며, 위원은 회의시간에 대하여 근로를 제공하지 않아도 되고, 이에 대하여 임금지급청구권을 가진다(제37조 제2항). 사용자 또는 그 대리인은 그 회의가 자신의 요구에 의하여 개최되는 경우 또는 명시적으로 회의에 참석을 요구받은 경우에만 참석한다(제29조 제4항). 종업

---

58) 근참법상 노사협의회는 노사동수의 원칙에 따라 구성되며, 각 3인 이상 10인 이내로 한다고 규정(근참법 제6조 제1항)함에 따라 근로자위원의 수가 몇 명이 적정한가에 대하여 노사간의 갈등의 소지를 남기고 있다. 따라서 이러한 분쟁의 소지를 해결하기 위하여 장기적으로 독일의 경우를 참고해 볼 필요가 있다.

원평의회의 활동에 의하여 발생하는 경비는 사용자가 부담하므로(제40조), 사용자는 회의, 면담시간 및 일상적인 업무수행을 위하여 필요한 범위 내에서 장소, 물적 설비, 정보·통신기기 및 사무직원을 이용할 수 있도록 해주어야 한다.

⑥ 위원에 대한 보호

종업원평의회 위원은 명예직으로 그 직을 수행하므로, 근로자위원은 직무수행으로 인하여 어떠한 이익을 받아서도 안 된다. 그러나 사업의 범위와 종류에 따라 업무의 규정에 따른 수행을 위하여 필요한 경우, 근로자대표위원은 임금의 저하 없이 근로제공이 면제된다(동법 제37조). 이를 일시적 근로시간면제(vorübergehende Arbeitsfreistellung)라고 부른다. 종업원평의회 모든 위원은 원칙적으로 종업원평의회의 임무를 수행하며 그를 위하여 소요되는 시간은 유급으로 인정된다.

규모가 큰 사업의 경우에는 종업원평의회의 활동이 다양하기 때문에 종업원평의회 위원은 그 활동으로 인하여 근로제공을 하지 못하는 경우가 종종 발생함에 따라 분쟁의 소지가 있다. 따라서 이러한 분쟁발생을 미연에 방지하기 위하여 경영조직법은 일정한 범위 내에서 위원의 일부에게 완전히 근로제공을 면할 수 있도록 하고 있다(동법 제38조).[59] 이를 전임자(Vollständige Arbeitsfreistellung)라고 부른다. 전임자는 종업원평의회의 사무를 총괄하게 된다. 이 밖에도 근로자위원에게 교육훈련청구권(제37조 제6항), 직무활동에 대한 보호(제78조), 해고로부터의 보호(해고제한법 제15조) 등이 인정되고 있다.

4) 종업원평의회의 전임자 관련규정

① 전임자의 수

경영조직법 제38조 제1항은 사업의 종업원 규모에 따른 최소한의 전임자(vollständig Freigestellte) 수를 규정하고 있다. 예컨대 200인부터 500인까지는 1인의 종업원평의회 구성원, 501명부터 900명까지는 2명 등으로 규정되어 있으며 〈표 III-2〉와 같다.[60] 그러나 이 규정은 법률상의 최소 전임자 수에 지나지 않으며 현실적 필요에 따라 단체협약이나 경영협정에 의하여 달리 정해질 수 있다(제38조 제1항 제5문). 따라서 200인 미만의 사업장에서도 마찬가지로 단체협약에 의하여 전임자를 둘 수 있다. 또한 각 전임자는 부분전임자(Teil-Freigestellte)도 가능하다(제38조 제1항 제3문). 이 때 부분전임을 포함한 전임시간의 합은 전체 전임의 범위 내여야 한다(제38조 제1항 제4문).

---

59) 이러한 법정 전임자 수가 정해져 있음에도 불구하고 노사간에 그 수를 늘릴 수 있느냐에 대해서는 사용자의 합의만 있으면 가능한 것으로 보고 있다. 다만 전임자의 수의 증원의 요구에 대해 사용자가 동의하지 않는 경우에는 노동법원이 증원의 필요성 인정여부를 결정하게 된다(박종희, "독일에 있어서 전임자 제도의 내용과 법적 지위", 「노동과 법」(제2호), 금속법률원, 2002, 362-363면).

60) 이에 관한 구체적인 내용은 박지순, "노동시장의 변화와 독일 공동결정제도의 대응─독일 경영조직법의 개정내용과 주요 개정내용", 「노동정책연구」, 한국노동연구원, 2001, 120면 참고.

〈표 Ⅲ-2〉 종업원 규모별 최소 전임자의 수(경영조직법 제38조 제1항)

종업원 수	전임자 정원
200 ~ 500	1
501 ~ 900	2
901 ~ 1,500	3
1,501 ~ 2,000	4
2,001 ~ 3,000	5
3,001 ~ 4,000	6
4,001 ~ 5,000	7
5,001 ~ 6,000	8
6,001 ~ 7,000	9
7,001 ~ 8,000	10
8,001 ~ 9,000	11
9,001 ~ 10,000	12

주: 10,000명을 초과하는 사업에서는 그 이외 2,000명의 근로자당 1명의 근로자대표위원이 근로를 면제

이와 같이 전임자 수에 관한 법률규정은 단체협약이나 경영협정에 대하여 임의규정이다. 즉, 단체협약이나 경영협정에서 법률과 달리 정할 수 있다(제38조 제1항 제5문). 그러나 이에 관한 경영협정은 임의적 합의사항일 뿐 교섭이 결렬될 경우에는 중재소에 회부되지 않는다. 그에 관한 단체협약의 규정도 마찬가지로 쟁의행위로 관철될 수 있는 것이 아니라는 것이 학계의 다수설이다.[61]

② 전임절차

종업원평의회의 전임자는 사용자와 협의를 거쳐 종업원평의회 위원 가운데서 비밀투표와 비례선거원칙에 의하여 선출한다(제38조 제2항 제1문). 비례선거라 함은 후보목록에 의한 선출을 의미한다. 만약 1인의 전임자만을 선출하는 선거인 경우에는 단순 다득표순에 따라 선출된다(같은 조 제2항 제2문).

종업원평의회는 전임자의 성명을 사용자에게 공지하여야 한다(같은 조 제2항 제3문). 법률상 명시적 규정은 없지만 종업원평의회 위원이 당연히 전임의 의사를 표명할 것을 요건으로 한다. 위원 본인의 의사에 반하는 전임은 당연히 배제된다.[62]

사용자가 종업원평의회의 전임청구를 다툴 경우에는, 특히 전임자 수에 대한 의견의 대립이 있는 경우에는 노동법원이 결정절차(Beschlussverfahren)에 따라 판단한다. 그러나 사용자가 특정인의 전임여부에 대하여 이의를 제기하는 경우에는 중재소(Einigungsstelle)에서 결

---

61) 특히 대표적으로 Richardi/Thüsing, BetrVG, § 38 Rn. 20; 반대의 견해로는 Däubler/Berg, BetrVG, § 38 Rn. 25.
62) BAG AP Nr. 11 zu § 38 BetrVG 1972.

정한다(같은 조 제2항 제4문 내지 제8문).

③ 종업원평의회 전임자의 법적 지위와 보호

종업원평의회 전임자는 법률상 허용된 종업원평의회의 임무수행에 필요한 범위에서만 노무제공의무를 면제받는데 지나지 않는다. 따라서 전임자는 계약상의 근로시간 중에는 사업장에 출근하여야 하며, 종업원평의회를 위한 임무를 수행할 수 있도록 태세를 갖추어야 한다.[63] 즉 종업원평의회 전임자의 업무외의 활동을 위하여 자신의 근로시간면제권한을 이용해서는 안 된다. 전임자의 업무장소는 종업원평의회의 소재지이며, 사업장에 선택적 근로시간제가 시행되고 있는 경우에는 전임자도 선택적 업무시간을 요구할 수 있다. 종업원평의회의 업무와 관련하여 사용자는 지시권을 행사하지 못한다.[64]

종업원평의회 위원에 대한 사회보험법상의 지위는 그로 인하여 아무런 영향을 받지 않는다.[65]

종업원평의회 전임자의 임금지급청구권은 경영조직법 제37조 제2항의 원칙에 따른다. 그에 의하면 "종업원평의회의 위원은 사업의 종류와 범위 등에 따라 종업원평의회의 통상적인 임무를 수행하기 위하여 필요한 한도에서 임금의 감액없이 자신의 본래의 직무로부터 면제될 수 있다." 즉 종업원평의회 위원은 통상의 임무를 수행하기 위하여 불가피하게 요구되는 시간에 대하여는 그와 같은 종업원평의회의 임무를 수행하지 않았다면 받았을 임금전액을 청구할 수 있다. 이와 같은 원칙은 전임자에 대해서도 그대로 적용된다. 특히 전임자의 경우 일정 기간을 직무로부터 면제하기 때문에 임금 및 기타 근로조건의 산정이 문제될 수 있는데, 어떠한 경우에도 전임자는 불이익을 받지 않아야 한다는 원칙이 적용된다.[66] 이와 같은 관점에서 독일연방노동법원은 전임자에 대해서는 위험한 업무에 종사하는 근로자에 대하여 부여되는 추가적인 휴가의 보장이 정당하다고 판시한 바 있다.[67] 이와 같은 원칙은 특히 종업원평의회의 임기가 종료된 후에도 고려되고 있다. 경영조직법 제37조 제4항과 제5항 그리고 제38조 제4항은 이를 명시적으로 규정하고 있다. 그에 의하면 종업원평의회 위원은 임기 종료 후 1년까지는 다른 비교대상 근로자와 사업통상의 승진 및 승급과 관련하여 동등한 임금을 보장하여야 한다는 것과(제37조 제4항) 마찬가지로 직무에 대해서도 같은 기간 동안 동등가치의 업무에 배치하여야 한다는 것이다(제5항). 제38조 제3항은 전임자가 3회 연속 전임자의 지위에 있었던 경우에는 1년이 아니라 임금 및 직무보장을 2년으로 연장하고 있다.

---

63) BAG AP Nr. 9 zu § 38 BetrVG 1972.

64) BAG AP Nr. 45 zu § 37 BetrVG 1972.

65) Fitting, BetrVG, § 38 Rn. 90.

66) 특히 ErfurtKomm/Eisemann, § 39 BetrVG, Rn. 11.

67) BAG AP Nr. 2 zu § 49 BAT.

그러나 전임자가 종업원평의회의 임무와는 다른 활동을 수행하는 때는 임금청구권이 탈락한다는 것이 통설이다.[68]

종업원평의회 위원이 고유한 종업원평의회의 임무를 수행하던 중에 재해를 입은 경우에는 업무상 재해로서 산재보험의 보험급여 대상이 된다.[69]

종업원평의회 위원은 그들의 자주성을 지켜내기 위하여 특별한 해고보호를 향유하며, 이에 관해서는 독일해고제한법 제15조와 제16조에 특별규정을 경영조직법 제103조에 보충규정을 두고 있다. 후자의 규정은 또한 사용자의 전직명령에 대해서도 적용된다. 특히 해고제한법 제15조는 종업원평의회 위원의 임기 중에는 통상해고가 허용되지 않으며, 다만 즉시해고사유가 있는 때 그리고 경영조직법 제103조에 의하여 종업원평의회의 동의를 얻은 경우에만 해고가 허용되며, 그와 같은 해고보호는 임기만료 후 1년까지 확대된다고 규정하고 있다.

라. 독일의 노조전임자 임금제도의 특징

(1) 법적인 측면

경영조직법으로 인정하고 있는 종업원평의회는 사업장단위 조합원뿐만 아니라 비조합원에 대해서까지도 대표성을 갖는 기구로 사업장단위에서 종업원대표가 일정한 범위 내에서 경영에 참여할 수 있도록 권한을 부여한 제도라 할 수 있다.

종업원평의회는 노동조합과는 다른 기능과 임무를 수행하는 별도의 기구로, 5인 이상 고용하고 있는 사업장에는 노동조합 가입 근로자의 존재여부와 무관하게 의무적으로 설치하도록 되어있다. 노동조합이 초기업단위에서 근로조건의 형성과 규율을 본연의 임무로 하기 때문에, 사업장단위에서는 단체교섭 등에 관한 권한을 법적으로 보장받지 못하고 있다. 그러나 단체협약에 개방조항을 두는 경우에는 종업원평의회를 통해 단체협약의 내용을 일정정도 보충하는 기능을 수행할 수 있다는 점에서 양 제도간에는 상호 연계되는 측면이 있다.

경영조직법은 종업원평의회에서 활동하는 종업원대표에 대해 그 활동에 필요한 범위에서 근로시간을 면제해주고 있으나, 임무가 과중하여 정상적인 근로제공이 어려운 일정규모 이상의 사업장에 대해서는 근로제공의무를 완전히 면제시켜 주면서 종업원평의회 업무에만 전념할 수 있도록 하는 전임자를 인정하고 종업원 규모에 따라 최소한의 전임자 수를 명시하고 있다.

법에 규정된 숫자들은 최저기준이므로 더 많은 전임자 수를 허용하는 규정들은 종업원평의회와 사용자간에 항상 교섭될 수 있는 사항들이다.

전임자 외의 종업원평의회 위원에 대해서는 평의회 활동을 위해 근로시간을 면제해 주고

---

68) BAG AP Nr. 44 zu § 37 BetrVG; Fitting, BetrVG, § 38 Rn. 79.

69) Kater/Leube, Gesetzliche Unfallversicherung Kommentar, 1997, § 2 Rn. 105.

있는데, 근로시간면제 시간은 사업장의 종류와 규모, 종업원평의회의 업무량에 따라 달리 정해진다. 예컨대 200~400인 사업장의 경우 9명의 평의회 위원을 두도록 되어 있는데, 이중 1명은 완전 전임자로 인정되고 나머지 8명은 일시적인 근로시간면제권만을 부여하고 있다.

종업원평의회는 법으로 종업원으로부터 회비나 별도의 기금을 징수할 수 없도록 규정[70]되어 있기 때문에, 종업원평의회의 운영·활동비는 사용자가 전적으로 부담하게 된다. 따라서 전임자에 대한 급여도 당연히 사용자가 지급한다.

(2) 단체협약 또는 관행적인 측면

독일의 노동조합은 산별단위로 조직되어 있고 단체교섭도 산별노조에서 담당하며, 이들 조직에서 활동하는 노조전임자는 노동조합 자체에 의해 고용되거나 임명된 자들로 임금은 노조재정에서 충당하는 것이 관행으로 되어 있다. 노동조합의 재정은 조합원 회비로 충당(봉급의 1%)하며, 조합비가 노조전임자 임금의 주요 원천이다. 따라서 독일의 산별노조전임자의 임금지급에 있어서는 우리나라와 달리 사용자의 임금지급을 둘러싼 법적 분쟁이 발생할 여지는 적다.

또한 사업장단위에서 활동하는 노조신임자의 지위가 보장되기 위해서는 적어도 노동조합과의 단체협약 또는 각 사업장의 경영관행에 의하여 구체적인 법적 근거가 요청된다. 노조신임자에 대해서는 다른 근로자에게 적용되는 모든 법률이 동일하게 적용된다. 다만 노사간의 단체협약이나 관행에 따라 노조신임자에 대하여 일반적으로 근로시간 중 노조활동에 대한 유급의 근로시간면제를 인정하고, 노조신임자에 대한 부당 불이익취급의 금지, 신임자의 해고로부터의 보호 등이 부분적으로 이루어지고 있다.

나아가 노조신임자의 존재와 지위는 사업장에 따라 큰 차이가 나타난다. 즉 노조신임자가 없는 사업장도 존재하고 조합원 선출이 아닌 노조집행부에 의해 임명되는 사업장도 존재하며, 근무시간 중 노조회합 참석 등에 대해 임금삭감 없이 정상 근로시간으로 인정해주는 비율도 사업장에 따라 일정 정도의 차이를 보인다.[71]

마. 소   결

(1) 독일 집단적 노사관계제도의 특징

독일의 사례에서 알 수 있듯이 일찍이 산별체제로 형성된 노동조합은 현장근로자들의 구체적이고 현실적인 이해관계를 대변하고 협약정책으로 발전시키기 위하여 사업장과 다양한

---

70) 경영조직법 제41조.
71) 예를 들어 IG Metall의 경우 노조신임자의 노조회합 참석 등에 대해 50% 정도가 임금삭감 없이 정상근로시간으로 인정해주는 것으로 나타났으며, 전체 사업장의 경우 약 65% 정도가 정상근로시간으로 인정되어 임금이 계속 지급된 것으로 나타났다.

네트워크를 구축하고 있으며 이것이 집단적 노사관계의 이원화를 창출시키게 된 원인의 하나라고 할 수 있다. 종업원평의회를 노동조합과 완전히 별개의 제도라고 분리하여 판단할 수 없는 이유가 바로 그 점에 있다. 물론 노동조합과 종업원평의회를, 특히 후자의 중립성의무와 대표하는 대상의 차별성, 그리고 임무의 독립성 등의 관점에서 별개의 제도라고 판단하는 견해도 타당성이 있다.72) 양자는 법률상으로나 실무상으로 서로 독립적인 기능을 담당하기 때문이다. 그러한 한에서 노조전임자와 종업원평의회를 전적으로 동일한 것으로 이해하는 것은 제도의 형식적 차이를 오해하는 것이다.73) 그렇지만 독일에서 그와 같은 이원 집단적 노사관계가 성립된 역사적 배경과 정치적 관계 그리고 현실적 관계 등을 고려한다면 독일의 입법자가 우려하는 종업원평의회의 노동조합과의 긴밀한 관련성을 현실의 문제가 아닌 역사적 문제로서 또는 구조적 문제로서 파악할 수 있는 계기를 찾을 수 있을 것 같다. 종업원평의회는 바이마르헌법에서 사실상 근로자의 단결권실현의 구체적 제도로 고안된 것이며, 종업원평의회가 사업장의 차원에서 근로자의 이익대표의 역할을 맡음으로써 산별체제를 기초로 전국적 차원에서 협약정책을 실현할 수 있는 독일 노동조합의 자주적 구성의 원칙이 현실화될 수 있었다.

다른 한편으로 직접적으로 노동조합과 사용자 노동조합과 조합원의 소통을 위하여 노조신임자제도가 현실적으로 광범위하게 존재하고 있다. 다만 노조신임자의 역할은 법률상 승인된 종업원평의회제도와 충돌하지 않는 범위 내에서 제한적으로 인정되는 것이기에 그 위상이 그리 크지 않을 뿐이다. 만약 노조신임자들에게 전임제도를 부여한다면 종업원평의회와의 이중권력을 제도적으로 허용하는 것이고 이는 경영조직법 제3조의 규정에 반하는 결과를 초래할 것이기 때문이다.

과거 독일판례와 학설은 이른바 핵심영역이론(Kernbereichstheorie)에 따라 헌법상 보장된 단결권의 범위는 협약체결을 중심으로 하는 제한적 영역으로 국한되는 것으로 보았고 따라서 사업단위에서의 노동조합의 조직적 활동은 크게 제한되었다. 산별체제하에서 노동조합은 기업의 바깥에서 독립적이고 자주적으로 초기업적인 협약정책을 수립하는데 존재의의가 있고, 사업차원의 근로자의 이해관계의 대표는 종업원평의회에 맡기는 엄격한 이원주의를 채택하였다. 그러나 최근에는 헌법상 보장된 단결권행사의 범위는 그와 같은 핵심영역이론에 한정되지 아니하고 노동조합의 존립을 위한 통상적 활동까지 확대되고 있다. 그 결과 사업장에 대한 노동조합의 접근권 및 출입권이 과거보다 더 넓게 인정되고 있다.

---

72) 대표적으로 박종희, "독일에 있어서 전임자 제도의 내용과 법적 지위", 「노동과 법」(제2호), 금속법률원, 2002, 367면 이하.

73) 이와 같은 견해 또는 관점은 이광택, "노조전임자와 급여문제", 「노동법학」(제6호), 한국노동법학회, 1996, 193면 이하.

그에 반하여 우리는 오랫동안 기업별 노조체제를 운영하여 왔다. 기업별 노조는 기업내 노조활동을 전제로 한다. 기업별 노조에게 기업외 노조활동을 강요하는 것은 노조활동의 본질적 제한을 의미한다. 그러한 의미에서 노동조합과 사업은 일원화되어 있다. 기업 밖에서 다수의 조합원으로부터 조합비를 징수하여 재정적으로 독립된 노동조합조직을 갖추는 것이 현실적으로 불가능하다.

과연 독일의 사례로부터 이와 같은 제도적 차이에 따른 시사점을 어떻게 확보할 수 있는가? 독일은 사업장에서의 근로자의 이해관계의 대표에 관하여 역사적으로 발전된 종업원평의회제도와 그리고 이를 보완하면서 노동조합과의 직접적 관련하에 있는 노조신임자제도를 함께 운영한다. 기업별 노조는 이를 노동조합의 스스로의 역할로 보는 것이 다를 뿐이다. 바로 이 점에서 딜레마가 발생한다.

(2) 노동조합의 본질과 현실의 딜레마

노동조합은 자본주의질서 하에서 근로조건의 유지·개선 기타 근로자의 사회적·경제적 지위의 향상을 도모할 수 있는 노사대등의 관계를 형성할 목적으로 조직된 단체로서 특히 자주성을 그 핵심적 개념요소로 한다. 자주성이라 함은 노동조합이 사용자나 기타 다른 제3자의 지배·영향력을 받지 않을 독립성을 갖추어야 한다는 의미로 사용된다.[74] 그렇지만 실질적으로 사용자의 지배를 받는지 여부를 판단하는 것이 쉽지 않은 모호한 사정들이 다수 존재하고 노동조합의 활동방침(예컨대 대결이냐 협력이냐)과의 관계에서도 자주성과 어용의 문제를 제기하는 경우가 적지 않다. 따라서 구체적으로 자주적이냐 독립적이냐를 개별 사안별로 다투는 것보다는 노동조합의 설립 및 운영이 제도 및 기구상으로 독립되어 있는가라는 "제도적 독립성"의 문제로 추상화하여 판단할 수밖에 없다는 견해가 유력하다.[75] 이와 같은 제도적 독립성의 관점에서 노조전임자가 사용자로부터 임금을 받는 것은 중요한 경비원조행위이고 따라서 노동조합에 대한 영향을 미칠 수 있는 제도를 설정하는 행위로 이해할 수 있다. 다만 조합원의 통상적인 노동조합 활동을 위하여 필요한 시간을 근로시간 중에 행하는 경우(예컨대 조합원총회 등)에는 그로 인하여 임금을 공제하지 않는다는 것이 일반적인 입장이다. 전임자에 대한 상시적 임금지급은 자주성에 반하는 하나의 제도를 창설하는 것이므로 금지된다는 입장은 현행 노조법 제24조 제2항의 근거가 되고 있다.

그러나 다른 한편으로 노조전임자 제도는 기업별 노동조합체제의 불가결한 요소로 승인되어야 하며, 전임자가 활동할 수 있는 여건을 확보하는 것은 정상적인 집단적 노사관계의 전개를 위한 노동조합의 당연한 요구라고 할 수도 있다.

---

74) 대표적으로 김형배, 「노동법」(제22판), 박영사, 2013, 772면.
75) 특히 菅野和夫, 勞働法, 第8版, 2008, 481頁; 荒木尚志, 勞働法, 2009, 477頁.

이와 같은 전제하에서는 전임자의 활동은 사업장의 본질적 활동영역으로 인식이 전환되고 회사의 고유 업무라는 착시현상이 발생한다. 노동조합이 사업에 소속되어 단결권을 행사하는 순간부터 사업과 노동조합의 관계는 그와 같은 딜레마에 빠질 수밖에 없다. 우리 대법원이 통상의 노동조합 활동을 회사의 노무관리업무와 밀접한 관련을 갖는다는 이유에서 업무상의 활동으로 인정하여 업무상 재해를 인정하거나,76) 노조전임자에 대하여 기본적 근로관계가 존속한다는 이유에서 특별한 사정이 없는 한 출퇴근에 관한 취업규칙 등의 적용을 받는다77)고 하는 것은 바로 그와 같은 딜레마를 반영한 것으로 볼 수 있다. 그와 같은 착종현상은 노사협의회가 본질적으로 기업조직으로서 모든 근로자의 대표조직으로 존재하여야 함에도 과반수노조가 있는 경우에는 과반수노조와 모든 근로자의 대표성을 동일시하고, 근로기준법에서 사업 내 모든 근로자의 대표에 대하여 부여하는 합의 내지 협의권한을 과반수노조에게도 인정함으로써(근기법 제31조 제3항) 제도화의 단계로까지 발전한다.

독일의 산별노동조합체제하에서는 그와 같은 기능이 종업원평의회와 노조신임자제도로 분산되어 이원적으로 운영되고 있는 것이다. 그런데 우리와 같은 기업별 노조 하에서 일원적 사업장관리를 어떻게 제도화할 것인가가 문제되는 바, 노조전임자에 대한 급여의 지원을 일률적으로 자주성원칙의 훼손으로 볼 수 있는가 하는 점이 걸림돌이 된다. 바로 이 지점에서 노조전임자에 대한 급여지원의 문제는 원칙에 입각한 법리적 문제에서 노동조합의 존재적 본질과 단결권 실현의 현실적 필요성을 어떻게 조화시킬 것인가 하는 정책적 문제로 상대화된다.

독일에서 실무상 노조신임자에게 대한 유급의 근로시간면제가 허용되고 있는 것은 그와 같은 근로시간면제 범위가 대단히 작고(예컨대 IG BCE의 경우 1분기 2시간 이내), 노조신임자가 노조의 임원이 아니라 사실상 연락책으로서 그 권한범위가 제한적이기 때문이다. 노조임원에게 전임자로서 사업장 내에서 유급으로 활동할 수 있도록 한다는 것은 독일 노동법에서 전혀 고려의 대상이 되지 않는다. 일반적이고 일상적인 근로자의 이익을 보호하고 실현하는 기구는 종업원평의회이고 그 업무와 임무의 수행을 위해 전임자제도를 인정하고 있을 뿐이다.

---

76) 대판 1998.12.8, 98두14006.

77) 대판 1995.4.11, 94다58087.

📖 참 고 문 헌

〈국내〉

김형배. (2013). 「노동법」(제22판), 박영사.

노사정위원회. (1999). 「전임자 제도개선방안 마련을 위한 외국사례 연구」, 연구용역보고서.

박귀천. (2010. 10). "독일에서의 근로자대표 및 의사결정시스템", 「복수노조체제 하에서의 근로자대표제도 개선방안 연구」, 고용노동부 연구용역보고서.

박제성·박지순·박은정. (2007). 「기업진단과 노동법－노사협의회와 단체교섭제도를 중심으로」, 한국노동연구원.

박종희. (2002). "독일 노동관계법 개요", 「노동과 법」(제2호), 금속법률원.

박종희. (2002). "독일에 있어서 전임자 제도의 내용과 법적 지위", 「노동과 법」(제2호), 금속법률원.

박지순. (2001). "노동시장의 변화와 독일 공동결정제도의 대응－독일 경영조직법의 개정내용과 주요 개정내용", 「노동정책연구」, 한국노동연구원.

박지순. (2006). "독일의 노조신임자 및 종업원 평의회 전임자 제도와 우리 노조전임자 제도에 관한 시사점", 「노동과 법」(제7호), 금속법률원.

박지순. (2010. 10). "근로시간면제제도의 법적 쟁점", 「노동법포럼」(제5호), 노동법이론실무학회.

박지순. (2011). "독일노사관계와 단체협약제도", 「노사공포럼」(제22호), (사)노사공포럼.

유성재. (2001. 11). "독일의 노사관계법 개정 내용과 시사점－종업원평의회법(BetrVG) 개정 법률을 중심으로", 「법제」, 법제처.

이광택. (1996). "노조전임자와 급여문제", 「노동법학」(제6호), 한국노동법학회.

하경효. (1998). "독일의 협약자율제도의 구조와 현황", 「한터 이길원 교수 정년기념논문집」.

하경효·김상호·박지순·전윤구. (2005). 「노동조합 재정운영의 투명성제고 방안에 관한 연구」, 고용노동부 연구용역보고서.

〈외국〉

Bauer/Haußmann. NZA 1998, 854.

Däubler. (1991). Arbeitsrecht Ⅰ.

Däubler. (2009). Gewerkschaftsrechte im Betrieb, 11. Aufl.

Dietz/Nipperdey. (1963). Die Frage der tariflichen Regelung der Einziehung von Gewerkschaftsbeiträgen durch die Betriebe.

Gamillscheg. (1997). Kollektives Arbeitsrecht.

Kater/Leube. (1997). Gesetzliche Unfallversicherung Kommentar.

Löwisch/Rieble. (2012). Kommentar zum Tarifvertragsgesetz, 3. Aufl.

Müller-Glöge/Biedenkorf. (1964). Grenzen der Tarifautonomie.

Preis/Schmidt(Hrsg.). (2013). Erfurter Kommentar zum Arbeitsrecht, 13. Aufl.

Richardi(Hrsg.). (2006). Betriebsverfassungsgesetz, 10. Aufl.

Richardi/Wlotzke/Wißmann/Oetker(Hsrg.). (2009). Münchener Handbuch zum Arbeitsrecht, 3. Aufl.

Schaub(Hrsg.). (2011). Arbeitsrechts-Handbuch, 14. Aufl.

Wiedemann. (2007). Tarifvertragsgesetz, 7. Aufl.

管野和夫. (2008). 勞働法, 第8版.

荒木尙志. (2009). 勞働法.

Ⅲ. 독 일

독일에서의 근로제공면제와 근로시간면제에 따른 임금지급과 관련한 종업원평의회의 구성원과 노조신임자의 지위

2. 독일 현지 전문가 의견: 마티아스 야콥스(Matthias Jacobs)[1]

가. 독일에서의 종업원평의회 구성원의 지위

독일 경영조직법(BetrVG)은 사업상공동결정에 대해 규율한다. 사업상의 공동결정은 종업원평의회를 통해 행해진다. 종업원평의회는 통상적으로 투표권이 있는 5인 이상의 근로자를 고용한 사업장 단위에서 설치된다(경영조직법 제1조 제1항).

(1) 종업원평의회 구성원의 보수

독일에서 종업원평의회의 근로자위원은 경영조직법 제37조 제1항에 따라 무보수 명예직으로 그 직을 수행한다. 다만 근로자위원은 일종의 기관으로서 종업원평의회와 그 구성원으로부터 내부적인 독립성을 보장받는다.

만약 근로자가 종업원평의회의 근로자위원에 선출되었더라도 근로자의 보수청구권은 소멸되지 아니하고 존속한다. 근로자위원인 근로자의 보수는 사용자와 각각 체결한 근로계약의 내용 또는 근로관계에 적용되는 단체협약의 규범적 부분에 의하여 결정된다.

(2) 근로제공면제의 청구

경영조직법 제37조 제2항에 따르면 종업원평의회의 모든 구성원은 사업의 종류와 범위 등에 따른 종업원평의회의 통상적인 임무를 수행하기 위한 한도 내에서 근로제공이 면제된다. 다시 말하자면 종업원평의회의 구성원은 종업원평의회의 임무수행에 필요한 한도 내에서 근로제공의 면제를 청구할 수 있는 권리가 있다. 종업원평의회의 구성원은 종업원평의회

---

1) 함부르크 부체리우스 법학전문대학원(Hamburg, Bucerius Law School) 교수. Bucerius Law School Jungiusstr. 6, Hamburg, D-20355, Germany. matthias.jacobs@law-school.de

의 임무를 수행하는 동시에, 여전히 사용자를 위하여 근로를 제공하는 일반적인 근로자로서 종사한다.

사용자가 부담하여야 하는 종업원평의회의 구성원 수는 사업장의 규모에 따라 결정된다. 경영조직법 제38조 제1항은 종업원 규모에 따른 최소한의 전임자의 수를 규정하고 있다. 예컨대 일반적으로 200인에서 500인 규모의 사업장은 종업원평의회의 업무를 전담할 구성원으로서 1명의 전임자를 두도록 하고 있다.

(3) 근로시간면제에 대한 보수

종업원평의회의 구성원은 경영조직법 제37조 제2항에 허용된 종업원평의회의 임무수행에 필요한 한도 내에서만 임금의 손실없이 근로제공을 면제받지만, 종업원평의회를 위한 활동이 아닌 경우에는 그러하지 아니하다. 이는 보통 '임금탈락원칙'(Lohnausfallprinzip)[2]으로 설명하기도 한다. 그 밖에도 경영조직법 제37조 제4항에서는 종업원평의회의 구성원으로 선발된 근로자를 위하여 포괄적인 보수보호규정을 구비하고 있다. 이러한 규정에 따르면 종업원평의회 구성원의 보수는 다른 비교대상 근로자 통상의 직업상 발전과 관련하여 낮은 대우를 하여서는 안 된다고 규정하고 있다.

종업원평의회의 전임자(경영조직법 제38조 제1항)에 대해서도 일반 종업원평의회의 위원과 마찬가지로 적용된다. 즉 전임자로서 종업원평의회의 고유업무 수행에 대해서는 근로시간면제가 적용된다. 그 외에도 종업원평의회 전임자의 보수는 각각의 근로계약 또는 근로관계에 적용되는 단체협약의 규범적 부분에 따라 결정된다. 또한 종업원평의회의 전임자도 경영조직법 제37조 제4항에 의하여 다른 비교대상 근로자와 사업 통상의 호봉승급과 관련하여 동등한 임금을 보장받고 있다.

반면 종업원평의회 전임자는 보다 높은 차원의 사업장 경영에 종종 참여하기도 함으로써 그에 상응하는 높은 보수를 받기도 한다. 그렇기 때문에 임금에 관한 법적 규율을 둘러싼 법정책임 논란의 여지(높은 보수로 인한 근로자들의 불만)가 있으며, 이러한 부분을 개선하기 위해서 다양한 방안이 제시되기도 한다.[3] 그럼에도 불구하고 실제로는 '종업원평의회 수당'이 임금총액에서 공제되지 않거나 시간외 근로수당과 이와 유사한 형태로 지급하는 규율이 널리 퍼져있다. 하지만 이러한 것들은 금지된다(민법 제134조에 따라 무효). 경영조직법은 이와 같이 잘못된 보수지급을 금지할 뿐만 아니라, 경영조직법 제78조 제2문에서는 종업원평의회 전임자의 이익행위를 금지하고 있으며, 다시 동법 제119조 제1항 제3문에서는 이러한 이익행위에 대한 형사법적 제재를 마련하고 있다.

---

2) BAG NZA 2004, 1287, 1288; Koch, in: Erfurter Kommentar zum Arbeitsrecht, 13. Aufl., 2013, § 37 BetrVG Rn. 6.
3) Näher zu diesem Problem etwa Rieble, NZA2008, 276 ff. m.w.N.

나. 독일에서 노조신임자의 지위

노조신임자는 기업에 채용된 근로자로서, 이들은 노동조합과 사업장 노동조합에 속한 조합원의 이익을 대변하는 역할을 한다.[4) 이들은 사업장 내 노동조합의 조합원을 보호하고, 새로운 조합원에게 노동조합의 정책을 설명하며 사업장 내 노동조합의 목표를 달성하고자 노력한다.

(1) 노조신임자의 법적지위

독일에서 사업장 내 노조신임자의 지위는 법률을 통해서 규율되지 않는다.[5) 물론 이들도 근로에 관한 결사의 자유로부터는 보호를 받는다.[6) 이 밖에도 일부의 단체협약에서는 이들을 보유하기 위한 규정을 포함하기도 하다.

(2) 협약당사자의 규율권한

전반적으로 문헌에서는 협약당사자가 노조신임자를 위한 규정을 정하는 것이 필요한지에 대하여 논쟁이 있다. 이로 인해 각각의 규율방식을 둘러싼 다양한 논의가 펼쳐지고 있다. 특히 논쟁이 되고 있는 것은 단체협약의 규율을 통하여 근로제공면제에 대한 임금지급을 할 수 있는지 여부라고 할 수 있다. von Hoyningen-Huene 에 의하면, 노조신임자의 활동에 대하여 임금을 지급하는 것은 노동조합의 자주성에 반하는 것이라고 한다.[7) 즉 노조신임자는 사업장 내 노동조합을 대변하고 있으며, 사용자에게 그러한 활동을 위한 시간이 청구되는 것과 노조신임자에 대한 임금 및 재정지원을 요구하는 것은 간접적으로 노조활동을 지원하는 것으로 볼 수 있기 때문이다. 이것은 허용되지 아니한다.[8) Löwisch/Rieble 에 의하면 그러한 규율은 민법 제134조와 경영조직법 제119조 제1항 제1문이 결합하여 무효이다. 왜냐하면 통상적인 경우 노조신임자는 종업원평의회의 선거에 있어서 노동조합 선거인단의 선거운동을 지원할지도 모르기 때문이다.[9) 선거운동을 지원함에 있어서 노조신임자는 사용자로부터 면제받은 근로시간을 활용한다. 그러나 종업원평의회의 선거운동에 영향을 미치는 것은 경영조직법 제119조 제1항 제1문에 의하여 형사법적 제재가 내려진다.

---

4) Franzen, in: Erfurter Kommentar zum Arbeitsrecht, 13. Aufl., 2013, § 1 TVG Rn. 66; Löwisch/Rieble, Kommentar zum Tarifvertragsgesetz, 3. Aufl., 2012, § 1 TVG Rn. 1930; von Hoyningen-Huene, in: Münchener Handbuch zum Arbeitsrecht, 3. Aufl., 2009, § 215 Rn. 19.

5) Däubler, Gewerkschaftsrechte im Betrieb, 11. Aufl., 2009, Rn. 513.

6) BAG AP Art. 9 GG Nr. 28.

7) Von Hoyningen-Huene, in: Münchener Handbuch zum Arbeitsrecht, 3. Aufl., 2009, § 215 Rn. 21.

8) So auch Bulla, BB1975, 889, 890 f.

9) Löwisch/Rieble, Kommentar zum Tarifvertragsgesetz, 3. Aufl., 2012, § 1 TVG Rn. 1935.

이러한 견해는 학계의 다수설[10]과 1976년 노동법원의 결정[11]과 배치된다. 즉 협약당사자들은 근로제공이 면제되는 노조신임자를 위한 임금을 지급하는 것은 가능한 것으로 보기 때문이다. 대체로 지금까지 다른 법원과 특히 연방노동법원에서 별다른 법률문제가 제기되지 않았다는 점은 명백한 사실이다.[12] 단체협약법(TVG) 제1조 제1항에 의하여 협약당사자를 통한 단체협약상의 규율의 정당성은 근거지을 수 있다. 즉 이러한 규율은 사업장 내 규범과 관련되지 아니한다.[13] 노조신임자를 위한 규정은 단지 노조조합원에게 적용될 뿐이며, 일반 근로자에게는 영향을 미치지 아니한다.[14] 그렇지만 이러한 규정은 내용규범의 범주에 속한다.[15] 즉 경영조직법 제75조 제1항에 따른 불이익한 처우금지, 기본법(GG) 제3조 제1항에 따른 평등원칙, 상대방 재정지원금지 원칙에 대하여 위반되지 않아야 한다.[16]

(3) 근로제공면제의 청구

노조신임자는 법률을 통하여 형성된 지위를 가지지 아니하므로, 법적으로 명시된 근로제공면제청구권을 가지지 아니한다. 다만 단체협약으로부터 청구권을 가질 수 있을 뿐이며(단체협약법 제4조 제1항 참조), 그것은 유효한 것으로 볼 수 있다.

이러한 예는 함부르크 고무-화학가공산업의 포괄단체협약에서 볼 수 있다.[17] 이 단체협약 제13조 제1항에 의하면 협약체결권한을 갖는 노조와 기업은 사업에 종사하고 있는 근로자 가운데 노조신임자를 지정할 수 있도록 규정하고 있다. 또한 단체협약 제13조 제3항에 의하면 분기별로 2시간의 근로제공면제청구권을 갖는다. 이 때 근로시간면제의 범위 내에서

---

10) Däubler, Gewerkschaftsrechte im Betrieb, 11. Aufl., 2009, Rn. 521 ff.; Fitting/Engels/Schmidt/Trebinger/Linsenmaier, Kommentar zum BetrVG, 26. Aufl., 2012, § 2 Rn. 90; Franzen, in: Efurter Kommentar zum Arbeitsrecht, 13. Aufl., 2013, § 1 TVG Rn. 66; Hensche/Heuschmid, in: Däubler, Kommentar zum Tarifvertragsgesetz, § 1 TVG Rn. 977 ff.; Hunnekuhl/Zäh, NZA 2006, 1022, 1023 ff.; vgl. Treber, in: Schaub, Arbeitsrechts-Handbuch, 14. Aufl., 2011, § 191 Rn. 57 in Bezugaufden Besuchvon Gewerkschaft sveranstaltun gen und von gewerkschaftlichen Schulungsveranstaltungen.

11) ArbG Kassel EzA Art. 9 GG Nr. 18.

12) Vgl. aber BAG NZA 1999, 1339, 1341 f. für die Wirksamkeit einer tarifvertraglichen Regelung über die bezahlte Freistellung eines Arbeitnehmers, der kein gewerkschaftlicher Vertrauensmann war, für Tarifvertragsverhandlungen.

13) Für eine Definition vgl. Franzen, in: Erfurter Kommentar zum Arbeitsrecht, 13. Aufl., 2013, § 1 TVG Rn. 45.

14) Löwisch/Rieble, Kommentar zum Tarifvertragsgesetz, 3. Aufl., 2012, § 1 TVG Rn. 1932.

15) Treber, in: Schaub, Arbeitsrechts-Handbuch, 14. Aufl., 2011, § 191 Rn. 57; vgl. Löwisch/Rieble, Kommentar zum Tarifvertragsgesetz, 3. Aufl., 2012, § 1 TVG Rn. 1934 f., die aber nur Freistellungsvereinbarungen ohne Entgeltfortzahlung für wirksamhalten.

16) Däubler, Gewerkschaftsrechte im Betrieb, 11. Aufl., 2009, Rn. 521 ff.; Fitting/Engels/Schmidt/Trebinger/Linsenmaier, Kommentar zum BetrVG, 26. Aufl., 2012, § 2 Rn. 90; Hensche/Heuschmid, in: Däubler, Kommentar zum Tarifvertragsgesetz, § 1 TVG Rn. 977 ff.; Hunnekuhl/Zäh, NZA 2006, 1022, 1023 ff.

17) http://gremiennetz.de/vertrauensleute/file_uploads/vertrauensleute.pdf, Seite 54 (letzter Aufruf: 11.5.2013).

노조신임자로서 임무를 수행할 수 있으며, 사용자로부터 임금을 지급받을 수 있다. 함부르크 고무-화학가공산업의 노조신임자는 분기마다 노조신임자로서 최대 5시간의 활동시간을 부여받을 수 있으며, 이 때에는 근로제공의무 위반을 구성하지 아니한다. 다만 단체협약이 이러한 규정을 포함하지 않거나 노조신임자에 대한 근로제공면제 규정의 효력이 인정되지 않는다면, 노조신임자가 노동조합을 위하여 활동한 시간에 대해서는 근로계약상의 의무위반 문제가 발생할 수 있다. 이 때 그러한 행동에 대해서는 경고할 수 있고, 최후에는 해당 근로자의 해고의 문제로 이어질 수 있다.

(4) 근로시간면제에 따른 임금

실무상으로 협약당사자들은 노조신임자에게 근로제공을 면제하고 그들에게 보수를 계속 지급할 것인지에 대하여 독자적으로 결정할 수 있으며, 이를 단체협약상의 합의내용으로 포함할 수 있다. 비록 적은 사례이지만 노조신임자와 그들의 보수의 관계에 대하여 독일 노동법원의 결정은 다음과 같이 말하고 있다; 협약당사자들의 상호 목표제시와 신뢰에 기초한 협력은 보호되어야 한다. 만약 단체협약에서 노조신임자의 근로제공면제에 대한 임금지급을 규율하고 있다면, 그러한 규정의 효력은 소송절차에서 다툴 수 없다.

Ⅲ. 독 일

독일에서의 근로제공면제와 근로시간면제에 따른 임금지급과 관련한
종업원평의회의 구성원과 노조신임자의 지위(원문)

Die Stellung von Betriebsratsmitgliedern und gewerkschaftlichen
Vertrauensleuten in Deutschland in Bezug auf Arbeitsbefreiung und die
Bezahlung für die Zeit der Arbeitsbefreiung

2. 독일 현지 전문가 의견: 마티아스 야콥스(Matthias Jacobs)[1]

A. Stellung von Betriebsratsmitgliedern in Deutschland

In Deutschland wird die betriebliche Mitbestimmung durch das Betriebsverfassungsgesetz (BetrVG) geregelt. Betriebliche Mitbestimmung wird durch den Betriebsrat ausgeübt. Ein Betriebsrat kann in Betrieben mit mindestens fünf ständigen wahlberechtigten Arbeitnehmern werden (§ 1 Abs. 1 BetrVG).

(1) Vergütung von Betriebsratsmitgliedern

In Deutschland wird das Amt eines Betriebsrats laut § 37 Abs. 1 BetrVG „unentgeltlich als Ehrenamt" geführt. Nur so lässt sich die innere Unabhängigkeit des Betriebsratsmitglieds und des Betriebsrats als Organ gewährleisten.

Der Vergütungsanspruch eines Arbeitnehmers bleibt aber unberührt, wenn der Arbeitnehmer in den Betriebsrat gewählt wird. Seine Vergütung folgt auch nach der Wahl aus dem jeweiligen Arbeitsvertrag mit dem Arbeitgeber oder einem normativ für das

---

1) Professor of Bucerius Law School, Hamburg.

Arbeitsverhältnis geltenden Tarifvertrag.

(2) Anspruch auf Arbeitsbefreiung

Jedes Mitglied des Betriebsrats ist gemäß § 37 Abs. 2 BetrVG von seiner Arbeit zu befreien, „wenn und soweit es nach Umfang und Art des Betriebs zur ordnungsgemäßen Durchführung ihrer Aufgaben erforderlich ist". Einem Betriebsratsmitglied steht demnach ein Anspruch auf Arbeitsbefreiung zu, allerdings nur in dem für die Betriebsratsarbeit erforderlichen Maße. Neben der Arbeit als Betriebsrat sind die Betriebsratsmitglieder weiterhin als ganz „normale" Arbeitnehmer für den Arbeitgeber tätig.

Abhängig von der Größe des Betriebs kann für den Arbeitgeber die Pflicht bestehen, eine bestimmte Zahl von Betriebsratsmitgliedern von der Arbeit freizustellen. Die Freistellung ist in § 38 Abs. 1 BetrVG geregelt. So ist zum Beispiel ein Betriebsratsmitglied von der Arbeit freizustellen in Betrieben mit in der Regel 200 bis 500 Arbeitnehmern.

(3) Vergütung für die Zeit der Arbeitsbefreiung

Ist ein Betriebsratsmitglied gemäß § 37 Abs. 2 BetrVG von der Arbeit befreit, steht ihm die Vergütung zu, die es erhalten hätte, wenn es nicht für den Betriebsrat tätig gewesen wäre. Man bezeichnet diese Regelung als „Lohnausfallprinzip".[2] § 37 Abs. 4 BetrVG sorgt außerdem dafür, dass Arbeitnehmer, die als Mitglieder des Betriebsrats gewählt wurden, an der allgemeinen Vergütungsentwicklung teilhaben. Nach dieser Vorschrift darf ihre Vergütung *„nicht geringer bemessen werden als das Arbeitsentgelt vergleichbarer Arbeitnehmer mit betriebsüblicher beruflicher Entwicklung"*.

Für die gemäß § 38 Abs. 1 BetrVG freigestellten Arbeitnehmer gilt zur Vergütung im Wesentlichen nichts Anderes als für nicht freigestellte Betriebsratsmitglieder. Auch für sie gilt das „Lohnausfallprinzip". Die Vergütung freigestellter Betriebsratsmitglieder bemisst sich weiterhin nach dem jeweiligen Arbeitsvertrag oder einem normativ für das Arbeitsverhältnis geltenden Tarifvertrag. Sie nehmen ebenfalls gemäß § 37 Abs. 4 BetrVG an der betriebsüblichen Lohnentwicklung eines vergleichbaren Arbeitnehmers teil.

Insbesondere freigestellte Betriebsratsmitglieder agieren oft „auf Augenhöhe" mit dem Management und erwarten dementsprechend eine entsprechend hohe Vergütung. Die geset-

---

2) BAG NZA 2004, 1287, 1288; Koch, in: Erfurter Kommentar zum Arbeitsrecht, 13. Aufl., 2013, § 37 BetrVG Rn. 6.

zliche Regelung ist deshalb rechtspolitisch umstritten, und es existieren verschiedene Reformvorschläge.[3] Ungeachtet dessen sind in der Praxis „Betriebsratszulagen", Aufwandspauschalen ohne Abrechnung, Überstundenpauschalvergütungen und ähnliche Regelungen weit verbreitet. Sie sind unzulässig (Nichtigkeitnach§ 134 BGB). Das Gesetz verbietet nicht nur jede schlechtere Vergütung, sondern über das Begünstigungsverbot des § 78 Satz 2 BetrVG nebst Strafbewehrung in § 119 Abs. 1. Nr. 3 BetrVG auch jede bessere.

B. Stellung gewerkschaftlicher Vertrauensleute in Deutschland

Gewerkschaftliche Vertrauensleute sind von einem Unternehmen beschäftigte Arbeitnehmer, die die Interessen der Gewerkschaft und der Gewerkschaftsmitglieder im Betrieb wahrnehmen.[4] Sie betreuen die Gewerkschaftsmitglieder im Betrieb, werben neue Mitglieder an und treten für die gewerkschaftlichen Ziele im Betrieb ein.

(1) Rechtsstellung gewerkschaftlicher Vertrauensleute

Die Stellung gewerkschaftlicher Vertrauensleute in den Betrieben ist in Deutschland nicht durch Gesetz geregelt.[5] Allerdings ist anerkannt, dass ihre Arbeit von der Koalitionsfreiheit garantiert ist.[6] Außerdem enthalten einige Tarifverträge Regelungen über gewerkschaftliche Vertrauensleute, die sie unterstützen.

(2) Regelungsbefugnis der Tarifvertragsparteien

In der Literatur ist es umstritten, ob die Tarifparteien überhaupt Regelungen über gewerkschaftliche Vertrauensleute treffen dürfen. Dabei wird nach den einzelnen Regelungsgegenständen differenziert.

Diskutiert wird insbesondere, ob eine bezahlte Freistellung von der Arbeit zulässiger Regelungsgegenstand eines solchen Tarifvertrags sein kann. So führt von Hoyningen-Huene

---

3) Näher zu diesem Problem etwa Rieble, NZA 2008, 276 ff. m.w.N.

4) Franzen, in: Erfurter Kommentar zum Arbeitsrecht, 13. Aufl., 2013, § 1 TVG Rn. 66; Löwisch/Rieble, Kommentar zum Tarifvertragsgesetz, 3. Aufl., 2012, § 1 TVG Rn. 1930; von Hoyningen-Huene, in: Münchener Handbuch zum Arbeitsrecht, 3. Aufl., 2009, § 215 Rn. 19.

5) Däubler, Gewerkschaftsrechte im Betrieb, 11. Aufl., 2009, Rn. 513.

6) BAG AP Art. 9 GG Nr. 28.

an, dass die Gegnerunabhängigkeit der Gewerkschaften missachtet würde, würden gewerkschaftliche Vertrauensleute bezahlt von der Arbeit frei gestellt.[7] Dadurch dass die gewerkschaftlichen Vertrauensleute die Arbeit der Gewerkschaft im Betrieb wahrnähmen und die Arbeitgeber die Zeit, die dafür in Anspruch genommen würde, vergüteten, finanzierten sie mittelbar die Gewerkschaften: Das sei unzulässig.[8] Nach Löwisch/Rieble ist eine solche Regelung gemäß § 134 BGB i.V.m. § 119 Abs. 1 Nr. 1 BetrVG nichtig, weil die gewerkschaftlichen Vertrauensleute im Regelfall bei Betriebsratswahlen die Gewerkschaftslisten im Wahlkampf unterstützen würden.[9] Zur Unterstützung im Wahlkampf nützten sie die Zeit, während der sie vom Arbeitgeber bezahlt von der Arbeitsleistung freigestellt seien. Eine Beeinflussung des Wahlkampfs zum Betriebsrat werde aber gerade durch § 119 Abs. 1Nr. 1 BetrVG unter Strafe gestellt.

Dieser Auffassung tritt eine starke Meinung in der Literatur[10] und das Arbeitsgericht Kassel in einer Entscheidung aus dem Jahr 1976[11] entgegen. Sie halten es für zulässig, dass Tarifparteien eine Entgeltfortzahlung für freigestellte Vertrauensleute vereinbaren. Soweit ersichtlich, mussten sich andere Gerichte und musste sich insbesondere das Bundesarbeitsgericht mit der Rechtsfrage bislang nicht beschäftigen.[12] Begründet wird die Zulässigkeit mit der Regelungsmacht der Tarifparteien gemäß § 1 Abs. 1 TVG. Zwar handele es sich nicht um betriebliche Normen,[13] da die Regelungen über gewerkschaftliche Vertrauensleute nur Gewerkschaftsmitglieder und nicht alle Arbeitnehmer beträfen.[14] Jedoch fielen die Regelungen unter die Kategorie der Inhaltsnormen.[15] Gegen das Verbot unterschiedlicher

---

7) Von Hoyningen-Huene, in: Münchener Handbuch zum Arbeitsrecht, 3. Aufl., 2009, § 215 Rn. 21.

8) So auch Bulla, BB 1975, 889, 890 f.

9) Löwisch/Rieble, Kommentar zum Tarifvertragsgesetz, 3. Aufl., 2012, § 1 TVG Rn. 1935.

10) Däubler, Gewerkschaftsrechte im Betrieb, 11. Aufl., 2009, Rn. 521 ff.; Fitting/Engels/Schmidt/Trebinger/ Linsenmaier, Kommentar zum BetrVG, 26. Aufl., 2012, § 2 Rn. 90; Franzen, in: Erfurter Kommentar zum Arbeitsrecht, 13. Aufl., 2013, § 1 TVG Rn. 66; Hensche/Heuschmid, in: Däubler, Kommentar zum Tarifvertragsgesetz, § 1 TVG Rn. 977 ff.; Hunnekuhl/Zäh, NZA 2006, 1022, 1023 ff.; vgl. Treber, in: Schaub, Arbeitsrechts-Handbuch, 14. Aufl., 2011, § 191 Rn. 57 in Bezug auf den Besuch von Gewerkschaftsveranstaltungen und von gewerkschaftlichen Schulungsveranstaltungen.

11) ArbG Kassel EzA Art. 9 GG Nr. 18.

12) Vgl. aber BAG NZA 1999, 1339, 1341 f. für die Wirksamkeit einer tarifvertraglichen Regelung über die bezahlte Freistellung eines Arbeitnehmers, der kein gewerkschaftlicher Vertrauensmann war, für Tarifvertragsverhandlungen.

13) Für eine Definition vgl. Franzen, in: Erfurter Kommentar zum Arbeitsrecht, 13. Aufl., 2013, § 1 TVG Rn. 45.

14) Löwisch/Rieble, Kommentar zum Tarifvertragsgesetz, 3. Aufl., 2012, § 1 TVG Rn. 1932.

15) Treber, in: Schaub, Arbeitsrechts-Handbuch, 14. Aufl., 2011, § 191 Rn. 57; vgl. Löwisch/Rieble, Kommentar zum Tarifvertragsgesetz, 3. Aufl., 2012, § 1 TVG Rn. 1934 f., die aber nur Freistellungsvereinbarungen ohne

Behandlung aus § 75 Abs. 1 BetrVG, den Gleichheitssatz aus Art. 3 Abs. 1 GG und gegen das Verbot der Gegnerfinanzierung werde nicht verstoßen.[16)]

(3) Anspruch auf Arbeitsbefreiung

Gesetzlich steht gewerkschaftlichen Vertrauensleuten kein Anspruch auf Arbeitsbefreiung zu, da die Stellung gewerkschaftlicher Vertrauensleute nicht durch Gesetz geregelt ist. Ergeben kann sich der Anspruch jedoch aus Tarifverträgen (vgl. § 4 Abs. 1 TVG), sollten diese wirksam sein (siehe unter B. Ⅱ.).

Ein Beispiel hierfür ist der Manteltarifvertrag für die kautschuk- und kunststoffverarbeitende Industrie Hamburg.[17)] Nach dessen § 13Abs. 1 kann die vertragsschließende Gewerkschaft dem Unternehmen im Betrieb beschäftigte Arbeitnehmer als gewerkschaftliche Vertrauensleute benennen. Diese haben gemäß § 13 Abs. 3 Anspruch auf bis zu zwei Stunden Freistellung pro Quartal, in denen sie ihre Arbeit als gewerkschaftliche Vertrauensleute wahrnehmen können und vom Arbeitgeber dennoch bezahlt werden. Gewerkschaftliche Vertrauensleute in der kautschuk- und kunststoffverarbeitenden Industrie Hamburg verstoßen deshalb nicht gegen ihre Arbeitspflicht, wenn sie maximal für zwei Stunden ihrer Arbeitszeit pro Quartal als gewerkschaftliche Vertrauensleute tätig werden. Enthielte der Tarifvertrag nicht diese Regelung und wäre keine andere wirksame Regelung zur Arbeitsbefreiung von gewerkschaftlichen Vertrauensleuten getroffen, würden die Vertrauensleute ihre arbeitsvertraglichen Pflichten verletzen, würden sie während ihrer Arbeitszeit für die Gewerkschaft tätig werden. Ein solches Verhalten könnte abgemahnt werden und in letzter Konsequenz zur Kündigung des betreffenden Arbeitnehmers führen.

(4) Entgelt für die Zeit der Arbeitsbefreiung

Unabhängig davon, ob eine bezahlte Freistellung tarifvertraglich vereinbart werden kann, vereinbaren Tarifvertragsparteien in der Praxis, dass gewerkschaftliche Vertrauensleute, während sie von der Arbeit befreit sind, weiter vergütet werden. Dass so wenige Fälle, die ge-

---

Entgeltfortzahlung für wirksam halten.

16) Däubler, Gewerkschaftsrechte im Betrieb, 11. Aufl., 2009, Rn. 521 ff.; Fitting/Engels/Schmidt/Trebinger/ Linsenmaier, Kommentar zum BetrVG, 26. Aufl., 2012, § 2 Rn. 90; Hensche/Heuschmid, in: Däubler, Kommentar zum Tarifvertragsgesetz, § 1 TVG Rn. 977 ff.; Hunnekuhl/Zäh, NZA 2006, 1022, 1023 ff.

17) http://gremiennetz.de/vertrauensleute/file_uploads/vertrauensleute.pdf, Seite 54 (letzter Aufruf: 11.5.2013).

werkschaftliche Vertrauensleute und ihre Vergütung betreffen, von deutschen Arbeitsgerichten entschieden werden (müssen), spricht dafür, dass die Tarifparteien eine pragmatische und vertrauensvolle Zusammenarbeit pflegen: Wenn einmal Regelungen über die bezahlte Freistellung von gewerkschaftlichen Vertrauensleuten in einem Tarifvertrag getroffen werden, wird die Wirksamkeit dieser Regelung nicht in einem Gerichtsverfahren angezweifelt.

별첨 1. 독일 노조신임자 규정 사례

IG BCE(Industriegewerkschaft Bergbau, Chemie, Energie: 광산, 화학, 에너지 산별노조)와 연방 화학업종 사용자단체 사이에 체결된 노조신임자에 관한 노사합의서

1. IG BCE와 연방 화학업종 사용자단체는 사업장에 그들의 노조신임자의 선거를 통해 가능한 범위에서 대표기구를 구성하는데 대한 IG BCE의 관심사에 대해서 논의하였다.

2. 연방 화학업종 사용자단체는 이와 같은 IG BCE의 관심과 통상적이고 균형적인 상호관계를 위하여 500명 이상의 근로자를 고용하고 있는 사업에 대하여 근로시간 이외의 시간에 사업장 내에서 조합원들에 의하여 노조신임자를 선출하도록 허용할 것을 권고한다.

3. 연방 화학업종 사용자단체와 IG BCE는 이미 노조신임자가 선출되어 있는 사업장에서는 앞으로도 계속해서 노조신임자가 선출될 것이라는 점을 양해한다.

4. IG BCE는 사업장의 신임자(betriebliche Vertrauensleute)[1]에 관한 규율을 문제삼지 않는다.

5. 노조신임자의 선출절차와 방법은 사업장의 노조조합원에 의해서 조직된다. 조합원들은 선거와 관련하여 사업조직적인 곤란이 발생하지 않도록 조직단위를 사용자와 적절한 시점에 조율한다. 그밖에 노동조합 내부적으로 그들의 노조조직과 필요한 조율을 수행하는 것은 선거관련 사무를 위임받은 조합원에게 맡긴다.

6. 노조신임자는 오로지 노동조합의 기능만을 수행할 뿐 사업장의 기능을 행사하지 않는다는 점을 명확히 확인한다. 물론 그 점과는 관계없이 기업의 대표자는 필요한 경우에 기업의 경제적 상황에 관해서 노조신임자에게 정보를 제공할 수 있음은 물론이다.

---

[1] 대규모 화학기업의 특수한 제도의 하나로 노조신임자와 달리 특정 노조 소속 여부와 관계없이 모든 종업원에 의해서 선출되는 사업장 신임자이다. 이들의 역할을 전체 종업원과 종업원평의회를 연결하고 전체 종업원과 사업장의 지도부와 소통시키는 역할을 담당한다. 따라서 이 조항은 화학노조가 화학기업의 전통적 특성인 사업장 신임자 제도를 인정한다는 취지를 합의한 것이다.

7. 노조신임자에게 그 지위와 업무로 인해서 어떠한 불이익이 발생해서는 안 되며 근
   로관계상의 의무(노무제공의무 등) 또한 그와 관계없이 유지된다는 점에 대해서 합의
   한다.

비스바덴(Wiesbaden)/ 하노버(Hannover), 1998. 1. 19.

별첨 2. 함부르크 고무 및 합성수지가공 산업을 위한 포괄단체협약 중 노조신임자 관련 규정

(Auszug von Manteltarifvertrag für die kautschk- und kunststoffver-arbeitende Industrie Hamburg)

제13조 (노조신임자 보호에 관한 규정과 종업원평의회와 노조신임자의 교육)

1. 본 단체협약의 체결당사자인 노동조합은 기업에 대하여 사업장 내에서 취업하고 있는 조합원 중에서 노조신임자를 지명할 수 있다. 노조신임자의 수는 사업장의 대표자와 종업원평의회 사이에 합의되어야 한다.

2. 제1항의 노조신임자에게 그 지위와 업무로 인해서 어떠한 불이익이 발생해서는 안 되며 근로관계상의 의무(노무제공의무 등) 또한 그와 관계없이 유지된다는 점에 대해서 합의한다.

3. 제1항의 노조신임자에게는 신임자로서의 업무를 수행하기 위해서 노조업무의 범위 내에서 1분기에 2시간까지는 보수를 지급한다.

4. 사업장의 조직이나 노동법에 관한 문제 및 노동연구에 관하여 노조가 수행하는 교육훈련에의 참가를 위하여 종업원평의회의 신청과 사용자의 동의를 요건으로 매년 소정수의 종업원평의회 위원과 노조신임자는 그 관련비용을 지급받으면서 근로시간면제를 부여받을 수 있다.

5. 이 조문의 적용과 관련하여 견해의 차이가 발생할 경우 단체협약 당사자가 개입한다. 그 경우 명확성과 지원을 위하여 모든 사정이 검토되어야 한다.

6. 지금까지 존재하고 있던 보다 유리한 사업장의 규율은 이 조문에 의하여 영향받지 않고 계속 유지된다.

Ⅳ. 프랑스

1. 국가별 연구

가. 서 론

프랑스의 전임자 관련 제도는 크게 두 가지로 구분한다.

첫째, "노조전임자"(permanent syndical) 제도이다. 노조전임자란 근로면제시간 제도에 의한 부분적 근로면제가 아니라 일정한 기간 동안 근로 의무 전체를 면제받고 노동조합의 업무에만 종사하는 자를 말하는데, 공공부문의 경우에는 법령에 의해서 인정되고, 민간부문의 경우에는 주로 단체협약을 통해서 인정되고 있다.

둘째, "근로면제시간"(heure de délégation) 제도이다. 근로면제시간 제도는 근로시간의 일부를 면하고 노동조합이나 종업원 대표로서의 활동을 보장하는 제도이다. 공공부문과 민간부문 모두 법령에서 보장하는 제도이며, 특히 민간부문에서는 단체협약을 통해서 이를 보충하기도 한다.

이하에서는 프랑스의 전임자 제도 및 관행을 살펴보고, 프랑스 전임자 임금제도의 특징을 정리하도록 한다. 이에 앞서 프랑스 전임자 제도의 이해를 돕기 위해서 프랑스 노사관계의 일반적인 특징을 개괄하고자 한다.

나. 프랑스 노동조합 조직과 협상구조

(1) 집단적으로 행사되는 개별적 권리

"집단적으로 행사되는 개별적 권리"라는 개념은 프랑스의 노사관계를 관통하는 핵심적인 개념이라 할 수 있다. 1789년 혁명의 이데올로기였던 개인주의는 근대 시민법을 정초하는 기본 이념이지만, 거기에 머무르지 않고 나아가 프랑스의 집단적 노동관계법을 정초하는 기본 원리이기도 하다. 이 개념은 계약 이론을 부정하는 것이 아니라 반대로 계약 이론을 심화하는 것으로 이해된다. 다시 말하면, 집단적 노동관계를 사고함에 있어서 선험적 노동 공동체나 자연적 연대 개념에 기대는 것이 아니라 개별적 자유와 평등의 원칙을 심화하는 과정으로 이해하는 것이다.

이러한 관점은 기업에 대한 이해에도 반영된다. 프랑스적 전통에서 기업이 노사 공생의
터전이라는 생각은 미약하다. 오히려 시민법상의 자유와 평등 원칙이 종속 노동에 의해 왜
곡되는 공간, 즉 집단적 차원에서 자유와 평등 원칙의 회복이 필요한 공간으로 인식된다. 요
컨대, "집단적으로 행사하는 개별적 권리"라는 개념은 프랑스 혁명이 제시한 자유와 평등 이
념을 완성하는 개념으로 이해된다.

집단적으로 행사되는 개별적 권리란 "함께 뭉칠 권리"(단결권), "함께 싸울 권리"(단체행동
권), "함께 교섭할 권리"(단체교섭권)를 아우르는 말로서 우리의 노동삼권에 대응하는 개념이
라고 할 수 있다.

집단적으로 행사되는 개별적 권리란 우선 노동삼권의 주체를 근로자 개인으로 상정하는
것이다. 프랑스 혁명이 낳은 근대법 질서에서 권리나 자유의 주체는 원래 개인이었다. 그런
점에서 노동삼권의 주체를 근로자 개인으로 바라보는 관점은 새로운 것이라기보다는 프랑스
적 전통의 연장선 위에 있는 것이라고 말할 수 있다.

그러나 노동삼권이 전통적인 권리나 자유와 다른 점은 그 행사 방식이 집단적이라는 데
있다. 여기서 권리 주체 면에서 개별적 차원과 권리 행사 면에서 집단적 차원의 긴장이 발생
하고, 그 긴장의 해소 방식이 프랑스 노사관계의 특징을 형성한다.

1) 단 결 권

단결권의 개별적 차원이라 함은 우선 노동조합을 설립하고, 가입하고, 탈퇴하고, 해산하
는 자유가 완전히 보장된다는 것을 의미한다. 그 실천적 결과로서 노동조합을 설립하기 위
해서는 노동조합을 통해서 대변될 수 있는 "직업적 이익"만 인정되면 족하고 달리 제한이 없
다. 이는 노동조합을 최초로 인정한 1884년 법 이후 지금까지 변하지 않는 원칙이다.

한편, 단결권의 또 다른 실천적 결과로서 노동조합을 설립하고 가입하는 데 있어서 인적
제한이나 장소적 제한은 없다. 따라서 근로자, 자영인, 공무원, 외국인 등도 모두 노동조합을
설립하고 가입할 수 있으며, 또한 사업장, 사업, 그룹, 지역, 산업, 국가 등 모든 단위에서 노
동조합을 설립하는 것이 가능하다.

노동조합을 설립할 수 있는 자유가 거의 아무런 제한 없이 인정되고 있으므로 그 결과로
서 하나의 단위에 복수의 노동조합이 설립될 수 있다. 프랑스 노동법은 복수의 노동조합이
설립될 수 있다는 것과 복수의 노동조합들 간에 차별이 있어서는 아니 된다는 것을 원칙으
로 삼고 있다.

단결권의 개별적 차원이 근로자 개인이 노동조합을 조직하고 가입하는 자유에 관한 문제
라면, 단결권의 집단적 차원은 노동조합과 노동조합을 대표하는 자에게 일정한 권리가 인정
된다는 점과 관련이 있다.

가장 중요한 것은 노동조합의 기업 내 지부와 기업 내 노동조합대표자(노동조합대표위원)의 인정이다. 노동조합지부는 기업 내 노동조합 활동의 근거지가 된다. 그리고 노동조합대표위원은 산업별 노동조합을 기업 안에서 대표하는 자격으로 기업별 교섭을 담당한다.

근로자 개인의 권리는 노동조합 또는 노동조합대표자를 통해서 집단적인 방식으로 행사되기 때문에 제도를 설계하는 실천적인 국면에서는 집단적 권리나 제도의 무게에 비중이 실릴 수 있다. 하지만 집단적 권리와 제도의 정당성의 근거는 어디까지나 근로자 개인의 자유에 있을 뿐이지 어떤 공동체의 선험적 존재에서 그 정당성을 찾는 것은 배제되고 있는 것이 프랑스 노동법의 특징이다. 예컨대, 유니온 샵에 의한 조직 강제나 체크오프는 금지되고 있는 것도 근로자의 자발적 선택으로부터 노동조합의 정당성을 구하는 프랑스적 전통의 특징이라고 할 수 있다.

2) 단체교섭권

단체교섭권의 주체도 역시 근로자 개인이다. 이는 권리의 승인 요건으로서 개별성과 권리의 행사 요건으로서 집단성은 구별되어야 할 문제라는 것을 의미한다. 그러므로 모든 단위의 근로자에게 단체교섭권이 보장되어야 한다. 이는 기업의 벽을 넘어 그룹, 산업 나아가 전국 수준에서 단체교섭권이 보장되어야 한다는 실천적 의미를 낳는다. 또한 노동조합이 없는 기업에서도 근로자의 단체교섭권은 보장되어야 한다는 요청이 제기된다. 이는 선출직 종업원 대표 또는 비조합원인 근로자에 대한 교섭권 위임에 의하여 기업별 교섭이 가능하도록 한 일련의 입법으로 귀결된다.

단체교섭권의 개별적 차원이라 함은 또한 개별 근로자의 근로조건은 집단적으로 교섭될 수 있어야 함을 의미한다. 모든 근로자는 종속적 지위에 있다는 점만으로 단체교섭권의 주체로 인정된다. 이는 종속적 지위에 놓여 있는 근로자의 개별 교섭이 갖는 한계에 대한 반성이기도 하다. 그 실천적 귀결의 하나로서 유리의 원칙의 당위성이 인정된다.

단체교섭은 개별적 차원에서의 다양한 의사들이 집단적 차원에서 표출되는 경로이다. 여기서 중요한 것은 소수의 의견도 표현될 수 있는 가능성을 보장해야 한다는 것이다. 그러므로 미국식의 배타적 교섭대표제는 배제되고, 모든 대표적 노동조합의 동등한 교섭 참가가 보장된다. 비록 대표성 판단에 있어서 최근에 입법적 변화가 이루어지고 있기는 하지만, 일단 대표성이 인정된 경우에는 동등한 발언권이 보장된다는 원칙에는 변함이 없다.

3) 단체행동권

단체행동권의 개별적 차원이란 파업권이 근로자 개인의 자유임을 의미한다. 파업이 근로자 개인의 자유라는 말은 비노조 파업이나 비공인 파업의 적법성이 인정된다는 것을 의미한다. 공모죄(곧 파업죄)를 폐지한 1864년 법과 노동조합을 승인한 1884년 법의 격차를 생각하면, 비노조 파업의 적법성은 차라리 당연한 것인지도 모른다.

파업권은 노동조합의 권리가 아니다. 그러므로 어느 노동조합에도 가입하지 아니한 근로자도 파업을 할 수 있으며, 자기의 노동조합이 아닌 다른 노동조합이 주도하는 파업에도 참가할 수 있다. 공공부문의 경우, 파업 예고는 대표적 노동조합만이 할 수 있다는 제한이 있지만, 일단 예고된 파업에는 모든 근로자가 참가할 수 있다.

파업이 근로자 개인의 자유라는 말은 파업을 할 자유뿐만 아니라 파업을 하지 않을 자유도 인정됨을 의미한다. 그러므로 파업을 할 자유를 침해하는 것과 파업을 하지 않을 자유를 침해하는 것 모두 위법한 행위가 된다. 따라서 자신이 소속된 노동조합이 주도하는 파업이라도 참가하지 않을 자유가 인정되며, 노동조합은 파업 비참가를 이유로 근로자를 징계할 수 없다.

파업권은 헌법상의 권리이지만 다른 모든 권리와 마찬가지로 남용되어서는 안 된다. 파업권이 남용된 경우 또는 파업에 부수된 행위가 위법성을 띤 경우 또는 파업과 무관한 위법 행위의 경우에 징계 책임, 민사 책임, 형사 책임이 문제될 수 있다.

그러나 단체행동권을 개별적 차원에서 접근한다는 것은 위법한 행위에 대한 책임도 개별적으로 묻는다는 것을 의미하며, 개별 파업 근로자의 위법한 행위가 파업 자체를 위법한 것으로 만들지는 않는다는 것을 의미한다. 형사 책임이든 민사 책임이든 위법한 행위를 한 개인의 책임으로 제기될 뿐이며, 노동조합은 자신의 위법 행위에 대한 책임을 제외하고는 파업 근로자의 개별적인 위법 행위에 대해서 책임을 지지 않는다.

노동조합의 임원도 개인의 자격으로 범한 위법한 행위에 대해서만 책임을 지며, 파업 근로자의 위법한 행위에 대한 연대 책임을 지지 않는다. 파업 근로자나 노동조합에 대해서 책임을 묻고자 하는 사용자는 각자의 개인 책임을 입증해야 한다.

징계 책임의 경우, 사용자는 근로자의 중대한 과실을 입증해야 하고 해고와 관련된 제반 절차 규정을 준수해야 한다. 민사 책임의 경우, 사용자는 민법전의 일반 규정에 따라서 과실(그 자체로 위법한 행위 또는 파업권의 남용)과 손해(단순히 파업권의 행사로 인하여 발생한 손해를 제외한 손해) 및 양자 사이의 인과관계를 입증해야 한다. 형사 책임의 경우, 형법전에서 규정된 범죄(감금, 폭력, 파괴, 특히 근로의 자유를 침해하는 행위 등)와 관련하여 일반 형법의 적용(개인 책임의 원칙, 죄형법정주의 등)에 따라 징역이나 벌금이 부과될 수 있다.

파업권이 집단적으로 행사되는 개별적 자유라고 할 때 "집단적으로 행사"된다는 의미는 근로자 한 명이 아니라 복수의 근로자들이 행사한다는 의미에 불과하다. 따라서 노동조합이라는 조직을 통해서만 해야 한다거나 의사 통일과 행동 통일을 위해서 다수결로 결의해야 한다는 등의 제한은 없다. "집단"은 단수가 아니라 복수이다. 즉, 집단은 단일한 공동체를 의미하는 것이 아니라 "근로자들"을 의미한다.

단체협약으로 파업 예고 등의 절차를 규정하는 예가 있기는 하지만 그러한 협약 규정은 근로자에 대해서 구속력을 갖지 못한다. 그러므로 협약 규정을 위반하고 개시한 파업도 적법한 것으로 인정된다. 다만, 노동조합은 협약의 당사자로서 협약 위반에 대한 채무불이행 책임을 지게 된다.

(2) 노동조합의 대표성

헌법에서 보장되는 단결의 자유는 복수의 노동조합들 간에 차별적 취급을 하여서는 아니 된다는 원칙으로 이어진다. 하지만, 근로자의 이익을 실질적으로 대변하는 조직과 그렇지 못한 조직을 완전히 똑같이 취급할 수는 없다는 것도 또한 당연하다. 특히 근로자의 권리에 변동을 가져 오는 제도적 기능을 노동조합이 수행하는 경우에는 더욱 그러하다.

노동조합의 대표성 개념은 바로 이러한 요청에 화답하는 것으로서, 복수의 노동조합이 공존하는 상황을 완화하는 장치로 기능한다. 노동조합에 어떤 특별한 권한을 부여할 때 대표성과 연동시킨다는 생각은 이미 1919년 국제노동기구의 구성 때 나타난 바 있다.

프랑스에서 대표성 개념은 1936년 단체협약법에서 협약의 확장과 관련하여 최초로 등장한다. 1919년의 단체협약법에서는 대표성 요건을 규정하지 않은 채 모든 노동조합이 단체협약을 체결할 수 있게 하였다. 1936년 법은 단체협약 자체는 모든 노동조합이 체결할 수 있도록 하되, 대표적 노동조합이 체결한 단체협약만이 확장의 대상이 될 수 있게 하였다. 하지만 대표성의 기준은 따로 규정하지 않았다.

1950년 단체협약법은 단체협약에 만인효(단체협약을 체결한 노동조합의 조합원만이 아니라 단체협약의 적용 범위 안에 있는 모든 근로자, 비조합원을 포함한 모든 근로자에게 단체협약이 적용되는 것)를 부여하면서 단체협약을 체결할 수 있는 자격을 대표적 노동조합에게만 허용하였다. 그리고 최초로 대표성의 심사 기준을 마련한 것도 1950년 단체협약법이다.

1966년의 행정명령은 노동총연맹(CGT), 프랑스민주노동총연맹(CFDT), 노동자의힘(FO), 프랑스기독노동자총연맹(CFTC), 관리직총연맹(CGC) 등 다섯 개의 노동조합 총연합단체에 대해서 대표성을 부여하였다. 이 대표성은 법령에 의하여 부과된 것이기 때문에 대표성 판단 기준의 충족 여부와는 상관없이 인정되는 것이었다. 또한, 이 5개 총연합단체에 가입한 노동조합들은 대표성이 의제되었다. 그러므로 그런 노동조합들도 대표성 판단 기준의 충족 여부와는 무관하게 대표성을 유지할 수 있었다(이상의 내용은 과거형이다. 2008년 법에 의하여 변경되었다. 아래에서 설명한다).

대표성이 인정되는 노동조합은 단체교섭, 기업 내 종업원 대표 선거에서 후보자 추천, 기업 내 노동조합 활동(노동조합지부의 설치 및 노동조합대표위원의 임명), 각종 정책 위원회 참여 등 모든 집단적 권리를 향유한다.

노동조합의 설립에는 거의 아무런 제한이 없기 때문에 당연히(?) 복수의 노동조합이 존재하는데, 그러나 아무 노동조합이나 다 단체교섭을 할 수 있는 것은 아니다. 대표성이 인정되는 노동조합, 즉 대표적 노동조합만이 단체교섭을 할 수 있다. 일단 대표성이 인정되는 노동조합은 조합원 수나 지지율의 차이 등과 상관없이 동등한 발언권을 가지고 단체교섭에 임한다. 즉, 다수 노동조합이나 소수 노동조합이나 동일한 수의 교섭 대표로 전체 근로자교섭대표단이 구성된다. 다른 대표적 노동조합을 배제하는 교섭은 허용되지 않는다. 즉, 해당 교섭단위(산업이든 기업이든 불문하고) 내에서 대표성이 인정되는 모든 노동조합이 동시에 교섭에 참가해야 하는 것이다. 그렇지 않은 경우에는 협약의 효력이 부정된다.

이러한 방식은 협약의 인적 적용 범위에 있어서 어느 특정 노동조합의 조합원으로 한정하지 않는다. "대표성"이라는 개념 자체가 협약의 적용 범위 내의 근로자 전체를 정당하게 대표할 수 있는 자격이 있는지를 묻는 것이므로 그 자격을 충족하면 근로자 전체를 위해서 교섭하고 협약을 체결하는 지위에 서게 되는 것이다.

대표성 개념은 하나의 협약 적용 범위에 하나의 법 규범을 만들고자 할 때 고려될 수 있는 개념이다. 이는 단체협약의 '규범적 성질'을 강조하는 것으로서 노동조합은 하나의 노동공동체 내 모든 근로자를 대표한다. 이 때, 복수의 노동조합은 법 규범의 설정이라는 하나의 목표를 향하여 경쟁하는 지위에 선다.

반면에 단체협약이 조합원에게만 적용되는 것을 전제한다면 대표성 개념은 무관하다. 조합원에게만 적용되는 단체협약은 단체협약의 '계약적 성질'을 강조하는 것으로서 노동조합은 자기 조합원만 대표하는 것이 원칙이다. 이 경우, 복수의 노동조합은 상호 간에 독립적인 지위를 유지한다. 그러므로 교섭도 각자 독립적으로 진행되는 것이다.

1980년대 이후 대표성 개념과 관련하여 비판이 집중된 것은 대표성 의제 제도이다. 대표성 의제 제도는 전국 단위에서 대표성이 부여되는 다섯 개의 총연합단체에 가입한 노동조합에 대해서 자동적으로 대표성을 부여하는 제도이다. 조합원의 수 또는 종업원 대표 선거에서 획득한 지지율과 상관없이 대표성을 인정함으로써 지극히 소수의 근로자들만을 조직하고 있는 노동조합이라고 하더라도 다른 대규모 노동조합과 완전히 동일한 권한을 행사할 수 있게 한 것이다.

대표성 의제 제도가 비판이 초점이 된 것은 특히 프랑스의 독특한 단체협약 제도와 관련해서이다. 프랑스의 단체협약은 협약을 체결한 노동조합의 조합원에게만 적용되는 것이 아니라 다른 노동조합에 소속된 근로자와 아무 노동조합에도 소속되지 아니한 근로자 심지어 협약의 체결에 반대한 노동조합에 소속된 근로자에게도 적용된다. 이를 단체협약의 만인효(erga omnes)라 부르는데, 1950년 단체협약법에서 처음으로 규정되었다.

극히 소수의 근로자들만을 조직하고 있는 노동조합도 다섯 개 총연합단체 중 어느 하나에 가입하기만 하면 대표성이 의제되기 때문에 단체협약을 체결할 수 있고 그렇게 체결된 단체협약은 협약 적용 범위의 근로자 전체에 적용되는 것이다.

이러한 제도는 단체교섭이 근로조건의 개선 기능을 하고 노동조합들 사이에 '역할 분담'이 이루어지던 시기에는 나름대로 순기능을 할 수 있었다. 즉, 어떤 노동조합이 체결하는 단체협약이라도 근로조건을 개선하는 내용을 담고 있었기 때문에 투쟁적인 노동조합은 높은 요구 사항을 내걸고 파업을 벌임으로써 명분을 획득하고 개혁적인 노동조합은 단체교섭을 통하여 실리를 확보하는 것이 가능하였던 것이다.

그러나 1980년대에 들어와 단체협약이 기존의 근로조건을 근로자에게 불리한 방향으로 변경하는 내용을 담기 시작하면서 대표성이 취약한 소규모 노동조합이 그러한 내용의 단체협약을 체결하여 전체 근로자를 구속하는 것이 정당한가에 대한 문제 제기가 시작되었다. 이에 대표성 의제 제도의 폐해를 방지하기 위하여 과반수 노동조합의 거부권 제도가 마련되었다. 즉, 소수 노동조합이 기존의 근로조건을 근로자에게 불리한 방향으로 변경하는 단체협약을 체결한 경우에 과반수 노동조합은 그 협약을 거부함으로써 협약을 무효화시킬 수 있도록 한 것이다.

그러나 이 거부권 제도는 법에서 열거하고 있는 특별한 경우에만 인정되는 것이었고 일부 근로조건을 불리하게 변경하는 대가로 다른 부분에서 이익을 주는 '주고받기' 교섭에서는 거부권이 행사될 수 있는지조차 의심스러운 것이어서 대표성 의제 제도의 문제점을 극복하는 데에는 많은 한계가 노출되었고, 학계의 비판은 1980년대와 1990년대 내내 계속되었다.

결국 2004년 법에서 과반수 대표제의 일반화가 이루어졌다. 이 과반수 대표제는 단체협약의 성립과 관련하여 적용되는 것이었고, 단체교섭에 대해서는 종전과 마찬가지로 모든 대표적 노동조합의 동일한 발언권이 인정되었다. 또한 유효하게 성립한 단체협약은 협약의 적용 범위 내의 모든 근로자에게 적용된다는 만인효도 여전히 인정되고 있었다.

2004년 법은 1950년 법 이후 프랑스의 노사관계에 가장 큰 변화를 가져 온 법이라고 평가되었지만 그 생명은 그다지 길지 못했다. 또한 2004년 법은 대표성 의제 제도 자체는 폐기하지 않았다.

대표성 의제 제도는 2008년 8월 20일 법에 의하여 폐기된다. 이 법은 MEDEF, CGPME, CGT, CFDT가 서명한 "공동입장"(2008년 4월 10일)에서 규정한 내용을 입법적으로 반영한 것이다. 2008년 법은 대표성 의제 제도를 폐기하고 새로운 대표성 판단 기준을 도입하였다. 모두 일곱 가지인데 다음과 같다.

① 조합원 수 및 조합비
② 재정의 투명성
③ 자주성

④ 공화국 가치의 존중

⑤ 영향력: 활동, 경험, 지역별, 직업별 분포

⑥ 2년의 연혁

⑦ 기업 내 종업원 선거 득표율

이러한 기준을 모두 충족하는 노동조합을 "대표적 노동조합"(syndicat représentatif)이라고 한다. 이 중 가장 의미 있는 것은 마지막 기준이다. 기업 내 종업원 선거 득표율이란 노사협의회 선거 또는 고충처리위원 선거에서 각 노동조합이 그 후보자를 통해서 획득한 득표율을 말한다. 법은 이 득표율이 기업 수준에서는 10%, 초기업(전국, 산업) 수준에서는 8% 이상일 것을 요구한다. 초기업 수준의 득표율은 각 기업에서 노동조합이 획득한 득표율을 모두 더한 것이다. 대표성은 주기적으로 선거 결과를 반영하여 재평가된다.

2013년 3월 29일 「사회적 대화 최고 위원회」는 전국 수준에서 대표성을 결정하는 첫 번째 결과를 내 놓았다(아래 〈표 Ⅳ-1〉 참조).[1] 이 대표성은 4년마다 재평가된다. 즉, 4년 동안 전국의 각 기업에서 시행된 노사협의회 선거 혹은 고충처리위원 선거에서 각 노동조합이 획득한 득표수를 집결하여 4년 후에 재평가를 하는 것이다. 그러므로 2017년에 새로운 대표성 결과가 나올 때까지는 이 다섯 개 총연합단체가 전국 단위에서 대표성 있는 노동조합으로 활동하게 된다.

〈표 Ⅳ-1〉 전국 단위 대표성(2013-2017)

노동조합	득표율(%)	대표성	상대적 득표율(%)
CGT	26.77	유	30.62
CFDT	26.00	유	29.74
FO	15.94	유	18.23
CFE-CGC	9.43	유	10.78
CFTC	9.30	유	10.63
UNSA	4.26	무	-
SUD	3.47	무	-
기타	4.40	무	-

산업 단위에서도 원칙적으로는 2013년에 새로운 대표성 판단을 해야 하는데, 다만 최초로 새로운 대표성 판단이 이루어진 후 4년 동안은 전국 단위의 대표적 총연합단체에 가입한 산업별 노동조합은 그 대표성이 간주된다. 가령 CFTC 금속연맹은 금속 산업 단위에서 총 득

---

1) http://travail-emploi.gouv.fr/IMG/pdf/modifie.pdf

표율이 7.27%에 그쳐 8%에 미달하므로 대표성이 인정되지 않는데(아래 〈표 Ⅳ-2〉 참조), CFTC 총연합단체가 전국 단위에서 대표성이 있으므로 여기에 가입하고 있는 CFTC 금속연 맹도 2017년까지는 대표성을 가질 수 있는 것이다.

〈표 Ⅳ-2〉 산업 단위 대표성 (금속 산업의 예)

노동조합	득표율(%)	대표성	상대적 득표율(%)
CGT	29.48	유	31.16
CFDT	25.64	유	27.10
CFE-CGC	16.54	유	17.48
FO	15.68	유	16.57
CFTC	7.27	유	7.68
UNSA	2.00	무	-
SUD	1.34	무	-
기타	2.05	무	-

기업 단위에서는 법 제정 이후 최초로 실시된 종업원 대표 선거를 가지고 대표성을 판단한다. 노사협의회 선거나 고충처리위원 선거는 매 4년마다 실시되므로 기업 단위 대표성도 4년마다 재평가를 하게 된다.

2008년 법이 도입한 또 하나의 새로운 대표성 개념이 있다. 대표성 요건 중 종업원 선거 득표율 요건을 충족하지 못하더라도 다른 요건들을 충족한 경우에는 일정한 권한을 부여하는 부분적 대표성 개념이 그것이다. 즉, 종업원 선거에서 10% 이상 득표하지 못한 노동조합이라도 2년의 연혁, 자주성, 공화국 가치의 존중 요건을 충족하는 경우에는 종업원 선거 후보 추천권, 기업 내 노동조합지부 설치권, 노동조합지부대표 임명권이 인정된다. 그러나 단체교섭권과 단체협약 체결권은 인정되지 않는다. 노동조합지부대표에게는 월 4시간의 근로면제시간과 해고 보호 제도가 적용된다. 대표적 노동조합과 구별하여, 이러한 완화된 대표성을 충족하는 노동조합을, 노동조합지부를 설치할 수 있는 자격과 종업원 선거에서 후보를 추천할 수 있는 자격을 획득하였다는 점에서, '적격 노동조합'(syndicat qualifié)이라 부를 수 있을 것이다.

법상의 모든 대표성 요건을 충족하는 노동조합에게 인정되는 권리는 크게 세 종류이다.

첫째, 단체교섭 및 단체협약 체결권이다. 초기업 단위든 기업 단위든 가리지 않고 법에서 정한 대표성 요건을 갖춘 노동조합만이 단체교섭을 하고 단체협약을 체결할 수 있다. 이를 위해서는 앞에서도 설명한 바와 같이 초기업 단위에서는 종업원 선거에서 8퍼센트 이상의 지지를 얻어야 하며, 기업 단위에서는 10퍼센트 이상의 지지를 얻어야 한다.

둘째, 기업 내 노동조합 활동권이다. 이와 관련하여 가장 중요한 것은 노동조합지부를 설치하고 노동조합대표위원2)을 선임할 수 있다는 것이다. 이 노동조합대표위원에게는 일정한 근로면제시간을 부여하여, 근로 의무를 면하고 노동조합 활동에 전념할 수 있도록 하고 있다. 이 밖에도 사업장 안에서 조합비를 징수하고, 노동조합 선전물을 게시하거나 전단을 배포하고, 집회를 개최하는 등의 활동을 할 수 있다.

셋째, 종업원 선거 후보 추천권이다. 프랑스에서 종업원 선거는 노사협의회 종업원위원 선거와 고충처리위원 선거가 있는데, 1차 투표와 2차 투표로 진행된다. 1차 투표에서는 대표적 노동조합이 추천한 후보자만 출마할 수 있다. 1차 투표에서 유효 투표 수가 전체 유권자의 반 수 이상인 경우에는 2차 투표를 하지 않고, 1차 투표의 결과로만 당선자를 가린다. 반대로 유효 투표 수가 전체 유권자의 반 수에 미달한 경우에는 2차 투표를 실시하는데, 이 때에는 노동조합 추천 여부와 상관없이 누구나 후보자로 출마할 수 있다.

이 종업원 선거 후보 추천권도 종래에는 대표적 노동조합에게만 주어지던 것이었는데, 2008년 이후에는 앞에서 언급한 바와 같이 노동조합지부를 설치할 수 있는 노동조합이면, 즉 적격 노동조합이라도 후보자를 추천할 수 있다. 이는 논리적으로 당연하다. 왜냐하면 이제 종업원 선거는 과거처럼 대표적 노동조합에게 주어지던 특권이 아니라 대표성을 판단하기 위한 계기이기 때문이다.

(3) 복수노조와 단체협약의 성립

프랑스는 복수의 노동조합이 교섭 창구 단일화를 이루어 함께 교섭에 참가하기 때문에 노동조합들 사이에 이견이 발생하는 경우가 많다. 따라서 하나의 협약 적용 범위에서 복수의 단체협약이 발생하는 상황을 방지하기 위하여 협약의 성립 요건을 상세하게 규정하고 있다.

협약이 유효하게 성립하여 적용되기 위해서는 종업원 선거에서 적어도 30% 이상의 득표를 한 노동조합(단독으로 30% 이상인 경우에는 그 노동조합, 둘 이상이 합해서 30% 이상인 경우에는 그 둘 이상의 노동조합 모두)이 서명하고, 50% 이상의 득표를 한 노동조합(단독으로 50% 이상인 경우에는 그 노동조합, 둘 이상이 합해서 50% 이상인 경우에는 그 둘 이상의 노동조합 모두)의 반대가 없어야 한다. 이 요건은 모든 수준의 단체협약에 대해서 동일하게 적용된다.

전국 단위를 예로 들어 보자(아래 〈표 Ⅳ-3〉 참조). 대표성이 있는 다섯 개 총연합단체 중

---

2) 노동조합대표위원은 산업별 노동조합을 기업 안에서 재현(representation)하는 자이다. 해당 기업에서 대표성이 인정되는 산업별 노동조합만이 노동조합대표위원을 선임할 수 있다. 노동조합대표위원은 일상적으로 사용자에 대해서 산업별 노동조합의 입장을 대변하지만, 가장 중요한 역할은 기업별 교섭을 담당하고 기업별 협약을 체결하는 것이다. 원칙적으로 노동조합대표위원만이 기업별 협약을 체결할 수 있다. 이 때, 기업별 단위 노동조합은 노동조합대표위원과 동일한 권한을 행사한다.

에서 30%가 넘는 득표율을 획득한 노동조합은 CGT(30.62)뿐이다. 그러므로 단독으로 단체협약을 체결할 수 있는 노동조합도 CGT뿐이다. 그러나 CFDT와 FO 그리고 여기에 CFE-CGC나 CFTC가 결합하면 모두 합해서 50% 이상의 득표율이 되므로 CGT가 단독 서명한 단체협약에 거부권을 행사할 수 있게 된다. 거부권을 행사하면 단체협약은 무효가 된다.

반대로 CGT와 CFDT 두 개의 총연합단체가 연합해서 단체협약을 체결하거나(합해서 60.36), CFDT, FO, CFTC 등 세 개의 노동조합이 연합해서 단체협약을 체결하면(합해서 58.60), 그 자체로 50%가 넘으므로 아무도 거부권을 행사할 수 없고 단체협약은 그대로 유효하게 성립한다.

다른 세 개의 군소 노동조합(FO, CFE-CGC, CFTC)이 연합해서 단체협약을 체결할 수는 있지만(39.64), CGT와 CFDT가 연합해서 거부권을 행사하면(60.36) 그 단체협약은 무효가 된다.

〈표 IV-3〉 전국 단위 대표성(2013-2017)

노동조합	득표율(%)	대표성	상대적 득표율(%)
CGT	26.77	유	30.62
CFDT	26.00	유	29.74
FO	15.94	유	18.23
CFE-CGC	9.43	유	10.78
CFTC	9.30	유	10.63
UNSA	4.26	무	-
SUD	3.47	무	-
기타	4.40	무	-

산업 단위에서도 마찬가지인데, 금속 산업을 예로 들어 보자(아래 〈표 IV-4〉 참조). 금속 산업에서 단독으로 단체협약을 체결할 수 있는 노동조합은 CGT(31.16)뿐이다. 그러나 CFDT를 포함하여 다른 세 개의 노동조합이 거부권을 행사할 수 있다. 거부권을 행사하게 되면 CGT가 체결한 단체협약은 무효가 된다. 만약 CGT와 CFDT가 연합해서 단체협약을 체결하면(58.26), 50%가 넘으므로 그대로 단체협약은 유효하게 성립한다.

〈표 IV-4〉 산업 단위 대표성 (금속 산업의 예)

노동조합	득표율(%)	대표성	상대적 득표율(%)
CGT	29.48	유	31.16
CFDT	25.64	유	27.10
CFE-CGC	16.54	유	17.48
FO	15.68	유	16.57
CFTC	7.27	유	7.68
UNSA	2.00	무	-
SUD	1.34	무	-
기타	2.05	무	-

(4) 기업별 교섭의 강화

프랑스는 산업별 교섭의 영향력이 여전히 강한 나라이지만, 유럽의 다른 나라들과 다르게 일찍부터 기업 수준의 교섭을 발전시켜온 나라이기도 하다. 여기에는 두 가지 이유가 언급된다.[3] 첫째는 실리적 이유이다. 1970년대 말부터 시작된 경제 위기를 극복하기 위하여 직업훈련이나 근로시간의 단축 등과 같은 새로운 노동 정책이 기업 내에서 빠른 시간 내에 도입되도록 할 필요성이 있었는데 종전과 같이 산업별 협약을 경유하는 방식은 비효율적이고 기업별 교섭을 통하여 곧장 도입될 수 있도록 하는 것이 효율적이라고 판단하였던 것이다.

둘째는 이념적 이유이다. 기업별 교섭을 강화하는 데 있어서는 좌파 정부와 우파 정부가 다르지 않았다. 하지만 그 목적은 사뭇 달랐다. 우파 정부가 산업별 협약의 영향력으로부터 기업의 자율성, 즉 유연성을 보장하기 위하여 기업별 교섭을 강화시켰다면, 좌파 정부는 사용자의 권한이 직접적이고 구체적으로 행사되는 공간에서 노동조합의 개입을 강화시키고 사용자의 권한을 제어함으로써 노사관계의 균형에 기여하는 것을 기업별 교섭의 목적으로 삼았다. 임금과 근로시간에 관한 기업별 연례 교섭을 의무화한 것이 가장 대표적인 예라고 할 수 있다.

기업별 협약의 수를 보면 다음과 같다.[4]

- 1970년: 660개
- 1982년: 2,100개
- 1992년: 6,400개
- 2002년: 18,000개
- 2005년: 16,500개[5]

---

3) Jean-Paul Jacquier, France, l'introuvable dialogue social, PU de Rennes, 2008, p. 41.

4) *Ibid.*, pp. 39-40.

5) 프랑스 노동부 통계로는 19,310개이다. La négociation collective en 2005, p. 195.

- 2006년: 20,200개[6]
- 2007년: 20,170개[7]

그러나 10%에 미치지 못하는 저조한 노동조합 조직률과 기업별 교섭을 담당하는 노동조합대표위원이 존재하지 않는 기업이 많다는 사정은 기업별 교섭의 발전에 장애물이 되었다. 모든 규모의 기업을 통틀어 노동조합대표위원이 있는 기업의 비율은 20.2%이며, 기업 규모별로 노동조합대표위원이 있는 기업의 비율은 다음과 같다.[8]

- 10인 이상 20인 미만: 5.6%
- 20인 이상 50인 미만: 18%
- 50인 이상 100인 미만: 55.1%
- 100인 이상 250인 미만: 74%
- 250인 이상 500인 미만: 89.1%
- 500인 이상: 95.5%

이에 1990년대 중반부터 프랑스 입법자는 좌우를 막론하고 노동조합이 없는 기업에서 단체교섭을 가능하게 하는 일련의 조치들을 마련하였다.[9]

다. 프랑스 전임자 제도 및 관행

아래 (1)에서는 공공부문의 노조전임자 및 근로면제시간 제도에 대해서 살펴본다. (2)에서는 민간부문의 노조전임자 제도를 살펴본다. (3)에서는 민간부문의 근로면제시간 제도를 살펴본다.

공공부문에서는 노조전임자와 근로면제시간을 모두 법령이나 법령에 준하는 「규정」에서 정하고 있다. 반면, 민간부문에서는 근로면제시간은 법령에서 정하고 있지만 노조전임자는 단체협약에서 규정한다.

(1) 공공부문의 노조전임자 및 근로면제시간 제도

공공부문에서는 노조전임자와 근로면제시간을 모두 법령이나 법령에 준하는 「규정」에서 정하고 있다. 이하에서는 공무원과 경우와 공기업(프랑스철도공사)의 경우를 나누어 살펴본다.

---

6) 프랑스 노동부 통계와 같다. La négociation collective en 2006, p. 275.

7) La négociation collective en 2007, p. 269.

8) R. Hadas-Lebel, Pour un dialogue social efficace et légitime: Représentativité et financement des organisations professionnelles et syndicales, Rapport au Premier ministre, 2006, p. 51.

9) 박제성, 『무노조 사업장에서의 집단적 근로조건 결정법리』, 한국노동연구원, 2008 참조.

1) 공 무 원

공무원의 경우, 노조전임자 제도와 근로면제시간 제도를 나누어 볼 수 있는데, 이는 다시 국가 공무원과 지방 공무원 및 보건 의료 공무원이 각각 별도의 법령에 의하여 규정되고 있다.

① 노조전임자 제도

첫째, 국가 공무원의 경우이다. 「국가 공무원의 신분에 관한 1984년 1월 11일 법」[10] 제33조는 "노동조합의 업무에 종사하기 위하여 공무 수행을 면하는 공무원은 공무 중에 있는 것으로 본다."라고 규정하고 있다. 이에 따라 「국가 공무원의 단결권 행사에 관한 명령」[11]은 전임자 수와 그 배분 방식에 대해서 다음과 같이 정하고 있다(제16조). 우선 각 중앙 부처 별로 전임자의 수는 다음과 같이 정한다.

- 공무원의 수 140,000명 이하에서는 230명당 한 명의 완전 전임자
- 공무원의 수 140,000명 초과에서는 650명당 한 명의 완전 전임자

이렇게 해서 정해진 전체 전임자 수는 각 노동조합의 대표성에 따라 비례해서 배분된다. 구체적으로는 다음과 같다.

- 전체 전임자 수의 절반은 각 노동조합이 중앙부처별 공무원협의회(comité technique min-istériel)에서 차지하고 있는 의석 수에 비례하여 배분된다.
- 나머지 절반은 각 노동조합이 중앙부처별 공무원협의회 선거에서 획득한 득표수에 따라 비례하여 배분된다.

중앙부처별 공무원협의회 선거에 참여하지 않는 독립된 공공 기관의 경우는 중앙 부처의 예에 준하여 전임자 수를 정하고 배분한다.

노동조합은 부분 전임자의 수를 합하여 사용할 수 있으며, 그 대표자들 가운데 자유롭게 전임자를 임명할 수 있다. 임명된 전임자가 기관의 원활한 운영과 조응하지 않는다고 판단되었을 때에는 장관이나 해당 기관장은 노동조합에게 다른 전임자 임명을 요청할 수 있다.

한편, 국가공무원중앙협의회(Conseil supérieur de la fonction publique)에 참여하는 각 노동조합은 협의회 의석 수에 비례하여 일정한 근로면제시간을 향유한다.

전임자는 근무 중에 있는 것으로 보고, 이전 지위와 관련한 모든 혜택을 유지한다. 전임자의 진급은 전임자 활동 수행 이전 유사한 직책을 담당하던 자의 동일 기간 동안 평균 승진 정도에 따라 측정된다.

둘째, 지방 공무원의 경우이다. 「지방 공무원의 신분에 관한 1984년 1월 26일 법」[12] 제56

---

10) Loi n° 84-16 du 11 janvier 1984 portant dispositions statutaires relatives à la fonction publique de l'Etat.
11) Décret n° 83-447 du 28 mai 1982 relatif à l'exercie du droit syndical dans la fonction publique.
12) Loi n° 84-53 du 26 janvier 1984 portant dispositions statutaires relatives à la fonction publique territoriale.

조에서 "노동조합의 업무에 종사하기 위하여 공무 수행을 면하는 공무원은 공무 중에 있는 것으로 본다."라고 규정하고 있으며, 이에 따라 "업무의 필요성을 해치지 않는 범위에서 지방자치단체와 기관은 그 공무원을 대표적 노동조합에 파견하여 그 업무에 종사하도록 한다."(제100조)라는 규정을 두고 있다.

이에 따라 「지방자치법전」(Code général des collectivités territoriales) R.1613-2조는 노동조합 전임자의 수를 103명으로 정하고 있으며, 「지방 공무원의 단결권 행사에 관한 명령」[13]은 이 103명의 전임자의 배분에 대해서 다음과 같이 정하고 있다(제20조).

- 우선, 지방공무원중앙협의회(conseil supérieur de la fonction publique territoriale)에 참여하는 각 대표적 노동조합에게 4명씩 동일하게 배분한다.
- 나머지는 지방공무원중앙협의회에서 각 노동조합이 차지하는 의석 수에 비례하여 배분한다.

셋째, 보건 의료 공무원의 경우이다. 「보건 의료 공무원의 신분에 관한 1986년 1월 9일 법」[14] 제97조는 "기관장은 업무의 필요성을 해치지 않는 범위에서 대표적 노동조합 책임자의 공무 수행을 면하며, 그 공무원을 전국 차원의 대표적 노동조합에 파견하여 그 업무에 종사하도록 한다. 노동조합의 업무에 종사하기 위하여 공무 수행을 면하거나 전국 차원의 대표적 노동조합에 파견되어 그 업무에 종사하는 공무원은 공무 중에 있는 것으로 본다."라고 규정하고 있다.

이에 따라 「보건 의료 공무원의 단결권 행사에 관한 명령」[15]에서는 이 전임자의 수를 총 84명으로 정하고 있다(제19조). 이 84명의 전임자는 각 노동조합이 보건의료공무원협의회 선거에서 획득한 득표수에 따라 비례하여 배분한다(제20조).

② 근로면제시간 제도

첫째, 국가 공무원의 경우에는 별도의 근로면제시간 제도는 규정되어 있지 않고, 노조전임자 제도가 이를 포괄하고 있다고 본다.

둘째, 지방 공무원의 경우, 「지방 공무원의 단결권 행사에 관한 명령」은 근로면제시간에 대해서도 정하고 있는데, 구체적인 내용은 다음과 같다(제18조).

- 공무원 수 100명 미만: 공무원 수와 동일한 월 근로면제시간

---

13) Décret n° 85-397 du 3 avril 1985 relatif à l'exercice du droit syndical dans la fonction publique territoriale.

14) Loi n° 86-33 du 9 janvier 1986 portant dispositions statutaires relatives à la fonction publique hospitalière.

15) Décret n° 86-660 du 19 mars 1986 relatif à l'exercice du droit syndical dans les établissements mentionnés à l'article 2 de la loi n° 86-33 du 9 janvier 1986 portant dispositions statutaires relatives à la fonction publique hospitalière.

- 100명 이상 200명 이하: 월 100시간
- 201명 이상 400명 이하: 월 130시간
- 401명 이상 600명 이하: 월 170시간
- 601명 이상 800명 이하: 월 210시간
- 801명 이상 1,000명 이하: 월 250시간
- 1,001명 이상 1,250명 이하: 월 300시간
- 1,251명 이상 1,500명 이하: 월 350시간
- 1,501명 이상 1,750명 이하: 월 400시간
- 1,751명 이상 2,000명 이하: 월 450시간
- 2,001명 이상 3,000명 이하: 월 550시간
- 3,001명 이상 4,000명 이하: 월 650시간
- 4,001명 이상 5,000명 이하: 월 1,000시간
- 5,001명 이상 25,000명 이하: 월 1,500시간
- 25,001명 이상 50,000명 이하: 월 2,000시간
- 50,000명 초과: 월 2,500시간

이렇게 해서 정해진 전체 근로면제시간 수는 각 노동조합의 대표성에 비례하여 배분된다. 구체적으로는 다음과 같다.

- 전체 근로면제시간 수의 25%는 지방공무원중앙협의회에 참여하는 각 노동조합에 동등하게 배분한다.
- 나머지 75%는 지방공무원협의회(comité techinique de la collectivité) 선거에서 각 노동조합이 획득한 득표수에 비례하여 배분한다.

셋째, 보건 의료 공무원의 경우, 「보건 의료 공무원의 단결권 행사에 관한 명령」은 근로면제시간에 대해서도 정하고 있는데, 다음과 같다(제16조).

- 공무원 수 100명 미만: 공무원 수와 동일한 월 근로면제시간
- 100명 이상 200명 이하: 월 100시간
- 201명 이상 400명 이하: 월 130시간
- 401명 이상 600명 이하: 월 170시간
- 601명 이상 800명 이하: 월 210시간
- 801명 이상 1,000명 이하: 월 250시간
- 1,001명 이상 1,250명 이하: 월 300시간

- 1,251명 이상 1,500명 이하: 월 350시간
- 1,501명 이상 1,750명 이하: 월 400시간
- 1,751명 이상 2,000명 이하: 월 450시간
- 2,001명 이상 3,000명 이하: 월 550시간
- 3,001명 이상 4,000명 이하: 월 650시간
- 4,001명 이상 5,000명 이하: 월 1,000시간
- 5,001명 이상 6,000명 이하: 월 1,500시간
- 6,000명 초과: 1,000명 증가할 때마다 월 100시간 추가

이렇게 해서 정해진 전체 근로면제시간 수는 각 노동조합의 대표성에 비례하여 배분된다. 구체적으로는 다음과 같다.

- 전체 근로면제시간 수의 절반은 보건의료공무원협의회에 참여하는 각 대표적 노동조합이 차지하고 있는 의석 수에 비례하여 배분한다.
- 나머지 절반은 각 대표적 노동조합이 보건의료공무원협의회 선거에서 획득한 득표 수에 비례하여 배분한다.

2) 공기업 : 프랑스철도공사[16]

프랑스철도공사(SNCF)는 전국 27개 사업장에서 16만 명의 근로자를 고용하고 있는 공기업이다. 기업 전체로 노동조합 조직률은 14퍼센트 정도로 추정된다. 노조전임자 및 근로면제시간 관련 제도는「프랑스철도공사와 종업원 간의 집단적 노동관계에 관한 규정」[17]에 규정되어 있다.

① 노조전임자 제도

첫째, 유급 전임자에 관한 규정이다(제4조). 각 대표적 노동조합[18]은 노동조합의 업무에 종사하도록 하기 위하여 일정한 수의 전임자를 요구할 수 있으며 그 구체적인 조건은 공사와 대표적 노동조합들 사이에 체결된 의정서에서 정한다. 전임자의 수는 다음과 같이 정한다. 사업장별로 노사협의회 종업원위원 선거에서 10퍼센트 이상을 득표한 노동조합에 전임자 각 1명씩 인정하며, 또한 각 대표적 노동조합이 사업장 노사협의회 선거에서 획득한 득표 수에 0.05퍼센트를 곱해서 나오는 수에 상응하는 전임자를 인정한다.

기업 내 최대 노동조합인 노동총연맹(CGT)의 경우를 예로 들면, 27개 사업장에서 모두

---

16) 이성희 외, 『복수노조 및 전임자 실태와 정책과제』, 한국노동연구원, 2011 참조.

17) Statut des relations collectives entre la SNCF et son personnel, 2010. 4. 20.

18) 사업장 단위에서는 사업장노사협의회 선거에서 10% 이상 득표한 노동조합, 기업 단위에서는 각 사업장노사협의회 선거를 기업 전체에서 합계하여 10% 이상 득표한 노동조합을 말한다(제2조).

10퍼센트 이상을 득표하여 27명의 전임자를 배정받는 동시에, 기업 전체 차원에서 10퍼센트 이상을 득표하여 대표적 노동조합으로 인정되므로 총 득표수 47,773표에 0.05%를 곱한 수 23.8865를 올림하여 24명의 전임자를 추가로 배정받아 총 51명의 전임자를 보유한다. 이런 식으로 해서 모두 6개의 노동조합이 159명의 전임자를 보유한다.[19] 전임자는 해당 기업 근로자 중에서 임명하며, 근속연수 제한이 없다. 전임자의 임명, 교체, 운영은 모두 해당 노동조합에 일임된다.

이들은 모두 유급 전임자이다. 전임자는 이전의 임금 수준과 동일한 임금을 기업으로부터 지급받는다. 또한 이전 활동에 따른 임금 외 보상 역시 그대로 보존되며, 이후 유사한 지위의 임금 및 임금 외 보상 수준의 상승률 역시 적용된다. 또한 이전 업무 성과에 따라 받았던 상여금 역시 전임 활동 이후에도 적정한 측정 기준에 따라 지급받는다. 전임 활동은 근속연수에 포함되며 근속연수에 따라 임금이 상승한다. 전임자가 노동조합 활동 중 사고를 당하면 산업재해와 동일한 경우로 판단하여 보상과 처우를 같은 기준으로 적용받는다.

둘째, 무급 전임자에 관한 규정이다(제5조). 위 제4조에 따라 정해진 수의 30%를 넘지 않는 범위에서 각 노동조합은 전임자를 사용할 수 있다. 이 제5조에 의한 전임자의 급여는 공사에서 지급하며, 노동조합은 공사가 지급한 급여를 공사에 환불한다. 환불에 관한 조건은 협약으로 따로 정한다. 또한 이 무급 전임자 수의 40%를 넘지 않는 범위에서 각 노동조합은 무급 반전임자를 사용할 수 있다.

② 근로면제시간 제도

프랑스철도공사는 노동법과는 다른 별도의 근로면제시간 제도를 가지고 있다(제6조). 프랑스철도공사는 아래와 같은 고유한 근로면제시간 계산 방식으로 총 근로면제시간을 규정하고 이를 각 노동조합에 배당하여 노동조합에서 이를 자유롭게 필요에 따라 사용하도록 하고 있다. 이 경우 노동조합대표위원의 수에 대한 제한은 없으며, 노동조합은 전국, 중앙부서, 지역, 사업장별로 노동조합대표위원을 선임할 수 있다.

우선, 각 대표적 노동조합은 노사협의회 종업원위원 선출을 위한 1차 투표에서 획득한 득표수에 따라 1표당 2시간을 배정받으며, 대표성이 인정되지 않는 적격 노동조합은 10퍼센트 이상 득표한 사업장에 한해, 획득한 1표당 2시간을 배정받는다.

다음으로, 각 노동조합은 선거에서 10퍼센트 이상 획득한 사업장마다 매달 150시간의 근로면제시간을 배정받는다. 단 관리직 노동조합은 90시간의 근로면제시간을 제공받는다. 기업 수준에서 대표성을 인정받은 노동조합에 대해 매달 5시간을 추가로 제공한다.

위 기준에 따라 2010년 노동조합에 제공된 근로면제시간은 총 507,778시간이다. 만약 1

---

19) 구체적으로는 다음과 같다. CGT 51명, UNSA 38명, SUD 33명, CFDT 23명, FO 9명, CFTC 5명. 이성희 외, 『복수노조 및 전임자 실태와 정책과제』, 한국노동연구원, 2011, 296면 참조.

인 1년 근로시간을 법정근로시간인 1,607시간으로 계산한다면, 위 시간은 316명의 전임자를 추가로 보장할 수 있는 시간이다. 결국 종업원 16만 명의 프랑스철도공사에서는 유급 전임자 159명에 316명 분의 근로면제시간을 합하여 총 475명의 전임자를 제공한다고 볼 수 있다. 즉 근로자 336명당 1명의 전임자를 제공하는 셈이다.[20]

그렇다면 실제 현장에서 전임자 배정과 근로면제시간의 사용은 어떻게 이루어질까? 전임자는 노동조합 활동을 온종일하여야 하는 노동조합 집행부 간부들이 주로 맡고, 다른 활동가들은 근로면제시간을 사용하고, 주로 노동조합 내부 모임, 현장 조직화 활동, 전단 작성·제작·배포 같은 활동을 위해 쓰인다고 한다.

프랑스철도공사에는 기업별 중앙노동조합지부가 존재하지 않는다. 철도산업노동조합 본부가 사업장 노동조합 활동과는 별도로 전국적인 노동조합 운영을 맡아서 하는데, 이것은 철도산업에서 프랑스철도공사가 규모나 운영에서 핵심이고 이외 몇몇 관련 기업만이 존재하는 산업의 특수성에서 기인한다. CGT의 경우, 16명의 전임자가 산별본부에서 주요 사업과 영역별로 역할을 나누어 활동을 진행하고 있다. 또한 사업장별로 사무국장을 두고, 그를 전임자로 배정한다. 그 밖의 전임자는 전국연맹본부의 파견이나 그 해의 사업 전략과 비중에 따라 배치된다.

근로면제시간의 배분은 산별본부의 몫이다. 일차적으로 사업장에 배분하며, 나머지는 그 해 비중을 두고 있는 사업장이나 주요 영역 혹은 사업에 전략적으로 집중하여 배분한다. 가령, 3년마다 평일 4일 간 개최되는 전국대의원대회에 참석하는 대의원들을 위하여 근로면제시간을 사용한다.

(2) 민간부문의 노조전임자 제도

「사회적 민주주의의 혁신과 근로시간의 개선에 관한 2008년 8월 20일 법」[21] 제10조는 "노동조합으로 근로자 파견"(mise à disposition des salariés auprès des organisations syndicales)이라는 제목 하에 전임자에 대한 규정을 노동법전에 다음과 같이 마련하였다.

① 단체협약에서 정한 바에 따라 그리고 해당 근로자의 명시적인 동의를 조건으로 해서 노동조합 또는 사용자단체에 전임자를 파견할 수 있다. 전임 기간 동안 해당 근로자에 대한 사용자의 의무는 유지된다. 전임 기간이 만료된 후 근로자는 종전의 업무 또는 적어도 대등한 수준의 임금이 지급되는 유사한 업무에 복귀한다.[22]

② 산업별 협약 또는 기업별 협약으로 전임자 파견에 관한 조건들을 정한다.[23]

---

20) 이성희 외, 『복수노조 및 전임자 실태와 정책과제』, 한국노동연구원, 2011, 299면 참조.

21) Loi n° 2008-789 du 20 août 2008 portant rénovation de la démocratie sociale et réforme du temps de travail.

22) 노동법전 L. 2135-7조.

23) 노동법전 L. 2135-8조.

③ 노동력 대여만을 목적으로 하는 영리 행위는 모두 금지된다. 다만, 노동조합 또는 사용자 단체로 근로자 파견에 관한 노동법전의 L. 2135-7조와 L. 2135-8조의 규정에 따라 실현된 행위는 제외된다.[24]

종래 협약에 의해서 규정되던 전임자 제도는 회사가 자기의 근로자를 제3자(노동조합)에게 전임자로 파견하는 것으로서 형식상 근로자 파견에 해당할 여지가 없지 않았다. 나아가 노동조합이 전임자에 대해서 급여를 지급하지 않으면(회사가 급여를 지급하면) 그 부분만큼 노동조합이 영리를 취득하는 것이 되어 영리적 노동력 대여를 금지하고 있는 실정법 위반이 될 여지가 없지 않았다. 2008년 법은 이러한 법적 불안정성을 제거하고 전임자에 대해서 법률적 근거를 마련해 준 것이라 할 수 있다.

1) 산업별 전임자

산업별 전임자에는 무급 전임자도 있고 유급 전임자도 있다. 아래에서는 몇몇 산업별 단체협약에서 규정하고 있는 전임자 규정을 살펴봄으로써 프랑스 산업별 전임자 제도를 이해하는 데 도움을 얻고자 한다.

① 은행산업협약[25]

첫째, 무급 전임자이다. 은행 산업의 각 대표적 노동조합은 일정한 기간 동안 기업 외부에서 노동조합의 업무에 상시적으로 종사하도록 하기 위하여 한 명 또는 여러 명의 근로자를 임명할 수 있으며, 임명된 근로자는 사용자에게 그 임명을 수락한다는 의사를 밝힌 때로부터 전임 기간 동안 근로계약을 정지한 채 노동조합의 업무에만 종사할 수 있다. 이 전임 기간 동안 급여는 지급되지 않는다.[26] 전임 기간이 갱신되지 아니한 채 만료되면 근로자는 3개월 전에 예고함으로써 예전의 업무 또는 그와 유사한 업무로 복귀할 수 있다. 전임자의 기업 복귀를 용이하게 하기 위하여 각 기업에 고유한 조치들을 마련해야 한다.

둘째, 유급 전임자이다. 무급 전임자와 별도로 은행 산업의 각 대표적 노동조합은 은행 산업에 속하는 기업의 근로자 한 명을 임명하여 산업별 노동조합 또는 은행 산업에서 대표성이 인정되는 전국 차원의 노동조합 조직의 업무에 종사하도록 할 수 있다. 이 전임자의 임금은 소속 기업에서 지급하며 은행산업사용자단체(AFB)에서 해당 기업에게 환불을 해 준다. 이 유급 전임자는 은행 산업 전체에서 대표적 노동조합당 1명씩 선임하는 것으로서, 전임자가 선임된 기업은 은행 산업의 사용자를 대신하여 전임자를 보내고 임금을 지급하는 것이므로 은

---

24) 노동법전 L. 8241-1조.

25) Association Française des Banques, Convention collective de la Banque du 10 janvier 2000, 7e édition, 2007. 제12조(2000. 1. 10).

26) 협약에서는 누가 급여를 지급하는지 명시하고 있지는 않지만, 사용자에게 급여 지급 의무를 명시하고 있지 않은 점으로 미루어 보아 노동조합이 급여를 지급하는 것으로 보인다.

행산업사용자단체에서 그 비용을 보전해 주는 것이다. 이 유급 전임자가 전임 기간이 만료하여 원래 기업으로 복귀하는 경우 무급 전임자에게 적용되는 규정들이 동일하게 적용된다.

② 제약산업협약[27]

근속연수 1년 이상의 근로자가 노동조합의 업무에 종사하는 경우 해당 근로자의 근로계약은 2년을 한도로 하는 전임 기간이 만료될 때까지 정지된다. 이를 위해서는 해당 근로자가 전임 기간을 명시한 등기우편으로 그 1개월 전까지 사용자에게 요구하여야 한다. 전임 기간이 만료되기 2개월 전까지 근로자는 종전 업무로 복귀할 것인지 아니면 전임 기간을 연장할 것인지를 사용자에게 통지하여야 한다.

전임 기간을 마치고 기업으로 복귀하는 경우에는 해당 근로자의 원래 업무 또는 그와 유사한 업무로 복귀한다. 이 때, 같은 업무에 종사하는 근로자들의 임금 평균과 동등한 수준의 임금이 보장되며 해당 근로자가 전임 활동을 시작하기 전에 획득하였던 근속연수에 따른 모든 부가적 권리를 향유한다.

③ 금속산업협약[28]

금속산업협약은 노동관계의 전반적 사항을 다룬 단체협약(convention collective)과 특정 사항만을 다룬 단체협약(accord collectif)으로 나뉘는데, 전자는 지역별로 체결되고 후자는 전국 단위로 체결된다. 후자는 특히 임금과 근로시간을 중심으로 한다. 노동조합 활동과 전임자에 관한 사항은 전자(convention collective)에 규정되어 있다.

세 지역의 금속산업협약을 살펴보도록 한다.

먼저, 프랑스 남부, 마르세이유가 속해 있는 부쉬뒤론느(Bouche-du-Rhône et Alpes-de-Haute-Provence) 지방의 협약 제11.7조의 규정이다.

"근속연수 1년 이상의 근로자가 지역 또는 전국 단위에서 노동조합의 전임 업무를 수행하기 위하여 자발적으로 사업장을 떠나는 경우, 그 근로자는, 1년 이상 3년 이하의 기간 동안 노동조합 전임 업무를 담당한다면, 애초의 업무 또는 그와 유사한 업무가 있으면, 재고용우선권을 갖는다. / 이 재고용우선권은 해당 근로자가 노동조합 전임 업무를 그만둔 날로부터 6개월 동안 유지되며 그 근로자가 전임 업무를 그만둔 때로부터 한 달 이내에 재고용을 요구할 것을 조건으로 한다. 재고용의 경우, 해당 근로자는 전임 업무 개시 이전에 획득한 근속연수에 따른 제권리를 향유한다."

다음으로, 프랑스 서부, 낭트가 속해 있는 루아르아틀란티크(Loire-Atlantique) 지방의 협약 제10조이다.

---

27) LEEM, "Convention collective nationale de l'industire pharmaceutique", Convention Collective Nationale des Entreprises du Médicament, Edition 2008. 제16조(1997. 3. 11).

28) 금속산업의 모든 협약은 금속산업사용자단체인 UIMM의 인터넷 사이트에서 검색 가능하다. 〈http://www.uimm.fr/〉

"근속연수 1년 이상인 근로자가 노동조합의 전임 업무를 수행하기 위하여 자발적으로 사업장을 떠나는 경우, 그 이직으로부터 2년의 기간 동안 원래 사업으로 재고용우선권을 가지며, 이는 전임 업무를 마친 때로부터 한 달 이내에 재고용우선권을 향유하겠다는 의사를 사용자 측에 통지할 것을 조건으로 한다. / 이 경우, 재고용은 해당 근로자의 원래 업무 또는 그와 유사한 업무로, 그 근로자의 직업 자격의 유지에 따른 동일한 조건 속에서 이루어진다. / 전임 업무를 수행하기 위하여 이직할 당시에 해당 근로자가 취득한 근속연수는 유지된다."

마지막으로, 프랑스 북부, 칼래가 속해 있는 파드칼래(Pas-de-Calais) 지방의 협약 제4-b조이다. 이 지역은 르노 공장이 있는 곳이다. 프랑스 전국에 10개의 르노 공장이 있는데 주로 북쪽에 집중되어 있다. 르노 공장이 있는 지역의 단체협약은 대체로 유사한 내용의 전임자 규정을 담고 있다.[29]

"근속연수 1년 이상의 근로자가 노동조합의 전임 업무를 수행하기 위하여 사업장을 떠나는 경우, 그 근로자는 그 때로부터 2년 2개월의 기간 동안 재고용우선권을 갖는다. / 재고용우선 요구는 노동조합 전임 업무가 종료한 때로부터 한 달 이내에 제출되어야 한다. / 정당한 이유 없는 약속 위반의 경우, 해당 근로자는 자신의 직업 자격에 상응하는 임금의 두 달치를 보상금으로 받는다. 또한 근로자는 자신의 근속연수에 따라 계산되는 해고보상금을 받는다. / 전임 업무를 마친 근로자가 해당 업무를 수행할 능력이 있고 또 수행하기를 희망함에도 불구하고, 사용자가 재고용우선권을 갖는 근로자를 그 업무에 재고용하기를 거부하고 다른 근로자를 그 업무에 고용하는 것은 정당한 이유 없는 약속 위반으로 간주된다. / 재고용되는 경우에는 해당 근로자가 전임 업무를 수행하기 위하여 사업장을 떠나는 시점까지 획득하였던 근속연수에 따른 제 권리를 향유한다."

2) 기업별 전임자

① 르노 프랑스

르노 프랑스는 본사를 포함하여 프랑스 전국에 11개의 사업장을 두고 있는 종업원 36,000명 정도의 주식회사이다. 르노에서 2000년 6월 23일에 체결된「근로자 대표 및 사회적 협의에 관한 협약」[30]은 다음과 같이 전임자에 대하여 규정하고 있다.

첫째, 상시 근로자가 2,500명 이상인 사업장에서는 상급 단체의 업무에 종사하도록 하기 위하여 각 대표적 노동조합마다 1인의 산업별 전임자를 임명할 수 있다. 이들은 사업장 내에서 활동하는 것이 아니라, 사업장을 떠나 상급 단체에서 노동조합의 업무를 수행한다. 프랑

---

29) 릴르(Lille)가 있는 노르(Nord) 지방 단체협약 제2.2.7조, 루앙(Rouen)이 있는 센느마리팀(Seine-Maritime) 지방 단체협약 제7.3조 등.

30) Accord du 23 juin 2000 sur la représentation du personnel et la concertation sociale. 〈http://www.fo-renault.com/documents/pdf/accord_representation.htm〉 (2013. 5. 22).

스 안에 이 규정이 적용되는 르노의 사업장은 10개의 공장과 본사를 더하여 11개가 있으므로, 각 대표적 노동조합은 11명의 산업별 전임자를 임명할 수 있다. 그러므로 통상의 경우처럼 5개의 대표적 노동조합이 있다면 최대 55명의 산업별 전임자가 임명될 수 있다.

둘째, 각 공장 및 협약에서 정한 특정한 계열사에 속하는 사업장에서는 해당 사업장 내에서 노동조합의 업무에만 종사할 수 있는 기업별 전임자를 둘 수 있다. 협약에서 명시하고 있지는 않지만, 첫 번째 경우와 마찬가지로 각 대표적 노동조합마다 1인의 기업별 전임자를 두는 것을 예정하고 있다고 보인다.

두 경우 모두에 있어서, 전임자로 지명되기 위해서는 1년 이상의 근속연수를 충족시켜야 하며, 해당 노동조합의 조합원이어야 한다. 전임 기간은 최대 3년이며, 두 번 갱신이 가능하다. 전임 기간 동안 해당 근로자의 근로계약은 정지된다. 전임 기간이 만료되고 근로자가 복직을 신청하면, 그 때로부터 3개월의 기간 내에 원직 또는 그에 상응하는 직으로 복귀시켜야 한다. 전임 기간 동안 근로계약은 정지되지만, 근속연수는 정지되지 않는다. 즉 전임 기간은 근속연수에 포함된다. 전임 기간 동안 전임자는 기업 내 종업원 대표 선거에서 투표권은 가지지만 후보로 출마할 수는 없다. 동일한 근로자에 대해서는 이 규정들은 한 번만 적용된다. 즉 같은 근로자가 협약상 가능한 최장의 전임 기간이 종료한 후에 다시 전임자로 임명될 수는 없다. 전임자의 보수 지급에 대해서는 협약에서 명시적으로 규정하고 있지 않다.

한편, 동 협약에서는 이와 별도로 노동조합에 대한 기업의 재정 지원을 규정하고 있다.

첫째, 노사협의회 선거에서 유효표의 5% 이상을 획득한 대표적 노동조합(기업별 노동조합과 초기업별 노동조합을 모두 포함)에 대해서 일년에 45,735유로의 확정기여금을 지급한다.

둘째, 이 선거에서 2% 이상을 획득한 노동조합에 대해서는 득표율에 비례하여 변동기여금을 지급한다(5% 단위로 나누고 각 단위마다 4,573유로씩 증가. 다만, 첫 번째 단위에 대해서는 11,434 유로).

셋째, 르노 자동차가 속해 있는 금속산업의 산업별 노동조합에 한해서 노사협의회 선거에서 5% 이상을 획득한 경우 일년에 91,470유로의 지원금을 지급한다.

② 크레디 리오내 은행

크레디 리오내(Crédit Lyonnais) 은행은 모두 20,043명(2012년)의 직원을 고용하고 있는 은행이다. 크레디 리오내 은행의 2001년 6월 27일 「사회적 관계의 혁신에 관한 협약」은 전임자에 대해서 다음과 같이 규정하고 있다.[31]

첫째, 기업별 전임자에 관한 규정이다. 전국 차원에서 모든 노동조합을 통틀어서 30명의

---

31) Accord du 27 juin 2001 relatif à la rénovation des relations sociales.
⟨http://cgt.creditlyonnais.free.fr/DOC/Accord%20R%E9novation%20Relations%20Sociales%202001.doc⟩ (2013. 5. 22).

전임자를 인정한다(5개의 대표적 노동조합마다 4명씩 기본적으로 배분하고, 나머지 10명은 종업원 대표 선거에서 획득한 득표율에 따라 비례하여 배분한다). 전임자는 크레디 리오내의 종업원 중에서 지명한다. 이 전임자는 원칙적으로 파리에 있는 전국 본부에서 업무를 수행한다. 예외적으로 반전임자를 둘 수 있다. 이 경우 완전전임자의 수가 과반수이어야 한다. 이 반전임자는 파리 또는 출신 지역에서 업무를 수행할 수 있다. 회사는 지방 출신의 근로자가 파리에서 노동조합 전임 업무를 수행하는 것을 용이하게 하는 데 필요한 조치를 취해야 한다.

둘째, 산업별 전임자에 관한 규정이다. 이는 은행산업협약에서 규정한 무급 전임자와 유급 전임자에 관한 내용을 다시 한 번 사업 차원에서 확인하는 내용이다.

한편, 대표적 노동조합에 대해서 회사가 지급하는 지원금이 규정되어 있는데, 그 내용은 다음과 같다. 각 노동조합마다 연간 23,000유로의 확정액을 지원하고, 종업원 대표 선거에서 획득한 득표율에 따라 변동액을 추가로 지원한다(5% 단위로 나누고 각 단위마다 4,500유로씩 증가).

③ 알스톰파워서비스(Alstom Power Service)

알스톰파워서비스는 85,449명(2012)의 근로자를 사용하고 있는 기업이다. 2005년 12월 22일의 「노동조합의 권리에 관한 협약」[32]은 전임자에 관해서 다음과 같이 규정하고 있다.

각 사업장의 근로자 수 규모에 따라 1명에서 3명까지의 전임자를 둔다. 이 수는 모든 대표적 노동조합을 통틀어서 정해진다. 다만, 각 노동조합의 필요를 고려하여 그 수를 초과할 수 있다. 전임 기간은 최소 1년에서 최대 6년까지로 하며, 6년의 범위 안에서 갱신 가능하다.

근로자가 전임 기간을 마치고 종전 업무 또는 유사 업무로 복귀하는 경우, 전임 기간 동안 그가 속한 직무의 임금이 인상된 내용을 반영한 금액에 상당하는 임금을 지급하며, 전임 기간 동안 같은 직무에 속하는 근로자들이 향유한 집단적 권리들을 같이 향유한다.

④ 중소기업의 경우

거의 대부분 노동조합대표위원이 존재하는 대기업과 달리 중소기업에는 노동조합대표위원이 없는 경우가 없지 않고, 특히 근로자 수 50인 미만의 소기업으로 가면 노동조합대표위원이 없는 기업이 많다. 기업 규모별로 노동조합대표위원이 있는 기업의 비율은 다음과 같다.[33]

- 10인 이상 20인 미만: 5.6%
- 20인 이상 50인 미만: 18%
- 50인 이상 100인 미만: 55.1%
- 100인 이상 250인 미만: 74%

---

32) Accord relatif au droti syndical du 22 décembre 2005.
   〈http://www.inter-cfdt-alstom.eu/mapage/accord-droit-syndical-aps-072006.pdf〉 (2013. 5. 22).
33) R. Hadas-Lebel, Pour un dialogue social efficace et légitime: Représentativité et financement des organisations professionnelles et syndicales, Rapport au Premier ministre, 2006, p. 51.

- 250인 이상 500인 미만: 89.1%
- 500인 이상: 95.5%

노동조합대표위원이 없는 기업의 경우, 원칙적으로 기업별 교섭이 이루어질 수 없고 따라서 노조전임자 제도를 규정하는 기업별 협약도 찾아보기 어려운 경우가 많을 것이다(노사협의회 종업원위원이나 고충처리위원 혹은 수임 근로자에 의한 교섭이 불가능한 것은 아니지만 그 비중은 적다). 그러므로 이런 경우에는 노사협의회나 고충처리위원에 의한 법정 근로면제시간의 활용이 좀 더 중요한 의미를 갖게 될 것이다.

(3) 민간부문의 근로면제시간 제도

단체협약(민간의 경우)에서 정하는 노조전임자 제도와 달리, 근로면제시간 제도는 법령에서 정하고 있는 제도이다. 근로면제시간은 주로 노동조합대표위원, 노사협의회 종업원위원 및 고충처리위원에게 주어지는 시간으로서 일정한 시간 동안 근로 의무를 면하고 노동조합이나 종업원 대표 임무에 종사할 수 있는 시간을 말한다. 근로면제시간은 근로시간으로 간주되며 임금이 지급된다. 단체협약으로 노동조합대표위원이나 종업원 대표의 수 및 근로면제시간의 수를 법상의 기준보다 높게 정할 수 있다.[34] 이하에서 기준으로 제시되는 근로자 수는 모두 조합원 기준이 아니라 종업원 기준이다.

1) 노동조합대표위원

상시 근로자 50명 이상의 기업에서 노동조합지부를 설치하고 있는 대표적 노동조합은 노동조합대표위원(délégué syndical)을 선임할 수 있다. 노동조합대표위원은 노동조합을 기업 내에서 재현하는 존재이다. 노동조합대표위원의 가장 중요한 권한은 기업별 협약을 교섭하고 체결하는 것이다. 기업별 교섭에 참가하는 대표적 노동조합의 교섭 대표에는 해당 기업의 노동조합대표위원이 포함되어야 하며, 노동조합대표위원이 여러 명인 경우에는 적어도 두 명의 노동조합대표위원이 포함되어야 한다. 노동조합대표위원의 임기는 따로 정해지지 않는다. 노동조합은 언제라도 노동조합대표위원을 변경할 수 있다.

노동조합대표위원의 수는 기업의 종업원 규모별로 아래와 같다. 이는 법정 최저 기준으로서 단체협약을 통하여 그 이상을 정할 수 있다.[35]

- 50명 이상   999명 이하: 1명
- 1,000명 이상 1,999명 이하: 2명
- 2,000명 이상 3,999명 이하: 3명

---

34) 노동법전 L. 2141-10조, L. 2312-6조, L. 2325-4조.
35) 노동법전 L. 2141-10조.

- 4,000명 이상 9,999명 이하: 4명
- 9,999명 초과: 5명

500명 이상의 기업에서 선출직 종업원 대표를 확보하고 있는 노동조합은 종업원 대표 선거에 입후보하여 유효표의 10% 이상 득표를 한 자 중에서 추가로 한 명의 노동조합대표위원을 더 선임할 수 있다.

50명 이상의 독립된 사업장으로 구성된 2,000명 이상의 기업에서 대표적 노동조합은 사업장별로 선임되는 노동조합대표위원과 별도로 기업 차원의 중앙노동조합대표위원을 선임할 수 있다.

50명 미만의 기업에서는 고충처리위원을 노동조합대표위원으로 선임할 수 있다. 이 경우, 단체협약으로 달리 정하는 경우를 제외하면, 노동조합대표위원의 업무를 위한 추가적인 근로면제시간은 부여되지 않으며 고충처리위원으로서 확보하는 근로면제시간의 범위 내에서 노동조합대표위원으로서의 업무를 수행해야 한다.

노동조합대표위원은 자신의 업무 수행을 위하여 근로면제시간을 보장받는다. 근로면제시간은 근로시간으로 간주되어 임금이 지급된다.[36] 기본적인 근로면제시간은 다음과 같다. 이는 법정 최저 기준으로서 단체협약을 통해서 그 이상을 정할 수 있다.[37]

- 50명 이상 150명 이하인 기업 또는 사업장: 월 10시간
- 151명 이상 499명 이하인 기업 또는 사업장: 월 15시간
- 500명 이상의 기업 또는 사업장: 월 20시간
- 중앙노동조합대표위원: 월 20시간

여러 명의 노동조합대표위원이 존재하는 경우에는 동일한 노동조합에 속하는 노동조합대표위원들 사이에 근로면제시간을 분배할 수 있다. 이 근로면제시간은 예외적인 상황에서는 초과될 수 있다. 사용자가 소집한 회의에 참석하기 위하여 사용한 시간은 근로면제시간에서 공제하지 않는다.

각 노동조합지부는 기업별 교섭의 준비를 위하여 추가적 근로면제시간을 사용할 수 있다. 이 추가적 근로면제시간은 노동조합지부별로 할당되는 시간이며, 노동조합지부는 교섭에 참가하는 노동조합대표위원에게 이 시간을 배분할 수 있다. 추가적 근로면제시간은 다음과 같다.

- 500명 이상인 기업: 일 년에 10시간

---

36) 노동법전 L. 2143-17조.
37) 노동법전 L. 2141-10조.

- 1,000명 이상인 기업: 일 년에 15시간

노동조합대표위원의 해고는 근로감독관 또는 행정관청의 승인을 얻은 후에만 할 수 있다. 노동조합대표위원의 해고에 대해서 행정 승인을 얻지 못하거나 승인을 얻었더라도 행정적 구제 절차 또는 사법적 구제 절차를 통하여 승인이 취소된 경우, 해고는 무효이며 노동조합대표위원은 복직에 대한 권리를 갖는다.

2) 노동조합지부대표

2008년 8월 20일 법은 종래의 대표성 의제 제도를 폐지하고, 정기적으로 대표성을 새롭게 판단하는 방식을 도입하였다. 대표성 판단 기준은 ① 조합원 수 및 조합비, ② 재정의 투명성, ③ 자주성, ④ 공화국 가치의 존중, ⑤ 영향력: 활동, 경험, 지역별, 직업별 분포, ⑥ 2년의 연혁, ⑦ 기업 내 종업원 선거 득표율 등이다. 이를 모두 충족하는 노동조합을 "대표적 노동조합"이라 한다.

이 중 가장 중요한 기준은 ⑦ 기업 내 종업원 선거 득표율이라고 할 수 있다. 기업 단위에서는 이 종업원 선거(노사협의회 선거, 고충처리위원 선거)에서 10% 이상을 득표한 노동조합만이 대표성을 갖는다. 초기업 단위에서는 기업별 선거 결과를 합계하여 8% 이상을 득표한 노동조합만이 대표성을 갖는다. 이 대표성은 4년마다 재평가한다.

그런데 다른 모든 요건은 갖추고 있으면서 종업원 선거 득표율이 10%에 미치지 못하는 노동조합이 있을 수 있다. 이런 노동조합은 '적격 노동조합'으로서 부분적인 대표성만을 갖는다. 적격 노동조합은 기업별 단체협약을 교섭하고 체결할 수 있는 권한은 없다. 그러나 종업원 선거 후보 추천권, 기업 내 노동조합지부 설치권, 노동조합지부대표(représentant de la section syndicale) 임명권이 인정된다. 노동조합지부대표는 한 달에 4시간의 근로면제시간이 주어진다.

3) 노사협의회

노사협의회(comité d'entreprise)는 상시 50명 이상의 근로자를 사용하는 모든 기업에 설치된다. 노사협의회는 기업 차원에서 설치되는 것이 원칙이지만, 하나의 기업이 각각 독립적인 복수의 사업장으로 구성되어 있는 경우에는 각 사업장별로 노사협의회가 설치되어야 한다. 이 때 기업 차원에서는 각 사업장별 노사협의회의 대표로 구성되는 중앙노사협의회가 설치된다. 법인격이 서로 다른 복수의 기업이 협약 또는 법원의 결정에 의하여 하나의 경제사회 단일체로 인정되는 경우에는 공동의 노사협의회를 설치하여야 한다. 한 기업이 다른 어떤 기업을 지배하거나 지배적인 영향력을 행사하는 경우에는 지배기업과 피지배기업 사이에는 그룹노사협의회를 설치하여야 한다. 기업의 탈국경화와 경제의 세계화에 조응하여, 유럽연합 차원에서 복수의 사업장을 갖고 있는 기업 및 그룹은 유럽노사협의회를 설치하여야 한다.

노사협의회는 사용자 측 위원과 근로자 측 위원으로 구성된다. 사용자 측 위원은 사용자를 대표하는 자 1인과 그를 보조하는 자 2인으로 구성된다. 사용자를 대표하는 자는 노사협의회 의장으로서 각종 회의를 주재하며 의결권을 갖는다(사용자를 보조하는 두 명의 사용자위원은 의결권이 없다). 그러나 사회 문화 활동의 운영, 종업원위원의 해고, 경영상 해고 등의 사안을 처리할 때에는 사용자는 의결권을 행사하지 못한다.

근로자 측 위원은 노동조합이 임명하는 노동조합위원(노동조합대표위원과는 구별된다) 및 종업원의 선거로 선출되는 종업원위원으로 구성된다. 노동조합위원은 각 대표적 노동조합이 한 명씩 임명하며 참관인의 자격으로 노사협의회 회의에 참석한다. 노동조합위원은 해당 기업의 종업원 중에서 임명되어야 한다. 노사협의회 노동조합위원은 고충처리위원 또는 노동조합대표위원의 임무를 겸할 수 있지만, 노사협의회의 선출직 종업원위원과 노사협의회 노동조합위원은 겸직이 불가능하다. 상시 근로자 300명 미만의 기업에서는 노동조합대표위원이 당연직 노사협의회 노동조합위원이 된다.

종업원위원은 다시 정위원과 부위원을 동수로 선출한다. 부위원은 참관인의 자격으로 노사협의회 회의에 참석하며, 정위원의 유고시 이를 대체한다. 노사협의회 종업원위원의 선거는 직군별 선거구로 나누어 각 선거구별로 진행된다. 이렇게 선거구를 나누는 것은 종업원위원이 다양한 직역에 속하는 종업원들의 대표성을 담보할 수 있도록 하기 위해서다. 종업원위원 선거 1차 투표에서는 대표적 노동조합 또는 적격 노동조합만이 후보 추천권을 갖는다. 1차 투표에서 유효 투표수가 전체 유권자의 절반에 미치지 못하는 경우에는 2차 투표를 치르게 된다. 노동조합이 추천한 후보만 출마할 수 있는 1차 투표와 달리 2차 투표에서는 비노조후보자도 출마할 수 있다. 노동조합이 전혀 없는 기업의 경우, 1차 투표에서도 비노조후보자가 출마할 수 있다.

선거로 선출되는 종업원위원의 수는 다음 표와 같다. 단체협약으로 이 보다 더 많은 수를 정할 수도 있다.[38]

- 　　50명 이상　　74명 이하: 3명의 정위원 및 3명의 부위원
- 　　75명 이상　　99명 이하: 4명의 정위원 및 4명의 부위원
- 　100명 이상　399명 이하: 5명의 정위원 및 5명의 부위원
- 　400명 이상　749명 이하: 6명의 정위원 및 6명의 부위원
- 　750명 이상　999명 이하: 7명의 정위원 및 7명의 부위원
- 1,000명 이상 1,999명 이하: 8명의 정위원 및 8명의 부위원
- 2,000명 이상 2,999명 이하: 9명의 정위원 및 9명의 부위원

---

38) 노동법전 L. 2324-1조.

- 3,000명 이상 3,999명 이하: 10명의 정위원 및 10명의 부위원
- 4,000명 이상 4,999명 이하: 11명의 정위원 및 11명의 부위원
- 5,000명 이상 7,499명 이하: 12명의 정위원 및 12명의 부위원
- 7,500명 이상 9,999명 이하: 13명의 정위원 및 13명의 부위원
- 10,000명 이상: 15명의 정위원 및 15명의 부위원

사용자가 소집한 회의에 노사협의회 종업원위원들이 참석하기 위한 비용은 사용자가 부담하며 노사협의회 운영 예산으로 이를 충당해서는 아니 된다. 사용자는 노사협의회 임무 수행에 필요한 설비가 갖추어진 사무소를 제공하여야 한다. 사용자는 해마다 근로자들의 총 임금의 0.2%에 해당하는 보조금을 노사협의회에 지급해야 한다. 노사협의회는 이 보조금을 사용하여 특히 사용자가 비용을 부담하지 않는 전문가를 의뢰할 수 있으며 사무국장의 활동비를 충당할 수 있다.

노사협의회 종업원위원(정위원)에게는 근로면제시간이 보장되며, 상시 근로자가 500명을 초과하는 기업에서는 노동조합위원에게도 근로면제시간이 보장된다. 이 근로면제시간은 예외적인 경우를 제외하고는 한 달에 20시간이며, 단체협약을 통해서 그 이상을 정할 수 있다.[39] 근로면제시간은 근로시간으로 간주되며 임금이 지급된다.[40] 모든 노사협의회 근로자 측 위원이 노사협의회 회의에 참석하기 위하여 사용한 시간은 근로면제시간과는 별도로 근로시간으로 간주된다.

노사협의회 산하에 구성되는 경제특별위원회는 노사협의회에 제출해야 할 경제 재정에 관한 문서 및 노사협의회에 의해 의뢰된 모든 문제에 대해 검토하는 임무를 부여받는다. 경제특별위원회의 위원들은 노사협의회 근로자 측 위원 중에서 선임하며, 1년에 40시간의 근로면제시간을 보장받는다. 경제특별위원회의 회의에 참석한 시간은 근로면제시간과는 별도로 근로시간으로 간주된다.

4) 고충처리위원

고충처리위원(délégué du personnel) 제도는 노사협의회와 함께 기업 차원에서의 경영 민주화를 위하여 도입된 제도이다. 노사협의회가 50인 이상의 근로자를 사용하는 기업에 설치되는 것임에 대하여 고충처리위원은 11인 이상의 근로자를 사용하는 기업에 설치된다. 11인 미만의 근로자를 사용하는 기업에서도 단체협약으로 고충처리위원을 둘 수 있다.

고충처리위원은 사용자에게 임금, 사회보장 및 안전 위생에 관한 노동법전 기타 법령과 기업에 적용되는 단체협약의 적용에 관한 모든 개별적 집단적 요구를 제시하고, 근로감독기

---

39) 노동법전 L. 2325-4조.
40) 노동법전 L. 2325-7조.

관이 감독 의무를 지는 법규의 적용에 관한 모든 고충 및 의견을 전달하는 임무를 가진다. 고충처리위원은 근로자의 신고 등으로 하여 기업 내에서 근로자의 권리에 대한 침해, 근로자의 육체적, 정신적 건강에 대한 침해 또는 개인의 자유에 대한 침해가 업무의 성질에 의하여 정당화될 수 없거나 비례성을 잃은 사실을 확인한 경우에는 즉시 이를 사용자에게 고지한다. 채용, 임금, 직업훈련, 인사평가, 배치, 직업상의 혜택, 계약의 갱신, 징계 또는 해고 등과 관련하여 발생한 침해의 경우에도 이와 같다. 이 경우 사용자는 지체 없이 고충처리위원과 조사에 착수하여야 하며 침해를 구제하기 위하여 필요한 조치를 취하여야 한다. 사용자가 부재하거나 침해 사실에 대한 의견이 대립하거나 해결 방안에 대하여 사용자와 합의가 이루어지지 않은 경우, 해당 근로자 또는 근로자가 명시적으로 반대하지 아니하는 한 고충처리위원은 노동법원 심판부에 제소할 수 있으며, 노동법원은 가처분에 적용되는 절차에 따라 이를 심판한다. 근로자 수 50인 미만인 기업의 경우, 경영상 해고를 하고자 하는 사용자는 고충처리위원과 협의하여야 한다.

　노사협의회가 설치되어 있지 아니한 경우 노사협의회에 속한 권한은 고충처리위원이 행사한다. 노사협의회가 존재하는 경우 고충처리위원은 노사협의회의 권한에 속하는 모든 문제에 대한 종업원들의 제안과 의견을 노사협의회에 제시할 수 있다.

　고충처리위원은 선거로 선출하는데 그 절차는 원칙적으로 노사협의회 종업원위원의 선출 절차와 동일하다. 고충처리위원의 임기는 4년이며 연임할 수 있다. 고충처리위원의 수는 다음과 같으며,[41] 단체협약을 통해서 그 이상을 정할 수 있다.[42]

- 　11명 이상　25명 이하: 1명의 정/부위원
- 　26명 이상　74명 이하: 2명의 정/부위원
- 　75명 이상　99명 이하: 3명의 정/부위원
- 100명 이상 124명 이하: 4명의 정/부위원
- 125명 이상 174명 이하: 5명의 정/부위원
- 175명 이상 249명 이하: 6명의 정/부위원
- 250명 이상 499명 이하: 7명의 정/부위원
- 500명 이상 749명 이하: 8명의 정/부위원
- 750명 이상 999명 이하: 9명의 정/부위원
- 1,000명 이상: 250명당 1명의 정/부위원

　사용자는 고충처리위원에게 그 임무 수행에 필요한 시간을 제공하여야 한다. 이 시간은

---

41) 노동법전 R. 2314-1조.
42) 노동법전 L. 2312-6조.

예외적인 경우를 제외하고는 근로자 수 50인 이상인 기업에서는 한 달에 15시간, 그 밖의 기업에서는 한 달에 10시간이다.[43] 이 규정은 법정 최저 기준으로서 단체협약을 통하여 그 이상을 정할 수 있다.[44] 이 근로면제시간은 근로시간으로 간주되며 임금이 지급된다.[45] 노사협의회가 설치되지 않은 기업에서 노사협의회의 권한을 행사하는 고충처리위원은 위 근로면제시간 외에 별도로 한 달에 20시간의 근로면제시간을 향유한다.

사용자는 적어도 한 달에 한 번 모든 고충처리위원을 소집하여야 한다. 고충처리위원은 긴급한 경우 사용자와의 회의를 요구할 수 있다. 주식회사에서 고충처리위원이 제출한 요구사항에 대해서 이사회의 심의를 거친 후에만 답변이 가능한 경우에는, 고충처리위원은 그 요구로 이사회 의장 또는 제출된 요구 사항의 내용을 알고 있는 대표자가 출석한 상태에서 이사회에 참석할 수 있어야 한다. 고충처리위원은 또한 처리하고자 하는 사안에 따라 개별적으로, 직군별로, 작업장별로, 업무별로 또는 직업적 단위별로 사업장의 장 또는 그 대표자와 회의를 요구할 수 있다. 고충처리정위원이 위 각 회의에 참석하기 위하여 사용한 시간은 근로시간으로 임금을 지급한다. 이 시간은 고충처리위원이 처분하는 근로면제시간에서 공제하지 않는다.

고충처리위원의 해고에 대해서는 노사협의회의 의견을 들어야 한다. 고충처리위원의 해고는 관할 근로감독관의 승인을 얻어야 한다. 노사협의회가 없는 경우에는 곧바로 근로감독관의 승인을 얻어야 한다.

5) 위생안전근로조건위원회

위생안전근로조건위원회(CHSCT)는 50인 이상의 기업 또는 사업장에 설치가 의무로서 파견근로자 등을 포함하여 사업장 내 모든 근로자들의 안전과 건강의 보호 및 근로조건의 증진, 그리고 이와 관련된 규정과 법률 자문을 목적으로 한다.

위생안전근로조건위원회는 사용자와 종업원위원으로 구성된다. 종업원위원은 기업 내 선출직 종업원 대표(노사협의회 종업원위원 및 고충처리위원)들로 구성된 선거인단에서 임명한다. 종업원위원의 수는 사업장 규모에 따라 다음과 같다. 단체협약으로 그 이상을 정할 수 있다.[46]

- 200명 미만: 3명
- 200명 이상 500명 미만: 4명
- 500명 이상 1,500명 미만: 6명
- 1,500명 이상: 9명

---

43) 노동법전 L. 2315-1조.
44) 노동법전 L. 2312-6조.
45) 노동법전 L. 2315-2조.
46) 노동법전 L. 4611-7조.

　　이와 별도로 참관인의 자격으로 회의에 참석하는 자문위원들이 있는데, 여기에는 해당
사업장의 위생안전을 감독하는 노동의사(médecin du travail)가 반드시 포함되어야 한다. 위생
안전근로조건위원회 종업원위원의 임기는 2년이며 연임이 가능하고 다른 직책과 겸임이 가
능하다. 이들은 다른 선출직 종업원 대표와 마찬가지로 해고로부터 보호를 받는다. 1년에 3
회의 정기회의를 개최하며, 모든 회의는 관할 근로감독관에게 사전에 통지하며 근로감독관
은 회의에 참관할 수 있다.

　　위생안전근로조건위원회 종업원위원에게는 사업장의 규모에 따라 다음과 같이 근로면제
시간이 부여된다.[47] 단체협약으로 그 이상을 정할 수 있다.[48]

- 　99명 이하: 월 2시간
- 　100명 이상 299명 이하: 월 5시간
- 　300명 이상 499명 이하: 월 10시간
- 　500명 이상 1,499명 이하: 월 15시간
- 1,500명 이상: 월 20시간

　　근로면제시간은 근로시간으로 간주되고 임금을 지불한다.[49] 또한 회의시간, 중대한 산업
재해나 중대한 위험을 지닌 반복된 사건 및 직업병 조사와 관련된 활동, 경고권이 발동된 문
제나 심각하고 긴급한 사고에 대한 예방 연구와 관련된 활동도 근로시간으로 간주하고 임금
을 지불하며 근로면제시간에서 공제하지 않는다.[50]

6) 기업 단위에서 근로면제시간 제도가 운영되는 구체적 사례

　　르노 프랑스는 본사를 포함하여 프랑스 전국에 11개의 사업장을 두고 있는 종업원 36,000
명 정도의 주식회사이다. 르노에서 2000년 6월 23일에 체결된 "근로자 대표 및 사회적 협의
에 관한 협약"[51]은 다음과 같이 근로면제시간을 규정하여 노동조합 활동을 보장하고 있다.

　　첫째, 각 대표적 노동조합은 기업 전체 차원에서 한 명의 중앙노동조합대표정위원과 각
사업장마다 한 명의 중앙노동조합대표부위원을 선임할 수 있다. 정위원은 근로시간 전체를
면제받는다. 부위원은 월 80시간의 근로면제시간을 사용한다. 이와 별도로 각 대표적 노동
조합은 연간 200시간의 근로면제시간을 사용할 수 있다.

　　둘째, 사업장별 노동조합대표위원은 노동법전에서 규정한 수에 따라 선임된다. 다만 근

---

47) 노동법전 L. 4614-3조.
48) 노동법전 L. 4611-7조.
49) 노동법전 L. 4614-6조.
50) 노동법전 L. 4614-6조.
51) Accord du 23 juin 2000 sur la représentation du personnel et la concertation sociale.
　　〈http://www.fo-renault.com/documents/pdf/accord_representation.htm〉 (2013. 5. 22).

로면제시간은 월 30시간으로, 법정근로면제시간 20시간보다 많다. 같은 노동조합에 속하는 노동조합대표위원들은 근로면제시간을 서로 공유할 수 있다.

셋째, 1991년 7월 5일 협약에 따라 사회보험 관련 각종 문제를 조사 보고하기 위한 목적으로 각 대표적 노동조합은 사업장별로 한 명의 대표위원을 추가로 선임할 수 있다. 이 대표위원은 월 10시간의 근로면제시간을 사용한다.

넷째, 각 대표적 노동조합은 각 사업장에서 연간근로면제시간을 사용할 수 있다. 이 연간근로면제시간은 종업원 선거에서 획득한 득표수에 따라 달라지는데, 최소 175시간(800명 미만의 사업장에서 10퍼센트 미만의 득표)에서 최대 1,600시간(4,000명 이상의 사업장에서 30퍼센트 이상의 득표)이다. 이 연간근로면제시간은 노동조합이 자유롭게 배분하여 사용할 수 있다.

다섯째, 각 사업장별로 고충처리위원을 두는데, 정/부위원 최소 각 1명씩(11-25명 사업장)에서 최대 각 9명씩(500-999명 사업장)을 선출하고, 1,000명이 넘는 사업장에서는 250명이 증가할 때마다 한 명씩의 추가 정/부위원을 선출한다. 정위원은 월 15시간의 근로면제시간을 사용하고, 부위원은 2,500명 이상 사업장에서는 월 15시간, 그 외의 사업장에서는 월 10시간을 사용한다. 이는 정위원의 근로면제시간만을 월 10-15시간으로 규정하고 있는 실정법보다 관대한 것이다.

여섯째, 기업 전체 차원에 중앙노사협의회를 두는데, 정위원이 총 21명, 부위원이 총 21명, 노동조합위원이 총 5명이다. 이들이 사용할 수 있는 근로면제시간의 내용은 다음과 같다.

- 연 5회 정기회의 준비를 위하여 각 회의마다 4시간 = 연간 20시간
- 정기회의 준비를 위하여 회계사와 함께 하는 사전회의에 8시간
- 연말 결산회의 준비를 위한 사전회의에 8시간
- 매 임시회의마다 준비를 위한 사전회의에 2시간

이와 별도로 정위원 중에 한 명을 사무국장으로 선임하고, 정/부위원들 중에서 각 노동조합마다 한 명씩 사무부국장을 선임하는데, 사무국장은 근로시간 전체를 면제받고, 사무부국장은 월 20시간의 근로면제시간을 추가로 사용할 수 있다. 한편, 중앙노사협의회 노동조합위원은 이에 더하여 각 정기회의시마다 8시간의 근로면제시간을 추가로 사용할 수 있다. 그러므로 연간 40시간(8시간 x 5회)의 근로면제시간을 추가로 사용한다.

일곱째, 사업장별 노사협의회는 전체 11개 사업장을 통틀어 정위원 총 146명, 부위원 총 140명, 노동조합위원 총 55명으로 구성된다. 정위원은 월 20시간의 근로면제시간을 사용하며, 부위원은 2,500인 이상 사업장에서는 월 20시간, 그 밖의 사업장에서는 월 10시간의 근로면제시간을 사용한다. 각 사업장별 노사협의회에는 한 명의 사무국장을 선임하는데, 사무국장은 2,500명 이상의 사업장에서는 근로시간 전체를 면제받고, 그 밖의 사업장에서는 월

80시간의 근로면제시간을 사용한다.

여덟째, 각 사업장별로 위생안전근로조건위원회를 두는데, 위원의 수는 최소 3명에서 최대 12명까지이고, 각 위원은 최소 월 10시간에서 최대 월 30시간의 근로면제시간을 사용한다.

아홉째, 그 밖에 르노그룹노사협의회, 유럽노사협의회, 세계노사협의회가 각각 있으며, 또한 이사회의 이사 19명 중 4명의 이사가 근로자에게 배당되어 있다. 이들은 80시간의 근로면제시간이 보장된다.

이상의 각종 근로면제시간을 11개 사업장을 포함한 기업 전체 차원과 5개 노동조합 전체 차원에서 다 더하면(아홉 번째 항목 제외) 대략 연간 344,412시간 정도 되는데(사업장 규모를 평균해서 계산), 이를 연간 법정근로시간인 1,607시간으로 나누면 약 214명분의 근로시간 전체 면제가 가능하다. 여기에 근로시간 전체를 면제받는 17명을 더하면 총 231명분의 근로시간 전체 면제가 가능한 셈이다.[52]

라. 프랑스 전임자 임금제도의 특징

(1) 법적인 측면

첫째, 공공부문의 경우 법령 혹은 법령에 준하는 규정에서 노조전임자와 근로면제시간 제도를 규정하고 있다. 이 노조전임자 제도는 근로면제시간 제도와 다르다. 노조전임자란 일정한 기간 동안 공직 의무 전체를 면제받고 유급으로 노동조합의 업무에만 종사하는 자이다. 민간부문에서는 이를 단체협약으로 정하는데, 공공부문의 경우에는 법령으로 규정하고 있는 것이 특징이다.

둘째, 민간부문의 경우 법령에서 근로면제시간 제도를 규정하고 있다. 근로면제시간 제도는 주로 노동조합대표위원, 노사협의회의 종업원위원, 고충처리위원에게 부여된다. 각 위원의 수와 근로면제시간의 수는 기업의 종업원 규모에 따라 다르다. 근로면제시간은 근로시간으로 간주되어 임금이 지급된다. 법령에서 정한 수준은 최저기준으로 작동하기 때문에, 단체협약으로 법령에서 정한 수준보다 높은 수준을 정할 수 있다.

셋째, 민간부문에서 종전까지 단체협약으로만 운영하던 노조전임자 제도의 법률 관계를 명확히 하기 위하여 법으로 그 근거를 마련하였다. 이제 단체협약에 의하여 사용자가 그 근로자 중에 일부를 노조전임자로 파견하는 경우, 이는 더 이상 법상 금지되는 노동력 공급 행위에 해당하지 않으며, 사용자의 근로계약상의 의무는 그 전임 기간 동안 유지된다.

---

52) 다만, 이는 노동조합대표위원과 노사협의회 종업원위원 및 고충처리위원 등 제도의 취지에 따라 구분하지 않고 모두 합한 것으로서, 이해를 돕기 위하여 편의상 계산한 것에 불과하다는 점을 유의해야 할 것이다. 기업 규모별로 그 내용은 다양할 수 있으며, 기업에 따라서는 선출직 종업원 대표들이 반드시 노동조합의 대표자나 간부가 아닌 경우도 있을 수 있다는 점을 또한 유의해야 할 것이다.

(2) 단체협약적인 측면

이는 주로 민간부문에 관련된다.

첫째, 법령상의 근로면제시간 제도를 단체협약으로 확장하는 측면이 있다. 근로면제시간을 향유하는 근로자의 수와 근로면제시간의 수 모두 확장할 수 있다.

둘째, 법령에서 정하지 않은 별도의 제도를 단체협약으로 운영하는 측면이 있다. 노조전임자 제도가 그렇다. 산업별 노동조합 업무를 전담하는 산업별 전임자를 두는 경우도 있고, 기업별 노동조합 업무를 전담하는 기업별 전임자를 두는 경우도 있다. 임금의 지급 여부는 단체협약에서 정하기 나름이다. 이를 금지하는 법령은 없다. 반대로 법은 노조전임자의 법률 관계를 명확히 하기 위하여 근거 규정을 마련하였다.

(3) 관행적 측면

대부분의 경우 법령이나 단체협약에 의해서 제도가 운영되고 있는 것으로 파악된다. 별도의 관행적 측면은 파악하기 힘들다.

(4) 전임자 임금제도의 요약

1) 프랑스의 전반적인 전임자(무급/유급) 및 일반 조합원의 타임오프 실태

첫째, 공공부문의 경우 법령에 의하여 노조전임자 및 근로면제시간 제도가 유급으로 운영된다.

둘째, 민간부문의 경우 단체협약에 의한 노조전임자 제도가 유급 또는 무급으로 운영된다.

셋째, 민간부문의 경우 법령에 의하여 근로면제시간 제도가 유급으로 운영된다. 규모는 기업의 종업원 수에 따라 다르다. 대기업은 법령의 기준을 상회하는 단체협약을 통해 상당히 높은 수준이며, 중소기업으로 갈수록 규모가 작아진다.

2) 전임자에 대한 사용자의 급여 지급에 대한 법제화 여부

첫째, 공공부문에서는 법령에 의하여 노조전임자 및 근로면제시간 제도가 유급으로 되어 있다.

둘째, 민간부문의 경우 법령에 의한 근로면제시간은 유급이다.

셋째, 민간부문에서 단체협약에 의한 노조전임자는 단체협약에서 정하기 나름으로서 유급도 있고 무급도 있다. 유급을 금지하는 법령은 없다.

3) 노조간부의 급여를 노조가 충당하는 구체적 사례

첫째, 법령에 의한 노조전임자 및 근로면제시간은 모두 유급으로서 노동조합이 별도로 급여를 지급하지는 않는다.

둘째, 민간부문에서 단체협약에 의한 노조전임자 제도는 유급으로 할 것인지 무급으로 할 것인지를 단체협약에서 정하는데, 무급으로 하는 경우에는 노동조합에서 급여를 지급하거나 기업이 급여를 지급하고 나중에 이를 노동조합이 환불하는 방식 등이 있다(은행산업의 사례).

셋째, 공공부문에서도 무급의 노조전임자를 운영하는 경우가 있다. 이 경우 전임자의 급여는 기업에서 지급하고 나중에 노동조합이 환불하는 방식을 사용한다.

4) 기업 단위에서 타임오프가 운영되는 사례

르노 프랑스에서 타임오프를 운영하는 사례를 참조할 수 있다. 르노 프랑스는 본사를 포함하여 프랑스 전국에 11개의 사업장을 두고 있는 종업원 36,000명 정도의 주식회사이다. 르노에서 2000년 6월 23일에 체결된 "근로자 대표 및 사회적 협의에 관한 협약"[53]은 다음과 같이 노조전임자에 대하여 규정하고 있다.

첫째, 상시 근로자가 2,500명 이상인 사업장에서는 상급 단체의 업무에 종사하도록 하기 위하여 각 대표적 노동조합마다 1인의 산업별 전임자를 임명할 수 있다.

둘째, 각 공장 및 협약에서 정한 특정한 계열사에 속하는 사업장에서는 해당 사업장 내에서 노동조합의 업무에만 종사할 수 있는 기업별 전임자를 둘 수 있다.

한편, 동 협약에서는 이와 별도로 근로면제시간을 규정하여 노동조합 활동을 보장하고 있다.

첫째, 각 대표적 노동조합은 기업 전체 차원에서 한 명의 중앙노동조합대표정위원과 각 사업장마다 한 명의 중앙노동조합대표부위원을 선임할 수 있다. 정위원은 근로시간 전체를 면제받는다. 부위원은 월 80시간의 근로면제시간을 사용한다. 이와 별도로 각 대표적 노동조합은 연간 200시간의 근로면제시간을 사용할 수 있다.

둘째, 사업장별 노동조합대표위원은 노동법전에서 규정한 수에 따라 선임된다. 다만 근로면제시간은 월 30시간으로, 법정근로면제시간 20시간보다 많다. 같은 노동조합에 속하는 노동조합대표위원들은 근로면제시간을 서로 공유할 수 있다.

셋째, 1991년 7월 5일 협약에 따라 사회보험 관련 각종 문제를 조사 보고하기 위한 목적으로 각 대표적 노동조합은 사업장별로 한 명의 대표위원을 추가로 선임할 수 있다. 이 대표위원은 월 10시간의 근로면제시간을 사용한다.

넷째, 각 대표적 노동조합은 각 사업장에서 연간근로면제시간을 사용할 수 있다. 이 연간근로면제시간은 종업원 선거에서 획득한 득표수에 따라 달라지는데, 최소 175시간(800명 미만의 사업장에서 10퍼센트 미만의 득표)에서 최대 1,600시간(4,000명 이상의 사업장에서 30퍼센트 이상의 득표)이다. 이 연간근로면제시간은 노동조합이 자유롭게 배분하여 사용할 수 있다.

---

53) Accord du 23 juin 2000 sur la représentation du personnel et la concertation sociale.
　〈http://www.fo-renault.com/documents/pdf/accord_representation.htm〉 (2013. 5. 22).

다섯째, 각 사업장별로 고충처리위원을 두는데, 정/부위원 최소 각 1명씩(11-25명 사업장)에서 최대 각 9명씩(500-999명 사업장)을 선출하고, 1,000명이 넘는 사업장에서는 250명이 증가할 때마다 한 명씩의 추가 정/부위원을 선출한다. 정위원은 월 15시간의 근로면제시간을 사용하고, 부위원은 2,500명 이상 사업장에서는 월 15시간, 그 외의 사업장에서는 월 10시간을 사용한다. 이는 정위원의 근로면제시간만을 월 10-15시간으로 규정하고 있는 실정법보다 관대한 것이다.

여섯째, 기업 전체 차원에 중앙노사협의회를 두는데, 정위원이 총 21명, 부위원이 총 21명, 노동조합위원이 총 5명이다. 이들이 사용할 수 있는 근로면제시간의 내용은 다음과 같다.

- 연 5회 정기회의 준비를 위하여 각 회의마다 4시간 = 연간 20시간
- 정기회의 준비를 위하여 회계사와 함께 하는 사전회의에 8시간
- 연말 결산회의 준비를 위한 사전회의에 8시간
- 매 임시회의마다 준비를 위한 사전회의에 2시간

이와 별도로 정위원 중에 한 명을 사무국장으로 선임하고, 정/부위원들 중에서 각 노동조합마다 한 명씩 사무부국장을 선임하는데, 사무국장은 근로시간 전체를 면제받고, 사무부국장은 월 20시간의 근로면제시간을 추가로 사용할 수 있다. 한편, 중앙노사협의회 노동조합위원은 이에 더하여 각 정기회의시마다 8시간의 근로면제시간을 추가로 사용할 수 있다. 그러므로 연간 40시간(8시간 x 5회)의 근로면제시간을 추가로 사용한다.

일곱째, 사업장별 노사협의회는 전체 11개 사업장을 통털어 정위원 총 146명, 부위원 총 140명, 노동조합위원 총 55명으로 구성된다. 정위원은 월 20시간의 근로면제시간을 사용하며, 부위원은 2,500인 이상 사업장에서는 월 20시간, 그 밖의 사업장에서는 월 10시간의 근로면제시간을 사용한다. 각 사업장별 노사협의회에는 한 명의 사무국장을 선임하는데, 사무국장은 2,500명 이상의 사업장에서는 근로시간 전체를 면제받고, 그 밖의 사업장에서는 월 80시간의 근로면제시간을 사용한다.

여덟째, 각 사업장별로 위생안전근로조건위원회를 두는데, 위원의 수는 최소 3명에서 최대 12명까지이고, 각 위원은 최소 월 10시간에서 최대 월 30시간의 근로면제시간을 사용한다.

아홉째, 그 밖에 르노그룹노사협의회, 유럽노사협의회, 세계노사협의회가 각각 있으며, 또한 이사회의 이사 19명 중 4명의 이사가 근로자에게 배당되어 있다. 이들은 80시간의 근로면제시간이 보장된다.

마. 소   결

프랑스의 사례를 정리하면 다음과 같다.

공공부문의 경우 법령으로 노조전임자와 근로면제시간을 유급으로 보장하고 있다. 민간 부문의 경우 노조전임자(유급 또는 무급)에 대해서는 단체협약으로 정하도록 법적 근거를 부여하고 있으며, 근로면제시간(유급)에 대해서는 법정 최저 기준으로 설정하고 단체협약을 통해서 이를 상회할 수 있도록 하고 있다.

📖 참 고 문 헌

〈국내〉

박제성. (2008). 무노조 사업장에서의 집단적 근로조건 결정법리, 한국노동연구원.

이성희 외. (2011). 복수노조 및 전임자 실태와 정책과제, 한국노동연구원.

〈외국〉

Jean-Paul Jacquier. (2008). France, l'introuvable dialogue social, PU de Rennes.

Pignoni MT, Raynaud E. (2013). Les relations professionnelles au début de 2010, Dares Analyse (Ministère du travail), n° 026.

R. Hadas-Lebel. (2006). Pour un dialogue social efficace et légitime : Représentativité et financement des organisations professionnelles et syndicales, Rapport au Premier ministre.

Wolff L. (2008). Le paradoxe du syndicalisme français, un faible nombre d'adhérents, mais des syndicats bien implantés, Premières Synthèses, Dares (Ministère du travail), n° 16-1.

Ⅳ. 프 랑 스
재정적으로 의존하고 있는 노동조합들

2. 프랑스 현지 전문가 의견: 장-마리 페르노(Jean-Marie Pernot)[1]

가. 서   론

50인 이상의 근로자를 사용하고 있는 사업의 상당수에는 노동조합이 있다.[2] 27개 유럽 나라들 중에서 프랑스는 노동조합의 분포로는 (독일과 영국을 앞질러) 11위를 차지하지만 노동조합 조직률로는 꼴찌이다.[3] 즉, 소수의 조합원들이 광범위하게 분포되어 있다는 말이다. 하지만 총연합단체는 전국 차원과 지역 차원에서 시간과 수단을 필요로 하는 다양한 대표 활동을 수행한다. 이 활동 수단들은 조합원들의 조합비만으로는 충당되기 어렵다. 조합원 수는 적은 데 비해 노동조합에 요구되는 활동의 범위는 넓기 때문에 프랑스의 노동조합은 조합비 외의 재정 특히 공적인 재정 지원에 의존하게 된다. 기업 수준에서는 노동조합과 선출직 종업원 대표들의 활동을 위한 다양한 수단들이 법에 의하여 보장되고 있기 때문에, 조합비가 얼마 되지 않더라도 노동조합이 활동하는 데 큰 지장이 없다. 노동조합은 노사협의회를 활용하거나 근로자들이 선출하는 고충처리위원을 활용할 수 있고, 여기에 제공되는 수단들은 근로면제시간이나 사무용품, 전자메일, 게시판 등 상대적으로 충분하기 때문에, 굳이 이런 것만을 이유로 많은 수의 조합원을 필요로 하지는 않는다. 대기업에서는 협약으로 이러한 지원 수단들을 확대하는 경우가 많다. 일반적으로 노동조합의 활동 재정은 크게 조합원들의 조합비, 국가의 지원, 노사공동기구의 지원, 사용자의 지원 등 네 가지의 방법을 통하여 보장된다.

---

1) 프랑스 경제사회연구원 선임연구원. Institut de recherches économiques et sociales (IRES) 16, Bd. du Mont d'Est - F-93192 - NOISY-LE-GRAND. jean-marie.pernot@ires.fr
2) 50인 이상의 근로자를 사용하는 사업장의 59퍼센트는 노사협의회가 있으며, 사업 수준에서는 적어도 하나의 노동조합지부 또는 단위 노동조합이 있다. Pignoni MT, Raynaud E, "Les relations professionnelles au début de 2010", Dares Analyse (Ministère du travail), n° 026, avril 2013.
3) Wolff L, "Le paradoxe du syndicalisme français, un faible nombre d'adhérents, mais des syndicats bien implantés", Premières Synthèses, Dares (Ministère du travail), n° 16-1, avril 2008.

우선, 노동조합의 활동을 지원하기 위한 공적 제도들에 대해서 살펴보고 나서 기업 안에서의 제도들을 보기로 하자. 기업 차원에서는 보통 기업별 협약이나 그룹별 협약을 통해서 법에 의하여 보장되는 최저 수준을 상회하는 권리들을 규정하는 경우가 많다. 그러나 많은 수의 기업들이 노동조합이 기업 내에 조직되는 것을 방해하는 다양한 수단들을 동원해서 법의 규제를 회피하려고 한다는 점도 언급해 두는 것이 좋겠다.

나. 노동조합에 대한 공적 지원

프랑스에서 조합비는 노동조합 재정의 일부분만을 차지한다. CGT나 CFDT처럼 큰 노동조합은 그 예산의 75퍼센트를 조합비로 충당한다. 그러나 다른 작은 노동조합의 경우 격차는 크다. 가령 CFTC는 예산의 15퍼센트만이 조합비로 충당된다고 인정한다. 나머지는 다양한 공적 지원으로 충당된다. 2008년 법은 노동조합의 재정에 관한 불투명성을 줄이기 위하여 총연합단체로 하여금 회계를 공개하도록 의무화하였다.

노동조합에 대한 공적 지원의 경로는 다양하다. 그 가운데 일부는 잘 알려져 있고 (다소 투명하지만), 그 모든 지원 금액의 규모는 평가하기가 어렵다. 여기서는 가장 중요한 것들만 살펴보기로 한다.

노동조합의 재정 지원을 가장 많이 하는 자는 국가이다. 우선, 근로자가 조합비로 낸 돈의 3분의 2를 소득 공제함으로써 조직화를 지원한다. 하지만 노동조합 조직률이 아주 낮다는 사실에서 보듯이 그 효과는 제한적이다. 둘째, 많은 수의 공무원들을 노동조합 풀타임 전임자로 보장한다. 에너지(EDF), 철도(SNCF) 및 다른 공공부문에서도 공기업들은 마찬가지로 전임자를 보장하며, 이 전임자들은 총연합단체나 취약한 상황에 놓여 있는 업종을 지원하는 역할을 한다. 이 전임자들은 보통 노동조합의 지원 체제를 구축한다. 셋째, 국가는 상당히 자유로운 방식으로 특정한 분야의 전문가들을 노동조합 전임자로 보장하기도 한다. 또한 노동조합 조합원이나 활동가들에 대한 교육을 성인평생직업훈련의 일환으로 실시하는 공적 제도가 있는데, 그 비용을 노동부가 부담한다.

프랑스에서는 노동조합이 사회보장이나 직업훈련 등의 영역에서 노사공동기구의 운영에 참여한다. 가령 직업훈련을 예로 들면, 직업훈련에 필요한 재정을 충당하기 위하여 기업에 부과하는 세금을 징수하는 기관들(OPCAs)이 있다. 이 징수 기관들은 노동조합과 사용자에 의하여 공동으로 운영된다. 노사 단체는 운영비 명목으로 징수액에서 일정액을 공제한다(각 0.75퍼센트). 마찬가지로 사회보장이나 실업급여, 부가적 사회보장 등에서 노사가 공동으로 운영하는 기구들은 노동조합이 운영에 참여하는 대가로 일정한 보조금을 노동조합에 지급한다. 노동조합은 또한 경제사회환경위원회(CESE)에 참여한다. 이 경제사회환경위원회는 국가 자문기구이다. 이 위원회 위원들의 보수는 상당한데, 노동조합 위원들은 이 보수를 자기들의 조직에 납부한다. 이는 무시할 수 없는 금액이다. 마지막으로 노동조합이 참여하는 다양한 공공 위원회들이 있다. 고용지향위원회(COE), 은퇴지향위원회(COR), 고위건강보험위원회(HCAM) 등등. 이 위원회들은 공익을 담당하며, 따라서 노동조합에 그 명목으로 공적 지원을 해야 한다고 여겨진다.

공익의 이름으로 노동조합에 지원을 하는 다른 기구들도 있다. 가령 경제사회연구소(IRES)가 있는데, 이 연구소의 역할 중 하나는 노동조합이 수행하는 연구에 재정을 지원하는 것이다. 위에서 언급한 이 모든 국가 재정 지원은 노동조합뿐만 아니라 사용자 단체에도 마찬가지로 주어지는 것이라는 점을 언급해야 하겠다. 2012년에 나온 한 의회 보고서에 의하면, 사용자 단체들은 그 예산의 42퍼센트를 이러한 노사공동기구의 운영으로부터 충당한다고 한다.

전국 차원에서, 노동조합에 대한 국가 지원이 아닌 다른 방식의 지원(민간기업이나 공기업에 의한 지원)은 다양한 형태를 취한다. 가령, 노동조합의 출판물에 광고를 게재하거나 노동조합의 대의원 대회 등을 위하여 장소를 대여해 주는 식이다. 한편, 어떤 행위들은 회사법에 의하여 위법으로 여겨진다. 가령, 2007년에 있었던 한 사건은 금속산업사용자의 숨겨진 계좌가 드러난 것인데, 그 용도의 전모는 아직 밝혀지지 않았지만, 그 중에는 금속산업협약에 서명한 일부 노동조합을 "지원하기" 위하여 사용되었다. 역사적으로 프랑스 사용자들은 반공산주의 활동에 재정을 지원하는 오래된 전통이 있었다. 즉, CGT와 대적할 수 있는 노동조합을 지원하는 것이다. 이러한 행위는 사라졌지만, 사용자의 요구 사항에 관대한 노동조합에 부여되는 다양한 형태의 지원들이 모두 사라졌는지는 확실하지 않다.

다. 기업 안에서의 권리들

노동조합대표위원은 10인 이상의 사업에서 노동조합을 대표한다. 노동조합대표위원 옆에, 10인 이상의 사업에서는 종업원들이 선출하는 고충처리위원이 있다. 10인에서 49인까지의 사업에서는 노동조합은 고충처리위원 중에서 노동조합대표위원을 임명해야 한다. 50인 이상의 사업에서는 노사협의회가 설치될 수 있다(법상으로는 설치되어야 한다). 노사협의회 위원들은 종업원들에 의하여 선출된다. 1차 투표에서는 노동조합 후보들만이 출마할 수 있으며, 노동조합이 없거나 1차 투표에서 투표자가 모자라 2차 투표를 하는 경우에는 비노동조합 후보들도 출마할 수 있다. 한편, 10인 이상의 사업에서는 위생안전근로조건위원회를 두는데 그 위원은 고충처리위원이나 노사협의회에 의하여 선출된다. 200인 이하의 사업에서는 고충처리위원과 노사협의회 위원의 역할을 겸임하는 "유일대표위원"을 둘 수 있다. 이 각각의 제도에는 사용자로부터 임금을 지급받으면서 자신의 활동에 전임할 수 있는 근로면제시간이 부여된다. 근로면제시간은 법에서 규정하고 있다.

11인에서 49인까지의 사업에서는 고충처리위원은 한 달에 10시간의 근로면제시간을 사용한다. 고충처리위원이 또한 노동조합대표위원인 경우에는 노동조합대표위원으로서의 활동을 포함한다. 50인 이상인 경우에는 사업의 규모와 상관없이 고충처리위원은 월 15시간의 근로면제시간을 향유한다. 반면 노동조합대표위원은 사업의 규모에 비례하여 근로면제시간을 향유한다. 50인에서 150인까지는 월 10시간, 151인에서 500인까지는 월 15시간, 그 이상에서는 월 20시간이다. 여러 개의 사업장을 가지고 있는 2,000명 이상의 대기업에서는 중앙노동조합대표위원을 두는데, 이 중앙위원은 다른 노동조합대표위원들의 활동을 조율하고 중앙 차원의 교섭을 수행하기 위하여 월 20시간의 근로면제시간을 향유한다. 노사협의회 선거에서 10퍼센트 미만의 득표를 한 노동조합은 노동조합대표위원을 선임하지 못할 수도 있다. 이 경우 노동조합지부대표를 둘 수 있는데 이 지부대표는 월 4시간의 근로면제시간을 사용한다.

노사협의회 위원들은 월 20시간의 근로면제시간에 노사위원회 및 그 산하 위원회의 회의에 참석하는 시간을 향유한다. 유일대표위원을 두기로 한 200명 이하의 사업장에서는 유일대표위원이 노사협의회 위원과 고충처리위원을 겸직하고 이를 위하여 각 유일대표위원은 월 20시간의 근로면제시간을 향유한다. 위생안전근로조건위원회의 위원들도 사업의 규모에 비례하여 근로면제시간을 향유한다. 99명까지는 월 2시간, 100명에서 199명까지는 월 5시간, 300명에서 499명까지는 월 10시간, 1,500명 이상인 사업자에서는 20시간이다.

이 최저 기준은 노동법전에서 구체적으로 정해져 있으며, 어떤 기업도 이를 하회할 수 없다. 비록, 특히 영세 규모의 기업에서는, 이 권리들의 실질적인 행사를 방해하는 사실상의 압력이 존재하기는 하지만 반대로 이 최저 기준은 법에서 규정된 두 가지 경우에 초과될 수 있다. 첫 번째 경우는 노동조합대표위원이나 노사협의회 위원 또는 고충처리위원에게 평소보다 더 강도 높은 역할을 요구하는 예외적인 상황들이다. 가령, (단시간의 작업 정지를 넘어서는) 파업의 경우 노동조합대표위원은 자신의 근로면제시간 수를 초과할 수 있다. 마찬가지로 사용자가 인원 감축안을 발표할 때 노사협의회에 이를 통지해야 하고 경우에 따라서는 노동조합과 그 구체적인 방안을 교섭해야 한다. 이 해고 절차는 길어질 수 있는데, 왜냐하면 노사협의회가 회계 전문가에게 기업 회계 분석을 의뢰할 수 있기 때문이다. 이처럼 기업의 일상에서 벗어난 모든 경우에, 판례는 근로자 대표들이 자신에게 허용된 근로면제시간 수를 초과하는 것을 인정한다.

두 번째의 경우는 기업 내에서 노동조합의 활동과 종업원 대표 기구의 활동을 조직하기 위하여 특별한 협약을 체결하는 경우이다. 협약은 법을 상회하는 방향으로만 가능하다. 이러한 협약에서 정하는 것은 주로 노동조합의 권리이며 대부분의 대기업에는 그러한 협약이 있다. 가령 노동조합대표위원은 고충처리위원이나 노사협의회 종업원위원의 직을 겸함으로써 근로면제시간을 축적할 수 있다. 이를 통해 노동조합대표위원들은 반전임자나 완전 전임자가 될 수 있다. 종종 기업들은 근로면제시간을 확대함으로써 노동조합대표위원들을 전임자로 만드는 것을 선호하기도 하는데, 기업 안에서 진행되는 수많은 교섭들과 관련하여 그 문제에만 전념할 수 있고 의제를 잘 파악하고 있는 전문가들이 있는 편이 기업에게도 도움이 된다는 점을 들어 이를 정당화한다.

노동조합 전임자 사용에 관한 요건들을 명확히 하는 조항이 2008년 법에 의하여 노동법전에 도입되었다. 단체협약을 통해서 사용자는 근로자를 노동조합의 전임자로 파견할 수 있으며 이 때 사용자는 해당 근로자에 대한 의무를 유지한다. 이는 전임자로 파견된 근로자가 기업으로부터 계속해서 임금을 받는다는 것을 의미한다(근로계약은 해지되지 않는다). 그러나 사용자가 이 근로자에게 지출한 비용의 전부 또는 일부를 노동조합이 환불하는 조건들을 협약으로 규정해야 한다. 일반적으로, 사용자는 적어도 근로자 몫과 사용자 몫의 사회보험료는 자신의 부담으로 한다. 그 다음에는 협상에 맡겨져 있다. 대기업의 경우 사용자가 임금의 전부를 지급하는 경우도 드물지 않으며, 그 외 기업에서는 덜 체계적이다. 노동법전의 이 규정은 세 주체에게 보증을 준다. 첫째, 근로자는 다시 기업으로 복귀할 때 업데이트를 위한 직업훈련을 포함하여 자신의 업무에 복귀할 수 있는 권리를 확보한다. 둘째, 노동조합으로서는 전임자 파견이 투명해지고 사용자의 편의 제공이 아니라는 보장이 주어진다. 셋째, 사용자로서는 위법한 근로자 공급의 소추를 면하고 회사 재산의 횡령이라는 비난으로부터 자유로워진다.

이러한 전문화, 특히 활동가보다는 전문가 위주의 노동조합 활동, 근로자와 조합원으로부터 단절된 전문 대표자들 위주의 노동조합 활동이 노동조합에 미치는 영향을 무시해서는 안된다. 기업 내 노동조합 권리의 확대는 일차적으로는 확실히 노동조합의 활동에 추가적인 수단들을 제공해 준다는 점에서 이점이다. 하지만 일정한 한도를 넘어서면 노동조합 활동가들의 역할을 수정해 버리게 되는데, 인적 자원 관리의 목표들에 통합될 수 있다는 것이다. 이는 노동조합 활동가들에 대한 직접적인 매수보다는 훨씬 문명화된 방식이긴 하지만 그다지 높지 않은 가격으로 기업 내 사회적 평화를 사려고 한다는 동일한 목적을 추구한다. 많은 노동조합 활동가들이 이를 느끼고 있지만 그러한 꼼수에 넘어가지 않기가 어렵다고 토로한다.

라. 산업 차원의 노동조합 권리들

공무원의 경우 법으로 일정한 수의 전임자를 산별단체에 파견하고 행정부에서 급여를 지급하도록 규정하고 있다. 전임자 수의 구체적인 배분은 각 노동조합이 획득한 대표성에 비례하는데, 그 전체적인 규모는 계량하기 힘들지만 상대적으로 관대하다. 그러한 규정은 일부 공기업(SNCF, La Poste, EDF, RATP, Air France 등)에 의하여 도입되었는데, 이 공기업들은 일정한 수의 전임자를 산별연맹에 파견하고 있다.

민간 기업에는 그런 것이 없다. 상업, 섬유, 건설 부문에서는 연맹이 전임자들에게 급여를 지급하는데, 이 전임자들은 수가 매우 적다. 그러나 다른 일부 부문들에서는 특히 사용자와 '건설적인' 관계를 갖고 있는 총연합단체에 속해 있는 연합단체들은 다양한 방식으로 노동조합의 활동에 대한 재정 지원을 포함하는 협약들을 체결하고 있다. 금속 산업에서는, 시대에 따라 다르긴 하지만, 연맹으로 전임자를 파견하는 협약들이 대기업에 존재한다. 르노, EADS, AREVA, 톰슨 등이 CGT, CFDT, FO와 그러한 협약들을 체결하였다. 민영화로 인해 이러한 여지가 줄어들었다. 따라서 종종 연맹들은 스스로 전임자들의 급여를 충당하도록 내몰렸다. 한편, 파리 샤를르 드골 공항 근처에 설치된 활동 거점과 같이, 노동조합이 특정 지역에서 조직화 활동을 벌이기 위하여 일정한 수단들을 이에 할당하는 경우가 있다. 가령 사무실을 열고 조직화 활동을 전개하는 전임자를 고용하는 것이다. 대부분의 총연합단체는 이러한 활동에 충당하기 위하여 조합비의 일부로 조성된 기금을 갖고 있다.

소규모 기업들로 구성된 수공업 부문에는 독특한 제도가 있다. 2001년에 노동조합과 수공업사용자연합 사이에 (근로조건, 정보접근, 직업훈련 등의 개선을 위하여) 수공업 부문에 "사회적 대화"를 조직하기 위한 지역노사공동위원회를 구성하기로 합의하였다. 이를 위하여 특별기금이 창설되었다(임금 총액의 0.15퍼센트). 이 기금의 이자는 노사공동위원회의 운영을 위하여 노사간에 똑같이 반분한다. 이 지원금은 노동조합에게 해당 부문의 근로자들에게 다가갈 수 있는 수단을 제공한다. 노동조합은 이 제도를 모든 산업의 영세 기업으로 확대하기를 원했다. 그러나 다른 사용자 단체들의 완강한 반대에 부딪쳤다.

마. 규칙을 넘어...

몇몇 기업들은 노동조합에 대한 물질적 지원을 훨씬 더 강화하고자 하였다. 가령, AXA 그룹은 1990년대 말에 "노동조합수표" 제도를 도입하였다. 이는 노동조합을 통해서만 환급이 가능한 쿠폰을 회사가 근로자들에게 나눠주는 것이었다. 이는 근로자로서는 노동조합에 가입하지 않고도 노동조합에 대한 지지를 나타내는 방법이었고, 노동조합은 그렇게 모은 쿠폰에 해당하는 금액을 회사로부터 받을 수 있었다. 이러한 실험은 AXA 밖으로 확대되지는 않았다. CFDT를 제외하면, AXA 안팎에서 다른 노동조합들은 노동조합 가입을 대신하는 이러한 미봉책에 고운 눈길을 보내지 않았다.

사용자가 노동조합의 기업 내 권리들을 확대하는 것을 금지하는 규정은 노동법전에 없다. 그러나 상법에 의한 몇 가지 제한은 있다. 상법은 회사의 재산을 회사와 무관한 이익을 위하여 사용하는 것을 횡령으로 규정하고 있다.[4] 사용자는 또한 기업 내 노동조합 활동권의

---

4) 횡령은 범죄이지만 대부분 회사의 이익을 개인적인 용도로 사용하거나 계약 체결에 대한 특혜로 사용하는 사용자에 대하여 적용된다.

사용에 대한 책임도 있다. 원칙적으로 근로면제시간은 해당 기업과 관련된 일이 아닌 다른 일에 사용되어서는 안 된다. 현실적으로는, 대기업과 공공부문에서는 노동조합 간부들이 노동조합 활동 시간 중의 일부를 지역연합단체 일이나 중소기업 쟁의를 지원하기 위하여 기업 밖으로 나가기 위하여 쓰는 것을 용인하기도 한다. 2008년 법은 노동조합 전임자의 지위를 명문화했지만, 노동조합의 권리를 축소하는 면도 있다. 최근의 파기원 판례에 의하면 노동조합대표위원은 노사협의회의 경계 위에서 정의된다. 이는 사용자들로 하여금 노사협의회를 축소시키도록 하였고 결과적으로 노동조합대표위원의 수를 줄이도록 하였다. 이들은 수개월 동안 그리고 훨씬 큰 활동 영역에 걸쳐 기업이나 그룹 안에서 전임자가 될 수 있지만 현장으로부터는 완전히 단절된다.

상호 교환될 수 있고 영업 단지(수공업 부문에서 볼 수 있는 바와 같은 공동상업구역, 하청풀)에서 노동조합의 활동에 복무할 수 있는 '직업간' 법은 존재하지 않는다. 일부 노동조합(특히 CGT)은 이를 요구하고 있지만 사용자는 이에 완강하게 반대하고 있으며 정부는 이를 도입할 준비가 되어 있지 않은 것 같다.

Ⅳ. 프 랑 스

재정적으로 의존하고 있는 노동조합들(원문)

Des syndicats présents mais financièrement dépendants

2. 프랑스 현지 전문가 의견: 장-마리 페르노(Jean-Marie Pernot)[1]

A. Introduction

Les syndicats français sont présents dans un grand nombre d'entreprises de plus de 50 salariés.[2] Dans un classement de l'Europe des 27, ils occupent la onzième place en termes de présence (devant l'Allemagne et le Royaume Uni) mais la dernière en termes de taux de syndicalisation.[3] C'est dire qu'ils couvrent un large champ avec des effectifs réduits. Pourtant, les confédérations assurent des tâches de représentation multiples, au niveau national comme au niveau des régions, toutes participations qui supposent du temps et des moyens. Ces moyens peinent à être assurés par la simple cotisation des adhérents. Cet écart entre le faible nombre des adhérents et l'ampleur des sollicitations qui lui sont adressées rend le syndicalisme français dépendant de financements autres que ceux tirés de leurs cotisations, et notamment des financements publics. Au niveau des entreprises, les syndicats peuvent vivre avec peu de cotisations parce qu'ils disposent, par la loi, de moyens qui permettent aussi bien aux syndicats qu'aux institutions dites représentatives du personnel (IRP) de fonctionner. Un syndicat d'entreprise peut s'appuyer sur sa présence au Comité d'entreprise, sur des délégués du personnel élus par les travailleurs, il n'a pas be-

---

1) Senior researcher – IRES(Institut de recherches économiques et sociales)

2) 59% des établissements de plus de 50 salariés ont un Comité d'entreprise et au moins une section ou un syndicat dans l'entreprise. Pignoni MT, Raynaud E, « Les relations professionnelles au début de 2010 » Dares Analyse (Ministère du travail), n° 026, avril 2013.

3) Wolff L, « Le paradoxe du syndicalisme français, un faible nombre d'adhérents, mais des syndicats bien implantés » Premières Synthèses, Dares (Ministère du travail), n° 16-1, avril 2008.

soin d'un grand nombre d'adhérents pour disposer des moyens d'un fonctionnement relativement satisfaisant tant en moyen de crédit d'heures que de moyens matériels (fournitures papiers, courrier électronique, etc., moyens d'expressions, affichage, etc.). Dans les grandes entreprises, ces moyens sont souvent accRSU par voie d'accord. En gros le financement de l'activité syndicale est assuré de quatre manières : les cotisations des adhérents, l'État et les organismes paritaires, les employeurs.

On commencera par évoquer les diverses voies de soutien public à l'activité des confédérations syndicales avant de présenter les droits disponibles dans les entreprises. Au-delà des règles qui définissent des droits légaux, on évoquera les accords d'entreprises ou de groupe qui vont souvent au-delà des dispositions minimales garanties par la loi. Il convient de rappeler cependant qu'un grand nombre d'entreprises échappent aux contraintes légales en mobilisant divers moyens de dissuasion à l'implantation syndicale voire de pressions directes pour éviter celle-ci.

B. Les aides publiques au syndicalisme

Les cotisations ne permettent qu'un financement partiel du fonctionnement des confédérations syndicales françaises. Les plus grandes (CGT, CFDT) assurent que 75% de leurs budgets sont fournis par leurs ressources de cotisation. Pour les plus petites l'écart est impressionnant : la CFTC par exemple, reconnaît que 15% seulement de ses recettes viennent de la cotisation des adhérents. Le reste est assuré par diverses contributions publiques⋯ ou autres. Une loi votée en 2008 fait obligation aux confédérations de publier leurs comptes afin de réduire l'opacité relative de leur financement.

Il existe de nombreux canaux publics d'aide au financement des confédérations syndicales. Si chacun d'entre eux est connu (et plus ou moins transparent), la somme de tous ces concours est difficile à évaluer. On évoque ici les plus importants.

L'État est le premier soutien du financement des syndicats : il soutient d'abord la syndicalisation puisqu'un salarié peut déduire les deux tiers de sa cotisation syndicale de son revenu imposable, mesure qui révèle ses limites dans la très faible syndicalisation ; il met à disposition des syndicats de la fonction publique un grand nombre d'agents détachés à temps plein (les permanents) pour les activités syndicales de leur secteur. Les grandes entreprises publiques, dans l'énergie (EDF, Électricité de France) le transport ferroviaire (SNCF, Société national des chemins de fer français) et bien d'autres mettent également à disposition des permanents qui assurent souvent des tâches interprofessionnelles et aident

les secteurs moins dotés en moyen syndicaux. Ces permanents constituent souvent la logis-
tique (la bureaucratie) syndicale. L'État met également à disposition directe des con-
fédérations des permanents de manière assez discrétionnaire, souvent des experts dans des
domaines particuliers. De même il existe un dispositif public, financé par le Ministère du
travail, qui prend en charge une partie de la formation délivrée par les syndicats à leurs
adhérents ou militants au titre de la formation permanente des adultes.

Les confédérations participent en France à la gestion paritaire d'un certain nombre d'or-
ganismes, dans la protection sociale, la formation professionnelle. Dans ce dernier domaine
par exemple, il existe des organismes collecteurs des taxes imposées aux entreprises pour
financer de manière mutualisée la formation professionnelle (les OPCA, organismes pari-
taires collecteurs agréés). Ces organismes collecteurs sont gérés paritairement par les syndi-
cats et le patronat. Les organisations prélèvent au titre des frais de gestion une part des co-
tisations collectées (0,75% pour les confédérations syndicales, la même chose pour les or-
ganisations patronales) ; de même dans les institutions de gestion de la sécurité sociale ou
d'autres organismes connaissant une gestion paritaire comme l'indemnisation du chômage,
la protection sociale complémentaire, des subventions sont accordées aux syndicats comme
contreparties à leur engagement dans la gestion. Les confédérations participent également
au Conseil économique, social et environnemental. Ce CESE est une institution nationale
qui a le statut d'Assemblée consultative de la République. Les conseillers membres de cette
assemblée sont bien rémunérés et celles et ceux qui y représentent les syndicats reversent
leur indemnité à leur organisation, ce qui constitue une contribution non négligeable. Il ex-
iste enfin d'autres institutions publiques où siègent les confédérations : le Conseil d'ori-
entation de l'emploi, le Conseil d'orientation des retraites, le Haut conseil de l'assurance
maladie et bien d'autres. Ils assurent par leur participation une fonction d'intérêt général
et, à ce titre, on considère qu'elle doit donner lieu à une contribution publique.

D'autres organismes peuvent également leur apporter un soutien au nom de l'intérêt
public : ainsi l'Institut de recherche économique et social (IRES, subventionné par l'État)
dont une des attributions est de financer des recherches que les syndicats réalisent pour
leur compte. Il faut noter que cet ensemble de participations financières de l'État s'étend
également aux organisations d'employeur, dans des proportions tout aussi importantes que
les confédérations syndicales de salariés. Un rapport parlementaire en 2012 indique que les
organisations patronales retirent du paritarisme 42% de leurs ressources financières.

Au niveau national, les contributions autres que publiques (celles d'entreprises privées
et surtout publiques) aux organisations syndicales de salariés peuvent prendre diverses for-

mes : certaines consistent en encarts publicitaires dans les publications syndicales ou de la location d'espaces lors des congrès syndicaux. D'autres sont illégales du point de vue du droit des sociétés commerciales : un fait divers a révélé en 2007 l'existence d'une caisse noire du patronat de la métallurgie dont l'usage n'a toujours pas été avoué mais qui a, entre autres usages, servi à « aider » quelques syndicats adeptes de la signature d'accords dans le secteur de la métallurgie. Il y a eu historiquement une longue tradition de financement des activités anticommunistes dans le patronat français qui englobait l'aide aux syndicats qui pouvait concurrencer la CGT. Ces pratiques ont disparu mais il n'est pas sûr qu'aient disparu toutes formes de soutien apportées aux syndicats les plus tolérants avec les revendications patronales.

C. Les droits dans l'entreprise

Le délégué syndical représente le syndicat dans l'entreprise dès lors que celle-ci a au moins dix salariés. A coté de cela, et toujours dans les plus de dix salariés, existent des délégués du personnel (DP), élus par le personnel. Dans les entreprises entre 10 et 49 salariés, le délégué syndical, s'il y en a un, doit être choisi par le syndicat parmi les délégués du personnel. Au dessus de 50 salariés, il peut — et il doit aux termes de loi— exister un Comité d'entreprise. Ses membres sont élus par le personnel, ils sont présentés lors d'un premier tour par les syndicats et, faute de syndicat ou d'un nombre suffisant de votants, les membres du CE sont élus lors d'un second tour sur des listes pouvant comprendre des non syndiqués. Il peut exister en outre un Comité d'hygiène et sécurité — conditions de travail dans les entreprises de plus de dix salariés dont les membres sont désignés par les élus DP et CE lorsqu'il y en a un. En dessous de 200 salariés, l'employeur peut opter pour une « délégation unique du personnel » (DUP) qui rassemble les fonctions des délégués du personnel et du comité d'entreprise. A chacune de ces institutions sont attachées des crédits d'heures, c'est-à-dire du temps que l'élu(e) ou le délégué syndical peut consacrer à son mandat tout en étant payé par l'employeur. Ce temps est inscrit dans la loi.

Dans les petites entreprises (11 à 49 salariés), le Délégué du personnel dispose de 10 heures par mois rémunérées qui incluent son activité de délégué syndical lorsque le DP est aussi DS. Au dessus de 50 salariés, chaque DP dispose de 15 heures par mois, quelque soit la taille de l'entreprise. En revanche le délégué syndical dispose d'un temps de délégation croissant avec la taille de l'entreprise : 10 heures entre 50 et 150 salariés, 15 heures entre 151 et 500, 20 heures au-dessus. Dans les très grandes entreprises (effectifs supérieurs à 2000) qui ont, en général, plusieurs établissements, il existe en plus un délégué syndical central qui dispose de 20 heures par mois pour coordonner l'activité des autres délégués syndicaux et négocier au niveau central. Un syndicat peut ne pas avoir de délégué syndical s'il a réuni moins de 10% des voix lors des élections au Comité d'entreprise. Dans ce cas, il bénéficie néanmoins d'un « représentant de la section syndicale » qui dispose de 4 heures de délégation par mois.

Les membres élus du Comité d'entreprise disposent chacun de 20 heures de délégation par mois en plus de la participation aux réunions du comité ou de ses commissions. Dans les établissements de moins de 200 salariés qui ont fait le choix de la délégation unique du personnel, celle-ci regroupe les attributions du CE et celles des délégués du personnel et chaque membre élu de la DUP dispose de 20 heures pour assumer ce double rôle. Les membres du CHS-CT disposent également d'un nombre d'heures qui va croissant avec la taille de l'entreprise : 2 heures par moi jusqu'à 99 salariés, 5 heures entre 100 et 199, 10 heures entre 300 et 499, etc. Jusqu'à 20 heures dans les entreprises de plus de 1500 salariés.

Ces quotas sont précis et sont inscrits dans le code du travail et aucune entreprise ne peut faire moins même s'il existe, notamment dans les plus petites, une pression de fait qui freine souvent l'exercice réel de ces droits. En revanche, ces quotas peuvent être dépassés dans deux cas, prévus par la loi : le premier fait référence à des cas exceptionnels, c'est-à-dire des situations appelant un rôle plus intense soit du délégué syndical, soit des membres du Comité d'entreprise, voire des délégués du personnel. Ainsi en cas de grève (au delà d'un simple arrêt de travail de courte durée), les délégués peuvent dépasser leur quota d'heures. Également, lorsque l'employeur annonce un plan de suppressions d'emplois, il doit en informer le Comité d'entreprise, éventuellement en négocier les modalités avec les syndicats. Les procédures peuvent être longues car le CE peut saisir un expert et analyser les comptes de l'entreprise. Dans tous ces cas sortant de la vie ordinaire de l'entreprise, la jurisprudence admet un dépassement du quota d'heures autorisé pour les représentants du personnel.

Le deuxième cas relève d'accords particuliers dans les entreprises pour l'organisation du droit syndical et des institutions représentatives. Les accords ne peuvent aller qu'au delà du droit. C'est plus souvent le droit des syndicats qui est négocié et il existe des accords de ce type dans la plupart des grandes entreprises. Les délégués syndicaux par exemple, peuvent cumuler des heures avec un mandat de délégué du personnel et/ou d'élu du comité d'entreprise. Ça leur permet de constituer des postes de demi permanents ou de qua-si-permanents. Souvent, les directions d'entreprises préfèrent en faire des permanents à temps complet en élargissant le contingent d'heures, certaines directions le justifiant par l'intérêt pour l'entreprise d'avoir des spécialistes bien au courant, investis à temps plein sur les dossiers en vue du grand nombre de négociations qui se déroulent dans certaines d'en-tre elles.

Un article a été introduit dans le code du travail en 2008 qui clarifie certaines con-ditions dans la mise à disposition de salariés auprès d'une organisation syndicale. Par ac-cord, un employeur peut mettre à disposition d'un syndicat un salarié vis-à-vis duquel il doit maintenir ses obligations. Cela signifie que le salarié continue d'être payé par l'en-treprise (son contrat de travail n'est pas rompu) mais que l'accord doit prévoir les contions dans lesquels le syndicat rembourse tout ou partie du coût de ce salarié pour l'employeur. En général, l'employeur prend à sa charge au moins les cotisations sociales, la partie em-ployeur comme la cotisation salariée. Après, c'est la négociation : dans les très grosses en-treprises, il n'est pas rare que l'employeur paye la totalité du salaire, c'est moins systéma-tique dans les autres. Cette mention dans le code du travail apporte une garantie aux trois parties : au salarié, car il peut s'appuyer sur le droit pour récupérer son poste avec une formation de remise à niveau lorsqu'il reprend sa place dans l'entreprise ; pour le syn-dicat puisque la mise à disposition devient transparente et n'est pas une faveur de l'en-treprise ; pour l'employeur car il est à l'abri de poursuite pour prêt de main d'œuvre illicite ou de détournement d'abus de bien social.

Il ne faut pas ignorer les effets que peuvent avoir sur le syndicat de telles spécial-isations en particulier la configuration d'un syndicalisme d'experts plus que de militants, de professionnels de la représentation le plus souvent coupés des salariés voire de leurs adhérents. L'extension des droits des syndicats dans l'entreprise est certes — dans un pre-mier temps — un avantage pour ceux-ci, qui trouvent là des moyens supplémentaires à leur activité. Mais au-delà d'un certain seuil, ces droits modifient aussi le rôle des syndi-calistes, ils peuvent conduire à leur intégration aux objectifs de la gestion des ressources humaines. Il s'agit alors d'une forme beaucoup plus civilisée que la corruption directe de syndicalistes mais qui poursuit le même but consistant à acheter à un prix pas trop élevé la paix sociale dans l'entreprise. Nombre de syndicalistes placés dans cette position le sen-tent mais ils évoquent la difficulté à ne pas se laisser prendre dans ce jeu.

D. Le droit syndical dans les branches

Les fédérations de fonctionnaires se voient reconnaître par le droit un certain nombre de personnes mis à leur disposition et payés par les administrations. La répartition de ces permanents est proportionnelle à la représentativité électorale de chaque organisation, le total des mises à disposition, difficile à chiffrer, étant relativement large. Une telle disposition a été aménagée dans certaines entreprises publiques (SNCF, La Poste, EDF, la RATP, Régie autonome des transports parisiens, Air France encore aujourd'hui⋯.) qui mettent également à disposition des fédérations syndicales un certain nombre de permanents.

Il n'existe rien de tel dans le secteur privé. Dans le commerce, le textile, la construction, les fédérations rémunèrent leurs propres responsables, ceux-ci étant parfois très peu nombreux. Dans certains secteurs toutefois et surtout dans des fédérations relevant de confédérations ayant des rapports « constructifs » avec le patronat, des fédérations ont pu négocier des accords qui englobent le financement d'activités syndicales par des biais divers. Dans la métallurgie, selon les époques, des accords ont existé avec de grandes entreprises qui acceptaient de détacher tel ou tel de leur syndicalistes dans la fédération sectorielle. Ainsi Renault, EADS, AREVA, à d'autres époques Thomson, ont eu de telles pratiques avec la CGT la CFDT ou FO. Les privatisations ont limité ces possibilités. Souvent donc, les fédérations sont contraintes de rémunérer elles-mêmes leurs permanents. De même, un syndicat peut décider d'affecter des moyens particuliers sur une zone qu'il entreprend d'organiser syndicalement, par exemple le pôle d'activité constitué autour de l'aéroport de Roissy Charles de Gaulle. Il peut alors ouvrir un local sur le site et rémunérer un permanent dont l'objectif est de développer l'implantation syndicale. La plupart des confédérations disposent d'un fonds de soutien financé par la cotisation et spécialement affecté à ces tâches.

Il existe un dispositif original dans le secteur de l'artisanat, composé de toutes petites entreprises. Un accord interprofessionnel a été signé entre les syndicats et l'Union professionnelle de l'artisanat en 2001 pour constituer des commissions paritaires régionales destinées à organiser un « dialogue social » pour ces petites unités de travail (améliorer les conditions de travail, accès à l'information, à la formation, etc.). Une taxe a été crée (0,15% de la masse salariale) pour financer ces activités. Le produit de cette taxe est réparti à égalité entre les employeurs du secteur et les syndicats pour aider à mettre en place et assurer le fonctionnement de ces commissions. Ce financement permet aux syndicats d'avoir des moyens pour intervenir sur les bassins d'emplois et auprès des salariés de ces petites entreprises. Les syndicats ont souhaité étendre ces pratiques de mutualisation aux TPE (très petites entreprises) de tous secteurs mais se sont heurtés à un ferme refus des autres organisations d'employeurs.

E. Au-delà des règles…

Certaines entreprises ont voulu aller plus loin dans l'aide matérielle aux syndicats. Ainsi le groupe d'assurance AXA a instauré, à la fin des années 90, un « chèque syndical ». Il s'agissait d'un coupon remis par la direction à chaque salarié qui n'était échangeable en monnaie que par le syndicat à qui le salarié irait remettre son coupon. C'était pour le salarié et à défaut d'y adhérer, une façon de témoigner son soutien au syndicat, ça ne lui coûtait rien et le syndicat pouvait percevoir auprès de l'entreprise la contrepartie des chèques qu'il avait récoltés. L'expérience n'a pas été au-delà de cette entreprise. A part la CFDT, les autres syndicats, chez AXA et ailleurs, ne voyaient pas d'un bon œil cette forme de palliatif à l'adhésion syndicale.

Il n'existe pas de dispositions dans le droit du travail empêchant une direction d'étendre les droits des syndicats dans l'entreprise. Certaines limites toutefois sont définies par le code du commerce qui qualifie d'abus de bien social un usage détourné de biens ou de crédits d'une entreprise au profit d'intérêt étrangers à celle-ci.[4] L'employeur est également responsable de l'utilisation de ces droits par leurs bénéficiaires. En principe, les crédits d'heure ne doivent pas servir à autre chose que ce qui est relatif à l'entreprise. Dans la pratique, toujours dans les grandes entreprises et surtout dans celles qui sont ou ont été dans le secteur public, il y a une tolérance à ce que des militants mandatés occupent une partie de leur temps syndical à des activités extérieures à l'entreprise, par exemple dans une Union départementale de syndicats ou pour aller aider lors d'un conflit dans une petite entreprise. La loi de 2008 a codifié le statut des salariés mis à disposition d'un syndicat mais elle s'est surtout traduite par une diminution des droits syndicaux : le délégué syndical est désormais défini sur le périmètre du Comité d'entreprise selon une jurisprudence récente de la Cour de cassation. Ce qui fait que les employeurs ont accéléré la concentration des CE et donc la diminution du nombre des délégués syndicaux. Mois nombreux et sur un champ d'activité plus grand, ils peuvent être permanent dans l'entreprise ou le

---

4) L'abus de bien social est un délit mais qui concerne le plus souvent un employeur qui, par exemple, utilise exagérément le bénéfice de l'entreprise à ses fins personnelles ou à l'occasion de favoritisme dans la passation de marchés.

groupe mais ils sont complètement coupés du terrain.

Il n'existe pas de droit « interprofessionnel » qui pourrait être mutualisé et servir à l'activité syndicale sur des sites d'activité (une zone commerciale, un bassin de sous-traitance, à l'image de ce qui a cours dans le secteur de l'artisanat. Certains syndicats le demandent (la CGT en particulier) mais le patronat y est très opposé et les pouvoirs publics ne paraissent pas prêts à l'imposer.

Ⅳ. 프랑스

3. 프랑스 전문가 의견: 김상호[1]

노조전임자의 임금지급에 관한 프랑스 제도의 소개를 내용으로 하는 보고서는 대체로 우수하게 연구되었고 작성되었다고 사료된다.

프랑스의 단체교섭제도에 대한 설명이 곁들여져서 논의 핵심이 분산되는 것은 아닌가 하는 의문이 있었으나 노조전임자의 임금에 관한 부분에 이르러서 비교적 깊이 있는 연구가 이뤄졌고 특히 단체협약을 통한 노조전임자 임금보장에 있어서 르노 프랑스 자동차사례, SNCF사례 등을 통해 심도 있는 고찰이 이뤄졌다고 보인다.

동 보고서의 주장으로 보이는, 프랑스에서는 법률과 단체협약을 통해 노조전임자에게 상당한 정도로 사용자가 임금을 지급한다는 결론은 사실관계에 입각해 있다고 보인다.

물론, 르노 프랑스 자동차사례를 통해, "344,412시간 정도 되는데, 이를 연간 법정근로시간인 1607시간으로 나누면 약 214명분의 근로시간 전체 면제가 가능하다"든지 SNCF사례에서 "총 507,778시간이다. 만약 1인 1년 근로시간을 법정근로시간인 1607시간으로 계산한다면, 위 시간은 316명의 전임자를 추가로 보장할 수 있는 시간이다"라는 주장은 추산에 기초한 것이지 실제로 면담을 통해 확인한 것은 아닌 것으로 보이지만, 그 주장의 주된 논지는 특히 번역하여 첨부할 것으로 예상되는 Jean Marie Pernot 씨의 글이 뒷받침하고 있어서 신뢰를 해도 무방하다고 보인다.

프랑스 법전에서 기업 내의 노조대표를 중심으로 시간면제를 보장하는 부분은 구체적으로 관련 법률조항을 소개하여 명확히 해도 좋겠다는 의견이다. 또한 35면에서는 "이는 법정최저기준이다"라고 서술하는데, 단체협약으로 그 이상을 정할 수 있다는 규정(L. 2141-10조)을 소개해도 좋을 듯하다.

추가적으로, 우리나라에서는 노조전임자의 급여가 임금이 아니라고 하지만 프랑스에서는 전임시간을 근로시간으로 보고 통상적인 경우와 같이 임금이 지급되도록 규율하는데

---

[1] 경상대학교 법학대학 교수.

(L. 2143-17조), 이런 급여의 성격에 대해서도 다룰 필요가 있다고 본다.

마지막으로, 기업위원회의 근로자위원이나 고충처리위원이나 위생안전근로조건위원회 위원이 노조간부라는 전제에서, 여기서의 시간면제를 노조전임제에 대한 시간면제에 합산하였는데, 이에 대해서는 이견이 있을 수 있으므로 부가적 설명이 필요하다고 보인다.

V. 일 본

1. 국가별 연구

가. 서   론

우리나라는 2010년 time-off 제도를 도입하여, 기업이 노조전임자에게 임금을 지불할 수 있는 기준을 마련하였다. 그것을 계기로 노사관계, 노조활동에 적지 않은 영향이 나타나고 있다. 동 제도 기준은 3년마다 갱신하는 것으로 되어 있어 그 동향이 주목되고 있다.

본고에서는 일본의 노조전임자 제도 및 관행을 살펴보도록 하기로 한다. 최근 일본에서 노조전임자에 관련된 논의는 거의 없다. 그것은 협조적 노사관계 하에서 노사 모두 지금까지의 제도나 관행에 관하여 큰 문제제기를 하고 있지 않기 때문이다.

연구방법은 노조전임자에 관련된 법 규정과 관련 노동법적 해석, 그리고 개별 노조의 사례연구를 선택하였다. 후술하는 바와 같이 일본의 노조전임자에 관련된 법 규정이 없지는 않으나 간접적이고, 노조조직 형태도 기업별 노조이기 때문에 각 노조별로 노조전임자에 관련된 노사의 단체협약이나 관행도 각기 상이하기 때문에 구체적인 사례를 보지 않으면 실태를 분석할 수 없기 때문이다.

일본에서도 노조전임자에 대한 구체적인 사례연구는 거의 전무하다. 그것은 노조가 노조전임자에 대한 정보를 제공하려고 하지 않기 때문이다. 필자는 많은 노조간부와 협조관계를 맺어 왔는데, 그런 관계 덕택에 노조전임자에 대한 구체적이고 솔직한 정보를 입수할 수 있었다.

본고가 일본 노조전임자 제도 및 관행에 대한 이해를 높이고, 우리나라의 노사관계의 발전에 조금이나마 기여하기를 기대한다.

나. 일본의 노조조직과 노조전임자 임금 및 노조운영 관련 법령

(1) 일본의 노조조직

일본의 노동조합 조직형태는 기업별 노조이다. 즉, 기업별 노조가 노동자의 단결권, 단체교섭권, 그리고 단체행동권인 노동3권을 행사하고 있다. 기업별 노조는 64.3%가 기업과의 단체협약 등으로 유니언 숍을 체결하여, 기업에 채용되는 노동자는 자동적으로 조합원이 된다.

2012년 6월 현재 일본 노동조합 조직률은 17.9%이다. 1949년 55.8%를 피크로 거의 지속적으로 조직률이 저하하였다. 1994년까지는 조합원 수도 증가하였지만, 그 이상으로 고용노동자수가 증가하여 조직률이 감소하였다. 그러나 1995년부터는 조합원 수도 감소하면서 조직률이 저하하고 있다.

조직률 저하 요인은 첫째 노조조직률이 높은 제조업 종업원의 감소와 조직률이 낮은 서비스업 종업원의 증가, 둘째, 조직률이 낮은 비정규직의 증가, 그리고 셋째, 정년퇴직 등으로 조합원의 탈퇴 증가 및 비정규직에 의한 대체나 외주화 등을 들 수 있다.

노동조합 조직률은 기업규모별로 큰 차이가 있다. 1,000명 이상 대기업의 경우 45.8%로 거의 50%에 가까운데 반해, 100-999명의 중소/중견기업은 13.3%, 그리고 99명 이하의 소기업은 1.0%이다.

1990년대 이후 비정규직의 조직화가 진전되어 파트타임 근로자의 조직률이 1997년 4.8%에서 2012년 6.3%로 증가하였다. 그로 인해 파트타임 근로자 조합원이 전 조합원에 차지하는 비율도 같은 기간 5.9%에서 8.5%로 증가하였다.

(2) 노동조합 법적보장

일본은 노동조합의 결성과 활동의 자유를 매우 폭넓게 인정하고 있다. 헌법 제28조에서 노동자의 단결권, 단체교섭권, 그리고 단체행동권인 노동3권을 인정하고 있다.

또한, 노동조합법에서는 노조활동이 정당한 경우, 형사면책(제1조) 및 민사면책(제8조)을 부여하고 있다. 그 뿐만 아니라, 동법 제7조에서는 사용자에게 다음과 같은 부당노동행위를 금지하고 있다. 첫째, 노동자가 조합원인 것, 조합가입, 또는 조합을 결성하려고 하거나, 정당한 조합 활동을 한 것을 이유로 조합원을 해고하거나 불이익처분 등을 하는 행위, 둘째, 단체교섭을 정당한 이유 없이 거부하는 행위, 셋째, 사용자가 노조결성 또는 운영하는 것을 지배하거나 개입하는 것, 또는 조합의 운영을 위한 경비지불에 있어 경리상의 원조를 하는 행위이다. 단, 노동자가 근로 시간 중 시간 또는 임금을 잃지 않고, 사용자와 협의 또는 교섭하는 것을 사용자가 허용하는 것을 방해하지 않고, 또한, 후생자금 또는 경제상 불행, 재해를 방지, 구제하기 위한 지출에 실제적으로 사용되는 복리, 기타 기금에 대한 사용자의 기부 및 최소한 넓이의 사무소 공여는 제외한다. 넷째, 노동자가 노동위원회에 사용자의 부당노동행위에 대한 구제신청이나 발언 등을 한 것으로 해고, 기타 불이익처분을 하는 행위이다.

(3) 노조전임자 임금 및 노조운영 관련 법령

일본 노동법에서는 노조전임자 임금지급을 직접적으로 금지하는 법은 없으나, 다음 3가지 관점에서 문제가 되고 있다.

첫째는 노동조합의 법적요건 문제이다. 일본의 노동조합법 제2조에서 다음과 같이 노동조합을 정의하고 있다. 즉, [노동조합이란, 노동자가 주체가 되어 자주적으로 노동조건의 유지개선, 기타 경제적 지위의 향상을 꾀하는 것을 주된 목적으로 조직하는 단체 또는 그 연합단체를 말한다]. 노동조합의 요건으로서 [자주성]이 요구되는데, 그 자주성에 관련하여 실질적으로 독립성을 갖는지(실질적 독립성), 제도적으로 독립성을 갖는지(제도적 독립성)로 의견이 나누어지는데, 후자의 의견이 많다(스게노, 2010).

법적요건 문제와 관련하여 더욱 직접적인 규정은 동법 제2조 제2항에서 노동조합이 아닐 수 있는 단서로 다음과 같이 규정하고 있다. 즉, [단체의 운영을 위한 경비지출에 있어, 사용자의 경리상의 원조를 받는 것]이다. 그러나 [단, 노동자가 근로 시간 중 시간 또는 임금을 잃지 않고, 사용자와 협의하거나 교섭하는 것을 사용자가 허용하는 것을 방해하는 것은 아니고, 또한, 후생자금이나 경제상 불행, 재해를 방지하거나 구제하기 위한 지출에 실제 사용되는 복리, 기타 기금에 대한 사용자의 기부 및 최소한 넓이의 사무소의 공여는 제외하는 것으로 한다]. 타임오프(time-off)가 인정되는 것은 [근로시간 중 사용자와 협의하거나 교섭하는 것]에 한정되어 있다. 그러므로 [조합업무를 위한 출장비/출장수당 지급, 노조전임자 임금부담 등은] [경리상의 원조]를 넘는 것으로 타임오프에 해당되지 않는다고 해석되고 있다(스게노, 2010).

둘째는 부당노동행위와 관련된 문제이다. 상기한 바와 같이, 노동조합법 제7조에서는 조합의 운영을 위한 경비지불에서 경리상의 원조를 금지하고 있는데, 동법 제2조 노동조합 정의와 똑같이 [노동자가 근로시간 중 시간 또는 임금을 잃지 않고, 사용자와 협의 또는 교섭하는 것을 사용자가 허용하는 것을 방해하지 않고, 또한, 후생자금 또는 경제상 불행, 재해를 방지, 구제하기 위한 지출에 실제적으로 사용되는 복리, 기타 기금에 대한 사용자의 기부 및 최소한 넓이의 사무소 공여는 제외한다]고 규정하고 있다. 노조전임자에 대한 사용자의 임금지급이 부당노동행위인지 그렇지 않은지는 두 해석으로 나누어진다. 노조전임자에 대한 임금지급은 [경리상의 원조]를 넘는 것으로서 자동적으로 부당노동행위라고 해석해야 한다는 [형식설][1]과, 노조전임자에 대한 기업의 임금지급이 있더라도 노조가 자주적으로 운영하고 있는 한 부당노동행위에 해당되지 않는다는 [실질설][2]이 있다.

셋째는 복수노조하의 중립保持의무와 관련된 문제이다. 일본의 노동조합법은 배타적 교섭대표제를 채택하고 있지 않아, 복수노조주의를 채택하고 있다고 볼 수 있다. 복수노조주의 하에서 각 노조는 평등한 단결권, 단체교섭권, 단체행동권을 보장받고 있다. 그 때문에, 사용

---

1) 山口浩一郎(1996) 『労働組合法(第2版)』 有斐閣.
2) 西谷敏(2006) 『労働組合法(第2版)』 有斐閣.

자가 어느 한 노조만을 우대하고, 다른 노조를 냉대해서는 안 된다는 [중립보지의무]를 지고 있다. 이에 대해 최고재판소(우리나라의 대법원에 해당)는 다음과 같이 판시하고 있다. 즉, [동일 기업 내 복수노조가 병존하고 있는 경우, 사용자는 모든 면에서 각 조합에 대해 중립적인 태도를 보지하고, 그 단결권을 평등하게 승인, 존중해야 하며, 각 노조의 성격, 성향이나 과거의 운동노선 등으로 한쪽의 노조를 보다 좋은 것으로 그 조직의 강화에 도움을 주든지, 다른 쪽 노조의 약체화를 꾀하기 위한 행위를 하는 것은 허용되지 않는다.[3] 이 같은 중립보지 의무는 노동조합법 제7조 부당노동행위의 지배개입에 저촉되지 않기 위해서 필요한 것이다.

일본에서 노조전임자 임금지급과 관련된 상기의 세 측면의 문제가 현실화된 것은 거의 없다. 그 이유는 첫째, 일본의 경우 대부분의 노조가 기업별 노조이고, 대체적으로 협조적 노사관계를 유지하고 있기 때문에 기업이 노조전임자에게 임금을 지급한다고 해도 문제제기하는 경우는 없다. 둘째, 복수노조 하에서는 기업이 노조전임자 임금지급이 부당노동행위에 해당한다고 보고, 아예 노조전임자에게 임금을 지급하고 있지 않다. 셋째, 일본의 기업별 노조는 독일과 같이 임금과 근로시간만을 사용자측과 협의·교섭하는 것이 아니라, 생산성 향상, 산업안전, 배치전환 등 독일의 사업소위원회(Betriebsrat)와 같은 성격의 역할을 하고 있어 그러한 역할을 하는 노조에게 전임자의 임금을 지급한다고 하여 크게 문제될 것이 없다는 인식 때문이다.

최근, 노조전임자에 대한 기업의 임금지급을 포함한 경비원조에 관하여, 일본의 기업별 노조의 역할을 보다 실질적으로 검토하여 적법성을 논의해야 한다는 의견이 나오고 있다(아라끼, 2009).

다. 일본 노조전임자 실태

(1) 앙케트 조사

일본 노동조합 최대전국조직인 렝고와 렝고의 싱크탱크인 렝고 총연이 조사한 결과를 중심으로 노조전임자 실태를 살펴보도록 한다. 먼저, 한개 노조 당 노조전임자 수는 2008년 7.4명으로 2005년 7.6명, 2003년 8.5명 보다 줄어들었다. 노조전임자 1명당 조합원 수는 2008년 580.3명으로, 조합원 약 580명에 1명의 노조전임자를 두고 있다. 2005년 570.9명, 2003년 534.4명 보다 많았다. 한개 노조 당 평균조합원 수는 2003년 4,628명, 2005년 4,336명, 2008년 4,212명으로 지속적으로 줄어들고 있다.

2008년 조사를 토대로 노조규모별로 전임자 수를 보면, 299명 이하는 0.3명에 불과하여 거의 전임자를 두지 않고 있고, 300-999명 1.6명, 1,000-4,999명 5.4명, 5,000-9,999명 13.5명,

---

3) 닛산자동차 사건, 조합사무실 관련 사건 1987년 5월 8일, 잔업차별 관련 사건 1985년 4월 23일. 荒木尚志(2009) 『労働法』有斐閣에서 인용.

그리고 10,000명 이상은 40.8명이었다. 노조전임자 1명당 조합원 수는 299명 이하 175.3명, 300-999명 354명, 1,000-4,999명 431.7명, 5,000-9,999명 492.4명, 그리고 10,000명 이상 763.3명으로 노조조직규모가 크면 클수록 노조전임자 1명당 조합원 수는 많았다(표 V-1 참조).

〈표 V-1〉 연도별 및 노조조직규모별 전임자 수

		노조전임자 수	노조전임자1명당 조합원 수	평균조합원 수
연도	2008년	7.4	580.3	4,212
	2005년	7.6	570.9	4,336
	2003년	8.5	534.4	4,628
노조조직 규모	299명 이하	0.3	175.3	174
	300-999명	1.6	354.0	652
	1,000-4,999명	5.4	431.7	2,393
	5,000-9,999명	13.5	492.4	6,629
	10,000명 이상	40.8	763.3	31,176

출처: 連合·連合総研(2008) 『第16回労働組合費に関する調査報告』

(2) 사례조사

구체적으로 일본기업의 노사가 노조전임자 협약을 어떻게 체결하고 있는지, 그리고 실제 관행은 어떤지를 살펴보기로 한다.

1) A노동조합[4]

노조는 회사의 동의를 얻어 노조전임자(사원으로서 회사업무를 떠나 노조업무를 전적으로 수행하는 조합원)를 둘 수 있다. 노조전임자에 대한 처우규정은 다음과 같다.

첫째, 전임기간중은 휴직으로 하여, 회사는 임금 기타 급여를 지급하지 않는다.

둘째, 복리후생시설의 이용에 관해서는 사원과 같이 취급한다.

셋째, 건강보험, 후생연금보험, 고용보험 보험료의 회사 부담분은 노조가 그것을 부담한다.

넷째, 단체협약 및 취업규칙은, 근무를 전제로 한 조항을 제외하고, 그것을 적용한다.

다섯째, 전임기간이 만료한 때, 원칙적으로 原職에 복귀한다. 단, 회사가 조합과 협의하여, 다른 업무에 배치하는 일도 있다.

여섯째, 복귀 후 급여는, 전임 전 같은 선상에 있었던 자와 균형을 고려하여 결정한다.

일곱째, 전임기간은 퇴직수당금 계산 및 복귀 후 연차유급휴가일수를 계산할 때, 근속연수에 통산한다.

---

4) 2013년 5월 9일 노조 제공 자료와 동 노조간부 인터뷰 조사 결과.

[조합 업무에 의한 불취업에 관한 협정]

1. 불취업/불취로 시간 대체

노조활동 또는 쟁의행위로 불취업일/불취업시간에 대해서는 어떤 이유가 있더라도 대체휴가(쟁의행위의 경우) 또는 잔업으로 대체할 수 없다.

2. 조합업무에 의한 불취업에 관한 협정

회사는 노조활동 때문에 불취업한 경우 그 기간의 임금은 지불하지 않지만, 다음 노조활동을 위해 취업하지 않는 기간은 [급여규정] 단서에 의거하여 지불하는 것으로 한다.

첫째, 회사와 협정한 단체교섭원이 단체교섭을 위해 취업하지 않은 시간. 단, 교섭원의 교체는 하지 않고, 단체교섭에 필요한 시간이란 교섭시간, 직장, 교섭장 간의 교통에 필요한 기간 및 휴게 시간으로 하며, 교섭원의 성명은 미리 회사에 통지한다.

둘째, 상급단체의 회의 (정기대회 등)에 회사의 승인을 받고 출석하는 기간.

셋째, 회사의 승인을 받은 자가 노동일에 참가하는 기간.

넷째, 기타 회사가 특히 필요하다고 인정한 경우.

A노조는 조합원이 약 5만 명인데, 단체협약상 노조전임자 수는 26명이다. 이중 10명은 노조본부에서, 나머지 16명은 지부에서 노조업무를 수행하고 있다. 이들은 무급 전임자이다.

단체협약규정 외에 실질상 노조전임자(즉 유급 전임자)로서 활동하고 있는 자는 지부장 62명이다. 유급 전임자는 사업장/점포에 따라서 지부장 외에 지부 서기장이나 부지부장도 해당되는 경우도 있다. 실질상 노조전임자를 포함하여 A노조의 전임자는 119명(26+62+약31(추정치))으로, 조합원 약 420명당 1명을 두고 있다고 볼 수 있다.

노조는 지부장에게 다음과 같은 가이드라인(통달)을 보내고 있다. 즉, 소속은 현장의 노무관리의 지도/지원부서인 인사총무과에 속하고, 업무는 다음과 같다. 즉, 첫째, 근무시간 중에는 인사총무과장의 지휘명령 하에, 인사총무과의 업무에 종사한다. 둘째, 책상은 인사총무과에 두고 근무시간 중에는 원칙적으로 조합사무실을 사용하지 않는다. 셋째, 업무내용은 인사총무과 업무 또는 사업장/점포 순회/지도 등 근로환경개선으로 한다.

지부장은 형식적으로는 위와 같은 가이드라인을 지키고 있지만 실질적으로는 노조업무만 수행하고 있다. 그러한 실태를 지부장 경험을 한 노조간부는 다음과 알려주고 있다. 즉, 지부장은 [회사의 업무는 거의 하지 않고 사업장/점포 순회, 종업원 상담, 인원배치, 노동시간관리 등에 관련된 사항을 둘러싸고 회사와의 협의 등을 하였다고 한다. 회사로부터 [지부장도 일해 주세요]라고 언질 받은 적도 있지만, 물론 그것도 [농담]이었다.

조합비는 임금의 1.5%이고, 상여금에서는 조합비를 거두고 있지 않다.

A노조의 경우, 단체협약상 무급 전임자를 두고 있을 뿐만 아니라 그 이상으로 유급 전임

자를 두고 있다. 회사는 이러한 유급 전임자의 존재를 묵인하고 있다.

2) B노동조합[5]

노조전임자 수는 노조가 자주적으로 결정하고 있다.

노조전임자의 월 급여 및 상여금은 노조가 부담하고 있다. 또한, 건강보험, 후생연금, 산재보험의 사업주 분담금도 노조가 부담하고 있다. 기타 복리후생비는 모두 기업이 부담하고 있다.

전임기간은 근속연수에 가산되고, 퇴직금은 전액 기업이 부담하고 있다.

취업시간 중 노조활동에 관련하여, 첫째, 회사와의 단체교섭, 노사협의, 고충처리에 관한 회의에 참가한 조합원에 대한 임금은 회사가 지불하고 있고, 둘째, 노조가 독자적으로 취업시간 중에 회의 등을 개최하는 경우, 비전임 임원에 대한 임금은 취업하였을 때와 같은 임금을 회사가 그대로 지급한다. 회사가 지급한 비전임 임원 임금에 대해서, 노조는 당해 임원의 임기 말에 조합원 평균임금에 기초하여 회사에 일괄 지불한다. 따라서 취업 기간 중 노조활동 시 회사가 지급한 비전임 임원 임금분과 노조가 회사에 지불하는 임금분은 똑같지는 않다. 일반적으로 비전임 임원의 임금이 조합원 평균 임금보다 높기 때문에 그 차액분은 회사가 지원을 해준다고 해도 과언이 아니다.

조합원은 약 3,000명인데 무급 전임자 수는 13명이다. 그 중 7명은 노조 본부에 소속되어 있고, 나머지 6명은 주요 사업소의 사무국장이다. 사무국장이 있는 6개 사업소의 경우, 지부장이 있는데 관행상 단체협약/규정외 전임자, 즉 유급 전임자이다. 이것은 회사도 인정하고 있다. B노조의 경우, 실질적인 전임자는 조합원 약 160명당 1명을 두고 있다고 볼 수 있다.

한편, 조합비는 (본급×1.9%+900円)×15개월이다. 구체적으로 보면, 15개월은, 월급 12개월, 상여금 지급월 1.5개월×2(여름과 겨울), 그리고 900엔은 파업기금 400엔, 공제기금 400엔, 사회공헌기금 100엔으로 구성되어 있다.

B노조에서도 노조전임자는 단체협정상 무급 전임자만을 두도록 되어 있는데, 실질적으로는 유급 전임자도 적지 않게 두고 있는데, 회사도 그것을 인정하고 있다.

3) C노동조합[6]

회사는 노조가 조합업무를 전적으로 수행하도록 조합원 300명당 1명의 비율로 조합원으로 부터 노조전임자를 두는 것을 인정한다. 노조는 전임자의 성명, 인원 및 임기를 1개월 전에 회사에 통보한다.

노조전임자에 대한 취급은 다음과 같이 한다.

첫째, 전임 기간 중, 임금 기타 급여는 지급하지 않는다. 단, 퇴직금, 경조사 규정 적용은

---

5) 2013년 5월 15일 전임 노조위원장 인터뷰 조사 결과.
6) 2011년 9월 5일, 동 16일, 2012년 7월 25일, 노조위원장, 사무국장, 지부장 인터뷰 조사 결과.

종업원과 같다.

둘째, 전임 기간 중 휴직으로 취급하는데, 그 기간은 근속연수에 가산한다.

셋째, 전임 기간 중, 승급, 승격, 승진은 하지 않는다.

넷째, 정기건강검진, 공제회 등 후생제도, 종업원지주제 등 제도, 레크레이션 등 제 행사 참가 및 복리후생시설 이용은 일반종업원과 같다.

다섯째, 건강보험, 개호보험, 연금보험, 기업연금 및 노동보험 등 보험료 및 법정 비용은 조합에서 부담한다. 단, 납입사무와 수속은 노조의 요청이 있으면 회사가 대행한다.

여섯째, 전임자는 전임기간이 끝나면, 원칙적으로 원직에 복귀한다. 단, 원직복귀가 불가능할 경우, 회사는 조합과 협의하여 결정한다.

일곱째, 원직에 복직할 경우, 직무, 임금, 직능등급 등에 관해서는, 조합의 의견을 들은 후 전임되기 전의 근무성적, 동등자의 일반기준 등을 감안하여 결정한다.

여덟째, 복직 시 휴가는 해당 휴가연도 부여일수를 일할로 부여한다. 또한, 전임 시 남은 휴가일수는 부여일수에 가산한다.

아홉째, 취업규칙, 기타 제 규정은, 회사업무에 종사하지 않기 때문에 적용 불가능한 부분을 제외하고 종업원과 같은 적용을 받는다.

취업기간 중 조합활동으로서 다음의 활동을 인정한다.

첫째, 회사와 노조 쌍방의 합의로 개최하는 협의회 및 각종 전문위원회(협의에 필요한 시간 및 협의회의장까지의 왕복에 필요한 최소한의 시간).

둘째, 정규 절차를 거쳐 실시되는 단체교섭(단체교섭에 든 시간 및 교섭 장소까지의 왕복에 필요한 최소한의 시간).

셋째, 조합규약에서 정하는 정기 기관회의.

　(1) 중앙대회 및 지부 대회

　(2) 대의원회 및 지부 대의원회

　(3) 중앙집행위원회, 지부 집행위원회

넷째, 조합이 소속하고 있는 노동단체가 개최하는 정규회의.

다섯째, 회사 창구와 연락절충업무.

여섯째, 집행위원이 수행하는 대외절충업무로서 긴급하고 단시간에 외래 방문자와 대응할 필요가 있는 경우.

일곱째, 집행위원이 어쩔 수 없는 조합업무로서 외출이 필요한 경우.

여덟째, 기타 조합이 신청하여, 회사가 승인한 경우.

회사는 상기의 조합활동을 취업시간 내 하는 것을 인정하나, 활동 소요시간에 상응하는 임금은 지급하지 않는다. 단, 회사와의 교섭/협의에 해당하는 첫째, 둘째, 다섯째, 여섯째의 조합활동에 대해서는 임금을 지불한다.

무급 전임자는 7명(그 중, 2명은 상급단체 파견)이고, 이외 노동조합이 고용하는 서기 3명이다. 동 노조에는 8개의 지부가 있는데 무급 전임자가 있는 지부는 1개 밖에 없지만, 그 외의 지부의 지부장도 예외적으로 근무시간 중 조합업무를 하는 경우가 있다. 즉 유급 부분 전임자이기도 한데, 그것에 관련하여 노사가 공식적 규정을 두고 있지는 않다.

조합비는 월급여 기본급×1.64%, 여름과 겨울 상여금 총액×1.64%이다.

4) D노동조합[7]

회사와의 노동협약에 의거하여, 노조전임자는 조합원 1,000명당 1명을 둘 수 있도록 하고 있다. 조합활동은 기본적으로 업무시간 외에 하는 것을 기본으로 하나, 결의기관의 회의로서 직장위원장, 평의원, 직장위원 회의는 매월 2회 내로 업무시간에 실시하는 것을 인정한다. 상기 회의를 개최할 때 노조는 회사에 대해 회의시간과 참가인원을 회사에 2주 전까지 통보하면 회사가 당해시간에 소요되는 임금 실비를 노조에 청구하여 노조가 그 금액을 회사에 지급하고 있다.

조합원은 약 6만 명인데, 노조전임자는 76명으로, 그 중 15명은 상급단체에 파견중이다. 노조전임자에 대한 임금 등 모든 인건비는 노조가 지불하고 있다. 그외 조합사무실에 근무하는 10명의 서기는 회사 직원으로서 파견된 자들인데, 그들의 임금 등 모든 인건비는 노조가 부담하고 있다.

조합비는 월급여×1.5%+0.3%(상급단체비)이다. 조합비가 매년 남을 경우 조합원에게 환불하고 있는데, 최근 그 금액은 약 2개월분이다.

5) E노동조합[8]

E노조(노조본부)는 연합회(사측본부)와의 교섭을 통하여 임금, 상여금 등 주요 근로조건을 결정하고 있다(후술). 연합회에는 12개 사업소(병원)가 있는데, 직원 수는 약 6,700명으로 극소수의 관리직을 제외하고 전원 조합원이다. 연합회는 농협의 후생사업의 하나로서 의료사업 등을 실시하고 있다.

무급 전임자는 노사의 각서에 따라, 본부에 전임자 3명을 두고 있다. 전임자의 선임은 실제로 전임으로 임명되기 3개월 전에 연합회 및 소속사업소장의 승인을 얻게 되어 있다. 해임의 경우도 3개월 전에 연합회 및 소속사업소장의 승인을 받아야 한다.

전임자가 전임을 종료하고 복직할 경우, 복직 후 처우는 노조, 연합회와 소속사업장과 협

---

7) 2013년 5월 16일 노조부위원장 인터뷰 조사 결과.

8) 동 노조에 대한 인터뷰 조사는 2010년 12월 2일, 2013년 5월 25일 실시하였다. 바쁜 가운데 인터뷰에 응한 위원장 등에게 이자리를 빌려 감사의 뜻을 표한다.

의하여 결정한다. 전임기간 중 근로조건, 법정복리비 등 모든 경제적인 부담은 노조가 지고 있다.

　각 사업소에서도 노사가 전임자에 관한 합의하에 무급 전임자를 두고 있는데 특별한 협정을 체결하고 있지는 않다. 12개의 사업소에 전임자를 두고 있는 사업소는 4곳에 불과한데, 그 중 1개소가 3명의 전임자를 두고 있다.

　E노조와 지부를 포함하여 전임자 수는 10명인데, 조합원 약 670명에 1명꼴이다.

　노조본부의 무급 전임자에 대한 사용자측의 편의제공은 일체 없다. 사무실도 다른 노동조합과 함께 입주한 빌딩에 있어, 사용자측으로부터 사무실 지원도 전혀 없다. 전임자에 대한 편의제공이라 할 수 있는 것은 전임자 출신 사업소가 전임자의 사회보험 등의 사무처리/보험료 지불을 실시하고 있는데, 노조는 사업소가 지불한 보험료를 사업소에 지불하고 있다. 즉 금전적인 지원은 전혀 받지 않고, 사무적인 편의만 제공받고 있다.

　단, 아래의 〈표 V-2〉와 같이 취업 시간 내 조합원 활동에 한해서는 사측이 임금과 출장비를 지급하고 있다. 주로, 노사가 논의하는 회의 등인데, 예외적으로 노조의 정기대회출석

〈표 V-2〉 E노조 취업 시간 내 조합원 활동관련 사용자의 비용부담

관계구분	항목	비용부담
사측관계	경영위원회 출석 중앙노조위원장, 서기장 경영협의회 출석 중앙집행위원 인사교류위원회/간사회 출석 임원 급여위원회 출석 위원 노무위원회 출석 위원 직원예금보전위원회 출석 위원 직원의 조회 회의/감사 출석 위원 기타 사측관계 업무에 관한 회의 등	병원 이하 같음
노조관계	정기대회출석 조합원 중앙집행위원회 출석 위원 중앙집행위원회 전문부회/위원회 출석 위원 의료연구집회 출석 조합원 기타 노조의 신청으로 사측이 인정한 것	병원 병원 노조 노조 노조
사측전국조직관계	정기대회에 출석하는 조합원(사측이 인정한 자) 의료연구집회 출석 조합원(사측이 인정한 자) 블록회의 출석 조합원(사측이 인정한 자)	병원 병원 노조
기타	상부단체의 임원으로서 선출/추천되어 각종회의에 출석하는 관계자 노조주최 의료연구집회 출석 조합원(사측이 인정한 자) 기타 노조가 신청하고 사측이 인정한 것	상부단체 노조 노조

출처: E노조제공자료

및 중앙집행위원회 출석시도 지원하고 있다.

[조합가입]

　E노조는 사용자측과 유니온 숍을 체결하고 있다. 즉 단체협약의 제11조에 [정규직은 조합원이지 않으면 안 된다는 규정을 두고 있는데, 다음과 같은 관리자의 지위에 있는 자는 예외로 한다. 관리자란, 본부의 부장, 실장, 차장, 과장, 그리고 사업소의 원장, 부원장, 간호학교전문학교장, 건강관리센터장, 진료센터장, 노인보건시설장, 간호부장, 그리고 사무장이다. 실제적으로 병원을 기준으로 보면, 병원장, 부원장, 사무장, 진료부장, 간호부장 등 극히 한정된 관리직만이 조합원 가입대상에서 제외되고 있다.

　각 병원/시설의 직원 채용은 각 병원/시설이 하고 있지만, 발령은 연합회가 하고 있다.

　본부의 조합비는 1,550엔이나, 각 사업소 노조(즉 지부)의 조합비는 각각 다르다. 조합비는 각 지부에서 원천징수되고 있는데 본부 조합비는 지부가 직접 조합원 수에 따라 지불하고 있다.

　E노동조합의 지부인 ES지부의 전임자에 관하여 살펴본다.[9] E지부는 E노조에서 가장 규모가 큰 조직이다. 병원의 직원은 2013년 5월 현재 약 2,200명이다. 그 중 유니온숍 협정에 따라 병원장 등 7명을 제외하고 모든 직원이 조합원이다. 2007년부터 임시직원도 조합원이 되도록 하였다.

　전임자 3명(그 중 1명은 노조채용서기임)에 대한 급여나 사회보험료는 병원이 지불하고, 그 금액을 노조에 청구하면 노조가 병원에 지불하고 있다. 그러한 의미에서 급여나 사회보험료 사무대행이라는 편의제공을 받고 있는 셈이다.

　조합비는 매월 본급의 금액에 따라 정해져 있어, 급여로부터 원천징수되고 있다(⟨표 V-3⟩ 참조). 의사 조합원의 급여는 41만 엔 이상이 많은데 과도한 부담이 되지 않도록 41만 엔 이

⟨표 V-3⟩ ES지부 정규직 1개월 당 조합비(단위: 만 엔, 엔)

본급(만 엔)	조합비(엔)	본급(만 엔)	조합비(엔)	본급(만 엔)	조합비(엔)
41만 엔 이상	4,950	23-	3,850	17-	3,050
36-	4,750	22-	3,750	16-	2,950
31-	4,550	21-	3,650	15-	2,750
26-	4,350	20-	3,450	14-	2,450
25-	4,050	19-	3,250	13-	2,350
24-	3,950	18-	3,150	13만 엔 이하	2,250

출처: ES지부제공자료

---

9) 동 노조지부에 대한 인터뷰 조사는 2010년 12월 2일, 2013년 5월 25일 실시하였다. 바쁜 가운데 인터뷰에 응한 위원장 등 담당자에게 이자리를 빌려 감사의 뜻을 표한다.

상은 4,950엔으로 동일하게 조합비를 설정하였다. 반면 13만 엔 이하의 경우 2,250엔으로 최하한선을 설정하였다.

한편, 〈표 V-4〉와 같이 임시/파트직원에게는 부담을 줄이기 위하여 정규직 보다 약 1/3의 수준으로 낮추어 조합비를 징수하고 있다.

〈표 V-4〉ES지부 임시/파트직원 월 조합비(단위:엔)

본급	조합비	본급	조합비
20만 엔 이상	1,250	10-15만 엔 미만	750
15-20만 엔 미만	1,000	5-10만 엔 미만	500

출처: ES지부제공자료

라. 노동조합의 활동

일본의 노동조합은 상기한 바와 같이 기업별 노조이다. 그 때문에 임금, 노동시간과 같은 기본적인 노동조건도 기업수준의 노사가 결정하고 있다. 과거 3년간(2009년 7월 1일에서 2012년 6월 30일까지) 노사가 단체교섭을 실시한 비율은 66.6%이다. 일본 노조는 기본적인 노동조건 외에도 기업과 다양한 사항에 관하여 협의/교섭하고 있다. 구체적으로 과거 3년간 노사협의 사항 중 실제 협의한 비율을 보면 〈표 V-5〉와 같다. 임금, 노동시간에 관한 협의 비율이 가장 높지만, 그 외에 고용/인사관련 사항, 안전위생, 경영방침, 비정규직 관련 사항, 교육훈련, 복리후생, 육아/개호휴직제도, 남녀평등 등을 둘러싼 노사협의 실시 비율도 적지 않다. 그 중에서도 근무연장/재고용, 직장환경, 건강관리, 복리후생, 육아/개호휴직에 대한 노사협의 실시비율은 50%를 넘었다.

이처럼, 일본의 노조는 유럽의 산별노조의 교섭사항인 임금, 노동시간뿐만 아니라, 유럽의 사업소위원회의 협의사항인 고용/인사, 안전위생 등에 관련 사항도 기업과 교섭/협의하고 있다. 그런 측면에서 순수한 노조업무를 넘는 활동을 전개하고 있다. 앞서 살펴본 사례에서 기업이 관행적으로 유급 전임자를 인정하고 있는 것은 노조가 순수한 노조업무를 넘어 경영수행에 필요한 활동을 하고 있다는 것에 대한 배려라고 볼 수 있다.

〈표 V-5〉 과거 3년간 노사협의 사항 협의 비율

임금관련 사항	
임금제도	75.4
임금액(기본급/제수당/상여금/보너스)의 개정	91.5
개별 조합원의 임금액	31.9
퇴직금/퇴직연금제도	49.4
기타 임금에 관한 사항	59.1
노동시간 관련 사항	
소정내 노동시간	56.1
소정외/휴일노동	65.8
휴일/휴가	63.9
기타 노동시간 관련 사항	59.4
고용/인사 관련 사항	
요원계획/채용계획	45.4
배치전환/출향	40
인사고과제도	45.2
희망퇴직자의 모집/해고	11.5
정년제	39.7
근무연장/재고용	56.2
개별 조합원의 승진/승격/징계	37.4
경영환경악화시 고용확보책	29
기타 고용/인사 관련 사항	44.8
안전위생 관련 사항	
직장환경	77.2
건강관리	71.2
경영방침 관련 사항	
기업조직 재편/사업부문 축소	30
업무위탁	17.6
기타 경영방침 관련 사항	46.3
정규직 이외 노동자에 관한 사항	
비정규직의 노동조건	33.7
비정규직의 활용	26.1
파견근로자의 활용	14.9
기타 사항	
교육훈련	45.3
복리후생	63.5
육아휴직제도/개호휴직제도	53.5
남녀균등처우	26.8
노동협약 해석	40.5

출처: 厚生勞働省(2012) 『団体交涉と勞働争議に関する實態調査』

마. 소   결

일본의 노동법은 노조의 자주성 확보, 사용자의 부당노동행위 금지, 복수노조하의 중립보지의무라는 측면에서 노조전임자에 대한 규제를 하고 있으나, 협조적 노사관계 하에서 노조전임자에 대한 임금지급/불지급을 둘러싼 분쟁은 거의 나타나고 있지 않다. 상기 세 측면에서 사용자는 노조전임자에 대한 임금을 지급하지 않는 것이 일반적이다. 즉, 일본에서 노조전임자는 원칙적으로 무급 전임자이다. 유급 전임자의 경우 상기한 세 가지 측면에서 위법 가능성이 있다.

노조전임자 1명당 조합원 수는 2008년 현재 580명으로 최근 점점 증가하고 있다. 또한, 노조조합원 수가 적을수록 노조전임자 1명당 조합원 수는 적다.

노조가 노조전임자를 둘 경우 그 인원수를 회사의 동의를 얻는 경우(A노조, C노조, D노조, E노조)와 그렇지 않는 경우(B노조)가 있는데, 전자가 일반적이다. 노동협약에는 회사가 노조전임자에 대해 임금을 지불하지 않는다고 규정하고 있다. 그런 한에서 일본의 노조전임자는 무급 전임자이다. 그러나 A노조와 B노조에서 볼 수 있는 바와 같이 관행적으로 유급 전임자가 존재한다. 그것은 노조활동이 임금, 노동시간에 국한하지 않고, 고용/인사, 안전위생, 경영방침 등 기업경영 수행에 필요한 사항에까지 이르고 있는 것을 인정한 결과라고 말할 수 있다. D노조에서는 유급 전임자가 없다고 하는데, 그것은 동 노조의 조합원이 특정지역에 집중되어 있기 때문인 것으로 해석할 수 있다.

노사관계는 당사자의 자율적인 관계로 상정하는 것이 일본 노동법의 일반적 해석이고, 실제 각 기업별로 다양한 형태의 관계를 맺고 있다. 본문에서 살펴본 바와 같이 노조전임자도 예외는 아니다. 5개 노조 모두가 각기 상이한 노조전임자 규정과 관행을 갖고 있다. 이러한 자율적 노사관계가 기업의 지속적인 발전과 노동자의 노동조건의 향상에 긍정적인 역할을 하는 한 문제시할 필요는 없다.

그런데, 일본의 노조조직률이 거의 일관되게 저하하고 있는 가운데, 노조가 조직되어 있지 않는 기업에서 집단적 노사관계의 형성이 과제가 되고 있다. 일본에서 아직 없는 종업원대표제(우리나라의 노사협의회제)의 입법화가 제기되고 있다. 이와 맞물려 노조와 종업원대표제와의 관계가 앞으로 큰 관심사로 등장할 가능성이 있는데, 그 때 노조전임자 문제도 논의될 여지가 있다.

일본에서 노조전임자는 기본적으로 개별 노사가 자율적으로 결정하고 있는데 그러한 가운데 협조적 노사관계가 형성되어 왔다. 우리나라는 2010년 time-off제 도입을 통하여 정부가 적극적으로 노조전임자를 규정하고 있는데 그것이 노사의 자율성과 협조적 노사관계에 어느 정도 기여하고 있는지 고찰할 때 일본의 사례가 조금이나마 시사가 되길 기대한다.

📖 참 고 문 헌

荒木尙志. (2009). 『勞働法』 有斐閣.

厚生勞働省. (2012). 『団体交渉と勞働争議に關する實態調査』.

厚生勞働省. (2012). 『勞働組合基礎調査』.

厚生勞働省. (2011). 『勞働協約等実態調査』.

厚生勞働省. (2008). 『勞働組合実態調査』.

日本勞働研究機構. (1992). 『ユニオンリーダーの意識とキャリア形成―單産レベルの實態調査報告書―』 調査研究報告書 No. 25.

勞働問題リサーチセンター. (1993). 『勞働組合の現代的役割とユニオン・リーダー』.

電機勞連. (1986). 『電機勞連加盟組合勞働協約集』.

村田毅之. (2012). 『日本の勞使關係法―集団的勞使關係法と個別的勞使紛争處理制度―』 晃洋書房.

西谷敏. (2006). 『勞働組合法(第2版)』 有斐閣.

宮本光雄・中町 誠・中山慈夫. (2007). 『勞働法實務ハンドブック(第3版)』 中央経済社.

菅野和夫. (2010). 『勞働法(第9版)』 有斐閣.

山口浩一郎. (1996). 『勞働組合法(第2版)』 有斐閣.

深谷信夫. (1990). 「在籍専従」 『ジュリスト：勞働法の争点(新版)』 有斐閣.

橋詰洋三. (1991). 「組合並存下の勞使關係と勞働條件」 『季刊勞働法161号』.

2. 일본 현지 전문가 의견: 이나가미 타케시(稲上 毅)[1]

가. 서 론

지금도 일본 노동조합의 대부분은 기업별 노조라는 조직형태인데, 사용자와 노사협의 또는 단체교섭을 기업 내에서 실시하고 있다. 그러한 장에 기업별 노조로 구성되어 있는 산업별 노조의 임원이 참가하는 경우는 없다.

기업별 노조에는 기업에 적(籍)을 둔 채로(따라서 회사와 고용관계는 계속한 채로), 오로지 조합활동에 전념하는 전임자가 있는데, 그들이 조합활동의 리더십을 쥐고 있다. 이들 재직전임자는, 비전임의 조합임원의 경우와 마찬가지로, 조합원의 무기명 투표로 선출되어(노동조합법, 제5조 제5항), 전임자로 선출된 후에는 휴직으로 처리되고 조합업무에만 전념한다.

이들 재직전임자의 임금지불에 관해서는 다음과 같다.

나. 법적인 규제— 회사의 전임자에 대한 임금지불은 부당노동행위

일본의 노동조합법(1949년 6월 1일 법률 174호)에 의하면, 동법에서 노동조합이란 [노동자가 주체가 되어 자주적으로 노동조건의 유지개선 기타 경제적 지위의 향상을 꾀하는 것을 주된 목적으로 조직하는 단체 또는 그 연합단체이다]라고 정의하고 있다.

그 때문에, 동법 제2조는, (1) 노동조합 성원에 [사용자의 이익을 대표하는 자]가 참가하는 것을 배제하고, 동시에 (2) [단체의 운영을 위한 경비 지출에 사용자의 경리상의 원조를 받는 것]도 또한 노동조합법상의 노동조합으로 인정하지 않는다.

그렇지만, 후자에 관하여, [노동자가 노동시간 중에 시간 또는 임금을 잃지 않고 사용자와 협의, 또는 교섭하는 것을 사용자가 허용하는 것을 방해하는 것은 아니고], [후생자금 또는 경제상 불행 아니면 재해를 방지하거나, 구제하기 위한 지출에 실제 사용되는 복지, 기타

---

1) 동경대학교 명예교수. Higash-cho3-10-2, Akishima-shi, Tokyo, Japan. tksing@js6.so-net.ne.jp

기금에 대한 사용자의 기부 및 최소한의 넓이의 사무소 제공을 제외하는 것으로 한다고 규정하고 있다.

그러면, 상기 (2)의 [사용자의 경리상의 원조]에 해당하는 것은 무엇인가. 그 대표적인 것이, 조합의 전임자 및 사무직원의 임금이고, 조합활동을 위한 출장여비나 수당이고, 통신비 등이다.

이러한 형태로, 일본의 노동조합은, 회사가 전임자에 대해 임금을 지불하는 것을 금지하고 있다. 그리고 만일 노동조합의 전임자에게 임금을 지불하고 있는 것 같으면, 그것은 회사의 조합에 대한 지배 또는 개입으로 간주되어 부당노동행위가 된다(노동조합법, 제7조).

다. 노동협약에 의한 규정

그런데, 어떠한 노조임원도 전임자가 되는가 하면, 사용자의 승인이 있어야 비로소 전임자가 될 수 있다.

따라서 기업별 노조는 매년 노동협약 개정시, 어떤 조합의 간부가 전임자가 되는지 회사와 협의하여 합의하지 않으면 안 된다.

더욱이, 그런 경우, 특정한 개인이 문제되는 것이 아니라, 예를 들어 조합원의 무기명 투표로 기업별 노조의 위원장, 서기장에 선출된 자를 전임자로 하는 형태로 노동협약이 체결된다.

그러면, 위원장이나 서기장뿐만 아니라, 부위원장이나 중앙집행위원도 전임자가 될 수 없을까? 형식상, 회사와 합의를 하면 그것도 가능하다. 그러나 많은 조합임원을 전임자로 하면, 그 만큼 그들의 인건비를 조합비로 부담하지 않으면 안 되기 때문에, 조합으로서 막대한 비용을 필요로 하게 된다. 따라서 전임자의 인건비는 조합이 부담하지 않으면 안 된다는 법률상의 규정 때문에, 실질적으로 전임자의 증가에 제동이 걸리는 구조이다.

라. 전임자를 둘러싼 관행— 협정외 전임자(「ヤミ專從」)라는 문제

위와 같이, 조합임원의 어떤 지위에 있는 자가 전임자가 되는가에 대해서는 매년 노사간의 협의에 의거하여 조정할 수 있다. 그러나 관행상, 예를 들어 위원장 및 서기장을 전임자로 한다라는 관례가 형성되어 있는 것이 일반적이다.

그러나 관행이라는 의미에서 놓쳐서는 안 되는 것이 협정 외 전임자(「ヤミ專從」)라고 불리우는 자의 존재이다. 그들의 실태는 명확하지 않다.

매우 형식적으로 말하면, 노동협약에서는 전임자라고 정하지 않은 노조임원이 실질적으로 조합활동에 전적으로 종사하는 경우 그것을 협정 외 전임자(「ヤミ專從」)라고 부른다. 그것은 이미 본바와 같이 일본의 노동조합법의 규정에 의하면, 위법행위라고 말하지 않을 수 없다.

그렇지만, 협정 외 전임자가 존재하게 된 경위도 그 실태도 반드시 동일하지 않다. 최근 사례를 말하면, 예를 들어 오사카 시청이나 사회보험청의 조합임원의 일부가 직무전념의무에 위반하여 조합활동에 전념하면서 급여를 받고 있었다는 사실이 밝혀져 사회적인 비판을 받았다. 그런 것에 대하여, 해당 노조가 사죄하여, 협정 외 전임자(「ヤミ專從」)문제는 해소되었다.

이들의 사례도 그렇지만, 전통적으로 노동조합이 큰 영향력을 갖고 있는 경우, 협정 외 전임자는 기득권화되어 있는 경우가 있다. 일반적으로 말해 그러한 사례는 공적부문에서 많이 나타난다.

그러나 최근 그러한 사례가 신문에 거론되고 사회적인 관심이 모아진 결과, 협정외 전임자의 정의가 너무 확장되어 통상의 업무를 하면서 부분적으로 조합활동을 하는 경우도, 협정외 전임자(「ヤミ專從」)활동이지는 않은가라고 간주되는 경향이 생기고 있다. 그렇게 되면, 비전임 임원은 일시적으로 행하는 조합활동과, 노동조합법에서 실질적으로 보장하고 있다라고 말해도 좋은 단체교섭이나 노사협의를 위한 활동 사이에 명확한 선을 그을 수 있을까 그렇지 않을까라고 하는 매우 까다로운 문제가 발생한다.

비전임 임원이 통상 자기 업무를 수행하면서, 시기에 따라 또는 사안에 따라서 조합활동을 하는 것까지, 일률적으로 협정외 전임자(「ヤミ專從」)라고 간주하게 되면 그것은 확실히 과도하다고 말하지 않을 수 없다.

더 나아가, 상기한 것과 다른 사정이 있어, 협정 외 전임자(「ヤミ專從」)가 생기는 경우도 있다. 한편으로는 조합원이 줄어 조합재정이 핍박하여 그때까지의 조합전임자를 계속 전임자로 할 수 없게 되는 경우가 있다. 그러나 다른 한편으로는 조합활동에 충실을 기하기 위해 가능한 한 전임자 수를 줄이고 싶지 않다는 조합의 사정도 있다. 그러한 경우, 그 사정을 이해한 회사 측이 적극적이거나 소극적인 차이는 있다 하더라도 협정 외 전임자(「ヤミ專從」)의 존재를 묵인하는 경우가 있다.

중요한 것은, 이러한 경우, 그 묵인행위가 회사에 의한 조합활동에 대한 지배나 개입인가 그렇지 않은가가 문제되는데, 실태적으로 보면, 대부분의 경우, 그렇지 않다. 즉, 회사의 묵인행위가 회사에 의한 지배나 개입에 해당되지 않는다고 말해도 좋다.

V. 일 본

일본 재직전임자 임금지급에 대하여(원문)

日本における在籍專従役員の賃金支拂いについて

2. 일본 현지 전문가 의견: 이나가미 타케시(稻上 毅)[1]

A. はじめに

いまも日本の勞働組合のほとんどは企業別組合という組織形態をとっており、使用者との勞使協議または団体交渉は企業内で行われている。その場に、（企業別組合によって構成される）産業別組合の役員が参加することはない。

企業別組合には企業籍をもったまま（したがって、會社との雇用關係は継続したまま）、もっぱら組合活動に専念している専従役員がおり、かれらが組合活動のリーダーシップをとっている。かれら在籍専従役員は、非専従の組合役員の場合と同じように、組合員の無記名投票によって選ばれ（勞働組合法、第5條の5）、専従役員に選出された後は休職扱いとなり、組合業務に専念する。

かれら在籍専従役員の賃金支拂いについては、下記のようにいうことができる。

B. 法的な規制 — 會社による専従役員の賃金支拂いは不当勞働行爲

日本の勞働組合法（1949年6月1日法律174号）によれば、同法でいう勞働組合とは、「勞働者が主体となって自主的に勞働條件の維持改善その他経済的地位の向上を図ることを主たる目的として組織する団体又はその連合団体という。」と定めている。

そのため、同法第2條は、（1）勞働組合の成員に「使用者の利益を代表する者」が参加することを排除し、同時に（2）「団体の運営のための経費の支出につき使用者の経理上の援助を受けるもの」もまた、勞働組合法上の勞働組合とは認めていない。

---

1) 東京大學名譽教授.

　もっとも、この後者については、「勞働者が勞働時間中に時間又は賃金を失うことなく使用者と協議し、又は交渉することを使用者が許すことを妨げるものではない」し、「厚生資金又は経済上の不幸若しくは災厄を防止し、若しくは救濟するための支出に實際に用いられる福祉その他の基金に對する使用者の寄附及び最小限の廣さの事務所の供与を除くものとする」としている。

　では、この (2) の「使用者の経理上の援助」に該当するものはなにか。その代表的なものが、組合の專從役員および事務職員の賃金であり、組合活動のための出張旅費や手当であり、通信費などである。

　こうした形で、日本の勞働組合法は、會社が專從役員に對して賃金を支拂うことを禁じている。そして、もし勞働組合の專從役員に賃金を拂っているようなことがあれば、それは會社の組合に對する支配または介入とみなされ、不当勞働行爲とされる（勞働組合法、第7條）。

C. 勞働協約による規定

　ところで、いかなる組合役員が專從役員となるかについては、使用者の承諾があって初めて決定することができる。

　したがって、企業別勞働組合は毎年の勞働協約改訂において、どの組合役職にある者が專從役員となるかについて會社と協議し合意しなければならない。

　しかも、その場合、特定の個人が問題なのではなく、たとえば組合員の無記名投票によって企業別組合の委員長あるいは書記長に選ばれた者を專從役員とする、というような形で勞働協約が取り交わされる。

　では、委員長や書記長だけでなく、副委員長や中央執行委員も專從役員とすることができないのかといえば、形式上、會社との合意があれば、それも可能ではある。しかし、多くの組合役員を專從役員とすることになれば、それだけかれらの人件費を組合費から負担しなければならないことになり、組合としては膨大な費用を必要とすることになる。したがって、專從役員の人件費は組合が負担しなければならないという法律上の規定があることによって、實質的に專從役員の増加に歯止めが懸ける、という構造になっている。

D. 專從役員をめぐる慣行 ―「ヤミ專從」という問題

　このように、組合役職上のどの地位にある者が專從役員となるかについて、毎年勞使間の

協議に基づいて見直すことができる。しかし慣行上、たとえば委員長および書記長をもって
專從役員とする、といった慣例が出來上がっているのが一般的である。

　しかし、慣行という意味で見落とせないのが「ヤミ專從」と呼ばれる者の存在である。「ヤ
ミ」と呼ばれるだけに、その實態は明らかでない。

　ごく形式的にいえば、勞働協約では專從役員と定められていない組合役員が實態的に組合
活動に專從しているとき、それを「ヤミ專從」と呼ぶ。それは、すでにみたような日本の勞働
組合法の規定によれば、違法行爲といわなければならない。

　けれども、ヤミ專從が存在するにいたった経緯もその實態も必ずしても一様ではない。最
近の事例でいえば、たとえば大阪市役所や社會保険廳の組合役員の一部が職務専念義務に違
反して組合活動に專念し、給与をもらっていたという事実が明るみに出て社會的批判を浴び
た。これらについては、当該の勞働組合が謝罪し、ヤミ專從問題は解消した。

　これらの事例もそうだったが、伝統的に勞働組合が大きな影響力をもっている場合、ヤミ
專從が既得權化しているケースがある。一般的にいって、こうした事例は公的部門でめだ
つ。

　しかし、近年こうした事件が新聞紙上で取り上げられ、社會的關心が集まるようになった
結果、いきおいヤミ專從の定義が擴張され、通常の業務の片手間に組合活動を行うような場
合も、ヤミ專從的活動ではないかとみなされるような傾向が生じている。そうなると、非專
從の役員が一時的に行う組合活動と、勞働組合法が實質的に保障しているといってよい団体
交渉や勞使協議のための活動とのあいだに明確な線引きをすることができるかどうか、とい
う厄介な問題が生じる。

　非專從役員が通常みずからの業務にかかわりながら、時期によってあるいは事案によって
組合活動を行うようなことまで、一律にヤミ專從的活動であるとみなすようになれば、それ
は明らかに行き過ぎである、といわなければならない。

　さらに、これらいずれとも違った事情があって、ヤミ專從が生まれているケースもある。
一方で、組合員が減って組合財政が逼迫し、それまで專從役員だった組合役職を専從化する
ことができなくなっている。しかし他方では、組合活動の充實のためには、できるだけ專從
役員の數を減らしたくないという組合側の事情がある。そうしたとき、その事情を理解した
會社側が、積極的か消極的かの違いはあっても、ヤミ專從の存在を默認するという場合があ
る。

　重要なことは、こうした場合、その默認行爲が會社による組合活動に對する支配や介入に
なっていないかどうかである。實態的にみて、ほとんどの場合、そうではない、つまり會社
の默認行爲が會社による支配や介入にはなっていない、といってよい。

E. 專從役員の賃金支拂いの實態

それでは、(1) 專從役員はどれほどの割合で存在しているのか。連合と連合總研の共同調査「第16回勞働組合費に關する調査報告」（2008年10月實施）によれば、1組合當たりの專從役員は7.1人、また組合事務などを行う正規職員は3.7人となっている。2003年調査の結果と比べると、1組合當たりの專從役員數は1.4人減り、また正規職員も1.5人減っている。

また、專從役員一人當たりの組合員數は580.3人であるが、2003年調査では534.4人だった。

もちろん、容易に推察できるように、小さな企業の勞働組合になると、專從役員をおいていない割合がめだって高まる。たとえば組合員數が300人未滿の組合では、その69.1%で專從役員がいない。

ちなみに、この調査結果によれば、正社員である組合員一人當たりの組合費は平均月額4,917円、平均月額賃金が300,781円だから、月額賃金に占める組合費の割合は1.63%ということになる。また、支出內容をみると、最も大きな比重を占めているのが人件費で33.5%、ついで活動費（22.7%）となっている。

(2) すでにみたように、勞働組合法にもとづいて、これら在籍專從役員の賃金は組合費から支拂われている。ただし、ヤミ專從については、形式上あるいは名目上、專從役員ではないため、かれらの賃金は會社が給与という形で支拂っている。

一般的にいって、專從役員の人事評価はその企業の同じ學歷、同じ年齡集団のなかでは高いほうに格づけされている。

(3) 別途提出される「吳報告」にあるように、たとえば、D勞働組合やE勞働組合には、協定外の專從役員（つまり「ヤミ專從」）はいない。

しかし、A勞働組合には專從役員（26人）を大きく上回るヤミ專從（93人）がいる。業務上、營業所などが全國展開している大企業であるため、實質上の專從役員が求められているためであると推測される。また、B勞働組合にも專從役員（7人）とほぼ同數のヤミ專從（6人）がいる。さらに、C勞働組合の場合、時期によって、專從役員でない支部長が組合の仕事に專念することがある。

以上

VI. 호 주

1. 국가별 연구

가. 서 론

한국 고용관계의 쟁점 가운데 하나인 사용자의 노조전임자 급여지급 문제, 이와 연계하여 최근 노동조합의 노조전임자 근로시간면제 확대 시도는 서구 노사관계 역사와는 매우 상이한 역사적 궤적을 해온 한국의 분권화되고 파편화된 기업별 노사관계 틀 속에서 배태되어진 현상이라고 보아야 한다. 즉, 해외 여러 국가에서 노조전임자 제도, 관행 및 임금 등을 살펴보아야 하는 이유는 소위 글로벌 표준을 지향해야 한다는 관점에서보다 왜 국가마다 다양한 제도와 관행들이 형성되어 있는가에 주목하고, 우리의 노사관계 발전을 위해 어떠한 부분을 조정해 나가야 할 것인가에 대한 대안을 찾고자 해야 할 것이다. 특히, 각 국의 노사관계는 그 나라의 정치·경제·사회적 환경과 노사간 힘에 따라 유사성보다 차이점을 더 많이 가지고 있기 때문에 더욱 그러하다. 2000년대 초반까지 convergence와 divergence의 논쟁에서 신자유주의적 접근으로 수렴될 것이라는 많은 주장들이 있었지만, 여전히 유럽 국가에서 조정 메커니즘이 유효하게 존재하고 있다는 신조합주의 관련 연구들 또한 상당히 이루어지고 있다. 이는 우리나라에서 노조전임자 문제를 바라보는 관점 역시 유사하게 적용되어야 함을 의미한다. 노조전임자에 대한 제도적 혹은 관행적 특성 또한 시대적 환경에 대응하는 과정에서 형성되고 변화되어져 왔기 때문에, 단순한 국제비교만으로 노조전임자의 활동을 제도적으로 규정짓고자 하는 시도는 매우 신중할 필요가 있을 것이다. 특히, 업종 혹은 산업별 노사관계가 발달되고 노동당/사민당의 정치적 영향력이 높았던 국가에서 초기업단위 노동조합 재정 및 운영과 우리나라의 기업별 노사관계체제에서 기업별 노동조합의 재정 및 운영이 단순 비교되는 것은 더욱 조심스러운 접근이 요구된다. 따라서 여기에서 제시되는 호주의 노조전임자에 대한 제도 및 관행은 호주 노사관계의 역사적 배경과 조건 하에서 이해되어야 할 것임을 미리 밝히고자 한다.

호주 고용관계에서 노조전임자가 노사 혹은 노사정 간 중대한 이슈가 된 적은 없었으며,

지금까지도 노조전임자 문제는 제도적으로 혹은 관행적으로 갈등의 소지가 된 경우는 매우 미미하다. 가장 큰 이유는 호주 노동조합운동은 20세기 전반에 걸쳐 직종별 혹은 산업별로 발달되었으며, 직종별/산별노동조합이 상당한 기금을 확보하고서 노조전임자를 고용하거나 현장단위에서 선발하여 임금을 제공해왔기 때문이다. 기업별 수준에서는 여러 업종별 작업 장대표자들(혹은 숍 스튜어드)이 노동조합과 조합원간 중간자 역할을 해왔다. 이들은 개별기 업의 종업원으로써 계약관계를 가지며, 주당 수 시간의 노동조합 활동을 해왔으며, 이러한 활동에 대한 근로시간면제는 노사간 자율적으로 결정해온 것이 보편적이었으며 노사갈등의 원인이 되지 못했다. 다만 1990년대부터 2000대 중반까지 급격한 분권화, 개별화를 경험하 면서, 작업장대표자 권리의 중요성을 인식하기 시작하였고, 2009년 호주 정부는 공공부문에 대해 작업장대표자의 권리에 대한 원칙을 제공하여 공공부문 단체협상의 가이드라인으로 활 용하고 있다.

다음에서는 호주 노동조합 및 집단적 노사관계 제도의 역사적 변화과정을 살펴보고, 노 조전임자 그리고 작업장대표자의 권리에 대한 규정을 확인하고자 한다. 이와 함께, 호주 공 공부문 기업별 단체협약에서 대부분 적용되고 있는 작업장대표자의 근로시간면제 규정을 살 펴봄으로써 제도적 시사점을 제공하고자 한다.

나. 호주 노동조합과 협상구조

(1) 호주 노동조합의 역사

1800대 초반부터 시작된 호주 노동조합의 역사는 초기 숙련노동자들의 조합으로 시작되 었으며, 1870년대부터 반숙련 노동자들의 조합이 결합되기 시작했다. 1880년대 말까지, 노동 조합은 상당한 조직률과 힘을 갖추었다. 하지만 1890년대 대투쟁의 실패 경험은 커다란 전 환점이 되었다. 노동조합은 강제 알선 및 중재(compulsory conciliation and arbitration) 제도를 활용하여 노동조합의 영향력을 확대하고자 하였다. 이러한 기조는 1990년대까지 노동조합을 정부가 유일하게 인정하는 종업원 대표기구로 만들었다. 결과적으로 20세기 전반에 걸쳐 호 주 노동조합은 50% 이상의 가입률, 비교적 민주적 내부구조, 강력한 노동조합 간 연대 및 정 당과의 밀접한 관계를 가지고 폭넓은 노동운동을 전개하였다. 하지만 1980년대 후반을 정점 으로 현재까지 노동운동의 급격한 쇠퇴를 경험하였고, 2000년에 들어서도 산업 내 그리고 정치적 힘은 약화되고 있다.

1) 1890년-1899년

1880년대 말까지, 노동조합은 성장세를 나타냈다. 대다수 산업에서 조직화에 성공하였으 며, 안정적인 경제상황과 지속적인 노동수요로 인해 많은 노동자들은 임금과 근로조건의 상 당한 개선을 이루어냈다. 하지만 1890에서 1894년 사이, 네 차례 거대파업(해운, 축산 및 광산업)에서 패배하면서 새로운 변화를 필요로 하였다. 노동조합은 신속하게 패배에 대한 교훈을 얻었다. 국회를 통한 직접 정치참여 없이, 그리고 사용자들이 노동자들의 조직을 인정하도록 강제할 수 있는 수단 없이, 노동조합이 사용자들의 집단적 대응을 극복하기 어렵다는 것이었다. 이를 위해, 노동조합들은 자신들의 정당설립과 강제중재를 통한 보호에 관심을 가지게 되었다. 1891년 뉴 사우스 웨일즈 주에서 노동당이 창당되었으며, 이후 다른 주에서도 신속하게 노동당이 설립되었다. 최우선 과제는 근로조건 개선, 사회복지시스템 개발 및 아시안 인력의 제한에 대한 법률제정이었다. 이때부터 노동조합과 노동당은 매우 밀접한 동반자 관계가 되었다.

2) 1900년-1989년

노동조합은 강제중재를 위해 노동재판소를 설치하고자 압력을 행사하였다. 노동재판소는 분쟁 청문회에 노사의 참석을 강제할 수 있는 힘을 가지고, 재정(award)을 법적으로 산업이나 업종에 포괄 적용할 수 있는 권리를 가지도록 하였다. 1880년대 이후 노동조합은 자율 중재(voluntary arbitration)를 활용하였으나, 대투쟁 이후 강제중재의 필요성이 설득력을 얻게 되었다.

1890년대와 1900년대 초 알선 및 중재재판소 혹은 임금 위원회가 모든 주에 설치되었다. 중재 법원(Arbitration Court)은 1904년에 설치되어, 주 경계를 넘어서는 분쟁을 해결하도록 하였다. 알선 및 중재의 주/연방 시스템의 발달은 노동조합에게 당시까지 부족했던 안정성과 보호 장치를 제공해주었다. 특히, 중재 법원은 노동조합의 성장에 중요한 추동력이 되었다. 중재 법원의 핵심 목표 가운데 하나는 노동자들의 조직화를 촉진하는 것이었다. 중재 법원의 법역(法域)에 포함되기 위해서, 노동조합은 연방 알선 및 중재법(Conciliation and Arbitration Act 1904)에 간소하게 등록만 하면 되었다. 만약 등록한 노동조합들이 한 개 주를 넘어선 산별분쟁에 관여한다면, 노조는 법적으로 강제하는 중재재정(award)을 획득할 수 있는 자격이 되었다. 이로 인해, '산별분쟁'은 노동조합이 파업과 같은 행동을 위해 시간과 자원을 낭비할 필요가 없는 법적 형태가 되었다.

중재 법원의 초기 결정들은 노동조합의 설립과 등록을 촉진시켰으며, 또한 사용자들이 노조조합원과 비조합원에게 중재재정 조항을 충족시키도록 하는데 기여하였다. 1901년에서 1921년 사이 호주 노동조합 가입률은 6%에서 52%로 급격하게 상승하였으며, 이는 세계에서 최고수준의 조직화 정도를 보여주었다.

호주 노동조합의 수와 형태 또한 중재법 하에서 변화하였다. 1921년까지 노동조합의 수는 382개였으며 1980년대 후반까지 비슷하게 유지되었다. 하지만 실제로는 오래된 노조들이 사라지거나 다른 노조와 통합되었으며, 새로운 노조들이 탄생하였다. 특히 중요하게 변화한 형태는 세 가지 경향으로 살펴볼 수 있다. 첫째, 노동조합 통합이 진행되면서 생산직 노동조

합 수가 감소하였다. 이러한 경향은 호주 노동조합의 직업별 구조를 반영하였으며, 일부에서
는 종사자의 수가 증가하면서 노동조합이 대규모화되기도 하였다. 둘째, 1970년대 이후, 생
산직 고용의 감소와 달리 사무직 고용이 증대되면서 사무직 노동조합 수가 증가하였다. 마
지막으로, 다수의 소규모 노동조합들과 별개로, 소수·대형 노동조합들의 합병이 있었다. 예
를 들어, 1979년, 조합원 수가 10,000명 이하인 80%의 노동조합들이 전체 가입률에서 차지하
는 비중은 오직 14%였으나, 50,000명 이상을 가진 4%의 노동조합은 전체 가입률의 44%를
차지하였다(Rimmer, 1981).

호주 노동운동의 또 다른 커다란 발전은 1920년대 이루어졌다. 1927년 호주 노총
(Australian Congress of Trade Union, ACTU)이 설립되었다. 호주 노총은 상이한 산업별/정치적
목표를 가진 다양한 이해집단(정통적인 직능별 조합을 지향하는 집단과 자본가계급을 붕괴시키고
계급에 기반을 둔 단일조직을 지향하는 집단)을 통합하였다. 호주 노총은 노동운동의 다양한 구
성원들을 융합시키는데 성공하였다. 호주 노총의 역할과 위상은 시간이 흐름에 따라 변화하
였다. 1950년대까지, 호주 노총의 노동운동은 내부적으로, 주 노동위원회 그리고 자체 기금
과 투쟁력을 지향하는 개별 전국단위 노조들과 주도권 확보를 위해 노력하였다. 1970년대
후반기 비로소 호주 노총의 지도부는 상당한 영향력을 발휘하기 시작하였다. 1980년대 동안,
호주 노총은 노동당 정부와 사회적 합의(Accord)를 협상하면서, 호주 정치의 핵심 주체로 등
장하였으며 가입 노조들에게 상당한 권한을 행사할 수 있게 되었다. 경제/사회 정책 및 매우
집중화된 임금 정책을 결정하는 사회적 합의(Accord)의 역할을 감안할 때, 개별 노조지도자
들은 호주 노총의 의사결정 과정에 참여하는 것이 매우 중요하다고 인식하였으며, 호주 노총
결정의 권한을 수용해야 한다고 생각하였다.

3) 1990년-2000년대

1980년대 후반까지, 호주 노동운동은 여전히 강하였다. 조직률은 거의 유지되었고, 호크
노동당 정부와 Accord 관계를 통해 상당한 정치적 파워를 행사하였다. 그러나 노조가입률
하락, 노조 영향력 감소 등 위기의 징조들은 나타나고 있었다. 20세기 마지막 10년은 호주
노동조합에게 그다지 좋지 못한 시기였다. 1990년대와 2000년대 호주 노동조합의 특징은 세
가지로 살펴볼 수 있다. 첫째, 노조 가입률의 급격한 감소이다. 1990년대 동안, 노조 가입률
은 매년 하락하였으며, 1992년에서 1999년 사이 매년 2% 포인트 정도 낮아졌다(Cully, 2000).
2000년에는 거의 작업장의 1/4만이 노조화되었다. 2000년대 동안, 2000, 2001 그리고 2005년
약간의 상승이 있었지만, 가입률은 지속적인 하향세를 보여주었다(Bary et al., 2009). 2012년
노조가입률은 18%까지 떨어졌으며, 공공부문 가입률은 43%인 반면 민간부분은 13%로 매우
낮아져 그 격차가 확대되었다.

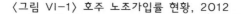

〈그림 Ⅵ-1〉 호주 노조가입률 현황, 2012

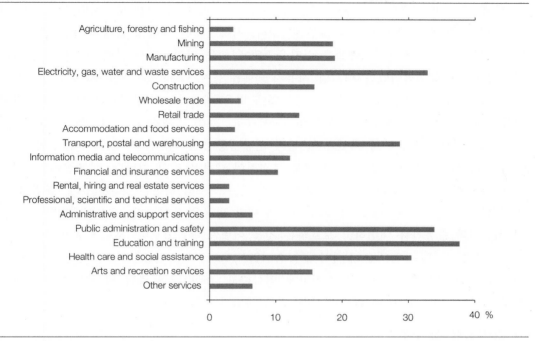

출처: Australian Bureau of Statistics, 2013.[1]

둘째, 노동당 연방정부와 다소 멀어지면서, 노조의 정치적 파워 역시 약화되었다. 특히, 1991년 폴 키팅 수상 이후 더욱 두드러졌다. 사용자들의 정치적 압력이 증가하고 1993년 선거패배 이후, 노동당은 점차 신자유주의 정책으로 이동하였다(Bray and Walsh, 1998). 노동조합들은 분권화된 교섭으로의 전환을 지지하였다. 1996년 자유 국민당 연합정부가 출범하면서, 노동조합의 위치는 더욱 심각하게 추락하였다. 노동조합의 거의 어떤 이슈에도 참여하지 못하였고, 1996년 사업장관계법(Workplace Relations Act 1996)은 반－노조 의도와 효과를 가져다 주었다. 하워드 정부가 상원의 다수석을 차지하는데 실패한 것만이 유일하게 더욱 심각한 노조약화를 차단하는 정도였다(Griffin and Svensen, 2002). 이미 약화된 상태에서, 2005년 호주 노동조합은 더욱 어려움을 겪게 되었다. 당해 호주 국회는 재선에 성공한 하워드(Howard) 보수정부의 사업장관계개정(근로선택)법(Workplace Relations Amendment Act 2005, WorkChoices)을 통과시켰다. 2006년 3월 27일 발효된 이 법은 기존 사업장관계법(Workplace Relations Act 1996)의 상당한 변화를 낳았으며, 보수당 정부는 과거 실행하지 못했던 노사관계

---

1) http://www.abs.gov.au/ausstats/abs@.nsf/Latestproducts/6310.0Main%20Features2August%202012?opendocument&tabname=Summary&prodno=6310.0&issue=August%202012&num=&view=

의 많은 부분을 마침내 현실화시켰다(Baird et al., 2006).

셋째, 이러한 범주에서 노동조합의 영향력은 심각하게 약화되었다. 멤버십 감소와 점차 비호의적인 법적 환경은 문제의 일부분이었다. 사용자들은 새롭게 적대적 접근을 선택하였다. 과거 온건했던 사용자단체들은 신자유주의 정책을 지지하면서 급진적이고 공격적이 되었으며, 과거 협력적이었던 대기업 사용자들(예를 들어, Commonwealth Bank, Telstra, Qantas and BHP)은 노사관계 이슈에 대해 노동조합에 더욱 대립하는 경향이 나타났고, 작업장에서 고용관계 개별화를 구축하고자 하였다(Cooper et al., 2007). 노동조합의 집단행동은 매우 제한적인 조건하에서 가능하게 되었으며, 실제 집단행동 또한 방어적이었다. 근로선택법(Work-Choices)은 노조조직과 산업 효과에 매우 부정적이 내용을 담고 있었다. 단체협약은 개별 계약에 의해 무너졌으며, 단체협약을 강제할 수 있는 노조의 역량은 훼손되었다. 합법적인 노동쟁의는 더욱 힘들게 되었으며, 불법행위에 대한 벌금은 높아졌다. 근로선택법은 노동조합이 조합원과 운동가를 대변하고 보호하는 것을 어렵게 만들었으며, 무노조 사업장에 접근하고 조직화할 수 있는 능력은 심각하게 약화되었다(Cooper and Ellem, 2007). 이에 대응하여, 노동조합은 제도변화의 필요성을 절실하게 인식하고, 150년 노동조합 역사상 가장 혁신적인 정치 캠페인(Your Rights at Work)을 벌리기도 하였다.

(2) 단체교섭 구조

1) 재   정(裁定, Award)

재정(강제중재)은 호주만의 독특한 규제 제도로서, 한 때 호주 고용관계시스템의 핵심이었다. 하지만 분권화가 진행된 1990년대 이후, 특히, 2000년대 근로선택법(WorkChoices) 이후 재정의 위상과 역할이 급격하게 저하되었다. 그럼에도 불구하고, 재정은 여전히 중요한 부분을 담당하고 있다. 첫째, 개인별 협약이나 기업별 단체교섭이 증가되었음에도, 현장에서 기존 재정의 내용들은 호주 노동자들의 임금과 근로조건에 지속적으로 영향을 미치고 있다. 둘째, 재정은 법적으로 강제할 수 있는 최저고용기준(or 안정망(safety net))의 기초를 제공하는 역할을 하고 있으며, 2007 러드(Rudd) 노동당 정부가 집권한 이후 그 중요성이 일부분 회복되었다.

대다수 서구 노사관계에서 단체교섭이 집단적 고용관계를 결정하는 중요한 제도적 장치였던 것과 비교하여 호주에서는 1980년대까지 재정이 호주 고용관계시스템을 결정하는 주요 장치였다. 재정(Award)은 개별 기업 혹은 산업에서 고용 기간과 조건을 포함하고 있는 일종의 법적 구속력을 가진 판결문 혹은 문서로 정의할 수 있다(Sutcliffe and Callus, 1994). 1904년 알선 및 중재법 제정 이후, 노동재판소(노사관계위원회(Australian Industrial Relations Commission)의 전신)는 분쟁의 양당사자로부터 제출된 증거와 주장을 청취한 후, 재판소 위원들이 판결을 내리면 그 결정문이 재정이 되었다. 바꾸어 말하면, 노동 재판소 위원들이 재정의 대상이 되

는 근로자들의 최저임금 및 근로조건을 결정하도록 하는 매우 일방적인 독특한 룰-제정방식
이었다.

역사적으로, 재정은 알선 및 중재 재판소가 노사분쟁을 해결하는 수단이었으며, 호주 전
체 고용관계시스템을 규율하는 핵심적인 장치였다. 2005년 근로선택법 이전까지 재정의 수
는 4,053개 있었으며, 연방 전체에 적용되는 것이 2,251개, 주 단위에 적용되는 것이 1,802개
였다. 즉, 재정이 영향을 미치는 근로자의 수와 범위는 매우 폭넓었다.

재정은 산업, 직종 및 기업단위 재정을 포함하였으며, 복잡한 구조로 이루어졌다. 이는 재
정의 역사가 계획적으로 구조화된 것이 아니라, 20세기 초 재정이 만들어진 이후 사용자, 노
동조합, 종업원의 변화하는 요구에 대응하는 과정에서 무계획적으로 진화해왔기 때문이다.

재정은 매우 파편화된 룰-제정 과정과 집중화된 룰-제정 과정을 동시에 가지고 있었다.
재정이 만들어지는 과정은 단체교섭 수준과 마찬가지로 개별 기업, 산업, 업종 등 여러 수준
에서 이루어졌다. 바꾸어 말하면, 재정의 제정은 협상 대상이 되는 주체들뿐만 아니라 재정
대상에 포함되는 종업원과 사용자에 영향을 미쳤다.

다른 한편으로, 여러 조정 메커니즘을 통해 집중화를 이루었다. 우선, 초기부터, 노동재
판소의 의사결정 방식은 매우 일관성 있게 적용되었다. 기본적으로, 근로자들이 일하는 곳에
관계없이 유사한 직무를 가진 근로자들은 유사한 임금과 근로조건을 보장받아야 '공정성
(fairness)'을 달성할 수 있다는 기준으로 설계되었다. 둘째, 노동 재판소는 고용관계에 중요한
이슈를 검토하는 '시범 사례(test cases)'를 시행하고, 결정하여 모든 재정에 동시에 적용하였
다. 예를 들어, 근로시간단축, 휴가제도, 정리해고 요건 등이 여기에 해당되었다. 셋째, 모든
재정에 동시에 적용시켰던 가장 대표적인 사례는 임금 결정이었다. 1920년 알선 및 중재법
개정을 통해 시험적인 전국단위 임금결정을 가능하도록 하였고, 2차 대전 이후, 이러한 결정
을 전국단위 임금 결정(national wage cases)으로 간주하였다. 1950-60년대, 이러한 전국수준
의 임금 결정은 더욱 보편화되어 기본임금을 결정하였으며, 1970-80년대 호주 근로자들의
임금 인상률을 결정하는 물가임금연동(wage indexation) 시스템으로 발전하였으며, 단체협약
은 이를 보완하는 형태로 진행되었다. 호주 근로자들의 임금 및 근로조건은 재정에 상당한
영향을 받게 되었으며, 1974년 재정 및 단체협약이 확장되는 범위는 전체 작업장의 87%에
다다랐으며, 기업별 교섭이 도입되기 전인 1990년까지 80% 수준을 유지하였다.

하지만 1980년대 후반과 1990년대 초반, 재정에 의한 집중화된 시스템은 사용자들의 강
력한 저항에 직면하였다. 호주의 업종별 노동조합 형태와 마찬가지로, 재정 역시 사업장에
적용해야 하는 수많은 재정들이 존재하였고, 이는 사용자들에게 중복교섭과 교섭지연에 대
한 불만을 야기하였다. 또한, 전국단위 임금 및 근로조건의 결정은 사업장 혹은 기업 단위에
서 중요한 이슈들을 협상할 수 없고, 기업의 특수한 환경에 부적합한 기준을 수용해야 한다

는 사용자들의 불만을 야기하였다. 사용자들의 분권화에 대한 요구, 재정이 갖고 있는 복잡한 구조의 문제점을 개선하기 위한 변화가 1990년대 초반부터 진행되었다. 1993년 노사관계개혁법(Industrial Relations Reform Act)은 단체교섭을 지배적인 룰-제정 방식으로 만들었으며, 재정은 오직 '안정망'을 제공하는 수준으로 격하시켰다. 대다수 임금 인상은 기업별 교섭에 의해 이루어지게 되었으며, 노동조합의 보호를 받지 못하는 소수의 노동자들만이 재정에 의존하였다. 1996년 사업장관계법(Workplace Relations Act)이 제정되면서 재정의 범위는 줄어들게 되어, 재정의 내용은 20개 기본적인 근로기준으로 한정되었다. 이러한 재정의 단순화는 노사관계 시스템의 초점이 기업단위 사용자와 근로자간 관계로 이동했음을 의미했다. 이와 함께, 사용자의 경영권은 상당히 강화된 반면 노동조합이 작업장에 개입할 수 있는 부문은 감소되었다.

2005년 이후, 재정의 위상은 더욱 약화되었다. 2005년 근로선택법(WorkChoices) 이전에는 연방재판소의 법적 권한이 호주 헌법에서 명시한 '알선 및 중재'에 기초했기 때문에, 재정을 결정하기 위한 여러 절차상의 규칙들이 존재했다. 이러한 규칙들은 고용관계 당사자에게 상당한 시간과 엄청난 양의 고용관계 법률을 검토하게끔 만들었다. 하지만 근로선택법이 헌법상 '기업'에 기반을 두면서 노사관계위원회(AIRC)가 노사분쟁을 해결할 수 있는 중재력을 상당히 떨어뜨렸으며, 재정의 위상은 매우 약화되었다. 재정을 결정하는 절차는 매우 간소화되었으나 근로선택법 이후 새롭게 만들어진 재정은 거의 없었다.

또한, 근로선택법은 법적 구속력을 가지는 최저기준을 재정이 아니라 공정임금 및 근로조건 표준(Australian Fair Pay and Conditions Standards)에 의해 결정되도록 하였기 때문에, 중재 재정의 안전망 역할은 급격하게 감소되었다. 하워드 정부는 2005년 재정 검토 위원회(Award Review Task force)라는 행정조직을 신설하여, 재정 '합리화' 작업을 추진하였으며, 4,000개가 넘는 재정의 복잡한 시스템을 최대 100-150개로 줄여야 한다고 제안하였다. 하지만 2007년 러드 노동당 정부가 당선되면서 이는 진행되지 못하였으며, 러드 정부는 재정의 안전망 역할을 회복하고자 하고 있으며, 과거의 역할을 복원시키고자 시도하고 있다(Bary et al., 2009). 2009년 재정을 적용하고 있는 부분은 다음의 〈표 Ⅵ-1〉과 같다.

〈표 Ⅵ-1〉 재정 적용대상 이슈

- · 고용형태
- · 근로제공의 개시시기
- · 초과근로가산수당 및 제재가산수당 (교대근로자 포함)
- · 연간 임금제도
- · 수당
- · 휴가 및 휴가수당
- · 퇴직연금
- · 근로자와의 협의절차, 종업원대표절차, 분쟁해결절차
- · 하청근로자에 대한 임금과 근로조건
- · 산업별 정리해고제도
- · 적용기간

출처: 이강성·이철수·조준모·이인재·이승욱·조성재(2009), 최근 호주의 노조전임자 및 관련 노사관계제도 변화
    에 관한 연구, 연구보고서, p.41.

2) 단체교섭 법제도의 변화

19세기 동안, 여러 영어권 국가에서처럼, 호주의 초기 직종별 노동운동은 사용자들의 강한 저항에 직면하였다. 사용자들의 방해에도 불구하고, 경기변동에 따라 노동운동은 교섭력을 확보하거나 혹은 상반된 상황에 직면하기도 하였다. 호주 노동운동의 경우, 1890년대 대투쟁의 실패를 경험하면서 노동조합 활동가들은 제도적 해결장치로서 강제중재를 활용하였으며, 이 제도는 1990년대까지 노동조합 인정의 합법적 메커니즘을 제공하였다. 알선 및 중재법 하에서 등록된 노동조합만이 제도적 시스템의 혜택을 받을 수 있었으며, 노사간 자율적인 협상에 실패할 경우, 노동조합은 노동 재판소를 이용할 수 있었다. 해당 재판소는 노사분쟁의 사실을 공표하고, 강제 알선과 강제 조정을 위해 재판소에 출석하도록 강제할 수 있었다. 알선 이후, 분쟁이 해결되지 않으면 양측의 의견을 수렴한 후, 재판소는 중재활동을 진행하고 중재안을 노사 양측에 강제하였으며, 이는 법적이 효력을 가지게 되었다. 이러한 중재과정은 노동조합의 역할을 보장해주었으며, 사용자들이 노조와 교섭하게 하는 강한 유인이 되었다.

보다 실질적인 강제 알선 및 중재시스템이 단체협약의 법적 지위를 제공한 것은 1904년 알선 및 중재법이 제정된 이후였다(Stewart, 2008). 법적 지위는 두 가지 방식으로 이루어졌다. 첫째, 새롭게 도입된 재정(Award)은 제도적 도구가 되어 사용자와 종업원간에 법적 최저기준을 강제하였다. 이러한 재정들은 양 당사자간 교섭의 결과로 만들어지며 법적 효력이 발생하게 되었다. 둘째, 단체협약은 노사간 협약에 의해 이루어지지만 중재법 하에서 재판소에 등록하고, 재판소의 인준을 받아야 했다. 단체협약은 이 과정을 거쳐야 재정으로서 효력을

발휘하게 되었다(Frazer, 2003). 인준되지 않은 단체협약은 재정을 대체하였다기보다 대부분 당사자간 비공식적 합의로서 보완적 성격을 가지고 있었다(Stewart, 2008).

노조인정에 대한 법적 메커니즘과 강제 알선 및 중재시스템을 통한 단체협약 결과의 법적 지원을 받는데 성공하면서, 노조운동은 20세기 초 경제호황기를 누릴 수 있었으며, 상당한 조직 확대와 고용관계의 집단적 규제를 강화할 수 있었다. 하지만 이러한 제도적 장치가 노동조합에게 자유로움만을 제공한 것은 아니었다. 사실, 알선 및 중재 시스템은 노동조합의 쟁의행위에 대한 법적 제약을 설정하였으며, 교섭 상의 전술적 행위 혹은 단체협약의 범위와 내용에 대한 제약을 포함하였다. 예를 들어, 정부는 노조등록의 조건을 강제하여 특정 형태의 노조지배구조 혹은 특정 행동을 수용하도록 강제할 수 있었으며, 재판소는 당시의 임금정책에 부합하지 않는 단체협약을 인정하지 않을 수 있었다. 또한, 재판소의 명령에 반하는 노조의 쟁의행위에 대해서는 상당한 벌금을 부여하였다(Creighton and Stewart, 2001).

하지만 단체협약의 전통적인 법적 지위는 1990년대 급격하게 변화하였다. 첫째, 연방법이 재정보다 당사자간 교섭에 우선권을 부여하면서, 노조인정에 대한 법적 메커니즘이 바뀌었다. 1993년 노사관계개혁법(IRRA)은 처음으로 성실 교섭(bargaining in good faith)의 개념을 도입하여, 노사 당사자간 분쟁을 해결하도록 하는 것을 법적 의무사항으로 설정하였다(Naughton, 1995). 1996년 작업장관계법(WRA)은 이 조항을 폐기하였으나, 어떤 새로운 대안을 도입하지는 않았다. 결과적으로, 1996년 이후 노동조합은 비타협적인 사용자들에게 단체교섭을 강제할 수 있는 제도적 메커니즘을 상실하게 되었다. 노조인정에 대한 법적 메커니즘의 상실은 2000년대 빈번한 노사분쟁의 원인이 되었으며, 2007년 선거에서 보수연합 대 노동당간의 정책적 이슈가 되기도 하였다.

둘째, 단체협약의 법적 지위는 단체 혹은 개인 교섭으로 시스템화 되어졌고 재정의 중요성은 현격하게 낮아졌다. 연방법은 점차적으로 노사 당사자에게 과거에 비공식적 협약들을 공식화하도록 유도하고, 이를 법적으로 인정하였다. 또한, 연방법은 과거 재정에 포함된 최저 기준을 어길 경우 불법이 되었던 합의들도 이제는 노사간 합의를 할 수 있도록 상당한 기회를 제공해주었다(Stewart, 2008). 특히, 근로선택법은 단체 및 개인별 협약이 재정을 대체할 수 있도록 하였다.

셋째, 노동쟁의에 관한 법적 규제가 변화하였다. 1993년 노사관계개혁법은 호주역사상 처음으로 파업에 관한 부분적 권리를 도입하였다. 일정 조건들이 충족될 경우, 노동쟁의에 참가한 당사자에게 법적 벌금을 제외시켜 주었다. 이러한 조건들은 새롭게 인증된 단체협약을 지지하는 것과 관련된 행위, 행위 주도자(노동조합)가 자신의 주장을 관철하기 위해 협상을 진행하고자 했던 경우 그리고 노사관계위원회(AIRC)가 설정한 교섭기간에 관한 규칙 내에서 행위가 발생한 경우를 포함하였다. 1996년 작업장관계법(WRA)은 대체로 이러한 기조를 유지하였으나, 새롭게 몇 가지 노동쟁의의 제약조건들을 도입하여 종업원과 노동조합의 쟁의행위 범위를 축소하였다(McCarry, 1997). 반면, 직장폐쇄의 제약조건들은 더욱 줄어들었다. 나아가, 근로선택법(WorkChoices)은 노조가 파업을 하고자 할 때, 조합원을 대상으로 강제 비밀투표를 하도록 하였으며, 합법적인 노동쟁의의 조건을 축소하였으며, 비합법적 쟁의 이슈를 관리하던 노사관계위원회(AIRC)의 권한을 삭제하였다. 그 결과, 종업원과 노동조합이 쟁의행위를 할 수 있는 역량을 약화시켜 규제가 없는 단체교섭(free collective bargaining)으로 나아갔다.

　　마지막으로, 최근의 주요 변화는 무노조 단체교섭의 발전이라 할 수 있다. 1993년 노사관계개혁법(IRRA)은 노사 당사자였던 노동조합 없이 단체협약의 승인을 가능하게 했다. 하지만 당시 기업 유연성 협약(Enterprise Flexibility Agreements)은 엄격한 절차상의 전제조건들 때문에 거의 사용되지 않았다. 1996년 작업관계법(WRA)은 이러한 전제조건들을 축소시키고, 무노조 단체협약의 기회를 확대시켰다. 이러한 무노조 단체협약은 주로 사용자에 의해 주도되었으나, 협약을 종업원들에게 공지하고, 다수의 종업원들이 협약에 동의한다는 것을 확인받도록 하였다. 근로선택법(WorkChoices)개정 하에서, 이러한 협약은 종업원 단체협약(employee collective agreement)으로 지칭되고 있다.

3) 단체교섭 관행

　　20세기에서 현재에 이르기까지 호주 노사관계에서 노조인정, 단체협약 및 쟁의행위 이슈는 노사간 정치적, 법적 투쟁의 대상이 되어왔다. 사용자들은 항상 노조에 관한 법적인 제약조건들을 더 만들고자 해왔으며, 노조가 교섭력이 높을 때는 단체교섭보다 중재제도를 활성화시키고자 하였다. 반대로, 노조는 자신의 힘이 강할 때는 중재제도보다 교섭을 통해 더 높은 임금 및 근로조건을 확보하고자 하였다. 즉, 노사 모두 자신들이 고용관계 주도권을 가질 때, 단체교섭과 중재제도 중 유리한 방식을 채택하고자 하였다. 이러한 경향은 교섭의 수준과도 관련성이 있었다. 호주에서 단체교섭은 분권화와 관련되어 있었으며, 중재는 집중화와 밀접한 연관성을 가졌다. 최근까지 단체교섭의 변화과정을 살펴보면 〈표 Ⅵ-2〉와 같다.

　　1960년대 후반에서 70년대 초반까지는 전통적으로 노동조합이 강한 교섭력을 확보했던 시기였다. 사용자들은 대체로 전국단위 임금 설정(national wage cases)을 제공한 집중화된 중재를 지지하였으며, 이를 통해 노동비용 통제와 노동조합의 파업을 차단하고자 하였다. 반대로, 노동조합은 작업장 혹은 기업단위의 분권화된 단체교섭을 통해 조합원들의 임금과 근로조건을 향상시키고자 하였다. 하지만 중재와 단체교섭간 관계는 다소 복잡하였다. 대다수 노동조합은 단체교섭을 통해 재정보다 높은 임금과 근로조건을 달성하고자 하였다. 즉, 단체교섭은 재정을 대체하기보다 보완하기 위해 활용되었다. 나아가, 강한 노동조합은 단체교섭을 활용하여 재정보다 높은 결과를 쟁취하여 재정 조건을 향상시키고, 이를 새로운 재정으로

〈표 VI-2〉 호주 단체교섭 관행의 변천과정

시 기	내 용
1960s 후반~ 1970s 초반	중재시스템 내에서 상당히 분권화된 교섭, 재정(award)남용 수준
1970s 중반~1981	집중화된 물가임금연동제를 통해 중재재판소(arbitration tribunals)가 임금 인상을 통제하고자 함에 따라 단체교섭은 제한적 수준
1981~1983	물가임금연동제 폐지 이후, 재판소의 인준 하에 분권화된 단체교섭의 재등장
1983~1986	임금 인상을 엄격하게 억제한 사회적 합의(Accord)의 범주에서, 중재재판소에 의해 관리되는 매우 집중화된 물가임금연동제 중심. 단체교섭은 거의 없음
1987~1991	재판소의 관리에 의해 이루어진 임금 시스템의 점진적 분권화, 관리된 분권화의 일부로서 중재와 병행하여 기업별 교섭 증가
1991~1996	기업별 교섭 형태로 분권화된 단체교섭의 증가, 중재재정은 안정망 수준으로 제한
1997~현재	분권화된 단체교섭이 유노조 업종에서 지배적인 룰-제정 방식이 되었으나, 지속적으로 업종축소 및 범위 축소. 개인별 교섭 및 경영권이 무노조 업종에서 지배적이 됨. 재정은 점차 제한적인 안정망 제공

출처: Bary et al., 2009, Employment Relations: Theory and practice, Rorth Ryde: McGraw Hill Australia, p.325.

만들고자 하였다. 마찬가지로, 약한 노동조합은 강한 노조의 합의내용과 비교하여 자신들의 재정을 높이고자 하였다. 그 결과, 당시는 높은, 통제되지 못한 임금 인상이 이루어지던 복잡하고, 불안정한 고용관계 시기였다고 볼 수 있다(Plowman, 1986).

1970년대는 전후 호황기가 종료되고, 실업과 인플레이션이 급속히 확대되었으나, 호주의 노동조합은 비교적 강하였다. 사용자들은 노조통제의 수단으로 집중화된 중재를 지지하였으며, 적극적으로 단체교섭을 제한하고자 하였다. 호주 노총(ACTU)은 임금 재정을 통한 물가임금연동제(national wage indexation) 방식에 동의하였으며, 이 방식은 호주 전체 근로자의 임금 정책의 한 형태가 되었다. 이 임금 정책의 방향은 생계비 인상을 넘어선 임금 인상을 자제하고, 소비자 물가지수(CPI)에 따른 임금 인상을 설정한다는 것이었다. 연방위원회(연방재판소)만이 단체협약을 인준해주고, 법적 효력을 가졌으며, 협약내용은 물가임금연동제 방식을 수용해야 했다. 이로 인해, 물가인상분보다 더 높은 임금 인상을 달성할 수 있었던 호주 노총 산하 강한 노조들은 강한 불만을 제기하였고, 호주 노총의 물가임금연동제 방식에 대한 지지는 어렵게 되었다. 또한, 1975년 보수당 정권이 집권하면서 물가임금연동제 방식에 의한 집중화된 임금 정책은 흔들리게 되었다. 1980년까지 집중화된 임금 정책은 유지되었으나, 임금인상-물가상승-임금 인상의 악순환을 효과적으로 대응하지는 못했다(Plowman, 1986).

1981년 국가 경제정책의 이름 하에 임금을 관리하고자 했던 집중화된 중재제도가 폐지되면서, 산별단체교섭은 빠르게 증가하였으며, 이와 병행하여 파업 역시 확산되었다. 집중화된 임금규제가 사라지면서, 호주 노총은 성공적으로 노동운동을 전개하였다. 특히, 금속 산별노조는 상당한 임금 인상과 근로시간단축을 이루어냈고, 이러한 성과는 여타 산업으로 확대되었다. 1960, 70년대와 달리, 노사관계위원회(AIRC)에서는 어떤 사전적 메커니즘을 제공하지 않았다(Plowman, 1986). 1980년대 초반 임금 인상에 따른 노동비용 상승, 경기 악화 등 불안정한 경제상황에 직면하면서, 정부는 임금 정책의 변화가 요구되었다.

1983년 프레이저(Fraser) 정부는 자유당 정권의 정책기조에 신임을 묻기 위해, 연방의회 해산과 선거를 실시하였다. 이에, 노동당과 호주 노총(ACTU)은 가격 및 소득에 관한 정책기조에 합의한다는 선거공약을 통해 호크(Hawke) 노동당 정부의 집권을 이루어냈다. 호크 노동당 정부는 노동조합과 물가 및 소득에 관한 사회적 합의(Accord)를 달성하였다. 과거 물가임금연동 방식의 개정을 통해, 1983년에서 1986년 사이 호주 역사상 중재의 가장 집중화된 시스템을 도입하였다. 노동조합은 임금에 대한 양보를 제공하였으며, 정부는 연금, 세제개편 등 각종 사회보장 혜택을 확대하였다. 이 기간 동안, 모든 임금 인상이 정부에 의해 결정되었기 때문에, 단체교섭은 사실상 허락되지 않았다. 근로조건의 심대한 변화 역시 특별 중재를 통해서 인준을 받아야 했다(Gardner, 1990).

사회적 합의(Accord)에 기초한 호주의 임금 정책은 노사분규, 고용률 및 실업률에 효과적으로 기여하였으나, 1980년대 후반 경제 위기가 재현되었다. 이와 더불어, 뉴-라이트에 영향을 받은 강경 사용자들은 서서히 임금 정책에 대한 반대를 주창하였다. 사용자들은 중재 시스템보다 단체교섭을 통한 분권화를 요구하였으며, 노동운동은 이미 약화되기 시작했다. 1986년 말 호주 노총(ACTU)은 물가임금연동제를 포기하였고, 노총 산하 강경 노동조합은 호주노총과 정부가 지나친 밀월관계에 불만을 표출하면서, 기업단위 교섭을 지지하였다(Briggs, 2001). 1987년 노사관계위원회(AIRC)는 새로운 임금 인상 기준으로 이원적 임금체계(two-tiered wage system)를 제시하였다. 예를 들어, 1987년 3월 일률적으로 10달러 정액으로 임금을 인상하고, 이듬해 2월 추가로 6달러 정액 인상한다. 16달러 정액 인상 외에 4% 생산성 향상 여부에 따른 임금 인상이 될 수 있다. 즉, 집중화된 중재재정과 산별 혹은 기업단위에서 제한적인 단체교섭의 결합 형태라고 할 수 있다(Gardner, 1990).

호주 노사관계에서 중재와 단체교섭 간 균형은 1990년대 초반 단체교섭 분권화가 진행되면서 변화되었다. 1993년 키팅(Keating) 노동당 정부는 집단적인 룰-제정의 주요 형태로 분권화된 단체교섭을, 재정은 부차적인 안정망 역할로 재편하였다. 나아가, 무노조 단체협약을 제도적으로 도입하였다. 이후, 사용자들의 강력한 지원 하에 등장한 하워드(Howard) 보수 연합정부는 단체교섭을 여러 형태의 룰-제정 유형 가운데 하나로 만들었다. 점차적으로, 비교적 강성 노동조합이 있는 섹터는 고립되었으며, 기업단위를 넘어선 교섭은 금지되었고, 교섭의 범위는 축소되었다. 혹독한 연방 연합정부와 강경 사용자들에 직면한 노동조합은 강력한 중재 시스템을 유지하는 것이 얼마나 중요한지 깨닫게 되었다. 하지만 이미 노동조합 조직률이 낮은 섹터에서 룰-제정은 개인별 계약, 경영권 및 낮아진 사회 안전망에 의해 고용관계가 결정되고 있었다. 2000년대 초반까지 기업별 단체교섭은 가장 보편적인 메커니즘이 되었으며, 집중화된 중재는 이미 과거의 유산이 되었고, 낮은 수준의 기준만을 제공할 뿐이었다(Bary et al., 2009).

다. 호주 노조전임자 제도 및 관행

(1) 노동조합 형태와 노조전임자

호주의 대다수 노동조합들은 전통적으로 직업별(occupational)로 구성되어 있고, 이로 인해 한 작업장 내에서 복수노조들이 존재해왔다. 작업장 단위에서, 한 사업장 내에 상이한 노동조합의 작업장대표자들(workplace delegates)로 구성된 숍(shop) 위원회 혹은 작업장대표자 위원회가 구성되어 있다. 이 위원회는 현장 단위에서 논의와 행동을 위한 노조간 협력의 주요 수단이 되고 있다. 일부에선, 작업장대표자 위원회들이 특정 기업 혹은 산업에서 매우 적극적인 활동을 해왔으나, 대체로 현장단위의 노조조직의 부재는 작업장대표자 위원회가 그다지 폭넓게 형성되지는 않았다는 것을 의미한다.

마찬가지로, 동일산업에 있는 노동조합들 역시 종종 산별연맹을 형성하고 있다. 작업장대표자 위원회와 같이, 복수노조체제는 노동조합 간 협력을 필요하게 하였다. 다만 작업장대표자 위원회와 달리, 산별연맹에서는 여러 노동조합들의 노조전임자(full-time union officials)로 구성되는 경향이 있다. 산별활동들(예를 들어, 근로시간 단축, 임금 인상 혹은 연금과 이슈들)은 해당 산업 내 노조들과 공동으로 진행되며, 정치적 로비 활동들(예를 들어, 생산품 시장 보호, 고용 촉진과 같은 이슈들)은 일반적으로 산별연맹(industry Federations)의 의제가 되고 있다.

노동조합의 내부 지배구조는 노동조합 정책과 행동의 의사결정이 이루어지는 일련의 과정으로 설명될 수 있다. 즉, 내부 지배구조는 개별 노동조합 조합원들이 노동조합의 활동에 참여하는 공식적인 메커니즘을 보여주는 것으로, 자신들의 고용관계를 규정하는 규칙에 영향을 미치게 된다. 호주의 노조전임자를 이해하기 위해서는 노조전임자(full-time union officials)와 작업장대표자(workplace delegates)를 구분할 필요가 있다. 작업장대표자는 노동조합 조합원들에 의해 선출되지만, 노동조합이 임금을 지급하지 않으며, 회사 혹은 작업장에서 고용관계가 이루어진다. 반면, 노조전임자는 종종 노동조합 조합원에 의해 선발되지만, 노동조합 활동을 위해 노조에서 임금을 지급받는다. 노조전임자는 작업장대표자 위원회에 의해 혹은 기존 노조전임자에 의해 지명될 수도 있다(Bary et al., 2009).

Martin(1980)의 설명에 의하면, 최고의사결정기구로서 연방단위(federal level) 조직에서는 일반적으로 노조전임자들이 그 역할을 담당하며, 주 단위(state level)에서는 파트타임 전임자들(part-time officials)이 많이 구성되어 있고, 작업장단위(workplace level)에서는 숍 스튜어드 혹은 작업장대표자들이 현장 위원회 등 활동을 담당한다.

하지만 실제 호주 노동조합 내에서 노조전임자의 역할을 위와 같이 단순화시키기는 어렵다. 1980년대 후반 이후, 노동조합의 힘을 강화하기 위한 노조통합(amalgamations)전략이 진행되면서 산업별/업종별/지역별 노동조합들이 통합되었다. 이들 노동조합간에 노조전임자와 작업장대표자의 역할들은 작업장 수준에서 조직의 힘에 따라 매우 상이하다(Rimmer 1989). 주 지부와 연방노조간 중요성의 차이 또한 존재한다. 일부에서는 연방노조의 힘이 매우 강하여 매우 집중화되어 있으며, 일부에서는 거의 주 지부가 주도권을 가지고 있다. 예를 들어, Transport Workers' Union of Australia(TWU)의 경우, 주 지부가 상당한 권한을 보유하고 있다. 사실, TWU는 연방노조와 주 지부간 주도권 싸움 이후, 주 지부가 승리하였고 연방수준의 지배구조는 주 지부 대표자들이 압도적인 수적우위를 점하였다(Bowden 1993).

(2) 노조전임자, 종업원대표자의 법적 권리와 역할
노조전임자의 권리와 역할

호주 고용관계에서 직종별/직업별 노동조합 형태를 유지해온 상태에서 노조전임자(full-time union officials)는 개별 기업단위가 아니라 초기업단위 노동조합에서 선출 혹은 고용한 형태가 일반적이라 할 수 있다. 호주에서 노조전임자의 법·제도적 권리를 별도로 구분하여 제정하고 있는 것은 아닌 것으로 보여진다. 다만, 2009년 제정된 Fair Work Act에는 노동조합의 권리를 규정하면서 사안별로 노조전임자의 권리를 규정하고 있다. 호주 뉴 사우스 웨일즈 상공회의소(NSW Business Chamber)의 자회사인 Australian Business Consulting & Solutions은 고용관계와 관련된 다양한 정보를 정리하여 기업들에게 제공해주고 있으며, 아래 내용은 해당 기관에서 제공하고 있는 노조전임자의 권리와 역할에 대한 정보[2]이다.

1. **노조전임자가 될 권리**(Right to become a union official)
노조조합원은 사용자의 어떤 방해없이 노조전임자로서의 책임을 다할 수 있는 자격이 있다. 사용자는 노조전임 희망자가 선거에 출마할 권리를 거부할 수 없으며, 선출된다면, 법 및 관련 재정 혹은 합의의 테두리 내에서 적법한 노동조합 활동을 하는데 시간을 활용할 권리를 거부할 수 없다.

2. **작업장출입권**(Right of entry to the workplace)
작업장출입권은 노동조합에서 심각하게 문제를 제기하고 있는 논쟁 중인 내용 가운데 하나이다. 간단하게 설명하면, 연방 및 주 법률은 노조전임자에게 관련 근로자들의 근로시간

---

2) http://www.workplaceinfo.com.au/industrial-relations/unions/#1

동안 작업장에 출입하고, 의논할 권리를 보장하고 있다. 이러한 의논 혹은 토론은 점심시간 혹은 비-정규근로시간일 수도 있다. 특정한 공지 조건과 여타 사전조항들이 적용되고 있다.

3. 작업장 근로자를 만날 수 있는 권리(Right to meet with employees at the workplace)

특정 노조가 특정 작업장 근로자들의 노사관계 이해를 대변할 자격을 가진다면, 해당 노조의 전임자는 근로자들과 논의를 위해 작업장에 출입할 수 있을 것이다. 하지만 이를 위해서는 여러 조건들이 충족되어야 한다. 가장 중요한 것은 전임자가 Fair Work Australia에서 발행한 출입허가서를 가지고 있어야 하며, 적어도 24시간 이전에 서면으로 사용자에게 출입 의사를 통지해야 한다. 논의는 비-근로시간(점심시간, 휴게시간)에만 가능하며, 종업원의 참여는 자율에 맡기고 있다. 사용자는 노조전임자가 근로자와 만날 수 있는 방 혹은 장소를 지정할 수 있고, 노조전임자는 이를 수용해야 한다. 또한 사용자는 전임자에게 지정된 특정 통로만을 이용하여 해당 방 혹은 공간으로 이동하도록 할 권리가 있다. 해당 방 혹은 공간은 목적에 적합해야 하고, 그렇지 않으면 사용자들의 요구는 받아들여지지 않을 수 있다.

Fair Work Act는 노조가 조합원의 노사관계 이해를 대변할 능력을 가지고 있는 한 작업장에 출입할 수 있도록 하고 있다. 이전 법에서는, 재정 혹은 작업장 협약이 없다면 노조는 논의 목적으로 현장에 출입할 권리가 없었다. 그런 측면에서 이 법은 상당한 변화라 할 수 있다.

대다수 경우, 사용자들은 특정 노조가 종업원들의 어떠한 이해를 대변할 법적 권한을 가지고 있는지에 대해 잘 알지 못할 것이다. 이러한 관점에서, 현장에 출입하고자 하는 노조전임자는 해당 노동조합이 관련 종업원들을 대변할 자격을 가지고 있다는 문서화된 출입 서류를 신고해줄 필요가 있을 것이다. 이 신고는 거짓이 없어야 하며, 허위기재에 대해서는 노조에게 벌금이 부여될 수 있다.

4. 사업장에서 조합원을 가입시킬 권리(Right to sign-up members at the workplace)

이는 우선 유노조 사업장과 무노조 사업장과 관련된 것이다. 유노조 사업장과 관련하여, 노조전임자는 현장에 출입할 권리를 가지며, 적법한 절차에 의해 노조활동을 하는 한 사용자는 실질적 제약을 둘 수 없다.

무노조 사업장과 관련하여, 사용자는 노조전임자가 현장에 들어올 적법한 이유가 없다고 주장할지도 모른다. 현장의 잠재 노조조합원이 있다면, 사용자의 이러한 주장은 조직화의 성공가능성을 거의 없게 만들고 있다.

5. 근로시간과 임금자료를 점검할 권리(Right to inspect time and wages records)

노조전임자는 시간과 임금자료의 점검에 대한 특별한 권리/특권이 있다. 해당 지역을 책임지고 있는 정부 감독관의 지원 하에 노조전임자는 이러한 권리를 행사한다. 즉, 전임자가 현장에 출입할 권리를 가지면, 전임자는 모든 관련 정보를 제공받고, 자료를 살펴보고, 필요한 정보를 복사할 수 있는 자격이 있다. Fair Work Act는 현장출입이 가능한 노조전임자에게 재정, 단체협약 혹은 작업장 법의 의심나는 위반을 조사하기 위해 고용기록에 접근하는 것을 허락하고 있다. 노조전임자는 노동조합 소속 조합원이 영향을 받은 어떤 의심스러운 위반사항을 조사할 수 있다. 하지만 그러한 의심에는 상당한 물증이 있어야 한다. 노동조합은 해당 사안을 지지할 수 있는 합리적인 근거를 제시할 부담을 가지고 있다.

노동조합의 조사권 이행의 핵심 전제조건 가운데, 노조는 사용자에게 적어도 24시간 이전에 문서로 공지해야만 한다. 현장에 머무르는 동안, 노조전임자는 의심스러운 위반사항과 관련 작업장을 조사하고, 관련 서류를 검토 및 복사할 수 있을 것이다. 관련 서류 및 기록들이 의심스러운 위반사항에 관련되는 한 노조조합원들이 아닌 종업원들의 기록에 대해서도 접근이 가능하다. 노조는 호주 개인보호법을 준수하여 획득한 정보를 다루어야 하며, 정보의 오용에 대해서는 벌금이 부가된다.

6. 사용자를 기소할 권리(Right to prosecute employers)

노조전임자는 노사관계법을 위반한 사용자를 기소할 특별 권리가 있다. 예를 들어, 노동조합에 의한 임금회복이다. 법원은 불충분한 임금지급에 따른 법 위반사항을 발견하여, 사용자에게 범금을 부여할 수 있다. 해당 벌금은 해당 종업원에게 지급되게 될 것이다.

7. 산업안전 및 보건에 대한 권리(Particular Occupational Health and Safety(OHS) rights)

노조전임자는 산업안전 및 보건에 대해 두 가지 일반적인 사항을 다룬다. 우선, 전임자는 노조대표 역할뿐만 아니라 일반적인 OHS와 관련된 역할을 담당한다. 매우 극단적인 조건하에서, 노조전임자는 현장에서 위험한 작업과정을 중단시킬 권리를 가질 수도 있다. 이 경우, 합법적이고 객관적인 증거가 있어야 한다.

Fair Work Act는 노조전임자에게 OHS 목적으로 사업장에 출입할 수 있도록 하고 있다. 이러한 권리는 정상근로시간만 가능하며, 적어도 24시간 이전에 사전 서면통보를 사용자와 사업장 작업자에게 제시해야만 한다. 노조전임자는 사업장에서 보건 및 안전 요구사항을 준수해야 한다.

뉴 사우스 웨일즈 주의 경우, 노조전임자가 노동조합 조합원 혹은 잠재 조합원이 해당 사업장에서 작업하고 있다고 판단한다면, 의심스러운 OHS 위반사항을 조사할 목적으로, 사전 통보없이 현장에 출입할 수도 있다. 노조전임자는 출입 이후 상황에 맞게 가능한 한 사업장 작업자에게 알려주어야 하지만, 이것이 방문목적을 저해한다거나 혹은 사용자에게 미리 알려져 있다면 반드시 그렇게 할 필요는 없다.

노조전임자는 Industrial Registrar이 승인한 권한을 가지고 있어야 하며, 출입은 작업이 일상적으로 수행되고 있는 시간에 이루어져야 한다. 노조전임자가 어떤 의심스러운 OHS 위반사항을 조사하기 위해 출입할 때, 노조전임자는 장관의 허락을 제외하고, 어떤 현장의 비밀이나 작업 과정을 공개할 수 없다.

8. 유급 노조회의(Paid union meetings)

일부 재정(awards)은 매년 특정한 노조회의에 대해 유급은 인정하고 있다. 재정의 정확한 조항에 대해서는 사안에 따라 확인을 필요로 한다. 이는 일반적 조항이 아니며, 하역 업종에 제한적으로 있어 왔다. 2009년 10월, Fair Work Australia는 노조가 노동쟁의를 위해 실시하는 투표를 위한 회의에 대해 사용자가 유급인정을 강요받지 않아야 한다고 제정하였다. 노조회의에 지급하는 것을 거부하는 것은 교섭 동안 성실의 의무에 대한 위반은 아니라는 것이다.

9. 무급 노조회의(Unpaid union meetings)

일부 재정은 근로시간에서 사업장에서 개최되는 무급 노조회의를 인정하고 있다. 이는 노조가 재정에 명시된 회의를 요청할 수 있고, 사용자는 재정 항목에 따라 회의를 개최할 수 있도록 해 줄 의무가 있다는 것을 의미한다. 재정 조항들은 사안에 따라 검토되어야 한다.

10. 노조업무를 수행하기 위한 유급 휴가(Leave to conduct union business)

일부 재정은 선출된 노조전임자에게 유급 휴가를 제공하여 근로시간에 노조업무를 수행하도록 하고 있다. 이는 노조전임자가 조합원을 유지하고 경영진과 원만한 관계를 가지도록 하기 위함이다. 구체적으로 인정되는 시간에 대해서는 관련 재정에 포함된 항목과 정확한 조건을 확인해야 한다.

11. 미지급 임금의 회복(Recovery of unpaid wages)

노조전임자는 조합원에게 지급되어야 할 미지급 임금에 대해 조사하고, 기소할 수 있는 권리가 있다. 이는 권한을 부여받는 노조전임자는 시간과 임금 기록을 검토하고, 관련 정보를 복사할 자격이 있다는 것을 의미한다. 또한 이와 관련하여 사용자를 기소할 수도 있다.

12. 고용 우선선택(Preference in employment)

우선선택(Preference)은 고용 및 해고시, 노조조합원이 여타 조건이 동일한 경우 비조합원보다 우선하여 고용되거나 해당 직무를 유지하도록 할 수 있는 것을 말한다. 이는 연방 근로관계법률뿐만 아니라 뉴 사우스 웨일즈, 서 호주 및 퀸즐랜드 법률에서 불법으로 규정하고 있다. 사실상, 우선선택(preference)은 클로즈드 숍을 유도할 수 있다.

13. 분쟁 해결/고충 처리(Dispute settlement/grievance handling)

재정과 단체협약은 고충 처리 혹은 분쟁 해결 조항을 포함해야 한다는 대다수 노사관계 법규에 제시된 일반 항목이다. 이는 작업장에서 분쟁이 발생할 경우, 주어진 단계에 따라 진행되는 절차가 있어야 한다는 것을 의미한다. 이 과정에서 작업장대표자 혹은 노조전임자가 분쟁을 해결하는 과정에 참여하게 된다.

14. 노동쟁의를 준비할 권리(Right to organise industrial action)

노조전임자는 다른 일련의 과정이 실패하거나 합법적인 교섭전술로서 법이 허락하는 범위에서 노동쟁의를 준비할 자격이 있다.

15. 개별 종업원 문제에 증언자가 될 권리(Right to be a witness in individual employee matters)

노조전임자는 노조조합원이 요청한다면 어떤 위협없이 개별 종업원 문제에서 증언자가 될 자격이 있다. 이는 전임자가 관련 사용자의 손해로 판명될 수도 있는 문제에 대해 합법적인 증언을 함에 희생되거나 위협받지 않아야 한다는 것을 의미한다.

16. 세력분쟁(Demarcation disputes)

세력분쟁은 어떤 종업원들을 자신의 노조에 포함시킬 것인가에 대한 노조간 경쟁을 포함하고 있다. 사용자는 일반적으로 이러한 분쟁을 해소할 수 없지만 분쟁은 사용자에게 직접적인 영향을 미치기 때문에, 이러한 분쟁은 사용자를 희생자로 만들 수 있다. 노동조합은 적합한 조합원 범위(coverage)를 보호받을 자격이 있지만, 법은 이러한 형태의 분쟁을 제한하는 제약조건을 만들어두고 있으며, 이를 위한 다양한 법률조항들이 존재하고 있다.

(3) 노조전임자의 수, 임금[3]

호주 노조전임자에 대한 관련 연구는 매우 제한적으로 이루어져 왔다. 가장 최근까지 연구된 내용은 Bramble(2001)의 연구이며, 그 자료 역시 1996년까지를 담고 있다. 이 연구의 결과가 현재 호주 전임자의 특성들을 반영한다고 볼 수는 없지만, 과거의 모습을 통해 호주 노조전임자의 위상이 어떠하였는지를 이해함으로써, 현재의 모습을 조금이나마 추론하는데 도움이 될 것으로 판단된다. Bramble(2001)에 의하면, 1970년대 전까지, 호주 노조전임자 수는 매우 적었으며, 이들에 대한 지원기능 역시 매우 제한적이었다. 예를 들어, 1950년대 후반, Amalgamated Engineering Union에는 5명(전임 사무국장 1명, 조직운동가 3명, 산업 관리자 1명)이 18,000명의 조합원을 커버하였다. 퀸즐랜드 노동조합총연맹(Queensland Trades and Labor Council)은 1967년이 되어서야 비로소 노조위원장의 임금을 제공하기 시작했다. 노동조합전

---

3) Bramble, T.(2001), A Portrait of Australian Trade Union Officials, British Journal of Industrial Relations, 39(4), 529-537 내용을 요약 정리하였음.

임자 수의 증가는 1960년대 후반부터 나타났으며, 그 결과 1979년 호주 노동조합이 고용한 노조전임자 수는 2,400여 명에 이르게 되었다. 노조전임자 수의 급속한 증가는 이후 지속되었으며, 1986년 3,231명, 1991년 4,306명으로 증가하였다. 하지만 노조조합원 수 감소와 함께, 1996년 증가폭은 둔화되어 4,364명 수준이었다. 조합원당 전임자 수를 살펴보면, 1986년 조합원 1,000명당 전임자 1.01명, 1991년 1.27명, 1996년 1.56명 정도로 나타났다.

Bramble(2001)은 호주 전임자의 특징적 변화로 전임자들의 교육수준을 언급하고 있다. 1980년대 이전까지는 작업장 현장출신들이 전임자가 되었으며, 이들은 조합원들과 매우 유사한 사회경제적 배경을 같이하고 있었다. 하지만 1980년대 후반 전임자들의 학력수준이 높아지면서, 대학교 출신들이 1986년 35.2%, 1996년 48.5%를 차지하게 되었다.

대체로, 호주 노조전임자의 임금은 현장 근로자들보다 상당히 높은 경향이 있었다. 1996년 노조전임자의 절반 이상(52.8%)이 주당 A$800 이상을 받고 있었으나, 일반 근로자들은 23.2%에 불과했다. 반대로, 주당 A$500 미만은 노조전임자의 경우 10.6%였으나, 일반 근로자는 38.4%였다(〈표 VI-3〉 참조).

Bramble(2001)은 이러한 변화에 대해, 호주 노동조합운동이 호전적인 현장중심에서 전국단위 노동조합에서 top-down 형태의 법적·정치적 전략들과 시스템 내에서 이루어지는 고도의 전문적 기술의 중요성이 강조되면서 만들어진 것으로 평가하였다. 즉, 호주 노동운동에서 현장중심의 민주적 노동운동보다 외부 관료적 노동운동이 더욱 활성화되었기 때문인 것이다.

〈표 VI-3〉 노조전임자와 정규직 근로자의 소득 분포 비교, 1996

주당 소득	노조전임자 (%)	정규직 근로자 (%)
$299 미만	3.80	9.49
300-499	6.85	28.88
500-799	35.88	36.71
800-999	31.09	10.88
1,000-1,499	19.38	8.24
1,500 이상	2.29	4.04
결측치	0.71	1.75
종합	100.00	100.00

N (노조전임자): 4,365명; N (정규직 근로자): 5,180,227명
출처: ABS Census of Population and Housing, 1996, Bramble(2001) p.533 번역.

(4) 작업장대표자(Workplace Delegates)의 권리(공공부문)

2009년 호주 정부는 Fair Work Act 2009, Public Service Act 1999 및 연방법에 근거하여 공공부문 조직의 작업장대표자의 역할에 대한 원칙을 마련하였다. 이를 통해, 정부는 공공서

비스 고용관계 단체협상을 위한 기본 틀을 작성하여 산하 기관에게 교섭의 가이드라인을 제공하였다. 여기에는 공공 종업원의 임금, 근로조건 및 집단적 고용관계 정책에서 다루어져야 할 내용을 포함하고 있으며, 부록으로 작업장대표자에 대한 원칙을 제시하고 있다. 공공 서비스 위원회(Australian Public Service Commission, APSC)는 호주 공공기관 산하 기관별 노동자대표의 권리를 결정하는 기준 가이드라인을 제시하였으며, 대다수 공공기관 노사는 작업장대표자의 근로시간면제 규정을 아래 내용과 유사하거나 동일하게 단체협약에 포함시키고 있다.

작업장대표자 권리에 대한 원칙

노조의 작업장대표자 및 여타 선출직 노조대표자의 역할은 존중되고 활성화되어야 한다. 기관과 노조는 상호 성실의 의무를 다해야 한다. 작업장에서 종업원 대표의 역할과 관련하여, 작업장대표자의 권리는 다음 내용을 포함하지만, 그 내용에 국한되지는 않는다. 즉, 사실상 아래 항목들은 최저 기준을 제시하고 있다.

- 고용관계에서 어떠한 차별없이 작업장대표자로서 공정하게 대우받고, 그 역할을 수행할 수 있으며(the right to be treated fairly and to perform their role as workplace delegates without any discrimination in their employment);

- 승인받은 작업장대표자가 작업장에서 조합원을 대표하여 대변하도록 기관(agency)에게 인정받을 수 있는 권리(recognition by the agency that endorsed workplace delegates speak on behalf of their members in the workplace);

- Fair Work Act 조항에 따라, 작업장대표자가 대변하는 조합원들을 대표하여 단체교섭에서 참여할 권리(the right to participate in collective bargaining on behalf of those who they represent, as per the Fair Work Act);

- 정상 근로시간 동안 기관에서 작업장 관련 문제에 관해 현장 종업원들에게 정보를 제공하고 피드백을 받는 활동에 대한 합리적인 유급 근로시간면제의 권리(the right to reasonable paid time to provide information to and seek feedback from employees in the workplace);

- 정보 제공과 피드백을 위해 현장 종업원, 자발적으로 참여하지 않은 개별 종업원을 대상으로 이메일을 보내고(the right to email employees in their workplace to provide information and seek feedback, subject to individual employees exercising a right to opt out);

- 기관의 작업장관계 협의위원회에서 노조대표가 되고 자신의 역할을 수행하며(undertaking their role and having union representation on an agency's workplace relations consultative committee);

- 현장대표자로서 업무를 수행하고 조합원 및 여타 관련 종업원 그리고 노동조합과 컨설팅을 목적으로 기관 설비(전화, 팩스, 복사기, 인터넷, 회의실, 식당, 휴게실 및 여타 종업원들이 만나는 장소)를 적절하게 활용할 수 있는 권리(reasonable access to agency facilities (including telephone, facsimile, photocopying, internet and email facilities, meeting rooms, lunch rooms, tea rooms and other areas where employees meet) for the purpose of carrying out work as a delegate and consulting with members and other interested employees and the union, subject to agency policies and protocols);

- 신규 직원이 고용되었을 때, 노조멤버십에 대해 알려줄 수 있는 권리(the right to address new employees about union membership at the time they enter employment);

- 작업장과 기관 관련 정보에 접근하고 협의할 수 있는 권리(the right to consultation, and access to relevant information about the workplace and the agency);

- 사용자와 노동재판소에서 조합원의 이해를 대변하는 시간에 대해 합리적인 유급 근로시간면제의 권리(the right to reasonable paid time to represent the interests of members to the employer and industrial tribunals);

노동조합 활동과 관련된 역할들을 수행할 때, 노조 작업장대표자의 권리는 다음 내용을 포함하지만, 그 내용에 국한되지는 않는다.

- 정규 근로시간 동안 현장에서 다른 대표자들, 노조전임자들과 함께 협의하고, 현장에서 노조스탭과 전임자로부터 조언과 지원을 받는 시간과(reasonable paid time during normal working hours to consult with other delegates and union officials in the workplace, and receive advice and assistance from union staff and officials in the workplace);

- 현장관계 문제에 대한 적절한 훈련(노조에 의해 제공되는 훈련 포함)에 합리적으로 참석하는 시간에 대해 합리적인 유급 근로시간면제(reasonable access to appropriate training in workplace relations matters including training provided by a union);

- 소속 노조포럼에서 조합원을 대표하기 위해 참석하는 시간에 대해 합리적인 유급 근로시간면제(reasonable paid time off to represent union members in the agency at relevant union forums);

작업장대표자의 권리를 실천할 때, 작업장대표자와 노조는 운영상 이슈, 부서별 정책 및 가이드라인, 기관의 효율적 운영에 미칠 영향 및 연방정부에 의해 제공될 서비스에 미칠 영향을 고려할 것이다.

(http://www.apsc.gov.au/publications-and-media/current-publications/aps-public-service-bargaining-framework/supporting-guidance/principles-relating-to-workplace-delegates)

상기 제시한 작업장대표자 원칙에 대한 가이드라인은 여타 기관의 단체협상에 적용되었으며, 거의 모든 공공기관 단체협약에 유사하게 적용되고 있다(예, Australian Customs and Border Protection Service, Enteprise Agreement 2011-2014,[4] The Department of Regional Australia, Regional Development and Local Government, Enterprise Agreement 2011-2014).[5] 이와 달리, Department of Human Services의 최근 협약(Department of Human Services Agreement 2011-2014,[6] pp.111-112)에 의하면, 노조전임자와 작업장대표자의 유급 근로시간면제 조항에 대해 좀 더 구체적으로 명시하고 있다. 해당 사항을 좀 더 구체적으로 살펴보면 다음과 같다.

Department of Human Services Agreement 2011-2014, Schedule 6-Delegates' facilities

9.0 유급 및 무급 시간(Paid and Unpaid Time)

9.1 Human Services Portfolio Agencies는 Community and Public Service Union(호주 공공노조, CPSU)전임자와 작업장대표자가 종업원에게 정보제공과 피드백을 얻는 활동 시간에 대해 합리적인 유급 근로시간의 권리를 인정한다. 이러한 대화/협의는 현장의 요구를 반영해야 하며, 현장의 정상적 운영을 방해하지 않아야 하고, 종업원의 직무를 수행함에 부당한 영향을 미치지 않아야 한다. 특히, 개별 기관의 서비스 제공 공간에서 주의해야 한다.

9.2 작업장대표자-조합원 대화는 유급시간 동안 최소한으로 이루어질 것이다. 작업장대표자와 기관 관리자는 정상 유급 근로시간 동안 이루어지는 CPSU관련 활동에 소요되는 시간의 양이 작업장대표자가 해당 업무를 수행하는데 부당한 영향을 미치지 않는다는 것을 서

---

4) Australian Customs and Border Protection Service, Enterprise Agreement 2011-2014 (http://www.customs.gov.au/webdata/resources/files/CustomsandBorderProtectionEA2011-2014.pdf).

5) The Department of Regional Australia, Regional Development and Local Government, Enterprise Agreement 2011-2014 (http://www.regional.gov.au/department/careers/files/DRARGLG_EA_2011.pdf).

6) Department of Human Services Agreement 2011-2014 (http://www.fwc.gov.au/documents/agreements/fwa/AE 890392.pdf).

로 확인해야 한다.

9.3 작업장대표자는 다음 항목과 관련된 활동에 대하여 유급 근로시간을 인정받을 수도 있다. 유급 근로시간 활용은 기관의 정상적인 서비스 제공에 방해가 된다면 취소될 수도 있다. 작업장대표자가 자신의 역할을 효율적이고 효과적으로 수행하기 위해, 그리고 기관의 운영상 요구사항을 충족하는, 작업장대표자의 유급 활동은 다음 사항을 포함할 수도 있다:

- 신규 종업원에게 입사시 정보 제공
- 협의 포럼 참여(이는 추천과 조합원 조건에 일치할 경우에 해당될 것이다)
- 종업원대표자의 출석이 요구되는 Fair Work Australia 출석(예를 들어, 개별 작업장문제에 대해 어떤 종업원을 대변할 경우)
- 중요한 작업장 문제에 대해 Human Resources Portfolio Agency와 CPSU가 종업원들에게 공동 브리핑하는 활동에 참여
- 매달 1시간 유급시간 인정(for CPSU 분과위원으로 분과위원 전자회의에 참여하는 시간)
- 개별 작업장 문제에 대해, 종업원의 요청에 의해, 종업원의 공식적 대변
- 작업장에서 종업원에게 정보제공과 피드백 활동
- 개별 작업장 문제에 대해, 종업원의 요청에 의해, 종업원들을 지원하고 조언 제공
- 동료 및 노조와 협의
- 종업원을 대표하여 단체교섭에 참여할 권리
- CPSU Governing Council[7]의 멤버가 격년제의 CPSU Governing Council 회의에 참석하는 시간
- CPSU에서 선출된 CPSU 종업원대표자가 그 역할을 수행하는 필요한 개발활동을 위해 연간 2일의 유급휴가를 사용하는 것

9.4 운영 요구사항을 조건으로, 작업장대표자는 무급 근로시간면제로 여타 CPSU가 준비한 이벤트에 참석을 승인받을 수도 있다.

9.5 모든 종업원들의 이해에 대해, 작업장대표자는 가능한 빨리 유급시간 동안 CPSU관련 활동을 하기 위해 팀리더 혹은 관리자의 승인을 얻어야 한다. 작업장대표자는 팀 리더/관리자에게 날짜, 시간, 예정일정 및 활동의 특성을 알려주어야 한다.

9.6 유급활동의 승인은 불합리하게 거부되지 않을 것이다. 팀 리더/관리자가 요청사항에 대해 거부하는 곳에서는 해당 문제가 관련 Human Services Portfolio Agency 경영진과 CPSU 전임자에게 단계적으로 확대될지도 모른다.

---

7) 노조의 전략적 방향과 목표를 결정하는 역할을 담당하는 리딩조직이며, 조합원 직접투표로 선출된 7명의 공공

공공부문에서 작업장대표자의 원칙과 근로시간면제 규정을 구체적으로 명시하고 있는 것과 달리 민간영역의 단체협약에서는 매우 상이한 모습을 보이고 있다. Fair Work Commission 홈페이지는 인준된 단체협약을 공지하고 있기 때문에, 민간기업들인 ABB, Alinta Gas, AWB, Qantas, Jetstar, Bakers Delight, ConnectEast 회사들의 단체협약 내용을 확인하였다. 하지만 이 회사들 가운데 작업장대표자의 근로시간면제 조항들을 협의하여 합의한 내용은 찾아볼 수 없었다. 다만, 2008년 Austar Coal Mine사의 작업장협약(Workplace Agreement)[8]에서 종업원대표자에게 제공되는 근로시간면제 규정을 확인할 수 있다. Austar Coal Mine 노사가 합의한 내용은 두 달에 한번 두 시간씩 노조대표자와 종업원간 대화의 장을 가지는 사항에 대해 유급을 인정하였다. 모임의 시기, 순서 및 장소는 회사가 결정하며, 회사가 요구한 사항을 충족할 경우 유급으로 인정되도록 하였다. 이를 제외하고는 찾아볼 수 없었으며, 인터뷰에 의하면 호주 작업장에서 작업장대표자들은 주당 4-5시간 활용하고 있으며 상당수 노조들이 전임자 근로시간면제 이슈를 단체협약에 규정할 만큼 중요한 문제로 생각하지 않는다고 하였다. 또한, Australian Workers' Union (AWU)(http://www.awu.net.au/)에 의하면, 작업장대표자의 활동에 대해서는 급여를 제공하고 있지 않으며, 작업장에 따라 인터뷰 혹은 회의활동에 대해 근로시간이 면제될 수도 있다고 설명하고 있다. 이는 개별 기업의 상황에 따라 유연하게 근로시간면제가 활용되고 있음을 시사한다.

라. 소   결

호주 노조전임자 임금제도는 한국의 특수한 상황과는 매우 다르다. 법적, 단체협약 및 관행 측면에서 개별 기업사용자가 산업 혹은 업종별 노동조합에서 선출 혹은 고용되어 있는 노조전임자에게 임금을 지급하지는 않는 것이 일반적이다. 이로 인해, 사용자의 노조전임자 급여지급 금지를 법적으로 규정할 필요성은 없었던 것으로 보인다.

역사적으로, 호주 노조전임자는 초기업단위 노동조합운동과 함께 발전하였으며, 산별 혹은 업종별 노동조합에서 전임자를 선출 혹은 고용하여 이들에게 임금을 제공해왔다. 이로 인해, 사용자의 노조전임자 급여지급 관행은 거의 찾아보기 힘들며, 법적으로 이를 규제하는 제도적 내용과 단체협약에서 노조전임자 임금문제를 다루고 있는 내용도 거의 없다고 볼 수 있다. 이는 이강성 외(2009:65)의 연구보고서 역시 다음과 같이 서술하고 있다: "호주 산별노조는 100여년에 걸친 역사에서 과거 화폐가치가 낮을 때 많은 자산(토지 등)을 소유한 관계로 현재 재정상태가 상당히 좋은 편이기 때문에 상근자에 대한 급여지급에 특별한 어려움이 없

노조전임자들(이사회)과 각 지부 조합원에 의해 선출된 60명 이상의 명예전임자로 구성됨. (http://www.cpsu.org.au/aboutus/topics/2317.html).

8) http://www.fwc.gov.au/documents/agreements/wpa/CAUN085179369.pdf

는 경우가 대부분이다." 즉, 우리나라와 매우 상이한 노동운동과 단체교섭 역사를 가진 호주의 고용관계에서 노조전임자의 임금제도는 노사간 문제라기보다 개별 초기업단위 노동조합의 운영상 문제일 수밖에 없었다.

호주 노동조합운동은 20세기 전반에 걸쳐 장기 집권한 노동당 정부와 밀접한 관계를 맺었으며, 노사간 단체교섭보다 재정(awards)을 통해 임금 및 근로조건을 결정해왔다. 이 과정에서, 노동조합은 상당한 재정적 여력을 확보하면서 조직을 운영해왔음을 Bramble(2001)의 연구결과에서 제시하고 있는 노조전임자 수의 증가와 정규직 근로자보다 상대적으로 높은 소득수준이 유지된 현황을 통해 추론할 수 있다.

하지만 1990년대 이후 지속적인 분권화가 진행되면서, 노사간 룰-제정방식이 집중화된 재정(awards)에서 기업별 단체교섭으로 분권화됨에 따라 작업장대표자의 권리와 역할이 점점 중요하게 되었다. 특히, 1990년대 중반에서 2000년대 중반까지 하워드 보수정부의 강력한 노사관계 개별화 전략들은 전통적 호주 노사관계의 기반을 상당히 무너뜨렸으며, 2007년 집권한 러드 노동당 정부는 이를 다시 회복하기 위한 제도적 변화를 만들어가고 있다. 이와 병행하여, 2009년 호주 정부는 작업장대표자의 권리와 역할에 대한 원칙을 제시하고, 공공부문 기업별 단체교섭의 최저 기준으로 삼았으며, 상당수 공공부문 단체협약에서 이 내용이 포함되어 작업장대표자의 근로시간면제를 포함한 제 규정들이 제도화되고 있다. 구체적으로, 1) 정상 근로시간 동안 기관에서 작업장 관련 문제에 관해 현장 종업원들에게 정보를 제공하고 피드백을 받는 활동에 대한 합리적인 유급 근로시간면제의 권리; 2) 사용자와 노동재판소에서 조합원의 이해를 대변하는 시간에 대해 합리적인 유급 근로시간면제의 권리; 3) 정규 근로시간 동안 현장에서 다른 대표자들, 노조전임자들과 함께 협의하고, 현장에서 노조스탭과 전임자로부터 조언과 지원을 받는 시간; 4) 현장관계 문제에 대한 적절한 훈련(노조에 의해 제공되는 훈련 포함)에 합리적으로 참석하는 시간에 대해 합리적인 유급 근로시간면제; 5) 소속 노조포럼에서 조합원을 대표하기 위해 참석하는 시간에 대해 합리적인 유급 근로시간면제 등이다.

또 다른 예로, 공공조직 가운데 하나인 Human Services Portfolio Agencies 노사는 단체협약을 통해 보다 구체적으로 근로시간면제 조항을 제시하고 있으며, 이는 1) 신규 종업원에게 입사 시 정보 제공; 2) 협의 포럼 참여; 3) 작업장대표자의 출석이 요구되는 Fair Work Australia 출석(예를 들어, 개별 작업장문제에 대해 어떤 종업원을 대변할 경우); 4) 중요한 작업장 문제에 대해 Human Resources Portfolio Agency와 CPSU(호주 공공노조)가 종업원들에게 공동 브리핑하는 활동에 참여; 5) 매달 1시간 유급시간 인정(CPSU 분과위원으로 분과위원 전자회의에 참여하는 시간); 6) 개별 작업장 문제에 대해, 종업원의 요청에 의해, 종업원의 공식적 대변; 7) 작업장에서 종업원에게 정보제공과 피드백 활동; 8) 개별 작업장 문제에 대해, 종업원의 요청에 의해, 종업원들을 지원하고 조언 제공; 9) 동료 및 노조와 협의; 10) 종업원을 대표하여 단체교섭에 참여할 권리; 11) CPSU Governing Council의 멤버가 격년제의 CPSU Governing Council 회의에 참석하는 시간; 12) CPSU에서 선출된 CPSU 종업원대표자가 그 역할을 수행하는 필요한 개발활동을 위해 연간 2일의 유급휴가를 사용하는 것 등이다.

150여 년의 노동운동 역사, 업종별/산업별 노동조합 체제에서 노동당 정부와 긴밀한 협력 관계 속에서 충분한 재정여건을 가지고 있는 것이 호주의 노동조합이다. 그럼에도 불구하고, 지난 십수 년간 급격한 분권화를 경험하면서 작업장대표자의 권리를 보호해야 한다는 주장이 설득력을 얻으면서 최근에는 정부에서 공공부문에 본격적으로 앞서 살펴본 작업장대표자의 원칙을 배포하고, 공공기관들은 단체협약에 이를 최저기준으로 적용하고 있다. 이와 같이 호주에서도 작업장 수준에서의 근로시간면제에 대한 기준이 제시되어 운영되고 있음을 알 수 있다.

📖 참 고 문 헌

〈국내〉

이강성, 이철수, 조준모, 이인재, 이승욱, 조성재. (2009). 최근 호주의 노조전임자 및 관련 노사관
　　계제도 변화에 관한 연구, 연구보고서.

〈외국〉

Baird, M., Ellern, B. and Page, A. (2006). WorkChoices: Changes and Challenges for Human
　　Resource Management, Thomson, Melbourne.

Bowden, B. (1993). Force: The History of the Transport Workers' Union of Australia 1883-1992,
　　Allen & Unwin, Sydney.

Bramble, T. (2001). A Portrait of Australian Trade Union Officials, British Journal of Industrial
　　Relations, 39(4), 529-537.

Bray, M. and Walsh, P. (1998). Different Paths to Neo-Liberalism: Australia and New Zealand
　　Compared, Industrial Relations, 37(3), 358-87.

Bray, M., Waring, P. and Cooper, R. (2009). Employment Relations: theory and practice, Rorth
　　Ryde: McGraw Hill.

Briggs, C. 2001, Australian Exceptionalism: The Role of Trade Unions in the Emergence of
　　Enterprise Bargaining, Journal of Industrial Relations, 43(1), 27-43.

Cooper, R., and Ellern B. (2006). Union Power: Space, Structure, and Strategy in M. Hearn and
　　G. Michelson (eds), Rethinking Work: Time, Space and Discourse, Cambridge University
　　Press, Melbourne, pp. 123-43.

Cooper, R., Ellern, B. Briggs, C. van den Broek. (2008). Anti-unionism, Employer Strategy and
　　the Australian State, 1996-2005, Labor Studies Journal.

Creighton, W.B. and Stewart, A. (2001). Labour Law: An Introduction, 3rd ed. The Federation
　　Press, Sydney.

Cully, M. (2000). Unions@a Loss, Australian Bulletin of Labor, 26(1), 11-17.

Frazer, A. (2003). Individualism and Collectivism in Agreement-Making under Australian Labour

Law, in M. Sewerynski (ed.), Collective Agreements and Individual Contracts of Employment, Kluwer, London, pp.49-82.

Gardner, M. (1990). Wage Policy in C. Jennett and R. Stewart (eds.), Hawke and Australian Public Policy, macmillan, Melbourne.

Griffin, G. and Svenson, S. (2002). Unions in Australia: Struggling to Survive, in P. Fairbrother and G. Griffin(eds), Changing Prospects for Trade Unionism, Continuum, New York.

Martin, R. M. (1980). Trade Unions in Australia: Who runs them, who belongs-their politics, their power, Second ed. Penguin, Melbourne.

McCarry, G. (1997). Industrial Action under the Workplace Relations Act 1996 (Cth), Australian Journal of Labour Law, 10(1), p.133.

Naughton, R. (1995) Bargaining in Good Faith in P. Ronfeldt and R. McCallum (eds.), Enterprise Bargaining, Trade Unions and the Law, The Federation Press, Sydney.

Plowman, D. (1986). Developments in Australian Wage Determination 1953-1983: The Institutional Dimension, in J. Niland (ed.), Wage Fixation in Australia, Allen & Unwin, Sydney.

Rimmer, M. (1989). Workplace Unionism, in B. Ford and D. Plowman (eds), Australian Unions, Macmillan, Melbourne.

Stewart, A. (2008). Stewart's Guide to Employment Law, The Federation Press, Sydney.

Sutcliffe, P. and Callus, R. (1994). Glossary of Australian Industrial Relations Terms, ACIRRT and ACSM, Sydney.

Ⅵ. 호 주

호주 노사관계에서 노동조합대표자(종업원대표자)의
유급 근로시간면제

2. 호주 현지 전문가 의견: 마이클 오도넬(Michael O'Donnell)[1]

서 론

노동조합대표자 혹은 종업원 대표자의 근로시간면제는 호주 노동법에서 명확하게 정의 되어 있지는 않다. 호주 노동조합들은 기업별 협약이라 일컫는 단체협약 내에 유급 근로시 간면제 권리를 포함하여 노동조합대표자의 권리를 포함시키고자 해오고 있다.

Fair Work Act 2009는 종업원의 권리를 보호하는 규정들을 포함하고 있으며, 이는 노동 조합에 가입하고 참여할 권리를 포함하고 있다. 종업원들이 작업장 권리를 가지고 있음으로 인해, 사용자는 종업원을 방해하는 행위는 불법이며, 노동조합에 가입하거나 노조활동에 관 여한다는 이유로 종업원을 해고할 수 없다. 이러한 권리들을 기초로, 노동조합대표자의 다양 한 역할들은 일상적인 노조활동에서부터 조합원을 대표하여 단체협상을 하는 것에 이르기까 지 법률로 규정되어 있다. 노조대표자의 이러한 역할들은 노동조합에게 작업장에서 근로시 간면제 권리를 포함한 종업원 대표자의 권리를 획득하고자 하는 법률적 근거를 제공하고 있 다.

호주의 노동조합들은 단체협약에 노조대표자의 권리를 포함시키기 위한 자신만의 전략 들을 발전시켜 왔다. 호주 노동조합들을 대표하는 최상급 단체인 호주 노총(ACTU)은 2000년 작업장에서 노조대표자의 권리를 인정받도록 하는 정책을 도입하였으며, 이는 작업장 노조 대표자 권리 헌장(Charter of Workplace Union Delegate Rights)으로 구체화되었다. 이 헌장에, 노동조합대표자의 작업장에서 직무와 관련하여 근로시간면제 권리의 내용을 담고 있다.

---

1) 뉴 사우스 웨일즈 대학교 교수. School of Business, The University of New South Wales, the Australian Defence Force Academy, Canberra ACT 2600, Australia. m.odonnell@adfa.edu.au

작업장 노조대표자 권리 헌장(2000년 ACTU 총회)

1. 대표자의 권리

▸ 강하며, 효과적이고 대표적인 노동조합은 공정한 사회를 만드는데 필수적이다. 노동조합은 민주적 조직을 제공하여 근로자들에게 작업장에서 발언권을 제공한다.

▸ 작업장 노조대표자는 노동조합에게 중요한 부분을 차지하고 있다. 노조대표자는 집단 및 개인의 희망, 열망 그리고 동료들의 요구를 대변하는 핵심적 역할을 하고 있다. 이들은 임금 향상, 근로조건 및 보건 안전에 핵심적인 부분이다.

▸ 노조대표자는 직무방식의 개선을 위해 작업장에서 사람들의 개인적 창의력, 기술 및 지식을 하나로 묶을 수 있다. 호주의 현장 근로자들은 항상 자신이 속한 기업이 번성하는데 긍정적으로 기여할 준비를 해오고 있다. 이는 강하고 견실한 국가를 건설하는데 핵심이 되어 왔다.

▸ 급속한 작업장 변화와 세계 시장에서 경쟁 압력이 증가된 시기에, 작업장 노조대표자의 역할은 더욱 중요하고 필요해지고 있다.

▸ 이제 작업장 노조대표자는 작업장 노조대표자 권리 헌장을 통해, 그들의 역할에 대해 인정받을 시기이다. 이러한 권리들은 교섭들의 대상이 되지 않아야 하며, 권리로서 받아들여져야 한다.

▸ 많은 작업장에서 비전과 헌신을 가진 사용자들은 이미 작업장 노조대표자의 권리를 인정하고 수용하고 있다. 이러한 사용자들에게 이 헌장은 이미 존재하고 있는 것에 대한 부분 혹은 온전한 공식화가 될 것이다.

▸ 권리는 책임을 수반한다. 작업장 노조대표자는 성실하게 임할 필요가 있으며, 그들의 작업 동료의 집단적 혹은 개인적 요구를 위해 최선의 노력을 경주할 필요가 있다.

▸ 작업장 노조대표자 권리헌장은 모든 노동조합대표자의 공정한 기준 가이드이며, 단체협약, 재정(award), 그리고 호주 노동법에 포함될 수 있도록 노동조합이 최선을 다할 것이다.

2. 노조대표자는 다음과 같은 권리를 가질 것이다:

▸ 고용관계에서 어떠한 차별없이 작업장대표자로서 공정하게 대우받고, 그 역할을 수행할 수 있는 권리

▸ 승인받은 작업장대표자가 작업장에서 조합원을 대표하여 대변하도록 사용자에게 인정받을 수 있는 권리

▸ 작업장대표자가 대변하는 조합원들을 대표하여 단체교섭할 권리

▸ 작업장 및 사업에 관해 합리적인 정보에 접근하고 컨설팅할 권리

‣ 사용자와 노동재판소에서 조합원의 이해를 대변하는 시간에 대해 합리적인 유급 근로
시간면제의 권리

‣ 정상근로시간 동안 조합원과 컨설팅하는 시간에 대한 유급 근로시간면제의 권리

‣ 노조운영에 참여하는 시간에 대한 유급 근로시간면제의 권리

‣ 인정된 노조교육에 참석하는 시간에 대한 유급 근로시간면제의 권리

‣ 신규 종업원이 채용되었을 때 노조멤버십 혜택에 관해 알려줄 권리

‣ 현장대표자로서 업무를 수행하고 조합원 및 여타 관련 종업원 그리고 노동조합과 컨설
팅을 목적으로 기관 설비(전화, 팩스, 복사기, 인터넷, 회의실, 식당, 휴게실 및 여타 종업원들
이 만나는 장소)를 적절하게 활용할 수 있는 권리

‣ 작업장에서 지정된 위치에 있는 게시판에 노조정보를 부착할 수 있는 권리

‣ 노조와 관련된 업무를 위해 합리적인 휴가를 가질 수 있는 권리

‣ 이러한 권리들은 공정하며 기본적인 것이다. 노조대표자는 인정받고 보호받는 그들의
역할을 알 자격이 있다. 노동조합은 전국에 있는 작업장에서 이러한 권리가 보장받을
수 있도록 캠페인을 전개할 것이다.

ACTU의 작업장 노조대표자 권리 헌장은 모든 노조대표자의 공정한 기준 가이드라인으
로 이용되어 왔다. 노동조합들은 단체협약과 산별재정에 이 헌장이 포함되도록 노력해왔다.
이와 함께, 호주 연방단위 정부소속 종업원을 포함하고 있는 공공서비스(Australian Public
Service, APS)에서는 호주 정부기관 단체교섭 틀(Australian Government Employment Bargaining
Framework)을 도입하였다. Fair Work Act 2009, Public Service Act 1999 및 연방법에 근거하
여 공공부문 조직의 작업장대표자의 역할에 대한 원칙을 마련하였다. 이는 APS에 있는 작업
장 관계의 관리를 위한 틀을 제공해왔다. 하지만 노조대표자의 권리들은 공공부문 작업장
대표자에 관한 원칙으로 규정되어 있다.

‣ 고용관계에서 어떠한 차별없이 작업장대표자로서 공정하게 대우받고, 그 역할을 수행
할 수 권리

‣ 승인받은 작업장대표자가 작업장에서 조합원을 대표하여 대변하도록 기관(agency)에게
인정받을 수 있는 권리

‣ Fair Work Act 조항에 따라, 작업장대표자가 대변하는 조합원들을 대표하여 단체교섭
에서 참여할 권리

‣ 정상 근로시간 동안 기관에서 작업장 관련 문제에 관해 현장 종업원들에게 정보를 제
공하고 피드백을 받는 활동에 대한 합리적인 유급 근로시간면제의 권리

‣ 정보 제공과 피드백을 위해 현장 종업원, 자발적으로 참여하지 않은 개별 종업원을 대

상으로 이메일을 보내고;

▸ 기관의 작업장 관계 협의위원회에서 노조대표가 되고 자신의 역할을 수행하며;

▸ 현장대표자로서 업무를 수행하고 조합원 및 여타 관련 종업원 그리고 노동조합과 컨설팅을 목적으로 기관 설비(전화, 팩스, 복사기, 인터넷, 회의실, 식당, 휴게실 및 여타 종업원들이 만나는 장소)를 적절하게 활용할 수 있는 권리

▸ 신규 직원이 고용되었을 때, 노조멤버십에 대해 알려줄 수 있는 권리

▸ 작업장과 기관 관련 정보에 접근하고 협의할 수 있는 권리

▸ 사용자와 노동재판소에서 조합원의 이해를 대변하는 시간에 대해 합리적인 유급 근로시간면제의 권리

노동조합 활동과 관련된 역할들을 수행할 때, 노조 작업장대표자의 권리는 다음 내용을 포함하지만, 그 내용에 국한되지는 않는다.

▸ 정규 근로시간 동안 현장에서 다른 대표자들, 노조전임자들과 함께 협의하고, 현장에서 노조스탭과 전임자로부터 조언과 지원을 받는 시간과;

▸ 현장관계 문제에 대한 적절한 훈련(노조에 의해 제공되는 훈련 포함)에 합리적으로 참석하는 시간에 대해 합리적인 유급 근로시간면제

▸ 소속 노조포럼에서 조합원을 대표하기 위해 참석하는 시간에 대해 합리적인 유급 근로시간면제

노조대표자의 근로시간면제량은 매우 작다(아래 단체협약 사례 참조). 이는 작업장대표자에 대한 근로시간면제의 권리가 명확하게 정의되어 있지 않고, 단체협상 동안 부가적인 이슈 가운데 하나로 다루어져 왔기 때문이다. 따라서 작업장대표자의 유급 근로시간면제의 범위와 양은 작업장에서 개별 노조의 힘에 의해서 결정된다.

Case 1. LHMU Enrolled Nurses and Nursing Assistants Department of Health Industrial Agreement 2004

Part 6. – Union & Delegates Recognition & Rights (노동조합 및 대표자의 인정 및 권리)

41. 노조 및 대표자의 인정 및 권리
(2) 노조대표자는 다음의 사항이 인정될 것이다;
  (c) 대표자가 정상 근로시간 동안 작업장에서 노조조합원과 노조업무로 토의하고, 노조활동

에 참석하는 데 대한 유급 근로시간면제. 이는 개별 병원에서 협상될 것이다. 예를 들어, Royal Perth Hospital & Sir Charles Gardiner Hospital 소속 대표자들이 총 가능한 시간은 2주당 8시간이 될 것이며, 노사 당사자의 합의에 의해 혹은 폭넓은 산별이슈에 의해 증가될 수도 있다.

(d) 노조대표자는 근로시간면제가 요구될 때 사용자와 협의할 것이다. 합의가 이루어지지 않을 경우 분쟁조정절차에 의해 다루어질 것이다.

(5) 작업장 조직화

적절한 통보가 이루어지고, 조직 운영은 부당하게 영향을 받지 않는 조건에서, 노조대표자는 다음 사항이 인정될 것이다;

(a)

　(ii) 신규 종업원에게 교육의 일부로서 노조멤버십의 혜택을 이야기하는 시간은 인정될 것이다.

　(iii) 사용자가 작업장 혹은 그 외 집단 교육을 하는 장소에서, 노동조합은 적어도 14일 전에 교육 시간과 장소에 대해 통보받아야 한다. 노동조합은 사용자 대표의 참석에 관계없이 최소한 30분 동안 신규 종업원들에게 강연할 수 있다.

(d) 분기별 노조총회에 유급 근로시간면제 인정은 최대 1시간이다. 이러한 총회는 지역단위에서 진행된다.

(e) (i) 각 병원마다 월별 노조대표자 모임의 유급 근로시간면제 인정은 2시간이다.

　(ii) 분기별 지역 대표자 모임의 유급 근로시간면제 인정은 최대 2시간이다(이동 시간 별도 인정)

　(iii) 전국단위 대표자들의 필요로 모임이 있는 경우, (i)과 (ii)에 준하여, 가능한 시간을 합산할 수 있다.

(6) 대표 역할

사용자는 정상근로시간 동안 다음 조항에 해당하는 종업원에게 유급휴가를 부여할 것이다.

(a) 노동재판소에 증거를 제출하도록 요구받은 종업원

(b) 노조가 지명한 종업원 대표자로서 노사간 협상이나 회의에 참석하도록 요구받은 종업원

(c) 노사간 사전합의가 이루어졌을 때 종업원이 협상전 공식적 노조모임이나 산업별 공청회에 참석하는 경우

(d) 노조가 지명한 종업원 대표자로서 노사 협의회에 참석하도록 요구받은 종업원

(8) 노조훈련에 대한 유급휴가

(a) 사용자는 노조가 주관하는 단기코스에 노조에 의해 지명된 종업원의 결근에 대해 유급

휴가를 제공할 것이다.

(b) 결근에 대한 유급휴가는 때때로 노사간 합의에 의해 허가되었을 경우, 유사한 코스나 세미나에 참석하는 경우에도 부가될 수 있을 것이다.

(c) 종업원은 노조훈련이나 유사한 코스, 세미나를 위해 매년 6일간 유급휴가를 부여받을 것이다. 하지만 6일의 유급휴가, 최대 12일간, 특정한 해에 부여될 수도 있으며, 이는 당해와 그 다음해 총 유급휴가 일수는 12일을 초과할 수 없다.

(d) 전국 대표자는 이러한 훈련에 참석하는데 걸리는 이동 시간에 대해 정상 임률로 유급화 될 것이다.

(9) 노조훈련에 따른 결근동안 임률

(a) 결근 휴가는 해당 종업원이 휴가를 활용하지 않았을 때 받게 되는 통상적인 임률이 부여될 것이다.

(b) 공휴일 혹은 roster 휴일(주당 38시간 근로기준의 결과 발생한 roster 휴가 포함)이 노조훈련 코스나 세미나 동안 포함되는 경우, 해당 일을 대신하여 추가 휴가로 보전될 것이다.

Case 2. University of New South Wales (Professional Staff) Enterprise Agreement 2010

PART 1 - 기타 항목

47. 노조이슈

(a) 노조에 의해 노조대표자로 임명된 종업원은 노조활동의 수행에 대해 합리적 근로시간 면제가 주어질 것이며, 의무적인 것으로 간주될 것이다.

(b) 연간 최대 20일까지 개별 노조대표자는 다음 조건하에서 외부 노조총회, 훈련 코스 및 관련 활동에 참여할 수 있을 것이다.

(i) 적절한 서면 통지를 노사관계 관리자에게 제출해야 함.

(ii) 개별 종업원의 결근이 작업 단위 운영에 불편함이 없어야 하며,

(iii) 개별 노조대표자가 연간 6일 이상 결근할 수는 없을지도 모른다.

(c) 노조회의는 식사 시간 혹은 작업 휴식시간에 개최되어야 하며, 노조와 인적자원관리 이사간 서면으로 합의가 이루어진 경우 작업시간에도 개최될 수 있다.

(d) 대학은 개별 스탭 홍보 패키지에 각 노조의 가입신청서를 포함시킬 것이다.

Case 3. Australian Post Enterprise Agreement 2004-2006

노조대표자는 다음 사항에 대한 자격을 부여받을 것이다:

- 다음 원칙 하에서, 대표자 임무를 근로시간 동안 수행할 수 있는 권리:
  - ▸ 노조활동이 작업 운영을 방해하지 말아야 한다;
  - ▸ 관련 관리자 혹은 감독자와 합의 혹은 사전 논의없이, 종업원 대표자는 자신의 일터를 떠나지 말아야 하며, 일상적인 의무를 중단하지 말아야 한다;
  - ▸ 합의사항은 비합리적으로 중단되지 않지만, 융통성있게 노조대표자의 역할이 자신에게 주어진 시간에 이루어지도록 기대될 것이다.
  - ▸ 대표자의 의무를 이행하기 위해 제안된 시간은 개별 사안에 따라 대표자의 작업장 관리자와 논의되고 합의되어야 한다. 운영상의 조건에 관하여, 합리적인 시간은 이슈와 사안의 중대성에 따라 다양하게 주어질 수 있다. 예를 들어, 교대당 유급 면제시간은 15분이 대표자 임무를 위해 사용될 수 있다. 하지만, 실제 시간은 더 짧을 수도 있고, 사안이 중요한 경우 더 길어질 수도 있다.
- 노조대표자로서 근로시간 동안 자신의 임무를 수행하는데 사용되는 시간에 대해 회사와 논의 및 합의한 시간에 대해 통상적인 시간당 임률로 유급 근로시간면제 권리
- 노조대표자 훈련을 위한 코스를 포함한 노조코스에 참석하기 위한 유급 휴가의 권리. 이는 Australia Post General Conditions of Employment Award(1999) 11.4항에 의거하여 적용한다. 이 권리는 작업장 관리자와 Australian Post의 운영 조건에 대한 사전 승인의 대상이 된다.
- 작업장관계법(Workplace Relations Act 1996) 하에서 소송에 있는 증인으로 출석하게 되는 경우의 유급휴가 자격. 대표자가 증인으로 참석해야 할 의무에 따라 결근을 할 수밖에 없을 때, 해당 시간에 대해 휴가가 부여될 것이다. 노조대표자는 관련 인적자원관리자와 상의할 수 있는 시설 관리자와 상의해야 한다.

Case 4. Westpac Group Enterprsie Agreement 2013

25. 사용자와 금융노조 관계

25.6 노조지부 사무총장이 임명한 작업장 대표자에 대해, 관리자는 해당 종업원이 노조의 승인을 받아서 대표자의 해당 직책과 의무사항을 수행하기 위해 일정 시간을 사용해야 한다는 것을 인정해야 할 것이며, 관련 기능들은 다음과 같다:

(a) 작업장에서 노조문제에 대해 그리고 조합원들이 하는 업무와 관련된 문제에 대해 조합원들과 논의하는 것;

(b) 상기 이슈와 관련된 노조문제에 대해 노조전임자와 논의하고 노조업무를 위한 지시사항을 받는 것; 그리고

(c) 지부 사무총장의 허가가 있을 때, 관련 회사 관리자와 해당 문제를 논의할 것.

노동조합훈련

25.7 노사는 승인된 노조훈련 코스에 참여할 수 있는 가능일 수를 합의할 것이다.

25.8 이러한 범위 내에서, 사용자는 근로시간 동안 노조훈련 코스에 참석하고자 하는 종업원들에게 휴가를 제공할 것이다. 이때, 노조는 해당 종업원의 지명에 대해 그 종업원의 관리자에게 합리적인 통보를 제공해야 하며, 해당 종업원의 지부 혹은 사업단위의 효율성을 유지하기 위해 상호조정이 이루어질 수 있다.

산별휴가(industrial leave)

25.9 노사는 명예 전임자로 노조에 의해 선임자 종업원을 위해 산별휴가가 가능하도록 가능일 수를 합의할 것이다.

25.10. 이러한 유급휴가는 전국 및 주 단위 총회 혹은 회의(예를 들어, Union National Conference, Union State Conference, State Branch Committee meetings, Sub-branch/Council of committee meetings)와 사용자와 합의된 관련 모임에 참석하는 경우에 해당될 것이다.

VI. 호 주

호주 노사관계에서 노동조합대표자
(종업원대표자)의 유급 근로시간면제(원문)

Paid Time off for Union Delegates or Employee Representatives in Australian Industrial Relations

2. 호주 현지 전문가 의견: 마이클 오도넬(Michael O'Donnell)[1]

Introduction

Payment for time off for union delegates, or employee representatives, at the workplace are not clearly defined in the Australian industrial laws. Australian trade unions have pushed to include the rights of union delegates, including the right to paid time off, in collective bargaining agreements referred to as enterprise agreements.

The Fair Work Act 2009 includes provisions that protect employees' rights, including the right to join and participate in union activities. It is unlawful for an employer to take action against employees because they have or exercise a workplace right and also, an employer cannot dismiss employees because they are a union member or involved in union activities. On the basis of these rights, however, various roles of union delegates are defined in the Act from daily union activities (i.e. OHS) to collective bargaining negotiations on behalf of their members. These roles of union delegates or employee representatives provide the legal basis for unions to seek rights for employee representatives at the workplace, including the right to paid time off.

Australian trade unions developed their own strategies to include the rights of union delegates, including the right to paid time off for union delegates, in the collective bargain-

---

1) Professor, School of Business, University of New South Wales, Canberra.

ing agreements. The Australian Council of Trade Unions (ACTU), the only national peak council representing Australian trade unions, introduced a policy to recognise the rights of union delegates at the workplace in 2000 by adoption of the Charter of Workplace Union Delegate Rights during the 2000 ACTU Congress. In the Charter, the right to paid time off for union delegates were clearly defined in relation to their jobs at the workplace.

Charter of Workplace Union Delegates Rights – 2000 ACTU Congress

1. The Rights of Delegates

- Strong, effective and representative unions are essential to building a fair and just society. Unions provide the democratic organisation for working people to have a say in their workplace.

- Workplace union delegates hold a vital position in the union. The union delegate has the key role of representing the collective and individual hopes, aspirations and needs of their work colleagues. They are critical to the improvement of pay, employment conditions and health and safety.

- The union delegate can bring together the individual creativity, skills, and knowledge of a group of people at a workplace to improve how a job is done. Australian working people have always been prepared to make a positive contribution to make sure the enterprises in which they work prosper. This has been central to building a strong and confident nation.

- At a time of rapid workplace change and increased competitive pressure from the global market place, the role of the workplace union delegate is even more critical, and more necessary.

- It is time that workplace union delegates receive recognition, through a Charter of Workplace Union Delegate Rights, for the key role they play. These rights should not have to be bargained. They should be accepted rights in a decent society.

- In many workplaces around the country employers with vision and commitment already recognise and accept the rights of workplace union delegates. For those employers the Charter will formalise, in part or full, what already exists.

- With rights comes responsibility. Workplace union delegates need to act in good faith, and to do the best they can for their work colleagues together or on their individual needs.

- The Charter of Workplace Union Delegate Rights is a guide for fair standards for all union delegates and will be pursued by unions for inclusion in collective bargaining agreements, award entitlements, and in Australian law as rights for endorsed workplace union delegates.

2. Union delegates shall have:

- The right to be treated fairly and to perform their role as union delegate without any discrimination in their employment;
- the right to formal recognition by the employer that endorsed union delegates speak on behalf of union members in the workplace;
- the right to bargain collectively on behalf of those they represent;
- the right to consultation, and access to reasonable information about the workplace and the business;
- the right to paid time to represent the interests of members to the employer and industrial tribunals;
- the right to reasonable paid time during normal working hours to consult with union members;
- the right to reasonable paid time off to participate in the operation of the union;
- the right to reasonable paid time off to attend accredited union education;
- the right to address new employees about the benefits of union membership at the time that they enter employment;
- the right to reasonable access to telephone, facsimile, photocopying, internet and e-mail facilities for the purpose of carrying out work as a delegate and consulting with workplace colleagues and the union;
- the right to place union information on a notice board in a prominent location in the workplace;
- the right to take reasonable leave to work with the union.
- These rights are basic and fair. Union delegates are entitled to know their role is recognised and respected. Unions will campaign to build these rights over time into workplaces across the country.

The Charter of Workplace Union Delegate Rights of ACTU has been used as a guide for fair standards for all union delegates. Unions have attempted to include elements of the Charter in collective bargaining agreements and in industrial awards as rights for endorsed workplace union delegates. In conjunction with the Charter, the Australian Public Service

(APS), covering government employees in the federal level, has been introduced to the Australian Government Employment Bargaining Framework. This APS Bargaining Framework ('Bargaining Framework') sets out Australian Government policy as it applies to workplace relations arrangements in APS agencies in respect of their APS employees within the legislative framework of the Fair Work Act 2009, Public Service Act 1999, and other Commonwealth laws. This has provided a framework for the management of workplace relations in the APS consistent with both the broader principles of Australian Government workplace relations policy, and legislative requirements. However, in the Framework, rights of union delegates or employee representatives, including rights for paid time off, are defined by the Principles relating to workplace delegates in the public sector.

Principles relating to workplace delegates

In discharging their representative roles at the workplace level, the rights of union workplace delegates include but are not limited to:

- the right to be treated fairly and to perform their role as workplace delegates without any discrimination in their employment;
- recognition by the agency that endorsed workplace delegates speak on behalf of their members in the workplace;
- the right to participate in collective bargaining on behalf of those whom they represent, as per the Fair Work Act;
- the right to reasonable paid time to provide information to and seek feedback from employees in the workplace on workplace relations matters at the agency during normal working hours;
- the right to email employees in their workplace to provide information and seek feedback, subject to individual employees exercising a right to opt out';
- undertaking their role and having union representation on an agency's workplace relations consultative committee;
- reasonable access to agency facilities (including telephone, facsimile, photocopying, internet and email facilities, meeting rooms, lunch rooms, tea rooms and other areas where employees meet) for the purpose of carrying out work as a delegate and consulting with members and other interested employees and the union, subject to agency policies and protocols;
- the right to address new employees about union membership at the time they enter employment;

- the right to consultation, and access to relevant information about the workplace and the agency; and
- he right to reasonable paid time to represent the interests of members to the employer and industrial tribunals.

In discharging any roles that may involve undertaking union business, the rights of union workplace delegates include but are not limited to:

- reasonable paid time during normal working hours to consult with other delegates and union officials in the workplace, and receive advice and assistance from union staff and officials in the workplace;
- reasonable access to appropriate training in workplace relations matters including training provided by a union;
- reasonable paid time off to represent union members in the agency at relevant union forums.

The amount of paid time off for union delegates have been very minimal (see the below cases from agreements). This is because the rights of union delegates or employee representatives for paid time off are not clearly defined and only treated as one of minor issues during collective bargaining negotiations. Thus, the scope and amount of the paid time off for the union delegates are determined by the power of individual unions at the workplace.

Case 1. LHMU Enrolled Nurses and Nursing Assistants Department of Health Industrial Agreement 2004

PART 6 – UNION & DELEGATES RECOGNITION & RIGHTS

41. UNION & DELEGATES RECOGNITION & RIGHTS

(2) Union Delegates will be granted:

(c) Paid time to communicate during the Delegates' ordinary working hours with Union members and attend to Union business in the workplace. This will be negotiated at each Hospital. For example, the total pool of time available to all delegates at Royal Perth Hospital & Sir Charles Gardiner Hospital will be eight (8) hours per fortnight, which may be increased by agreement between the parties for the incidence of site or broader industrial issues.

(d) Delegates shall consult with the Employer when paid time off is required. Any disagreements shall be dealt with via the Dispute Settlement Procedure.

(5) Organising the Workplace

Provided appropriate notice is given and the operation of the organisation is not unduly affected, Union Delegates shall have:

(a)

   (ii) Time to discuss the benefits of Union membership with a new employee as part of their induction.

   (iii) Where the Employer conducts a group induction, which may be on or off site, the Union shall be given at least 14 days notice of the time and place of the induction. The Union will be entitled to at least thirty minutes to address new employees without Employer representatives being present.

(d) Quarterly paid general Union meetings, to a maximum duration of 1 hour. These meetings are to be arranged at a local level.

(e) (i) Paid monthly Union delegate meetings for each Hospital to a maximum of two (2) hours.

   (ii) Quarterly paid regional delegate meetings to a maximum of two hours (plus reasonable travel time).

   (iii) The option to aggregate the time available for meetings, pursuant to (i) and (ii) above, to meet the needs of country delegates.

(6) Representation

The Employer shall grant paid leave during ordinary working hours to an employee:

(a) Who is required to give evidence before any industrial tribunal;

(b) Who as a Union nominated representative of the employees is required to attend negotiations and/or conferences between the Union and Employer;

(c) When prior agreement between the Union and Employer has been reached for the employee to attend official Union meetings preliminary to negotiations or industrial hearings;

(d) Who as a Union nominated representative of the employees is required to attend joint Union/management consultative committees or working parties.

(8) Paid Leave for Union Training

(a) The Employer shall grant paid leave of absence to employees who are nominated by their Union to attend short courses conducted by the Union.

(b) Paid leave of absence shall also be granted to attend similar courses or seminars as from time to time approved by agreement between the parties.

(c) An employee shall be granted up to six (6) days paid leave each calendar year for Union training or similar courses or seminars. However, leave in excess of six days, and up to twelve days, may be granted in any one calendar year, provided that the total leave being granted in that year and in the subsequent year does not exceed twelve (12) days.

(d) Country delegates will be paid travel time during normal working hours at the ordinary rate of pay to attend such training.

(9) Rates of Pay During Absence on Union Training

(a) Leave of absence will be granted at the ordinary rate of pay the employee would have received had they not been on leave.

(b) Where a public holiday or rostered day off (including a rostered day off as a result of working a 38 hour week) falls during a Union Training course or seminar, a day off in lieu of that day will be granted.

Case 2. University of New South Wales(Professional Staff) Enterprise Agreement 2010

PART I - OTHER ITEMS

47.0 Union Arrangements

(a) An employee who has been appointed as a union representative for a Union will be allowed reasonable paid time, and will be considered to be on duty, for the conduct of union activities.

(b) A maximum of 20 working days per annum may be accessed by appointed union representatives of each Union to attend external union meetings, trade union training courses and such associated activities, provided that:

(i) adequate written notice has been given to the Manager, Industrial Relations;

(ii) the absence of an individual employee is not inconvenient to the operations of their work unit; and

(iii) no individual union representative may be absent for more than six (6) working days per annum.

(c) A Union meeting should be held during meal breaks or other work breaks, and may only be held during working hours if agreed, in writing, between a Union and the Director, Human Resources. This clause does not confer any entitlement to right of entry other than in accordance with Part 3-4 of the Act.

(d) The University will include in individual staff induction packages an application form for each Union.

Case 3. Australian Post Enterprise Agreement 2004–2006

Union delegates shall be entitled to the following:

- the right during working hours to perform delegate duties subject to the following principles:
  o such activities must not disrupt operations;
  o the union delegate must not leave his or her work station and must not cease normal duties without prior discussion and agreement with the designated manager or supervisor;
  o agreement won't be withheld unreasonably, but it is expected that to the extent practicable, the role of the union delegate will be done in the delegate's own time;
  o the period of work time proposed to undertake delegate duties must be discussed and agreed with the delegate's workplace manager in each instance. Subject to operational requirements, a reasonable period of time will normally be allowed which may vary depending on the issue and the seriousness of it. As a guide, 15 minutes of paid time per shift may be used for delegate duties. However, the actual period may be shorter but where the issue is serious, longer periods may be appropriate.
- the right to be paid their normal hourly rates for any time discussed and agreed with management that is spent during ordinary working hours in the performance of their duties as union delegates;
- the right to paid leave to attend union courses (which include courses for union delegate training), which conform to the provisions of clause 11.4 of the Australia

Post General Conditions of Employment Award (1999). This right is subject to prior approval of the workplace manager and the operating requirements of Australia Post;

- the entitlement to paid leave where summoned to appear as a witness in proceedings under the Workplace Relations Act 1996. The leave shall only be for such time as the delegate is necessarily absent from duty attending as a witness. The union delegate must advise the facility manager who will advise the relevant human resources manager of such requirements.

Case 4. Westpac Group Enterprise Agreement 2013

25. EMPLOYER AND FINANCE SECTOR UNION RELATIONSHIP

25.6 On the receipt of written advice from the Union Branch Secretary appointing an Employee as a workplace representative, the Employee's Manager shall recognise that the Employee is accredited by the Union for that position and consistent with the obligations of his/her job may devote a reasonable amount of time to the following functions:

(a) discuss with Union members at the workplace Union matters and matters pertaining to the work they perform;

(b) discuss with officers of the Union matters referred to above and receive instructions about performance of Union duties; and

(c) when authorised by the Branch Secretary, discuss the above matters with the relevant Manager.

Trade Union Training

25.7 The Employer and the Union will agree on the number of days to be made available for approved trade union training courses.

25.8 Within these limits the Employer will grant leave to Employees wishing to attend trade union training courses during working hours, provided that the Union provides reasonable notice to the Employee's Manager of the Employee's nomination, and satisfactory arrangements can be made to maintain the efficiency of the Employee's branch or business unit.

Industrial Leave

25.9 The Employer and the Union will agree the number of days to be made available for industrial leave for Employees duly elected by the Union as honorary officials.

25.10 Such paid leave will be for attendance to the Union National Conference, Union State Conference, State Branch Committee meetings, Sub-branch/Council of committee meetings, their successors or any other attendance as agreed by the Employer.

별첨 1. 노동조합대표자의 권리와 역할(원문)

※ Union officials' rights and role
(http://www.workplaceinfo.com.au/industrial-relations/unions/#1)

1. Right to become a union official

A union member is entitled to take on the responsibilities of being a union official without any adverse reaction from his/her employer.

An employer cannot deny the right of a would-be official to stand for election and, if elected, to spend time on legitimate union activities within the boundaries of legislation and the relevant award or agreement.

2. Right of entry to the workplace

This is one of the more controversial rights exercised by union officials. At this point, the simple right to enter the premises will be discussed. The federal and state legislation permits union officials the right to enter a workplace where relevant employees work, during working hours and to hold discussions with the employees. These discussions may be in any lunchtime or non-working time. The employer may have current union members on-site or persons eligible to be members on-site. Certain notice requirements and other pre-conditions apply.

3. Right to meet with employees at the workplace

If a union is entitled to represent the industrial interests of employees at a particular workplace, an official of that union will be able to gain access to that workplace to hold discussions with those employees.

However, several conditions must be satisfied in order for the official to gain access for discussions. Most importantly, the union official will need to hold a valid entry permit issued by Fair Work Australia, and give at least 24 hours of advance notice in writing to the employer.

Discussions may only occur during non-working time such as meal times and other breaks. Employee participation in the discussions is voluntary. The union official is required to comply with any reasonable request from the employer to conduct the discussions in a particular room or area of the workplace.

An employer is also within its rights to ask the official to take a particular route to reach a particular room or area of the workplace. The room or area must be fit for the purpose, otherwise the request will not be reasonable.

The Fair Work Act allows a union to enter a workplace as long as the union can show it has the ability to represent the industrial interests of the employees. This represents a significant change from the previous laws where unions did not have a right of entry for discussion purposes unless there was an award or agreement at the workplace which binds the union.

In many cases, employers will not be in a position to know whether a particular union has the legal ability to represent the industrial interests of employees. In view of this, a union official seeking entry will need to declare in the written entry notice that the union is entitled to represent the industrial interests of the employees concerned.

The declaration must also identify that part of the union's eligibility rule which supports the declaration. The declaration must be genuine, and misrepresentation can expose the union to penalty.

4. Right to sign-up members at the workplace

This will be considered in relation to firstly, union sites, and then non-union sites. In relation to union sites, the union official has the right to enter these sites and so there is no real restriction that employers can impose as long as the official acts within his/her legal limits not to disrupt work etc. In relation to non-union sites, the employer may argue that there is no legitimate reason for the official to be there. This argument has little chance of success if there are potential union members on-site.

5. Right to inspect time and wages records

Union officials are given special rights/privileges in relation to the inspection of time and wages records. In certain respects the officials act in support of the government inspectors who have the responsibility in this area. This means that if the official has the right to enter the worksite then he/she is entitled to be provided with all relevant records and be allowed to go over these records and take copies of appropriate information. The Fair Work Act allows a union official holding an entry permit to gain access to employment records to investigate a suspected breach of an award, agreement or the workplace laws. The union official is able to investigate a suspected breach affecting any person the union is entitled to represent.

However, there must be some substance to the suspicion. A union carries the burden of proving that it has reasonable grounds to support the suspicion. Among the critical conditions for exercising the right to investigate, the union must give the employer advance written notice of at least 24 hours. While at the workplace, the union official will be able to inspect any work relevant to the suspected breach and will be able to inspect and copy any documents relevant to the suspected breach.

This would appear to allow access to records of employees other than union members — as long as those records are relevant to the suspected breach. The union must deal with any information it obtains in accordance with national privacy laws, and there are penalties for misuse of information.

6. Right to prosecute employers

Union officials are given special rights to prosecute employers who breach industrial laws. An example is the recovery of wages at the initiation of the union. A court may find that there's been a breach of the law and order that the underpayment be made good and/or then fine the employer, possibly directing that the fine be sent to the employee who was underpaid — if no direction to pay the underpayment is contained elsewhere in the order.

7. Particular OHS rights

There are two general aspects to OHS rights and union officials. The first is the common occurrence of union officials taking OHS representative roles as well as union responsibilities. The representative has various responsibilities and rights and in extreme circumstances may have the right to stop dangerous processes at a worksite. There must be legitimate and objective evidence to justify such an action.

The Fair Work Act allows a union official holding an entry permit to enter the workplace for OHS purposes. This right can only be exercised during working hours and advance written notice of at least 24 hours must be given to the employer and occupier of the premises. The union official must comply with any health and safety requirement at the work premises.

In NSW an authorised officer of a union may enter any premises, without notice, for the purpose of investigating any suspected OHS breach if members or potential members of the union are reasonably thought to be working there by the union official. The union officer must notify the occupier of the premises as soon as reasonably practicable after entry, but does not have to do this if that would defeat the purpose of the visit or if the employer has been notified in advance. Note that the union officer must be in possession of an authority issued by the Industrial Registrar. Entry must be at a reasonable time in the daytime or at any hour when the work is carried on or is usually carried on. When a union officer has entered premises to follow-up on any suspected OHS breaches, that officer is permitted to do the following:

Note that the officer must not disclose any manufacturing or commercial secrets or working processes, except with the permission of the Minister.

8. Paid union meetings

Some awards provide that the particular union on-site is entitled to hold a specified number of paid union meetings each year. The precise terms of the award should be checked. This is not a common provision and its history has been generally confined to the more volatile industries like stevedoring.

In October 2009, Fair Work Australia ruled that an employer should not be forced to facilitate paid meetings of its employees at which their union will urge them to vote in favour of taking industrial action. By refusing to pay for the union meeting, the employer was not breaching the requirement to act in good faith during bargaining. See: Liquor, Hospitality and Miscellaneous Union v Foster's Australia Ltd－FWA－Kaufman SDP－28/10/09.

9. Unpaid union meetings

Some awards allow for unpaid union meetings to be held in the workplace in work time. This means that the union can call the meetings as specified in the award and the employer is obliged to allow the meeting to take place as long as the award provisions are followed. Again the provisions of the award should be carefully checked.

10. Leave to conduct union business

Some awards provide paid leave to elected union officials to conduct union business in work time. The idea behind this is that the union official can keep the union members informed and maintain good relations with management if this time is allowed.

There are limits imposed on the time allowed and the award should be checked to see if there is such a clause in the first place and what its precise terms are if there is a clause.

11. Recovery of unpaid wages

Union officials are given certain policing rights to investigate, and pursue through prosecution, unpaid wages which are due to their members.

This means that a duly authorised union official is entitled to go over time and wages records and to take copies of relevant information. Union officials may also launch prosecutions in this respect.

12. Preference in employment

Preference clauses are outlawed in the New South Wales, Western Australia and Queensland jurisdictions as well as under the Federal workplace relations legislation. 'Preference' means that at the point of hiring and firing, the union member is to given the job or allowed to stay in the job, in preference to the non-member, other things being equal. In effect, preference can lead to a closed union shop as 'no ticket, no start' can flow from the existence of preference clauses in awards or agreements.

13. Dispute settlement/grievance handling

There is a general provision in most industrial relations statutes that awards and agreements must contain a grievance handling or dispute settlement clause. This means that there has to be a procedure in place which sets out the steps to be followed when a dispute arises at the workplace. The procedure seeks to solve the dispute by a series of steps at the workplace whereby the parties are required to attempt, at various levels of management and union hierarchy (increasing in seniority), to make efforts to resolve the dispute before it goes to an industrial tribunal. These steps usually involve the union delegate and then the union organiser as the attempts to solve the dispute progress.

14. Right to organise industrial action

A union official is entitled to organise industrial action as provided by legislation when other avenues have been exhausted or where the law permits the use of such action as a legitimate bargaining tactic — eg in the course of negotiating an enterprise bargain.

15. Right to be a witness in individual employee matters

A union official is entitled to be a witness in individual employee matters, if requested by the employee, without intimidation. This means that the official is not to be victimised or in other respects intimidated from giving lawful evidence in a matter which may turn out to be to the detriment of the employer involved.

16. Demarcation disputes

Demarcation disputes are those involving contests between unions over the right to cover certain employees. These disputes can turn the employer into the victim as the employer is usually unable to resolve such disputes yet the industrial action directly impacts on the employer. Unions are entitled to protect their legitimate coverage yet the law recognises that there has to be some limits imposed on this type of dispute and so there are various statutory provisions in place to attempt to restrict these disputes.

17. Threats and intimidation generally

The law recognises that unions and their officials have a legitimate place in the conduct of employment matters in Australia. Consequently the law protects unions and their officials against intimidation in the course of their work. So, for example, employers are not entitled to threaten or intimidate union officials or unionists who legally attempt to recruit members. Equally so, unions or union officials cannot solicit members by threats or intimidation or illegally threaten employers or others in the course of their work or otherwise.

18. Modern awards/enterprise agreements

Unions are not able to use modern awards to gain more generous rights of entry. In fact, modern awards are not able to include any terms about rights of entry. A similar restriction does not apply to enterprise agreements, but any right of entry conditions in an enterprise agreement will be unlawful if inconsistent with the legislation.

2. Principles relating to workplace delegates by Australian Public Service Commission[2]

Note: This attachment outlines the principles for workplace delegates which agencies are to follow and should be read in conjunction with Part 1.5 of the Supporting Guidance. Information on the provision of facilities by agencies during bargaining is provided at Attachment B.

---

2) http://www.apsc.gov.au/publications-and-media/current-publications/aps-public-service-bargaining-framework/supporting-guidance/principles-relating-to-workplace-delegates

The role of union workplace delegates and other elected union representatives is to be respected and facilitated.

Agencies and union workplace delegates must deal with each other in good faith.

In discharging their representative roles at the workplace level, the rights of union workplace delegates include but are not limited to:

- the right to be treated fairly and to perform their role as workplace delegates without any discrimination in their employment;
- recognition by the agency that endorsed workplace delegates speak on behalf of their members in the workplace;
- the right to participate in collective bargaining on behalf of those whom they represent, as per the Fair Work Act
- the right to reasonable paid time to provide information to and seek feedback from employees in the workplace on workplace relations matters at the agency during normal working hours;
- the right to email employees in their workplace to provide information and seek feedback, subject to individual employees exercising a right to opt out';
- undertaking their role and having union representation on an agency's workplace relations consultative committee;
- reasonable access to agency facilities (including telephone, facsimile, photocopying, internet and email facilities, meeting rooms, lunch rooms, tea rooms and other areas where employees meet) for the purpose of carrying out work as a delegate and consulting with members and other interested employees and the union, subject to agency policies and protocols;
- the right to address new employees about union membership at the time they enter employment;
- the right to consultation, and access to relevant information about the workplace and the agency; and
- the right to reasonable paid time to represent the interests of members to the employer and industrial tribunals.

In discharging any roles that may involve undertaking union business, the rights of union workplace delegates include but are not limited to:

- reasonable paid time during normal working hours to consult with other delegates and union officials in the workplace, and receive advice and assistance from union staff and officials in the workplace;

- reasonable access to appropriate training in workplace relations matters including training provided by a union;
- reasonable paid time off to represent union members in the agency at relevant union forums.

In exercising their rights, workplace delegates and unions will consider operational issues, departmental policies and guidelines and the likely affect on the efficient operation of the agency and the provision of services by the Commonwealth.

For the avoidance of doubt, elected union representatives include APS employees elected to represent union members in representative forums, including, for example, CPSU Section Secretaries, Governing Councillors and Section Councillors, and APESMA Government Division Committee members.

3. 공공부문 단체협약 사례(Workplace Delegates 원칙 관련)

Australian Customs and Border Protection Service, Enterprise Agreement 2011-2014 (http://www.customs.gov.au/webdata/resources/files/CustomsandBorderProtection EA2011-2014.pdf)

7. Workplace Delegates' Protocols

7.0.1 Consistent with the Australian Public Service Bargaining Framework and the Fair Work Act 2009, Customs and Border Protection, the CPSU and MEAA are committed to developing a professional and collaborative relationship.

7.0.2 Customs and Border Protection will respect and facilitate the rights and role of Union Workplace Delegates, in accordance with Attachment C of the Australian Public Service Bargaining Framework as at 31 January 2011, as outlined at Schedule 3 of the Agreement.

7.0.3 In consultation with the CPSU, Customs and Border Protection will seek to develop an agreed protocol for Workplace Delegates in accordance with the Australian Public Service Bargaining Framework.

The Department of Regional Australia, Regional Development and Local Government, Enterprise Agreement 2011-2014.
(http://www.regional.gov.au/department/careers/files/DRARGLG_EA_2011.pdf)

Schedule C – Workplace Delegates

The role of union workplace delegates and other elected union representatives is to be respected and facilitated. Agencies and union workplace delegates must deal with each other in good faith. In discharging their representative roles at the workplace level, the rights of union workplace delegates are:

- the right to be treated fairly and to perform their role as workplace delegates without any discrimination in their employment;
- recognition by the agency that endorsed workplace delegates speak on behalf of their members in the workplace;
- the right to participate in collective bargaining on behalf of those whom they represent, as per the Fair Work Act
- the right to reasonable paid time to provide information to and seek feedback from employees in the workplace on workplace relations matters at the agency during normal working hours;
- the right to email employees in their workplace to provide information and seek feedback, subject to individual employees exercising a right to 'opt out';
- undertaking their role and having union representation on an agency's workplace relations consultative committee;
- reasonable access to agency facilities (including telephone, facsimile, photocopying, internet and email facilities, meeting rooms, lunch rooms, tea rooms and other areas where employees meet) for the purpose of carrying out work as a delegate and consulting with members and other interested employees and the union, subject to agency policies and protocols;
- the right to address new employees about union membership at the time they enter employment;
- the right to consultation, and access to relevant information about the workplace and the agency; and
- the right to reasonable paid time to represent the interests of members to the employer and industrial tribunals.

In discharging any roles that may involve undertaking union business, the rights of union workplace delegates are:

- reasonable paid time during normal working hours to consult with other delegates and union officials in the workplace, and receive advice and assistance from union staff and officials in the workplace;

- reasonable access to appropriate training in workplace relations matters including training provided by a union;
- reasonable paid time off to represent union members in the agency at relevant union forums.

In exercising their rights, workplace delegates and unions will consider operational issues, departmental policies and guidelines and the likely affect on the efficient operation of the agency and the provision of services by the Commonwealth. For the avoidance of doubt, elected union representatives include APS employees elected to represent union members in representative forums, including, for example, CPSU Section Secretaries, Governing Councillors and Section Councillors.

Department of Human Services Agreement 2011-2014
(http://www.fwc.gov.au/FWAISYS/isysquery/6ef7afc7-b9ce-47e7-bc17-8511c83b7d43/1/doc/AE890392.pdf)

SCHEDULE 6 – DELEGATES' FACILITIES

9.0 PAID AND UNPAID TIME

9.1 Human Services Portfolio Agencies recognise the right of CPSU officials and/or workplace delegates to reasonable paid time to provide information and seek feedback from employees.

Such communication/consultation should reflect the needs of the workplace and not disrupt the effective operations of a workplace, and should not unreasonably impact on any individual's ability to do their job. This is particularly relevant in service delivery areas of the respective agencies.

9.2 Workplace delegate-to-member communication will be kept to a minimum during paid time. Both the workplace delegate and their manager should ensure that the amount of time spent on CPSU related activities during normal paid work hours does not unreasonably impact on the workplace delegate's ability to perform the duties which they are employed to perform.

9.3 Workplace delegates may have access to paid time for specified activities as outlined in clause 9.3.

Access to paid time may be withdrawn if it is prejudicing the efficient business operations of service delivery by, the Agency. In order for workplace delegates to carry out their roles effectively and efficiently, and subject to the Agency's operational requirements, paid time activities for workplace delegates may include:

- presenting information to new employees at induction sessions;
- participation in consultative forums (this will be in accordance with the terms of reference and membership) ;
- attendance at Fair Work Australia where their attendance is required (for example, if representing an employee on an individual workplace matter);
- participation in joint Human Services Portfolio Agency and CPSU briefings to employees on significant workplace matters;
- paid time of 1 hour per month for CPSU Section Councillors to participate in CPSU Section Councillor teleconferences;
- formal representation of an employee, at the request of an employee, regarding individual workplace matters;
- providing information to and seeking feedback from employees in the workplace;
- providing support and advice to employees, at the request of an employee, regarding workplace matters
- consulting with colleagues and the union;
- the right to participate in collective bargaining on behalf of those they represent;
- paid time for members of the CPSU Governing Council to attend the biannual CPSU Governing Council meetings; and
- paid time for elected CPSU workplace delegates to access two days of paid leave per calendar year for development activities necessary to perform their role with the CPSU. To facilitate this, the CPSU will provide the SES Band 1, Workplace Relations Branch, with a list of elected CPSU representatives in each Agency.

9.4 Subject to operational requirements, unpaid time for workplace delegates may be approved to attend other CPSU organised events.

9.5 In the interests of all persons, workplace delegates should seek the approval of their team leader or manager to undertake any CPSU related activity during paid time as soon as possible. The workplace delegate should inform the team leader/manager of the date, time, likely duration and nature of the activity.

9.6 Approval for paid time activities will not be unreasonably refused. Where a team leader/manager has refused to approve a request the matter may be escalated to the appropriate Human Services Pbrtfolio Agency's management and/or CPSU official.

Ⅶ. 이탈리아

1. 국가별 연구

가. 개   요

이 파트는 한국의 노동관계법령 중에서 비교적 최근에 확정된 노동관계조정법의 개정을 통해 드러난 노조전임자제도의 비교를 위한 하나의 기준과 준거점으로 이탈리아 노조전임자 제도에 대한 분석을 제공하고 있다. 특히 가장 논란의 핵심에 있는 타임오프제도(근로시간면 제제도)의 이탈리아 사례는 사용자와 노조의 관계가 공공부문과 민간부문의 제도적 운영이 다르다는 점이 있으며, 현재 노동법 개정과 관련한 혼란스러운 상황이 지속되고 있다는 유사 성이 있다. 더군다나 한국의 노사관계의 지형적인 조건이나 경제적 상황과 유사한 특징을 보이고 있다는 점에서 두 국가 간 제도 비교의 시사점을 제공해 줄 수 있을 것이다.

이탈리아의 타임오프제도를 이해하기 위해서는 몇 가지 사항에 대한 사전 이해와 서술이 필요하다. 다른 유럽 국가들의 사례와 마찬가로 이는 제도적 이해의 수준과 내용의 깊이 있 는 분석을 위한 사전작업이다. 여기에서는 기본적인 이탈리아 노사관계와 제도를 장황하게 설명하기보다는 가장 중요한 내용으로서 산별협약의 구조와 조건 등을 집중적으로 분석하는 것으로 이탈리아 타임오프제도 이해의 사전작업을 진행하고자 한다.

이탈리아 타임오프제도에 대한 규정과 명확한 제도적인 운영 및 현황을 밝힌다는 것은 그리 쉽지도 않으며, 또한 연구자의 시각과 입장에 따라 다소 상반된 결과가 도출될 수 있는 위험성이 존재한다. 따라서 다음의 구성에서 제기하고 설정하고 있는 시각과 관점은 산별협 약의 구조 아래 원칙적이고 기본적인 타임오프제도를 몇 가지 기본 법률을 통해 정리하고 시사점을 찾는 방향에서 작성하도록 할 것이다. 이는 여전히 진행중인 이탈리아 노동법 개 정의 문제와 타임오프제도에 대한 제도적인 미확정성과 판례에 의존하는 이탈리아의 법적인 특징에 기인한 것이다.

본 파트에서는 이러한 점들을 감안하여 몇 가지 중요한 사항과 내용을 중심으로 구성하고 자 한다. 첫째는 이탈리아 임금협상과 규정을 이해하기 위한 산별협약 시스템에 대한 간략한 설명이며, 둘째는 근로시간면제제도의 일반적인 내용과 원칙을 1970년 제300호 법률에 의해 전개할 것이다. 세 번째는 타임오프제도에 대한 구체적인 사례로 공공부문의 금융계의 산별협약 내용 속에서 이를 살펴보고, 동시에 민간부분에서는 금속계의 기업별 협약 사례로 이탈리아 토리노 시에 위치한 TEXSID 사의 산별협약 내용을 중심으로 살펴보겠다. 네 번째는 한국의 타임오프제도와의 비교와 시사점을 간략하게 정리하는 것으로 마치도록 하겠다.

나. 이탈리아의 노동조합 조직과 산별협약 구조[1]

(1) 개　요

이탈리아 노조는 업종이나 산업별로 다양한 스펙트럼을 가진 노조들이 존재하며, 그런 양상이 극우 파시즘적 색채의 노조에서부터 황색노조라고 할 수 있는 어용노조들까지 존재하고 있는 원인이 되었다. 이러한 양상은 공공부문의 노조에까지 영향을 미쳤으며, 공공부문 노조가 다양하고 조합원 수가 많은 이유 중 하나이다. 또한 그에 상응하는 만큼의 사용자 단체들도 많은데, 총 9개의 사용자 단체가 조직되어 있다. 이에 상응하는 노동자의 대표성 역시 1993년 이후 새로운 형태의 통합노조대표성에 기반한 RSU(Rappresentanza Sindaclae Unitaria)의 제도 개선이었다.

현장 중심의 노동자 이해를 대변하는 조직으로 바꾸어 탄생한 조직이 바로 RSU였다. 각 노조의 입장을 모두 통합하여 사업장의 노동자 이해를 대변한다는 점에서 기존의 제도들보다는 훨씬 바람직한 것으로 평가받는 이 제도는 결국 기존 노조들의 통합과 변화된 환경 하에서 노동자들의 요구와 이해를 직접 반영한다는 목적을 가지고 탄생하여 운영되었다. 이들 RSU의 대표성은 단협의 성격이 전국적이냐 기업적 수준이냐에 따라 차이가 있다. RSU의 조직률이 산별에 따라 다르기도 하며, 민간부문인 경우 RSU 자체가 존재하지 않는 경우도 있기 때문에 RSU가 있는 기업이나 사업장 또는 지역에서는 이들이 분명한 대표성을 갖지만, 그렇지 않은 경우 이를 어떻게 인정하고 승인하느냐는 사정에 따라 다르다고 볼 수 있다. 참고로 금속부문의 경우 민간부분 약 40%의 기업이나 지역에서 RSU가 조직되어 있다. 이에 반해 공공부문의 경우 RSU의 조직률은 거의 100%(몇몇 부문을 제외하는데, 이는 한국에서 공공이라고 인정하는 부문과 이탈리아에서 공공으로 인정되는 부분이 다르고, 부문에 따라 수익성이나 경제성의 정도에 따라 차이가 나기 때문이다)에 가깝기 때문에 실제적인 노동자들의 현장성을 직접적으로 그리고 완전하게 반영하고 있는 부문은 공공부문이라 볼 수 있다.

외형적인 측면에서 이탈리아 산별협상은 3가지 수준에서 구성되어 운영되고 있다. 첫 번째 수준에서는 노사정간 최상위 조직들 사이에 정기적으로 개최되어 주요 현안과 방향 등을

---

1) 이 부분에 대한 내용은 아래의 책에서 보고서의 내용에 맞게 재편집한 것이다. 김종법. 2004. 『이탈리아 노동운동사』, 한국노동사회연구소.

결정하는 수준이 있고, 둘째는 산별협상의 기준이자 구체적 방침이라 할 수 있는 전국단체협상(CCNL)이 체결되며, 마지막으로 기업 차원이나 소규모 영세 사업장 단위별로 지구 내에서 이루어지는 협상이 존재한다.

임금협상의 경우 1차 단협에 의한 협상의 범주와 내용 등이 결정되며, 2차 단협에 의해 구체적인 내용과 사항들이 결정된다. 단협 기간은 산별전국협약의 경우 일반협약은 4년 단위로 이루어지며, 임금 협약의 경우는 2년마다 갱신된다. 기업별 협약 역시 4년 기본에 임금 협약의 경우 2년마다 갱신되고, 기업의 재조직이나 노동조건, 고용 기준과 채용조건의 변화, 기타 노동자들의 동등한 권리구조의 변화, 및 기업내부 조직이나 위상의 변화에 대하여는 언제든지 협상이 가능하다.

중앙 차원의 소득관련 노사정 3자 협상은 1년에 보통 2번의 정기적 모임이 있다. 5월과 6월 사이에 첫 모임을 가지며, 내용은 주로 공공투자의 문제, 인플레이션의 결정, 총생산증가율의 결정, 고용정책 전반에 걸친 목표와 내용 등을 설정하며, 회의에 앞서 정부는 노사 양측에 '연간고용상태보고서'를 제출하게 되어 있다. 두 번째 회의가 열리는 9월 협상에서는 1차 협상에서 결정된 목표와 내용 실현을 위한 구체적 방법 등이 결정된다.

최근의 추세는 교섭구조 자체의 특별한 변화라기보다는 업종에 따른 기업별 또는 지역별 협약이 더욱 중요성이 증대하고 있다. 노동자들 역시 산별협약보다는 자신이 몸담고 있는 기업에서의 협약 내용에 더욱 관심을 갖고 있으며, 경제적 이익과 관련된 내용을 협상의 주된 내용으로 삼고 있다. 그러나 최근 정부와 경제계가 전반적으로 신자유주의적 정책 기조에 따른 구조조정과 비정규직 채용을 허용하는 비아지 법안을 적용하면서 이를 철폐하는 투쟁과 연대를 교섭의 주요한 내용이자 목표로 설정하고 있다.

이러한 불명확성과 비표준성은 타임오프제에 대한 명확하고 분명한 제도적 설명이나 특징을 표현하는데 어려움을 주고 있다. 특히 공공부문과 민간부문의 적용과 실제에서는 원칙은 일정 부분 일관성이 존재하지만, 그 처리나 내용에서는 분명하게 다르다는 점이 존재한다. 이러한 차이점은 때로 타임오프제를 설명하는데 상당히 어렵고 이상한 방향으로 흐르게 하는 원인이 되기도 한다. 이에 여기에서는 타임오프제도에 대한 명확한 이해를 위한 전제조건이자 노동조합 조직의 전임노동자라 할 수 있는 RSU제도와 산별협상의 내용을 살펴볼 것이다.

(2) RSU제도의 내용과 임금교섭 구조

통합노조대표제도는 현재의 이탈리아 노사관계의 핵심적 제도이자 사회적 협의의 틀을 가능하게 하였던 중요한 계기로 작용하였다. 특히 1970년대 이후 끊임없이 제기되고 논의되어 오던 통합노조를 실현할 수 있는 계기를 부여하였고, 이를 통해 기업별 단체협상이 성립될 수 있는 제도적 장치가 되었다. 또한 기업-산별-전국 차원으로 제도화 될 수 있는 출발점이 되었다는 측면에서 이탈리아의 코포라티즘이 비교적 현재까지도 운영될 수 있었던 주요한 계기였다고 평가받는다.

RSU제도의 확립에 따라 노조와 사용자의 교섭체계는 명확한 제도화의 수준으로 진입할 수 있었으며, 이는 산별협약을 통한 이탈리아 노사관계를 사회적 협약의 틀로 구조화하는데 비교적 성공할 수 있었다. 따라서 궁극적인 주제인 타임오프제도 역시 이탈리아 주요 노조를 대체한 RSU와 각 분야별 사용자 단체들 간의 구체적이고 개별적인 협상에 의해 결정될 수 있었다. 따라서 RSU의 구조와 선출 방식 등은 전임노조원의 수와 전임노조원의 임금 구조를 알 수 있는 가장 중요한 제도라는 사실을 알 수 있다. RSU에 대한 구조와 선출 방식 및 기타 내용은 그런 측면에서 전임노조원의 구성과 활동 등에 대한 기본적인 정보를 제공할 수 있을 것이다.

(3) RSU의 구성과 선출

일반적으로 RSU의 권한은 노동자대표성을 보장하고 있다. 이들의 권한 중 임금관련 가장 중요한 권한은 작업장에서의 노동 시간과 동일한 효력을 갖는 전임노조원으로서 활동할 수 있는 권한이다. 그러나 타임오프제도와 관련한 보다 중요한 사항은 RSU의 직무에 대한 것이다. 첫째, RSU는 노동자들의 지적과 지시에 관하여 교섭을 시작하기 전에 협약초안과 부속사항을 작성하여 전체 노동자 총회에서 과반수의 찬성으로 승인을 받아야한다. 둘째, 다른 안건에 대하여는 정보수집이나 집행부에 의해 소집요구를 받았거나 혹은 노조의 제안이나 요청에 의해 제안된 안건들에 대하여는 노동자들에게 시의 적절한 정보를 제공하고 확정하기 전까지는 총회의 안건이나 제안으로 공고해야한다. 셋째, RSU직무의 투명성 원칙에 의거 모든 제안이나 안건 및 교섭사항은 정확하게 회의록이 작성되어야 하며, 회의록에는 분명하게 RSU 개개 구성원들의 개별적인 다른 입장들이 드러나 있어야 한다.

이러한 권한과 직무 중에서 노조원, 특히 전임노조 활동시간을 구성하는 절대적인 기준을 RSU가 제시하고 있다. 이탈리아에서 노조전임 활동시간에 대한 노사간 합의 사항이 체결된 것은 1998년 8월 7일에 전국노조와 사용자 단체 그리고 정부간의 협약 사항이었다. 이 합의 내용에 따르면 전임노조 활동시간과 관련된 합의조항 제9조에 의거 종업원 한 명당 30분의 시간을 전임노조 활동시간으로 배당하여 RSU활동에 귀속시켰다. 그러나 이 시간은 권장사항이었고, 절대적인 구속력 있는 강제사항은 아니었으며, 일반적으로 이에 벗어나거나 변칙적인 시간 부여와 조정에 관하여는 해당 기업이나 지역에 따라 협의안이나 협약안에 따라 적절한 조건으로의 변경이 가능했다. 이렇게 하여 축적된 총계 전임노조 활동시간은 노조활동을 위해 RSU 대의원들에게 사용되어야 하며, 모든 RSU 구성원 모두에게 동일한 방식으로 할당되어 사용되었다.

오랜 논란 끝에 확정된 RSU의 기본적인 규범과 원칙은 다음과 같다. 첫째, 15인 이상의 사업장에는 임기 3년의 대의원인 RSU를 둔다. 둘째, 종업원 200명 이하의 사업장에는 최소 3명의 대의원을 둔다. 셋째, 201명 이상 3,000명까지의 종업원을 둔 사업장에서는 300명당 3명의 대의원을 둔다. 넷째, 3,001명 이상의 종업원을 둔 사업장에서는 상기의 원칙과 더불어 500명당 3명의 대의원을 추가로 둔다.

그러나 이러한 특징에 의해 구성되는 RSU는 몇 가지 한계를 지니고 있었다. 특히 RSU 전체 대의원의 1/3은 전국차원의 산별협약을 체결한 노조가 지명한 노조원이나 해당 노조의 조합원들이 선출한 자로 구성한다는 조항과 나머지 2/3의 대의원 선출 시에도 피선거권에 제한을 두어, 해당 기업이나 지역에서 최소 5% 이상의 조직률을 갖춘 노조에게만 해당 조합원을 출마시킬 수 있는 자격을 부여했다. 이는 이전의 대의원평의회나 공장평의회의 구성이 아무런 자격제한 요건을 두지 않았던 데에 비하면 현장의 비민주성을 담보하는 제도로 비판을 받게 되는 근거였다.

여기서 보다 구체적인 RSU의 구성과 선출 방식에 대하여 살펴보도록 하자. 이는 RSU제도를 이해하고 이탈리아 산별협약의 가장 주요한 주체인 노동자대표를 이해할 수 있는 기준이기 때문이다.

다. 타임오프제도의 운영과 실제 사례

(1) 개   요

이탈리아 타임오프제의 경우 공공부문과 민간부문의 실제적인 운영과 내용에서는 차이가 많이 나는 편이다. 이는 무엇보다 산별협약의 내용과 체결 등에 있어서 법적인 기준과 준수라는 측면에서 보면 공공부문의 경우 일반적인 원칙에 의거 운영해야 한다는 점에서 타임오프제도 뿐만 아니라 명시된 노동관계제도의 수행과 시행은 법률에 의거하여 실시한다. 그러나 민간부문의 경우 총론이나 전국 수준의 산별협약 제도 아래에서는 구체적인 각론을 기업이나 지역에 위임하는 경우가 대부분이기 때문에 작업장이나 분야별 조간과 환경 등에 따라 타임오프의 내용이 달라질 수 있다는 맹점이 존재한다.

이탈리아의 경우 노조전임자는 산별협약(CCNL)에 의해 노조원의 활동과 관련된 계약조건에 의해 명시된다. 특히 공공노조의 경우에는 보다 명확하게 유급 전임자가 명시되어 있지만, 민간 영역의 산별노조의 경우에는 산별협약의 조건이 분야별로 다를 수 있다. 이 문제는 종종 유급 전임자의 존재만을 명기함으로써 시간과 조건에 대한 명확한 규정은 모든 산별협약의 내용에 따라 달라질 수 있다는 난점을 불러일으키고 있다. 더군다나 1998년 노사정위원회라 할 수 있는 국가경제위원회의 합의사항으로 결정된 이후 다시 2001년 이후 노동법 개정이 발생하였고, 개정과 확정 과정에서 이에 대한 정당성과 유효성 문제를 둘러싸고 현재까지 지속적으로 개정 문제가 명확하게 종료되지 않음으로써 유급 전임자 문제 역시 분야별로 다를 수 있다는 사실을 유념해야 할 것이다.

(2) 타임오프제도의 운영 원칙

타임오프제에 관한 명확한 법률은 존재하지 않는다. 기본적으로 가장 중요한 법적인 근거는 1968년 68운동 이후 이탈리아 토리노에서 발생한 금속노동자들의 '뜨거운 가을(Autunno caldo)'을 거쳐 완성된 "노동자권리헌장"이라고 명명되는 1970년 제300호 법률이다. 여기에 명시하고 있는 제2조, 제16조, 제20조, 제23조, 제24조, 제30조 등의 규정에 따라 타임오프제도(근로시간면제제도)를 운영하고 있다. 특히 초기 제도와 현재 노동법 개정 과정 중의 제도적인 혼란을 피하기 위하여 원칙적인 측면에서 거론되는 1970년 제300호 법률을 중심으로 간략하게 설명하면 다음과 같다.

첫째, 이탈리아에서 노조활동의 자유와 허가를 규정하고 있는 1970년 노동자권리헌장에 따르면 노조활동 자체는 법률에 의해 보호받으며, 이에 준하는 노조 관련 활동 역시 노동자의 권리로 인정받고 있다. 특히 1970년의 법률은 작업장과 기업체 및 작업장 이외의 지역에서도 노동과 관련된 임무에 대해서는 노동에 준하는 것으로 해석하고 있다. 이와 같은 시각에서 1970년 제300호 법률에 규정된 노조활동의 세부적인 사항을 살펴보면 다음과 같다.

가장 먼저 언급하고 있는 것은 유급의 노조활동을 보장하며, 기업에서의 노조활동 보장에 대한 노조원의 권리는 법률에 의해 보호된다는 점이다. 둘째, 노조원 가입을 위한 노력 역시 노조의 자유로운 활동으로 인정하고 있으며, 노조활동을 위한 공간과 고지를 위한 게시판 등의 활용 공간 역시 기업에서 의무적으로 제공해야 한다고 명확하게 밝히고 있다.

이와 같은 원칙에 의거 1970년 제300호 법률은 노조활동의 자유는 노조활동의 허가에 대한 자유의 권리와 노조활동을 동기로 하는 작업장 이탈과 근로면제가 가능한 권리로 구분될 수 있다.

노조활동의 허가에 대한 자유의 권리는 노동자의 근로에 종속하는 권리로 인정하며, 이는 노조활동과 관련된 모든 임무의 유급 원칙을 의미한다. 그러나 노조의 운영과 관련된 활동과 집회 참석 등의 업무는 무급일 수 있다. 특히 무급과 유급의 경우와 세부적인 내용과 경우 수는 최근의 변화와 혼란 속에서 개별 사례와 경우에 따라 다소 차이가 있다. 그럼에도 불구하고 유급이 원칙이라는 점은 확실하며, 민간부문의 경우 무급일 경우에도 연금이나 사회보장 비용 분담금의 형태로 근무 일수나 경력 등에는 산정한다는 원칙을 준수하고 있기 때문에 유급이라는 법률적인 판단을 하고 있으며, 최근의 판례들 역시 이러한 원칙을 뒷받침하고 있다.

이탈리아의 경우 유무급 노조원의 존재는 정규직과 비정규직의 지위에 따라 유무급이 결정되는 것이 일반적이며, 헌법 제37조에 의거한 노동조합 활동의 보장이라는 측면에서 노조원의 법적 지위를 인정하고 있다. 다만 유무급의 결정과 구체적인 내용은 개별 협약의 수준,

다시 말해 기업이나 지역 차원의 단체협약에서 구체적으로 결정되는 것이 일반적이다. 이를 구분하여 설명하고 있는 것이 〈표 VII-1〉의 유무급 노조원에 대한 정의이다. 더군다나 최근의 노동법 변화 과정에 의하면 여전히 애매모호한 규정이 있기 때문에 이에 대한 구체적인

〈표 VII-1〉 유무급 노조원에 대한 정의

구분2)	존재 유무	명칭 (현지 원어)	법률조항	법률상의 정의	소속 기관
유급 전임자	o	공공분야 유급 전임자 (Lavoratore dell'orario fuori del sindacato nel settore della Funzione Pubblica) 혹은 RSU(Rappresntanza sindacale unitaria)	헌법 제36조 2항, 제39조 등 1970년 노동자권리헌장 300호 법률 제1조와 제14조 1995년 11월 9일자 법률(Aran과 RSU의 지위와 역할에 대한 명기) 2002년 제164호 법률 2010년 제1167-호 법령	헌법 제37조에 의거 결사의 자유와 노조활동의 자유를 보장하기 위하여 노동조합의 노조원의 활동을 보장하고 있다. 특히 공무 수행에 면하는 활동임에도 RSU의 활동에 전념하는 경우 공무원의 노조활동은 업무의 일상으로 인정하고 있다.	노동 조합
		민간분야 유급 전임자 (상동)	법률의 기본적인 규정은 공공부문과 동일하지만, 규정의 내용과 수준은 영역별 산별협약의 최종체결 안에 따라 결정된다. (CCNL)	산별협약에서 정한 바에 따라 그리고 해당 노동자의 동의가 명시된 노동조합 또는 사용자단체에 파견된 자	
유급 부분 전임자	o	공무원 노동조합 유급 전임자	2009년 10월 27일자 150호 법률이 가장 최근의 규정	노동조합의 업무에 종사하기 위하여 공무 수행을 면하는 공무원은 공무 중에 있는 것으로 본다. 일반적으로 RSU의 근무 규정에 따른다.	노동 조합
		RSU	농업, 화학, 금속, 섬유, 식품 및 농산업, 건설, 출판 및 영화, 상업, 운송, 신용 및 보험, 서비스업, 사립기관 등의 영역에 따라 4년 단위 산별협약에 근거	RSU의 활동은 법적인 강제규정이지만, 이탈리아의 경우 15인 이하 소규모 기업이 전체의 90% 정도를 차지하고 있기 때문에, 지역협약이나 기업협약의 수준에서 이를 지키고 있는지에 대한 확인은 사실상 어려운 상황임	노동 조합
무급 전임자	o 혹은 X	이를 어떻게 해석하고 규정해야 할지는 한국과의 법체계 자체의 차이로 인해 명확하게 이야기할 수는 없지만, 현재 이탈리아의 경우 노동시장과 법률체계의 변화기이며, 계속적으로 법이 바뀌고 있기 때문에, 정부의 성격에 따라 비정규직이나 파트타임 노동자의 무급과 유급 여부가 결정된다.			

2) 유/무급은 사용자로부터 임금 지급 여부에 따라서 구분. 한국의 경우 노조전임자는 특정 사용자와 구체적인 근로계약을 체결하고 있으면서 소정의 근로를 제공하지 않고 노조의 사무에 전념하는 자들임.

사항은 개별 계약관계나 기업협약을 통해 확인할 수밖에 없는 상황이다.

노조활동의 법적인 보장이 명확한 이탈리아에서 최근 문제가 되고 있는 것은 노조전임자의 시간과 활동 사항에 따른 임금지급 부분이다. 공공부문의 경우 분명한 법적 근거를 가지고 있지만, 민간부문의 경우에는 중앙 차원의 산별협약에서 정한 기준이 중요한 법적 근거가 되지만 기업이나 지역 차원에서는 이를 100% 적용한다고 확정하여 이야기할 수는 없다. 일반적으로 산별협약에서 정한 RSU의 경우 사용자가 지급하기로 정하는 경우 사용자가 임금을 지급한다. 그러나 아래의 〈표 VII-2〉에서 보듯이 금속부문과 같은 경우에는 노조에서 노동자를 채용할 수 있기 때문에 임금지급의 주체가 노조가 될 수도 있다. 이는 노조활동의 필요에 따른 특별한 경우이며, 일반적으로 임금 지급의 주체는 협약에서 정한 노조전임활동을 인정하고 있는 기업이 주체가 된다.

〈표 VII-2〉 노조전임자 임금 규정과 제도

구분	임금 지급 주체	법조항	내 용	임금을 노조에서 충당하는 사례	
				유무	내용
유 급 전 임 자	정부, 지방자치 단체, 공사, 학교 공공 보건 의료 시설 등	국가 공무원, 지방 공무원, 공사 직원, 교원 및 보건 의료 공무원의 신분에 관한 각각의 법령과 조직법에 근거	노동조합의 업무에 종사하기 위하여 공무 수행을 면하는 공무원은 공무 중에 있는 것으로 본다. 업무의 필요성을 해치지 않는 범위에서 기관장은 그 공무원을 대표적 노동조합에 파견하여 그 업무에 종사하도록 한다.	x	법에 의하여 정부 등이 임금 지급
	사용자	CCNL	산별협약에서 정한 바에 따라 그리고 해당 근로자의 명시적인 동의를 조건으로 해서 노동조합 또는 사용자단체에 전임자를 파견할 수 있다. 전임 기간 동안 해당 근로자에 대한 사용자의 의무는 유지된다. 전임 기간이 만료된 후 근로자는 종전의 업무 또는 적어도 대등한 수준의 임금이 지급되는 유사한 업무에 복귀한다.	x 혹은 o	산별협약에서 정한 RSU의 경우 사용자가 지급하기로 정하는 경우 사용자가 임금 지급한다. 그러나 금속부문과 같은 경우에는 노조에서 노동자를 채용할 수 있기 때문에 노조가 지급할 수도 있다.
유 급 부 분 전 임 자	정부, 지방자치 단체, 공사, 학교	국가 공무원, 지방 공무원, 공사 직원, 교원 및 보건 의	노동조합의 업무에 종사하기 위하여 공무 수행을 면하는 공무원은 공무 중에 있는 것으로 본다. 업무의 필요성을 해치지 않는 범	x	법에 의하여 정부 등이 임금 지급

	공공 보건 의료 시설 등	료 공무원의 신분에 관한 각각의 법령과 조직법에 근거	위에서 기관장은 그 공무원을 대표적 노동조합에 파견하여 그 업무에 종사하도록 한다.		
	사용자	CCNL	산별협약에서 정한 규정을 하위단계인 기업협약이나 지역협약으로 내려올 경우 기업이나 지역의 환경과 조건에 따라 탄력적으로 유급 부분전임노동자의 지위와 처리를 규정하고 있다.	x 혹은 o	근로면제시간은 법상 당연히 근로시간으로 간주되어 사용자가 임금을 지급한다. 그러나 금속부문의 산별협약에는 노조가 채용한 노동자의 경우 노조에서 지급할 수 있다.
무 급 전 임 자			이를 어떻게 해석하고 규정해야 할지는 한국과의 법체계 자체의 차이로 인해 명확하게 이야기할 수는 없지만, 현재 이탈리아의 경우 노동시장과 법률체계의 변화기이며, 계속적으로 법이 바뀌고 있기 때문에, 정부의 성격에 따라 비정규직이나 파트타임 노동자의 무급과 유급 여부가 결정된다.	o 혹은 X	

　　이탈리아에서 노조전임자의 수를 명확하게 추산하는 것은 개별협약 모두를 들여다보아야만 한다. 그러나 상급노조에서 밝히고 있는 노조원의 수와 RSU의 분포 등을 통하여 어림잡아 추측할 수는 있다. 〈표 VII-3〉에서 보듯이 1998년 기준으로 상급노조 중심으로 이를 추정해보면 다음과 같다. 최대노조인 CGIL의 공식 조합원 수가 5,249,010명이기에 다른 주요 노조인 UIL, CISL, COBAS 등등의 노조원 수를 대략적으로 추정한다면 6백만 명에서 7백만 명 사이일 것으로 산출할 수 있다. 따라서 이탈리아의 노조원 수는 대략 1,200만 명에서 1,300만 명으로 추산할 수 있다. 여기에 200명당 3인의 RSU라는 사실을 감안한다면 18만 명 정도가 가능하다고 추산할 수 있다. 그러나 15인 이하의 기업의 경우 이를 준수하는 것은 거의 불가능하며, 협약의 내용이 달라 구체적으로 산출하기는 어렵지만, 대략적인 수준에서 파악한다면 현재 RSU의 수를 기준으로 전임유급노동자를 추정할 때, 대략 4만 명 정도로 추산하고 있다.

<표 VII-3> 노조전임자 규모

구분	전체규모	내용	규모관련 규정 특징
유급 전임자	약 4만 명 정도 추산	산별협약의 내용에 의해 결정되며 일반적으로 각 노조의 노조원 수를 통한 대략적인 파악이 가능하지만 추정치에 불과. 1998년 기준으로 최대노조인 CGIL의 공식 조합원 수가 5,249,010명이기에 다른 주요 노조인 UIL, CISL, COBAS 등등의 노조원 수를 대략적으로 추정한다면 6백만 명에서 7백만 명 사이일 것으로 산출할 수 있다. 따라서 이탈리아의 노조원 수는 대략 1,200만 명으로 추산할 수 있다. 여기에 200명당 3인의 RSU라는 사실을 감안한다면 18만 명 정도가 가능하다고 추산할 수 있다. 그러나 15인 이하의 기업의 경우 이를 준수하는 것은 거의 불가능하기에 현재 RSU를 역임하고 있는 전임유급노동자는 4만 명 정도로 추산하고 있다.	산별협약에서 결정
유급 부분 전임자	정확한 규모 파악 불가	법령으로 정한 수에 그치는 것이 아니라 기업별 협약으로 보충하기 때문에 협약을 모두 분석하기 전에는 파악이 불가능함	기업협약과 지역협약을 모두 분석해야만 가능한 추정치가 산출될 수 있음
무급 전임자	파악 불가	개별적인 계약에 의해 결정되는 것이기 때문에 파악은 불가능함	

이탈리아에서 노조전임자를 명확하게 법률에서 규정하고 있지 않지만, 앞서 이야기한 노동자 대표성을 규정하는 RSU의 법적 지위를 통해 노조전임자의 규정 부문을 적용할 수 있다. 2001년 법령에 의거 200명당 3명의 RSU 규정과 15인 이상의 사업장에서 RSU의 대표성을 보장하고 있다(<표 VII-4> 참조). 그러나 예외 규정이나 구체적인 사항은 개별 협약 차원에서 규정할 수 있기 때문에, 노조전임자의 규정은 헌법과 "노동자권리헌장"에 의거하여 판단한다.

<표 VII-4> 노조전임자 규모 규정

구분	해당 법 유무 표기	법조항	내용	기타 (상한선이 아닌 하한선으로 운영되어 타임오프제가 무한정 인정될 수 있는 여부)
유급 전임자	○	공공부문 RSU 관련 법령: 2001년 165호 법령	200명당 3명의 RSU 규정 15인 이상의 사업장에서 RSU 대표성을 법률에서 보장	법정 확정 기준으로 작용
		CCNL	산별협약의 내용에 따라 4년마다 갱신하여 규정	CCNL의 강제성과 민법적 효력으로 인해 200인 이상의 중

| 유 급
부 분
전임자 | ○ | 공공부문 RSU 관련
법령: 2001년 165호
법령(1970년 노동자
권리헌장에 의해 규
정된 노동자 전임시
간 규정에 의하면 한
달 8시간까지 가능) | 일반적으로 주당 근무시간에 따
라 결정되는데, 의료나 학교의
경우 공공부문은 주 36시간의 근
무시간을, 기타 공공부문의 경우
에는 주 40시간을 기준으로 결정
한다. 일반적으로 한 달 8시간까
지 노조활동전임시간으로 인정 | 규모 기업에서는 법적인 대표
성을 보장받는다.

법정 확정 기준으로 작용 |
| | | CCNL | 산별협약의 내용에 따라 4년마
다 갱신하여 규정하지만, 기업협
약이나 지역협약의 경우에는 다
소 차이가 있다. | 금속부문 산별협약의 경우
에는 민간부분의 다른 영역
과 차이가 존재하며, 더욱
기업이나 지역 수준의 협약
에서는 규정의 변경이 비교
적 자유로운 편임 |

앞서 〈표 Ⅶ-4〉에서 보았듯이 노조전임자의 규정은 헌법과 "노동자 권리헌장"의 확정 사항이기 때문에 이를 임의대로 변경할 시에는 모두 법적 소송과 분쟁의 동기가 될 수 있다. 따라서 임의대로 이를 어기거나 위반하는 경우는 없지만, 개별 협약이나 개별적인 노동계약 사례에서는 예외조항과 특별조항 등의 명목으로 규정할 수는 있다. 다만 이 경우에도 그 규정의 원칙적인 변경이나 훼손은 허용하지 않는 것이 일반적인 판례의 내용이다. 또한 노조전임자의 활동 역시 한달 기준으로 8시간을 규정하고 있기 때문에 이에 해당하는지의 유무만을 판단하여 노조전임자의 활동과 연계한 규정을 하고 있는 것이 일반적이다 (〈표 Ⅶ-5〉 참조).

〈표 Ⅶ-5〉 노조전임자 규정

| 구분 | 노조전임자 활동 보호 관련 사항 | | | 예외 규정 사례 | | |
	보호법 유무 표기	법조항	내용	유무 표기	법조항	내용
유 급 전 임 자	○	공공부문 RSU 관련 법령: 2001년 165호 법령(1970년 노동 자권리헌장에 의해 규정)	헌법과 노동자권리 헌장의 기본조항임	x		
		CCNL	상동			
유 급 부 분 전 임 자	○	공공부문 RSU 관련 법령: 2001년 165호 법령(1970년 노동 자권리헌장에 의해 규정)	상동	x		

		CCNL	상동			
무 급 전 임 자	○	노조활동에 대한 것은 기본적인 노동자의 권리이기 때문에 보호하는 것을 원칙으로 한다. 실제로 모든 경우의 노동자는 쟁의신청과 법 보호를 요청할 수 있다.	x			

이탈리아의 경우 노조전임자를 선출하는 규정은 산별협약에서 정한 RSU 선출 규정에 의거한다(〈표 VII-6〉 참조). 일반적으로 3년마다 RSU를 선출하고 있기 때문에 이를 기준으로 보면 3년마다 노조전임자를 결정할 수 있다. 그러나 퇴직이나 연금수급자의 자격을 취득하기 전에는 노조전임자가 연임하는 것이 일반적인 관례이다. 특히 산별협약의 내용 규정이나 조항들의 법적인 측면들이 강하기 때문에 이를 일반노동자들이 담당하는 것이 쉽지 않은 현실적인 이유도 존재한다. 따라서 RSU로 선출되면 노조전임자 활동을 하게 되고, 특별한 사정이 없는 한 연임하거나 계속하여 활동을 한다. 다만 RSU에 선출되지 않을 경우, 다시 말해 노조간 세력 변동이나 노조원의 특별한 결격사유가 발견될 경우를 제외하고는 노조전임자의 선출은 RSU의 확정으로 결정된다.

이탈리아의 경우 노조전임자의 법적 지위와 활동은 법률로 규정되어 있기에 일반적으로 보호되는 것이 원칙이다. 특히 공공부문과 학교 및 보건 의료 분야 등에서는 노조전임자 활동이 국가의 법으로 규정되어 있어서 노조전임자의 활동이 원칙적으로 보호되고 있다. 그러나 민간부문의 경우, 영역과 기업 혹은 지역에 따른 격차가 존재한다는 점에서 일률적인 규정이나 내용을 파악하는 것이 쉽지 않다. 이는 개별협약 수준에서 결정할 수 있는 사항이기에 개별 사례를 모두 보아야 알 수 있다. 그러나 보고서 뒷부분에 있는 공공부문과 민간부문

〈표 VII-6〉 노조전임자 선출 규정

구분	법조항	내용	기타
유 급 전 임 자	공공부문 RSU 관련 법령: 2001년 165호 법령	공공부분의 경우 3년마다 RSU를 선출한다. 학교나 보건의료 및 기타 공사 등의 경우에도 3년마다 선출하는 것을 원칙으로 하지만, 지방자치단체의 규모나 여건 등에 따라 약간의 유동성은 존재한다.	
	CCNL	산별협약의 경우 공공부문과는 다른 규정을 적용한다. 3년이나 4년이 기본이고, 사용자단체와 노조가 합의할 수 있는 사항임.	
유 급 부 분 전 임 자	공공부문 RSU 관련 법령: 2001년 165호 법령	법률에 의거 3년마다 선출한다. 지방자치단체나 공사 등의 경우에는 3년의 원칙이 지켜지지 않는 경우도 더러는 존재하지만 법적인 강제사항이다.	
	CCNL	산별협약의 경우 공공부문과는 다른 규정을 적용한다. 3년이나 4년이 기본이고, 사용자단체와 노조가 합의할 수 있는 사항임. 금속부분의 경우에는 노조가 활동기간을 정할 수 있기 때문에 법적인 강제성은 없지만, 자체 규정은 마련하고 있다.	

의 협약 사례를 보면 노조전임자 활동과 유급과 무급 활동의 구체적인 경우와 조건을 이해
할 수 있다.

〈표 Ⅶ-7〉 노조전임자 활동 내역

구분	활동 내역	
유급 전임자	노동조합의 업무에 전임	
유급 부분 전임자	공무원 노조의 전임자 전국 차원의 노조활동에 법률과 협약에서 규정한 시간 안에서 혼자 혹은 노조원이 나누어 사용할 수 있다.	공공부문과 학교 및 보건 의료 분야 등에서는 노조전임자 활동이 국가의 법으로 규정되어 있기 때문에 노조전임자 활동이 원칙적으로 보호되고 있다. 그러나 민간부문의 경우, 영역과 기업 혹은 지역에 따른 격차가 존재한다는 점에서 일률적인 규정이나 내용을 파악하는 것은 개별 사례를 모두 보기 전에는 거의 불가능하다고 보아야할 것이다.

〈표 Ⅶ-7〉에서 언급했듯이 노조전임자 활동의 지위와 법적인 보호는 원칙적으로 보호되
고 있기 때문에, 이를 변경하거나 훼손할 수는 없다(〈표 Ⅶ-8〉 참조). 그러나 최근의 이탈리
아 상황에서 노동법 개정 문제가 종료되지 않은 여건과 개별협약의 구체적인 사례에서 보듯
이 예외 규정들이 생기고 있으며, 특히 비정규직이나 파트타임 노동자들이 증가하면서 끊임
없는 분쟁과 갈등의 소지를 안고 있다. 특히 소규모 기업의 약 80% 이상을 차지하는 기업
구조에서 이를 보장한다는 것은 쉽지 않은 일이기 때문에 상급노조에 가입하여 법적 지위와
신분을 보장받으려는 경향이 강하다는 점도 특이한 이탈리아적인 조건과 상황이며, 이 때문

〈표 Ⅶ-8〉 노조전임자 활동 보호 법 및 내용

구분	노조전임자 활동 보호 관련 사항			예외 규정 존재 여부		
	보호법 유무 표기	법조항	내용	유무 표기		
유급 전임자	○	공공부문 RSU 관련 법령: 2001년 165호 법령 (1970년 노동자권리헌장에 의해 규정)	헌법과 노동자 권리헌장의 기본조항임	x		
		CCNL	상동			
유급 부분 전임자	○	공공부문 RSU 관련 법령: 2001년 165호 법령 (1970년 노동자권리헌장에 의해 규정)	상동	x		
		CCNL	상동			
무급 전임자	○	노조활동에 대한 것은 기본적인 노동자의 권리이기 때문에 보호하는 것을 원칙으로 한다. 실제로 모든 경우의 노동자는 쟁의신청과 법 보호를 요청할 수 있다.		x		

에 여전히 노조가입률이 비교적 높은 수준을 유지하고 있다.

이와 같은 원칙에 의해 운영되는 노조전임자와 관련된 사항들을 정리해보면 다음과 같다. 첫 번째는 헌법적인 기본권 인정 차원에서 노조활동의 포괄적이고 광범위한 효력을 인정한다. 이는 헌법 제37조에 의거 결사의 자유와 노조활동의 자유를 보장하기 위하여 노동조합의 노조원의 활동을 보장하고 있다. 특히 공무 수행에 면하는 활동임에도 RSU의 활동에 전념하는 경우 공무원의 노조활동은 업무의 일상으로 인정하고 있다. 민간부분에서도 이러한 원칙은 지켜지지만 세부 사항에 대하여 산별협약의 하부 단계인 기업이나 지역 차원에서 구체적으로 규정하고 있다는 차이가 존재한다. 따라서 노조활동의 유급 여부는 비교적 중요한 하나의 원칙으로 볼 수 있다.

두 번째는 노조전임자의 임금 규정과 그 내용에 있어서 기준이 되는 것은 산별협약이다. 산별협약에 의해서 정해진 바에 따라 그리고 해당 근로자의 명시적인 동의를 조건으로 해서 노동조합 또는 사용자단체에 노조전임자를 파견하여, 그 기간 동안의 노동자의 법적 지위와 임금 보전 부분은 유지되는 것이 원칙이다. 전임 기간이 만료된 후 근로자는 종전의 업무 또는 적어도 대등한 수준의 임금이 지급되는 유사한 업무에 복귀한다. 공공부문의 경우 이와 같은 법적인 효력과 규정은 명확하게 지켜지지만, 민간부문의 경우 사회보장 분담금과 연금 등의 기준에 따라 직접적인 유급보다는 간접적인 측면에서 유급을 인정하는 것이 최근의 법적 판단의 일반적인 경향이다.

세 번째는 노조전임자의 형태와 규모이다. 이탈리아에서 노조전임자의 대표적인 형태는 RSU(Rappresenza Sindacale dell'Unione)이다. RSU의 활동은 법적인 강제규정이지만, 이탈리아의 경우 15인 이하 소규모 기업이 전체의 90% 정도를 차지하고 있기 때문에, 지역협약이나 기업협약의 수준에서 이를 지키고 있는지에 대한 확인은 사실상 어려운 상황이다. 그럼에도 불구하고 대략적인 RSU의 수를 산출해보면 공공부문의 경우에는 어느 정도 숫자 추정이 가능하다. 일반적으로 RSU 선출 기준은 사업장과 기업체의 노동자 규모가 200명을 기준으로 나누고 있다. 200명당 3명의 RSU 규정에 따라 규모가 작은 기업과 사업장일수록 RSU의 수는 법에서 확실하게 보장된다. 그러나 이탈리아의 경우 소규모 사업장이 약 90% 이상을 차지하기 때문에 15인 이상의 사업장에서 RSU 대표성을 법률에서 보장하고 있다.

네 번째의 대략적인 노조전임자의 규모를 파악해보면, 일반적으로 산별협약의 내용에 의해 결정되지만, CGIL을 비롯한 주요 노조들은 노조원 수를 통해 추정치를 발효한다. 1998년 기준으로 최대노조인 CGIL의 공식 조합원 수가 5,249,010명이기에 다른 주요 노조인 UIL, CISL, COBAS 등등의 노조원 수를 대략적으로 추정한다면 6백만 명에서 7백만 명 사이일 것으로 산출할 수 있다. 따라서 이탈리아의 노조원 수는 대략 1,200만 명으로 추산할 수 있다. 여기에 200명당 3인의 RSU라는 사실을 감안한다면 18만 명 정도가 가능하다고 추산할 수 있다. 그러나 15인 이하의 기업의 경우 이를 준수하는 것은 거의 불가능하기에 현재 RSU를 역임하고 있는 전임유급노동자는 여러 가지 상황을 고려하여 약 1/4 규모인 4만에서 5만 명 사이에 있을 것으로 추산하고 있다.

다섯 번째의 노조전임자의 활동 시간은 개별 노동자마다 연간 1시간의 노조전임 활동시간이 주어진다는 원칙이 존재한다. 이후 다시 1998년 노사정 간의 합의사항에 의하면 이러한 시간은 RSU라는 제도 도입에 따라 노조원일 경우 연간 30분의 시간을 RSU의 활동 시간에 귀속시켰다. 그러나 이는 권장 사항이었을 뿐이었고, 비조합원들과 5% 미만의 노조조직률은 가진 노동자들에게는 위헌적인 요소를 지니고 있었기 때문에, 일반적으로 노동자 1인당 연간 1시간의 노조활동 시간을 부여한다는 원칙이 통용되고 있다. 따라서 원칙적인 측면에서는 이를 산정한다면 노동자 수에다 노조전임자의 연간 노동시간이 산출되지만, 현실적으로는 주당 근무시간과 조건 및 상황 등이 부문별로 다르기 때문에 해당 영역이나 기업에 따른 차이가 존재한다. 일반적으로 이들의 전임 노조활동 시간은 주당 근무시간에 따라 결정되는데, 의료나 학교의 경우 공공부문은 주 36시간의 근무시간을, 기타 공공부문의 경우에는 주 40시간을 기준으로 결정한다. 더군다나 산별협약에 의하면 일반적으로 총량으로 계산하거나 표시하기 때문에 정확한 산출은 각각의 부문에 따라 차이가 있지만, 일반적으로는 한 달 8시간까지를 노조활동 전임시간으로 인정하고 있다.

여섯 번째는 이러한 노조활동에 대한 것은 기본적인 노동자의 권리이기 때문에 보호하는 것을 원칙으로 한다. 실제로 모든 경우의 노동자는 쟁의신청과 법 보호를 요청할 수 있으며, 기본권차원에서 보호되고 있다. 그러나 민간부문의 경우에는 유급이 아닌 무급의 경우도 있으며, 간접적인 분담금과 경력 산정 등에서만 인정하는 경우가 대부분이다. 또한 민간부문의 경우 노조가 자체적으로 선발한 노동자에 대해서 기업은 유급 노조활동의 의무를 지지 않는 것이 일반적이다.

일곱 번째는 이러한 RSU의 임기는 공공부문의 경우 3년마다 선출하는 것을 원칙으로 한다. 학교나 보건의료 및 기타 공사 등의 경우에도 3년마다 선출하는 것을 원칙으로 하지만, 지방자치단체의 규모나 여건 등에 따라 약간의 유동성은 존재한다. 민간의 경우에는 산별협약에 따라 공공부문과는 다른 규정을 적용한다. 일반적으로 3년이나 4년이 기본이고, 사용자 단체와 노조가 합의할 수 있는 사항의 하나로 처리하고 있다.

여덟 번째는 이와 같은 기본적인 노조전임자 활동은 헌법에서 보장하고 있는 기본 권리라는 차원에서 법적인 보호가 확실하게 규정되어 있다. 공공부문과 학교 및 보건 의료 분야 등에서는 노조전임자 활동이 국가의 법으로 규정되어 있기 때문에 노조전임자 활동이 원칙적으로 보호되고 있다. 그러나 민간부문의 경우, 영역과 기업 혹은 지역에 따른 격차가 존재한다는 점에서 일률적인 규정이나 내용을 파악하는 것은 개별 사례를 모두 보기 전에는 거의 불가능하다고 보아야할 것이다.

(3) 타임오프제도의 사례 분석

노조원의 노동시간뿐만 아니라 전임 노조업무 등을 위해 투여된 시간 역시 노동자의 근무시간에 포함시키는 것이 일반적이다. 다만 이러한 포함의 범위와 내용 등은 기업별 협약에 의해 결정되는 것이 일반적이다. 이를 위해서 가장 중요한 것은 산별협약 차원에서 체결된 협약의 구체적인 내용을 들여다보는 것이 이탈리아에서 노동시간의 판단과 타임오프제의 운영의 실질적인 면을 볼 수 있다. 이에 여기에서는 공공부문의 경우 의료부문의 산별협약의 구체적인 사례와 2004년-2007에 합의하여 체결된 이탈리아 금속부문의 대표적인 중견 기업의 하나인 TEXSID 사의 기업협약의 내용을 통해 구체적인 운영과 방법 등을 살펴보고자 한다.

공공부문의 경우 공무원과 학교 그리고 보건의료 부문 등이 대표적인 공공부문으로 개별적인 원칙이 구체적이고 세세하게 모든 사업장에 적용되지 않을 수도 있다는 단점이 있지만, 일반적으로 국가기관이 사용자인 경우 ARAN이라는 단체를 조직하여 RSU와 단체협약을 체결한다. 그러나 민간부문의 경우에는 기업 차원에서 보면 노조전임자 활동에 대한 유급보다는 무급 사례가 일반적이고(이 경우에도 사회보장분담금 지급이나 연금혜택에 대해서는 노조전임시간을 포함시키거나, 조합원들이 분담하는 임금의 1% 노조비로 전임노동자의 임금을 지급하기 때문에 완전하게 기업의 부담이 아닌 노조부담으로 보기도 어려운 상황이다), 간접적으로 유급으로 인정하는 판례들이 최근의 경향이다.

1) 사례 1: 기업별 협약 사례-texsid 사의 2004-2007 협약 내용

〈표 VII-9〉에 나와 있는 금속부문의 TEXSID 사의 기업별 협약 내용을 보면 노조전임활동시간을 총 8시간으로 산정하고, 이를 주야의 2개 그룹으로 나누어 각각 4시간씩 인정하고 있다. 그러나 유급 전임노조활동 시간을 산정하는 세 가지 기준인 생산성(35%의 비중), 실질 이익(35%), EBITDA(30%의 비중)는 텍시드 사라는 기업의 특징과 금속노조가 비교적 잘 조직화되어 있고, 강한 노조조직을 가진 토리노 지역의 금속부문 노조의 특징을 전형적으로 대변하고 있다.

〈표 VII-9〉 TEXDIS 사의 기업별 협약 내용(2004-2007)

텍시드(TEKSID) 알루미늄사의 2004-2007년 단체협약
이 협약은 텍시드(TEKSID) 알루미늄사와 FIM, FIOM, UILM, FISMIC CONFSAL의 지역지부와 까르마뇰라(Carmagnola)와 보르가레또(Borgaretto) 지역의 금속부문 RSU가 함께 합의하여 서명한 것이며, 2004년 7월 14일자 산별협약 체결계획서의 내용 중에서 합의된 사항에 대하여 참고하고 고려하여

아래의 사항들을 첨가한 것이다.

규범부문

채용방식: 정규직 노동 비율의 핵심은 고용 유연성에 대한 주의 깊고 공유된 운영원칙과 일치시켜야 한다. 그러한 목적에 따라 부문별 채용은 아래와 같은 회사의 채용유형(1. 계약직 계약, 2. 임시직 계약, 3. 복직 계약, 4. 견습직 계약)의 필요성에 상응하도록 고려한다.

개개 공장의 전체적인 고용능력에 대하여 4분기로 나누어 산정하여 산출된 모든 유형의 20%에 달하는 최대의 다용도 처리 가능한 일정분의 고용비율이 결정된다. 상기 4번 항 유형(견습직)에 대한 복직 단계는 3단계 임금체계에 위치시킨다. 견습직 계약에 대하여는 3단계에서 공시된 임금총액에 상응하여 일치시킨다.

교육기간과 적응기간 등의 예외시간은 계약직 계약과 임시직 계약에 대하여는 12달이 될 것이며, 복직 계약의 경우에는 마찬가지로 18개월이며, 견습직 계약은 28개월이 될 것이다.

노동시간

실질 유효 근로시간을 확정한다.

특별한 기업적 요구라는 측면에서 나타날 수 있는 시간에 대한 중요한 변경은 관련 RSU의 승인과 합의 및 그에 대한 적절한 분석이 요구되는 사안이다.

회사는 관례에 따라 해당 노동자들 모두에게 4시간씩 2개의 그룹으로 분리하여 전(前) 전국단체협약 제3분야의 총칙 5조 PAR의 1에 대하여 사용할 수 있도록 하는 권리를 허락한다는 사실을 공표한다. 권리에 대한 요청은 4시간에 대한 개별 그룹이 원하는 이용 시간의 최소 근무일 3일 전에 해당 책임자에게 전달되어야 한다. 만약 이러한 요청이 예정된 시간 안에 전달되었다면 해당 부문의 전체 인력의 5%를 넘지 않는 범위에서 특별양도 허용에 대한 일정비율을 허가한다.

상기 기술한 방식에 따른 시범적인 국면은 2005년 6월 30일에 종료할 것이다. 만약 생산적인(생산적이거나) 조직화된 특성에 대한 특별한 어려움들이 발생하지 않는다면 이 기간 안에 회사는 협상의 모든 지속기간에 대한 4시간의 2개 그룹으로 분리한다는 사실을 적용하도록 진행할 것이다.

부수적 경제적 급부사항

부수적 경제적 급부사항에 관하여 회사는 OO.SS.에 예시되었던 산업계획서에 이미 확정된 사항만큼은 재확인해야한다.

만약 실제 근무에서 예상하지 못한 경우로 인해 발생한 현재 변화들과 비교하여 회사의 부문에서의 허가로까지 거슬러 올라갈 필요가 있다. 또한 과거에 이미 시행된 의도와 유사한 작업들에 대한 지속성을 위해서 RSU와 외부의 OO.SS.에게 사전에 정보가 주어져야 하며, 기능적으로 자율적 행동에 대한 규정화의 허용과 관련하여 각 부문들은 최대한의 준수 의무를 가져야한다.

작업수당

작업수당은 2004/2007년 기간에 대하여 확정된 것이다. 2004년에 관한 것은 2005년 7월에 효력이 발생하며 총액 566유로로의 단일 액수를 시행하는 것으로 합의되었다. 이후의 계속되는 해당연도에 대한 것은 첨부된 표에서 확인할 수 있다. 첨부된 표로부터 월 급여 총액은 두 번의 액수로 나누어지는데, 두 번째 액수는 다음 해 7월에 차액을 지급할 월 급여의 선급을 의미한다. 또한 2005년 동안 12달치를 나누어 매달 86유로를 만들어 지급한다.

2006년에는 총액이 달마다 90유로로 증가할 것이며, 마찬가지로 월 급여는 두 번의 액수로 나누어지는데, 두 번째 액수는 12달에 대한 선급을 의미한다.

2007년에는 총액이 100유로로 증가할 것이며, 이 역시 12달에 대한 액수를 의미한다. 이 경우 역시 총액은 두 번의 액수로 나누어지는데, 두 번째 액수는 선급을 의미한다.

이러한 수당에 대한 것은 직무의 4등급까지 관련하여 적용할 것이다. 그 외의 직급들에 대해서는 삽입구 사이의 첫 번째 액수는 사용 중인 실제의 책정 시스템에 따라 숫자가 재조정될 것이다.

그러므로 월별 액수들은 현재 적용 중인 기준들에 따라 적절히 배분하여 계속 적용될 것이다. 두 개의 월별 액수중의 첫 번째 액수는 "연대수당"이라는 명칭을 사용할 것이며, 두 번째 액수는 "2005년 1월 18일자 전(前) 합의안의 결과에 따른 새 수당"이라는 명칭을 사용할 것이다.

월별 선급분을 포함하는 수당은 다음 해의 7월 달에 계속해서 지급될 것이며, (관련 부분들에 대하여는 7월 달 지급 분에 대하여) 첨부한 상기 언급한 표에서 매년 표시된 최소/평균/최대의 가치분으로서 표시된 사다리꼴 표에서 나타난 대로 승급하여 지급할 것이며, 첨부된 표에는 3년간의 평균 가치분(총 670유로, 총 770유로, 총 800유로)을 다루고 있다. 사다리꼴 표에서 평균 가치분은(예를 들면 2005년 670유로) 1년 예산에 첨부할 목표분으로서 참고한다.

첨부한 표에 있는 액수 중 첫 번째 칸에서 언급된 7월에 지급할 금액과 관련한 액수는 선급분에 대한 월별 할당액수에 첨가한 것으로 최저 기부금으로 간주한다.

수당 지급분에 대한 상응하는 지불액에 대한 권리는 오직 근무 달에 할당받은 수당의 지불기한 해당연도에 근무하던 노동자에 국한한다. 임시직 계약을 통해 채용된 노동자에 대하여는 상기의 두 액수의 월 총액 이외에도 수당 지급분과 관련하여 자신에게 근무 월에 제공한 자신들의 노동력을 빌려준 해당 연도의 최저 총액이 정산된 것으로 하도록 한다.

7월 달에 해당하는 가변적인 총액의 결정에 기준이 되는 적용 방식은 다음의 3가지 지수에 의해 결정된다: 1. 생산성(35%의 비중), 2. 실질이익(35%), 3. EBITDA(30%의 비중).

먼저 까르마뇰라 공장의 생산성에 대한 것은 근무 노동자의 총 노동시간과 생산 톤 수 사이의 관계를 의미한다. 이 경우 창고에 보관 중인 생산 톤수에다 내부 불량품을 합산하여 산정한다. 이에 반해 보르가레또 공장의 생산성은 근무 노동자의 총 노동시간과 총 생산 개수 사이의 관계를 의미하며, 창고에 보관 중인 생산 톤수에다 내부 불량품을 합산하여 산정한다. 유효 시간 산정에는 다음과 같은 항목은 산입하지 않는다. 출산휴가, 산재, 병가, 휴가, PAR, 공휴일, 회사식당에서의 대가성 있는 30분, 파업, 총회, CIG 및 법률과 계약에 명시된 대가성 있는 시간들.

실질이익(질)은 하나의 지수로 표시된다. 이는 순수하게 재가공과 관련된 지수로 제조공정의 불량(따라서 단지 최종 불량에 대한 것만이 아니라 중간 불량을 포함하는 것이다) + 외부적 불량(즉 불량으로 인해 고객이 교환을 요구한다거나 하는 특정한 사항(기준)은 아니지만 제품이 완성된 이후의 외부적인 불량을 의미한다). (보르가레또에서는 생산시간(제품의 수 × 실질 노동(생산)시간과 총 불량 시간(외부적 불량 + 내부적 불량 + 의도적 불량) 사이의 비율과 관계를 함께 고려한다).
EBITAD는 작업 결과 + 감가상각을 의미한다.

위에서 표시된 모든 값(수치)들은 2개의 공장에 대한 것을 표시한 것으로 이해하면 된다. 매년 2월 안에 회사는 집행해야할 해당 연도의 예산을 공개하고 적절한 회합에서 RSU와 함께 이를 확인한다. 2004년의 수지결산서는 2005년에 세울 관련 기준들이나 항목들을 수량화하는데 유용한 기준이 될 것이다.
2005년은 실험적인 해로 간주한다.
2005년 12월 안에 현 시스템 기능에 대한 총체적인 확인을 시행할 것이다.

보건진료를 위한 허가 요건들
노동자들의 특별한 필요에 부합하는 경우가 발생하여 이를 시각적으로 확인할 수 있거나, 혹은 자주 결근할 때, 회사는 최대 4시간까지 의사에게 진료받는 시간을 유급으로 인정한다.

직업훈련 및 양성
노사 양측은 협의회 구성에 합의한다. 이 협의회는 노동자들의 직업훈련과 현재 담당 근무에 대한 유지 및 발전을 위한 강좌와 훈련을 담당하게 될 협의회이다. 협의회는 1월 안에 두 곳의 공장의 RSU에 의해 출범할 것이며, 기관이나 구체적 내용은 RSU가 결정할 것이다.

출퇴근 수송
노사 양측은 출퇴근 수송 시스템에 대한 보다 향상된 방법을 강구하여 개선시킬 것을 합의한다.

예를 들어 두 개의 지역에 있는 공장에 따라 적용 방식을 달리 할 수도 있으며(까르마뇰라 공장의 생산성에 대한 것은 근무 노동자의 총 노동시간과 생산 톤 수 사이의 관계를 의미하며, 이 경우 창고에 보관 중인 생산 톤수에다 내부 불량품을 합산하여 산정한다는 점과 보르가레또 공장의 생산성은 근무 노동자의 총 노동시간과 총 생산 개수 사이의 관계를 의미하고 창고에 보관 중인 생산톤수에다 내부 불량품을 산출을 합산하여 산정한다는 점이다), 유효시간 산정에 출산휴가, 산재, 병가,

휴가, PAR, 공휴일, 회사식당에서의 유급성격의 30분의 시간, 파업, 총회, CIG 및 법률과 계약에 명시된 유급성 시간들은 제외하고 있다. 그러나 병가가 아닌 의사진료 시간을 최대 4시간까지 유급으로 인정하고 있으며, 이탈리아 선거제도의 특징에 따른 의무투표제에 따라 투표시간 역시 유급으로 인정하고 있는 특징이 존재한다.

이와 같은 TEXSID 사의 사례는 지역의 환경과 조건, 그리고 부문별 특징 등을 고려하여 기업협약 내용 안에 유무급의 전임노조 활동시간과 조건 등을 명시하고 있으며, 전국 차원에서 합의된 전국협약의 수준에서 제시하고 있는 기본적인 사항에 대한 구체적 사례의 의미를 갖는다. 전국 차원에서 진행되거나 혹은 보다 광범위한 지역 차원의 협약 수준에서는 TEXSID 사에서 제시하고 있는 전임노조 활동시간이나 산정 기준은 제시되지 않는 것이 일반적이다. 따라서 전임노조 활동시간의 부여와 산정 기준 및 유무급의 명시 등은 기업별로 다르게 나타나며, 경우에 따라서는 보다 포괄적으로 인정되기도 하고, 반대로 보다 구체적이고 협소하게 운영된다는 특징이 있다. 이러한 협약의 포괄성과 구체성은 때로 노동쟁의와 노동법 위반 소송의 빌미를 제공하며, 이러한 경우 사법적 판단의 기준은 1970년 제300호 법률과 해당 기업이 속해 있는 전국 차원의 산별협약이 법률적 판단의 근거가 되는 것이 일반적이다.

2) 사례 2: 보건의료 부문 전국단체협약의 내용(2002-2005)

앞선 기업별 협약과는 달리 〈표 VII-10〉에서 제시하고 있는 2002-2004 의료부문의 경우 전국협약은 공공부문이라는 점과 비교적 다양한 직종에 대한 개별 협약의 내용이 담겨 있다는 점에서 이탈리아 산별협약의 구조와 노조전임자에 대한 유무급의 조건과 시간 등에 대하여 상세하게 명시하고 있다. 텍시드 사의 경우가 기업협약 사례인데 반하여 의료부문의 경우 전국협약이라는 수준의 차이가 존재하지만, 전체적인 차원에서 전임노조원에 대한 세부적인 규정과 조건 등에 대해서는 이탈리아 공공부문의 산별협약과 전임노동자 활동 및 시간을 자세하게 알아볼 수 있다.

가장 먼저 이야기할 수 있는 것은 공공부문이라는 의료부문에서 노동자당 1시간의 노조전임시간에 대한 활용을 직급과 직종에 따라 유동적인 규정과 세부적인 조건 등을 명시하고 있다. 제18조에서부터 제21조까지 규정하고 있는 근무시간과 노동시간 그리고 주간과 야간조의 교대근무에 대한 시간 등을 세세하게 규정하고 있는 점은 기업협약에서 명시하고 있는 내용에 준하는 규정이라는 점이 전국협약임에도 불구하고 의료부문의 경우 대규모 병원이나 대기업에 준하는 규모의 단일 사업장이 거의 존재하지 않는다는 점에서 전국협약의 지역과 기업협약의 성격을 동시에 포함하고 있다.

노조전임 활동시간과 유무급의 차이 역시 파트타임 노동자까지 포함하여 구별하고 있으며, 노조전임 활동시간에 기업에서 주관하는 회의 역시 포함된다는 점에서 기업과 노조의 협력과 발전에 대한 전향적인 입장을 견지한다는 특징을 잘 보여주고 있다. 더군다나 제31조

〈표 VII-10〉 보건의료 부문 전국단체협약의 주요 내용(2002-2005)

AIOP, ARIS, FDG 의료노조 산하 일반노동자를 위한 전국단체협약		
제1장 총칙		**2002-2003년 임금관련 경제협약**(중략)
제4장: 노동 계약의 이행	**제18조 - 노동시간**	주간 노동시간은 D4를 제외하고 A 등급에서 DS3 등급의 경제적 대우를 받는 노동자의 경우에는 36시간으로 하며, D4 등급이나 상기 근무시간 적용을 받지 않는 다른 경제적 대우를 받는 노동자들의 경우에는 38시간으로 결정한다. 일반적으로 주 6일 근무 규정이 원칙이며, 직무나 사업체에 따라 주 5일 근무 역시 허용될 수 있다. 　근무에 대한 노동자들의 순번 확정의 기준은 보통 각 해의 1/4분기 안에 확정한다. 근무순번의 결정은 제77조에서 다루고 있는 노조대표와 사전합의 한 내용을 경영진이 결정한다. 이 때 보건기관 경영자에 대한 법률에서 정한 근무내용과 환자의 지속적인 치료 보조를 책임지는 경우의 근무시간을 고려하여 순번을 결정한다. 　노동시간과 관련 근속의 배치는 행정당국에 의해 확정되는데, 이 경우 보건기관 경영자에 대한 법률에서 정한 근무내용과 업무 등을 고려하여 법률을 준수하면서 결정한다. 근무순번의 결정은 주간근무부터 시작하여 일일 근무시간 순으로 주간 및 야간 시간을 결정하며, 제77조에서 다루고 있는 노동자대표와의 사전 합의에 의해 결정한다. 근무시간은 의무 근무시간의 여하에 따라 주당 최소 28시간부터 최대 44시간까지의 범주를 설정하여 결정할 수 있으며, 이 경우 역시 제77조에서 다루고 있는 내용을 고려하여 결정한다. 　노동시간표의 평균 근무시간은 제59조에서 다루고 있는 특별 노동시간을 포함하여 어떠한 경우에도 일주일에 48시간을 넘을 수 없다. 　보건의료 보조직무로부터 연유한 특별 필요에 따른 근무시간 조정에 의해 그와 같은 평균 근무시간은 현재의 계약 서명일로부터 계산된 12일이라는 근무일수를 참고한 것이다. 다시 말해 언제나 어떤 경우에라도 근무시간에 대한 최저한의 기준은 보장받아야만 한다. 　환자의 건강에 대한 권리를 유지하며 보건의료 보조 직무의 세부적 기능과 보건기구에 의해 수행되는 보다 세심하고 세분화된 관리 기능의 극대화를 위해 예측 불가능한 사태(질병, 재해, 출산 등의 예외)를 제외하고는 그 어떠한 경우에도 최저 근무시간에 대해 보장되어야 한다. 각 이해 당사자는 앞서 말한 예외를 확인하기 위해 24개월 내에 서로 만난다. 　복수 주간 근무시간에 기준한 36시간에서 38시간을 넘어서는 이미 명시된 주간 노동시간은 특별 및 보충근무에서 명시한 증가 근무시간 분을 포함하지 않는다. 　1998년 12월 22일 정부와 사회의 해당 부문세력들 사이에 체결된 사회적 협약인 '발전 및 고용에 대한 사회협약'과 관련하여 보건기구는 노동자들의 근로의무 시간을 존중한 상태에서 서비스 시간에 대한 특별 교대 규정에 따라 노동자들의 근무시간에 대한 그룹과 범주를 결정한 제안을 현실화 할 수 있다. 　현재의 단체협약 제59조 7항에 명시된 내용을 존속한 채, 현 조항의 효력에 의해 서비스 순번에 포함되는 노동시간은 근무순번에 포함된 것으로 간주한다.

	노동자는 매 24시간마다 연속적으로 11시간의 휴식에 대한 권리를 갖는다. 이와 다른 내용의 항목은 기업별 협약 중에 확정한다.
제19조 – 야간근무	노동자 건강의 보호, 새로운 형태의 야간근무의 도입, 고용자의 의무, 야간근무에 대한 사항들은 노조보고서에 있는 사항을 참조하는데, 이 내용은 2003년 4월 8일 입법포고령의 규정과 이후 개정된 내용의 규정에서 적용한 것이다. 앞에서 말한 제12조, 제13조는 기업별 협약의 내용에서 예외 적용의 규정을 둘 수 있다. 협약이 지연될 때에는 24시간의 근로시간 순번에서 적용되는 보조 근무 노동시간의 실제적인 구성과 내용은 유보한다.
제20조 – 노동시간 의 축적	노동시간의 축적은 보충근무와 특별근무 시간에 대한 유보(사용하지 않은 근무시간)에 의해 이루어진다. 이러한 노동시간은 해당 달 안에 활용할 수 있는 시간 중에 노동자의 요구에 대한 시간이며, 견습 기간이 있는 해나 그 다음 분기에서 해당 노동자가 사용할 수 있거나 계속해서 더해지게 된다. 유보된 시간은 급여 증가분에 해당하기 때문에 다달이 봉급 명세서에 명시된다. 청구된 시간과 조직의 필요성 때문에 사용하지 못한 시간들은 다음 달 안에 해당 직원의 명확한 청구 내역에 따라 보상받을 수 있다. 기구의 최상위 직급과의 연계, 올바른 경영은 제7조 F항에 명시된 대로 기업체 차원에서 결정한다.
제21조 – 파트타임 노동 관계	파트타임 노동관계는 다음의 역할을 한다. - 이용자인 소비자의 보조적 필요를 보호함과 동시에 보건 관련 기업의 활동에 관해 노동 제공의 유연성을 부여한다. - 기업체의 기술적이고 조직적인 필요를 고려하면서, 노동자 개개인의 업무적 필요성을 인정한다. 현재의 장에 나와 있는 대로 파트타임 노동계약의 비율은 풀타임 노동계약 비율의 25%를 넘지 못하도록 한다. 이 비율은 제77조에서 다루고 있는 OO.SS(사전이나 전체적인 내용 안에서도 언급이 안 되어 있는 약자입니다)와 합의한 후 기업체의 차원에서 변경될 수 있다. 파트타임 노동자의 계약은 특정기간 혹은 불특정기간을 막론하고 조직의 필요에 의해서도 발생할 수 있으며, 이 경우 다음과 같은 사항이 명문화된 문서를 작성한다. - 풀타임 노동자에 대해 적용하는 기간에 상응하는 새로운 고용자의 수습기간 - 일용, 주간, 월간, 연간 등의 파트타임 유형에 따라 관련 노동시간의 분배와 축소된 근로제공 기간과 관련 시간 배분은 여하한 풀타임의 경우 명시된 노동시간표의 1/3 이상이 된다. - 계약하는 노동자의 해당 자격과 그에 맞는 경제적이고 법적인 대우 부수적인 대우와 경력에 대한 자동합산 및 여하한의 명목으로 지급되는 사회보장금을 포함하는 경제적 대우는 실제 수행하고 제공하는 최저근무 기간에 총 보상액을 대비하여 결정한다. 수직적인 파트타임 노동자의 경우 모든 근무 순번에 따른 보장과 출근에 대한 사항은 근무일 종일에 대한 통합된 산정 기준에 일치시킨다. 이에 반해 수평적 파

트타임 근무자들은 풀타임 근무자와 동등한 수준의 휴가를 가질 권리가 있다. 또한 수직적 파트타임 근무자도 연간 노동일 수에 비례하는 휴가를 가질 권리가 있다.

수직적 형태의 파트타임 노동 계약을 한 개인은 연간 최대 50시간의 한도 내에서 근무일 중에만 특별 노동 제공을 추가로 실시할 수 있다. 이 경우 제59조에서 다루고 있는 급여증대에 따른 보상을 하여야 한다.

수평적 파트타임 근무의 경우에는, 연간 120시간과 하루 두 시간의 개인 최대한도 내에서 허용된 시간 이외에 노동 제공의 여부가 허가된다. 부가적인 휴무(prestazione)는 보건 기구가 질병, 재해, 출산, 휴가, 그리고 다른 근무자의 휴직에 의한 짧은 결근에 기원하는 조직적인 특별한 어려움이 있을 때, 사용한 부가적 휴무의 지속을 보장하기 위해 요구된다.

일일 추가노동시간은 제58조에서 다루고 있는 내용에 의거 총 노동시간에 대한 보수의 15%에 해당하는 증대 분으로 지급한다.

특별 혹은 추가 노동제공에 대한 예상치 않은 거부는 노동에 대한 대가와 근무 정지 및 해고의 사유로 정당화될 수 없다.

고용주는 노동자가 제기한 동의와 그에 대한 적절한 계약서의 작성에 대해 수평적이든 수직적이든 파트타임 노동제공에 대한 일시적인 직무배치를 결정할 수 있다. 계약의 체결을 요구하는 노동자는 기업노조대표로부터 도움을 요청할 수 있다.

그와 같은 유형의 계약에서 당사자들은 확정적이어야 한다. 수평적 파트타임 계약의 경우(하루 단위로 휴무시간을 갖는 계약의 유형)와 수직적 파트타임 계약의 경우(주간 혹은 월별 또는 연 단위로 휴무기간을 갖는 계약의 유형) 모두 노동자가 수행해야할 서비스를 명기하며, 사전통지 기간(최소 2일 이상의 기간을 말한다)을 명문화하여 확정할 수 있다.

고용주가 직무배치의 변화를 주더라도 그에 따른 보수는 시간당 수당의 15%에 해당하는 증대 분을 지급하여야 한다. 파트타임 계약에서 정규직으로의 전환 시 해당 노동자에게 선택의 우선권을 주어야 하며, 신규직원으로 고용하더라도 그에 대한 경력은 인정한다. 만약 반대의 경우라면 견습기간의 적용은 필수사항은 아니다.

정규직에서 파트타임으로의 전환은 사전에 확정된 기간을 적용할 수 있다. 이 경우 확정된 계약기간의 종료일까지 일정기간의 계약직으로의 전환은 합의에 의해 가능하다.

정규직에서 파트타임으로나 그 반대의 계약 경우(2년간의 기간 후에)에는 특정 단계의 근속기간 산정에서 맨 마지막 근속기간에서 출발한다.

계약의 당사자들은 현 조항에 대한 내용의 보호와 승인 상태를 24개월 안에 확증하여 합의한다.

제22조 – 직급 이동 계약	특정한 직무의 필요성이나 협회 상호간의 필요성에 의해 발생하는 직급이동 계약은 해당 직무의 특정한 직업적 필요나 조직이나 기구의 프로젝트 추진에 적합여부에 따라 직무배치나 근무기간 등이 확정되어 근무하게 된다. 해당 프로젝트나 관련 직무의 필요성에 따라 다음과 같은 직급별 교육 및 적용기간을 갖는다. A2 직급에 배치받기 위해서는 9개월의 시간이, B 직급에 배치받기

위해서는 14개월의 시간이 C 직급에 배치받기 위해서는 18개월의 시간이 필요하다.
그 이외 다음과 같은 직무배치 기간이 연구에 적합한 이론화 교육과정이 필요하다. A2 직급으로의 이동을 위한 시작은 20시간의 기술 및 이론화 교육을 받은 A직급이며, B 직급으로의 이동을 위한 시작 직급은 40시간의 기술 및 이론화 교육을 받은 A3이고, C 직급으로의 이동을 위한 시작 직급은 60시간의 기술 및 이론화 교육을 받은 B3이다.

제23조 - 계약체결 과 기간	현 단체협약이 적용되는 모든 분야의 기관과 기구에서 이 조약이 체결될 수 있다. 보통 직무나 직급이 기술적이고 생산적이거나 조직적인 특징이 강한 경우에 이와 같은 계약이 체결된다. 모든 경우에 있어 계약기간의 설정은 직접적이든 간접적이든 명문화된 계약이 아니라면 효력이 발생하지 않는다. 보통 근무시작 이후 5일 안에 계약으로 명문화되며, 계약의 필요성과 이유에 대한 명기가 분명해야 한다. 계약의 연장은 노동자와의 합의에 의해 결정되되, 최초 계약기간이 최소 3년 이하일 경우에만 연장이 가능하다. 계약기간의 연장은 오직 한번만 가능하며, 이 경우에도 명백한 이유와 필요성이 존재할 경우에 체결가능하며, 3년을 초과할 수 없다. 다음과 같은 사람은 한정 계약직 계약이 허용되지 않는다. - 파업 중에 있는 노동자들에 대한 대체용 노동자 - 1991년 7월 23/24일자 제223호 법률 제4조에서 규정하고 있는 내용에 의거, 단체해고가 진행되고 있거나 개별적이고 동일 직급의 인원감축을 진행하고 있는 기구에서 해당 해고 6개월 전 이내에는 이러한 계약이 불가능하다. - 방어적 연대계약에 대한 동의의 적용에 이어 근무시간 감축으로 노동자들이 활용되고 있는 기구나 기관의 경우 다음과 같은 실제의 예의 경우에 있어서 한정 계약직의 계약이 가능하다. 　a) 휴가기간 중에 현 단체협약에서 규정하고 있는 제1조의 모든 기구와 기관에서 총체적인 기능의 수행과 보조적 서비스의 필요가 있는 직종의 경우 이를 보장하기 위한 계약. 　b) 예외적 필요 혹은 서비스와 행동의 특별지점에 위치하고 있는 직무에 관련된 직급이나 직종. 　c) 보건부 혹은 기타 주요 기관이나 연구소에서 연구 활동 계획이나 프로젝트를 수행하기 위해서. 　d) 주, 현, 자치시 및 지역보험공사 등과의 협의와 동의에 의해 실행되어야할 아동교육학과 관련된 활동이나 필수적인 보조 활동의 수행을 위해서. 　e) 새로운 실험이나 활동의 전개에 한정적인 시간이 주어져 있는 경우. 　f) 행정당국으로부터 인가받은 무보수 특별 사유에 의해 결근중인 노동자를 대체하기 위해서. 　g) 파트타임 계약과 한정 직인 다른 노동자의 노동시간을 채우기 위해서. 　h) 병가, 산가, 군복무 등의 직무보존 사유에 해당되는 경우 이를 보충하기 위

	해서. 보건관련 기관이나 기구에서 휴가나 자리보존의 경우를 제외하고 한정직 계약의 비율이 최대 30%를 넘지 않아야 한다.
제24조 – 약품 투약 노동직	약품 투약 노동자 계약은 현재의 규정에 따라 의무적으로 노동 사무소를 제외하고는 한정계약직으로 한다. 한정직 약품 투약 노동자 계약은 보통 직무나 직급이 기술적이고 생산적이거나 조직적인 특징이 강한 경우에 이와 같은 계약이 체결된다. 한정직 약품 투약 노동자 계약은 어쨌든 환자에게 직간접적으로 필요한 보조업무의 직무수행으로 인한 기관 내부의 필요에 의해 계약이 허용된다. 그와 같은 유형의 계약은 환자에 대한 건강과 의료 처치의 보증을 확보하기 위해서 실시하며, 보통 하위 직종의 계약으로 채용하는 인원의 20%를 넘지 않는 범위에서 관련 분야에서 실시할 수 있다.
제25조 – 한정직 약품 투약 노동자 계약의 한계	전항에서 언급한 한정직 약품 투약 노동자 계약은 정규직 노동자들 수의 40%를 넘지 않아야 한다.
제26조 – 텔레노동	1. 텔레노동의 규정과 범위 2004년 6월 9일 연맹 상호간의 협의에 의해 규정된 텔레노동은 사용자의 공장이나 사무실 등의 장소와 연결되어진 기술적 도움을 통해 노동자가 가정에서 노동을 제공하는 일상적인 활동으로 구성한다. 2. 노동의 제공 텔레노동 계약은 보건의료 기관의 지부나 지방 지소에서 맺어진 계약관계에 비하여 처음부터 혹은 중간에 계약 내용을 변경하여 체결될 수 있다. 텔레노동자는 하나의 독창적인 생산단위에서 조직되어 있는 노동자로 이해되며, 채용 조항에서 지정한 생산단위에서 처음부터 계약관계를 체결할 수도 있는 것으로 이해한다. 텔레노동 계약은 다음과 같은 원칙에 의해 규정된다. 　a) 각 당사자들의 자발적 의지 　b) 각 당사자들의 자발적 의지가 유효한 상태에서 계약 변경의 경우 한정된 일정 기간이 흐른 뒤, 계약의 이전 가능성 　c) 해당 노동자의 노동 조건의 향상을 위한 조건에 비추어 기회의 가능성이 존재 　d) 기업체에서 존재하는 모든 업무에 비추어 직무가 변경 가능하거나 유지할 수 있거나 혹은 새로이 설정이 가능한 범주적이고 기능적인 직무 연결부문에 대한 실행 　e) 현 단체협약 규정의 적용 해당 노동자의 노동 제공의 유형과 방식은 변경가능하며, 혹은 노동자가 요구

할 수도 있는데, 이 경우 노동자는 RSU(통합노조대표)의 도움을 받을 수 있으며, 혹은 RSA(기업노조대표)나 현재의 단체협약에 서명한 OO.SS.의 일원으로부터 지역 차원에서 도움을 받을 수 있다.

각 당사자들이 합의한 텔레노동을 통해 노동 제공 실행에 대한 실질적인 방식은 반드시 문서화하여야 한다. 이 경우 노동 방식의 변형과(이나) 노동의 시작에 대한 합의를 표현하는 문서화된 계약은 중요한 사실이 된다.

그와 같은 합의는 텔레노동의 변경이나 새로운 체결을 위한 필수적 조건이 된다.

3. 노동의 설정(부여)

고용주는 노동 작업의 필요에 부합하는 텔레노동의 설정을 결정하는 권리를 가지고 있다(이는 전(前) 단체협약 1803조와 후속하는 조항에 의거). 설정의 선택과 관련 설비의 구입은 장비에 대한 소유권이 있는 고용주의 권한에 속한 것이다.

설정은 제공된 노동 작업의 필요에 합당하고 총체적이어야 한다. 또한 기업 정보 시스템과 사무실 연결을 위한 장치들을 포함해야 한다.

주택에서 수행하는 텔레노동과 관련한 운영과 유지 및 시설의 설치의 비용은 고용주 부담이다.

기업은 기술적 고장의 경우 이의 회복을 위한 최대한 빠른 시간 안에 복구시켜야 한다. 만약 기술적 복구나 시설적인 복구가 불가능할 경우에는 기업이 재택 근무지로부터 노동자를 복구 시까지 소환할 수 있다.

4. 통신의 연결

통신설비의 설치 방법과 연결 방식은 개별 경우의 업무적 필요에 의해 결정된다.

통신 연결비용은 고용자 부담이며, 재택 노동자는 통신 요금에 대한 상세한 사용 내역서와 고지서를 고용자에게 제출해야 하며, 노동자 개인이 사용한 사적인 통신요금은 제한다.

5. 근무시간

재택근무 활동은 현재 단체협약에서 합의한 바와 마찬가지로 노동자의 일일 노동시간과 동일한 시간을 근무시간으로 설정할 것이다. 또한 각 당사자들 간의 상호 연락과 노동 관련 접촉 사항과 같은 업무와 관련된 사항들은 일일 노동 시간과 계약 기간 중에 합의하여 설정한 방식을 채택한다.

만약 일일노동 이외의 야간 및 휴일 노동이 필요한 경우 고용자가 요청하여 노동자가 승낙하여 시행하며, 이에 대한 보상은 기업의 보수 규정에 따른다.

6. 커뮤니케이션과 정보

고용자는 다음과 같은 수단 중의 한 가지를 통해 지속적인 커뮤니케이션을 유지하는데 노력해야 한다. 텔레마케팅 연결, 그룹별 노동, 그룹별 프로젝트, 주별 점검 중의 하나를 통해서.

7. 기업회합 및 회의

기술적이고 조직 차원에서 새롭게 업데이트하기 위하여 기업 측에서 이미 결정한 모임에 대하여, 노동자는 해당 모임에 참가하기 위하여 시간을 비워두어야 한다. 모임에 참가하는 시간은 노동시간에 포함된다. 이 시간은 제6항에서 언급한 시간에 포함됨으로 상응하는 보수가 지급된다.

8. 노조활동의 권리

텔레노동자는 전자우편이나 전자메일 등의 방식 혹은 고용주의 감수를 받은 연결 시스템을 통하여 기업 내에서 활동하고 있는 노조활동에 참여할 권리를 인정받는다. 그와 같은 권리는 텔레노동자가 노조와 노동에 대한 이해를 만족시키고 그에 대한 정보를 공유할 수 있도록 하는데 있다. 또한 능동적이든 수동적이든 선거인의 자격에 참여하고 RSU 선거에 참여할 수 있으며, 노동 현장에서 벌어지고 있는 주요 논쟁들에 대해 참여할 수 있는 권리를 의미한다.

9. 원격 통제

고용주는 노동자가 담당하고 있는 직무 평가에 대한 소프트웨어의 다양한 형태와 기능에 대한 방식들을 미리 보여줄 수 있는 권리가 있다. 이 경우 통제와 조정에 대해서는 투명성이 보장되어야 한다.

개개 노동자들이 제공하고 노동에 대한 평가를 위한 데이터들의 수집방식은 문서화된 양식이든 전자양식 시스템을 사용하든 RSU에 보고되어야 한다. 만약 지역별 협약에 서명한 RSU가 존재하지 않는 경우에는 법률 제300/70호 제4조에서 규정한 바를 준수하겠다는 것을 확증하기 위해 계약서에 이에 대한 규정 첨가가 필요하다.

10. 안전 및 보호

노동자는 해당 노동에 관련한 모든 위험과 취해야할 예방책 등에 대하여 인지하고 있어야 하며, 사전에 정보를 알고 있어야 한다.

현 법률(입법포고령 629/94)의 규정에 의거 텔레노동의 설정에 따른 설비준비는 소속된 기업의 안전에 대한 책임소재에 의해 보건상의 기술적 현장검증이 뒤따라야 한다. 현장 검증 결과에 대한 보고서는 이후에 첨부되어야 하며, 발생 가능한 위험에 대한 지적을 포함해야 한다.

여하한의 경우에도 노동자는 스스로 안전과 보호에 대한 각별한 유의가 필요하며, 고용주는 자신의 책임 하에 정기적인 건강검진이나 진료를 실시해야 한다.

고용주는 사용자가 부주의한 장비사용이나 과오에 의한 손해에 대하여까지 책임을 지는 것은 아니다.

제27조 - 노동자의 배속과 직무이동	배속된 본부와는 다른 장소와 기구에서 종사하고 있는 직원의 직무이동은 법률 제300/70호 제13조에 규정하고 있는 사항에 준수하면서 제7조에서 다루고 있는 노조대표성에 대하여 합의한 기준에 따라 서비스의 필요와 관련하여 동일 기구의 경영진이 결정할 수 있다.
제28조 - 주급휴가	모든 노동자들은 주당 하루를 주급휴가로 사용할 권리가 있다. 보통 이 경우 하루는 일요일과 일치한다. 만약 일요일과 일치하지 않을 경우 주중의 하루를 주간 휴직일로 산정한다. 주급 휴가는 꼭 사용해야하며, 금전으로 환원될 수 없다.
제29조 - 공휴일	모든 노동자들은 다음과 같은 공휴일을 휴무일로 하여 근무하지 않는다. - 새해 첫날(1월 1일); 에피파니아(마녀의 날: 1월 6일); 해방일(4월 25일); 부활

		절 월요일; 노동절(5월 1일); 공화국 축일(6월 2일); 성모축일(8월 15일); 성인의 날(11월 1일); 성모마리아의 무원죄일(12월 8일); 성탄일(12월 25일); 성 스테파니아일(12월 26일); 수호성인의 날
	제30조 - 휴가	모든 노동자들은 매년 30일간(노동일 기준)의 법정 휴가 기간을 갖는다. 작업시간이 일주일 당 6일이라는 기간에 분배되지 않은 경우에 대해서는 휴가일의 산정은 항상 일일 6시간의 노동시간을 참고하여 계산한다. 휴가기간을 사용하는 경우 해당 노동자에게는 유급 보수를 지급한다. 이는 제49조에서 규정하고 있는 보수에 대한 일반 규정에서 언급하고 있는 내용에 따른다. 상기 항에서 언급한 공휴일을 대체하고자 하는 노동자는 1년에 휴가 이외에 4일의 휴가를 신청할 권리가 있다. 사용하지 않은 잔여 휴가기간은 1년 안에 어느 때고 사용할 수 있다. 근무하는 기관이나 기구가 1년의 업무를 종료할 경우 휴가 기간에 5일을 제외하고 산정한다. 이 때 이 5일은 기관이나 기업이 서비스의 필요에 따라 산정된 것으로, 향후 노동자가 임의로 선택하여 다른 기간에 휴가로 사용할 수 있다. 연간 휴가기간은 사용 거부가 되어서도 안 되며, 사용하지 못하게 할 수도 없는 법정 휴가기간이다.

	제31조 - 예외적 허용 비근무일 혹은 기간	1. 유급 비근무일 혹은 기간
		  a) 결혼의 경우 15일의 기간
		  b) 초, 중, 고, 대학 등의 진학시험이나 해당 과정에서의 진급 시험을 포함하여 법적인 학위증이 수여되는 일반적인 직업학교와 전문학교의 시험과 관련한 기간이나 날짜에 유급휴가를 인정한다.
		  c) 배우자나 동거인, 부모, 자식, 친족 형제 및 친척 등이 사망할 경우 사망일 포함 5일 간의 유급휴가를 인정한다. 만약 사망일이 휴일이나 공휴일일 경우에는 5일에 포함시키지 않는다.
		  d) 헌혈하기를 원하는 노동자는 1967년 584호 7월 13일자 법률에서 허용하는 유급휴가를 인정한다.
		  e) 법률의 규정에 의해 선거인단으로 활동하는 노동자 역시 유급휴가를 인정받는다.
		  f) 심각한 서류 및 행정절차로 인한 요인들로 인해 경영자는 5일이 넘지 않는 범위에서 유급휴가를 실시할 수 있다.
		  g) 현행 법률 규정에 의거 전염성 병에 대하여 예방차원의 유급휴가를 실시할 수 있다.
		  h) 인도적 차원에서 장기기증을 하는 노동자들 역시 유급휴가 인정한다.
		  i) 배우자, 부모, 친인척, 형제 등이 중한 환자라는 문서로 입증될 경우, 1년에 3일의 근무일에 해당하는 유급휴가를 인정한다.
		  j) 입법포고령 제151/2001호 제14조 1항과 2항에서 예시하고 있는 경우들 역시 유급휴가로 인정한다.
		2. 무급 비근무일 혹은 기간

직무의 필요성을 보장하기 위해서 제77조에서 규정하고 있는 노조대표단의 확인 필요 없이도 노동자들은 자신의 직무와 자리를 보존할 수 있는 권리로서 특별한 서류 없이 자신의 자리를 유지할 수 있는 권리를 요청할 수 있다.

a) 직무와 관련된 직업훈련이나 기술 획득을 위한 강좌 및 보다 전문화된 과정 등을 수강하기 위한 목적으로 휴직하는 경우 무급 휴직으로 인정한다.

b) 가족(배우자, 자식, 부모 등의 경우)의 일원에 대한 장기 간병의 필요에 따라 서류화된 양식을 통해 휴직을 신청할 수 있는데, 이 경우 15일 이상 6개월 미만의 기간을 간병 처리할 수 있고, 무급휴직으로 인정된다.

c) 개발도상국의 의료지원 활동에 참가하는 자원봉사의 경우에도 노동자는 1987년 2월 26일자 제49호 법률에 의거 무급휴가를 신청할 수 있다.

d) 전체 근무 기간 중 2년간의 기간을 병가 혹은 심각한 질병 등의 이유로 한 번만 사용하여 무급휴직을 신청할 수 있다. 이 경우 2년의 기간을 분할하여 이용할 수도 있다.

e) 고용주는 민간인 보호 업무 혹은 훈련을 위한 자원봉사 자격으로 참여하기를 요청한 자신의 기업이나 기관 소속 노동자들의 직무를 유예할 수 있다. 이 경우 해당기간은 무급휴직 기간으로 설정된다.

f) 법률 제53/2000호 제5조와 6조에서 예시하고 있는 경우들 역시 무급휴가로 인정한다.

3. 부모와 관련된 휴직

입법포고령 제151/2001호 제28조에서 규정하고 있는 부모로서의 역할 보호를 위한 현 규정들을 노동자들에게 적용한다.

입법포고령 제151/2001호 제16조, 17조, 20조에 의거 필수적인 어머니로서의 역할이 필요한 여성 노동자의 경우 총 급여의 80%에 해당하는 급여를 받고 이를 실행한다.

입법포고령 제 151/2001호 제32조에서 예시한 선택적 포기 기간 동안 어머니와 아버지들은 총 보수의 30%에 해당하는 보수를 지급받는다. 위에서 언급한 포기 기간이란 매 아이가 생길 때마다 갖게 되는 기간을 의미한다.

소속된 노동자의 어린 자녀가 1992년 2월 5일자 제104호 법률에서 규정한 장애 아일 경우, 어머니와 아버지는 해당 자녀가 요양원이나 자활원 등에서 치료받을 수 없는 조건에 처한 경우 3살이 될 때까지 해당 자녀의 양육과 치료를 위해 휴직을 신청할 수 있는 권리가 있다. 이 경우 경제적 보수와 조건 등에 관한 것은 입법포고령 제151/2001호 제34조 1항에서 규정하고 있다.

조산의 경우 예정된 출산일 전이라도 휴직을 신청할 수 있다. 이 경우 조산아가 공영이든 사영이든 특별 병원이나 소아병원의 치료가 필요할 수도 있으며, 어머니 역시 아이의 상태에 따라 휴직 혹은 직무복귀의 요청이라는 선택이 가능하다.

산후 첫해 동안에는 어머니인 여성 노동자는 입법포고령 제151/2001호 제39조에서 규정하고 있는 휴식 기간을 가질 수 있다. 해당 기간 동안 아버지에게도 입법포고령 제151/2001호 제40조에서 규정하고 있는 가정의 경우에 따라 휴식 기간이 인정된다. 쌍둥이 출산의 경우 이 기간이 2배로 산정될 수 있으며, 아버지의 경우 역시 동일하게 적용된다.

아이의 질병에 따라 어머니의 휴직이 인정되며, 어머니 대신 아버지의 휴직이 가능하다. 이 경우 입법포고령 제151/2001호 제40조에 의거한다.

4. 1992년 2월 5일자 법률에서 규정하고 있는 휴직 및 후속되는 법률에서 규정하고 있는 휴직

입법포고령 제151/2001호 제42조 1항에서 다루고 있으며, 1992년 2월 5일자 제104호 법률과 후속법률에서 규정하는 허용 가능한 휴직에 해당하는 종업원들과 노동자들은 전항인 제 3항에서 다루고 있는 부모로서의 휴직의 기간을 연장할 수 있다.

5. 군복무 혹은 상응하는 대체복무

군복무나 상응하는 대체복부를 위해 직무를 중단해야 하는 경우, 현 규정에 따라 군복무 기간 혹은 상응하는 대체복무 전(全)기간 동안 해당 노동자의 자리는 유지되며, 이는 복무가 끝난 직후 1달까지 유예된다.

제32조 - 심리적/신 체적 특이 조건을 가진 종업원에 대한 보호	해당 의료기관이나 병원으로부터 인정된 신체적/심리적 특이사항으로 마약중독, 알코올중독, 심리적인 공황상태 등의 상태에 처한 종업원과 노동자들에 대하여 일정한 자격을 갖춘 병원이나 의료시설에서 회복기나 치료기를 갖도록 노력하며, 이에는 다음과 같은 기준에 따라 처리한다. a) 특정 해당의료기관이나 병원에서 회복 프로그램을 진행하는 전(全)기간 동안에 대하여 무급 휴직의 인정 b) 무급의 일일 휴직 인정 c) 회복 프로그램 기간 중에 한정하여 파트타임 노동계약에 대하여 적용하여 실시함으로써 노동시간을 단축한다. d) 고용주의 자신의 판단에 의해 결원중인 직무의 필요성에 대하여 판단한 뒤, 해당 노동자가 회복 프로그램이 끝난 뒤 복직하더라도 직무나 자리를 이동할 수 있는 판단을 할 수 있다.
제33조 - 불가항력 적 무능력 장애를 당한 노동자에 대한 보호	정규직 노동자의 회복과 재활을 용이하기 위한 목적으로, 불가항력적 무능력 장애를 당한 노동자나 종업원으로 특정 병원이나 의료기관이 인정하는 경우에 있어, 다음과 같은 경우에 해당하는 기준과 방식을 따라 특정 의료기관이나 병원에서의 재활 치료나 프로그램의 기간을 갖도록 한다. a) 특정 해당의료기관이나 병원에서 회복 프로그램을 진행하는 전(全)기간 동안에 대하여 무급 휴직의 인정 b) 무급의 일일 휴직 인정 c) 회복 프로그램 기간 중에 한정하여 파트타임 노동계약에 대하여 적용하여 실시함으로써 노동시간을 단축한다. d) 고용주의 자신의 판단에 의해 결원중인 직무의 필요성에 대하여 판단한 뒤, 해당 노동자가 회복 프로그램이 끝난 뒤 복직하더라도 직무나 자리를 이동할 수 있는 판단을 할 수 있다.

제34조 – 직업훈련, 직무훈련, 직무에 대한 재분류	의료보조 업무의 전문성과 숙련도를 높이기 위한 목적으로 의료기관이나 병원 및 관련 학원 등에서 실시하는 과정이나 코스에 근무 중인 노동자나 직원을 참가시키기 위해서는 다음과 같은 필요성이 요구된다. 이와 같은 목적을 위해 노동자들은 해당 직종의 훈련이나 직무의 숙련도를 높이기 위한 유급 휴직이나 교육과정 참가를 활용할 수 있다. 이에 대한 해당 직급이나 비율 등은 아래의 규정을 따른다. - 등급 A와 B의 영역에서의 의료분야와 보조 부문 인원의 12%까지 직업훈련, 직무훈련, 직무에 대한 재분류가 가능하다. - 의사를 제외하고 전체 인원에서 잔여 인원의 8%에 해당하는 인원에 대한 직업훈련, 직무훈련, 직무에 대한 재분류가 가능하다. 지역별 협약에 바탕을 둔 개별 기업에서는 서비스의 필요에 따라 종업원 개개인의 등급이나 직급 등에 대한 계획에 기초하여 우선성을 개별적으로 프로그램화한다. 직업훈련이나 기술교육 등에 투입되는 종업의 비율에서 직업훈련학교에 입학하기 위하여 요구되는 학위와 자격증의 획득에 기초하여 일부는 다른 강좌에 수강한다. 경영진과 노조대표단은 기업경영과 서비스 제공에 무리하지 않는 범위 내에서 재교육 노동자들의 비율을 합의해서 결정한다. 일반적으로 견습기간 중이나 특별교육을 위한 특정 강좌나 교육 프로그램에 참가하는 노동자의 자격은 객관성을 가진 기준에 의해 마련되며, 이는 양측의 합의에 의해 결정되며, 그 배율 역시 10%를 넘지 않은 범위에서 결정된다. 이와 관련된 과정이나 교육과정에 접수하기를 원하는 경우, 신청서가 매년 9월 30일 안에 도착해야 하며, 수강에 필요한 견습기간과 재교육 시간은 노동시간으로 인정하지만, 수강 가능 시간 등에 대하여는 노사간의 합의에 따라 결정한다.	
제35조 – ECM(약 품에 대한 재교육화 과정)	보건부와 정부의 의료보건계획 등에 따라 각 지방정부와 자치도시 등과 연계한 ECM(약품에 대한 재교육화 과정)이 실시된다. 이 과정은 의료기관이나 병원 등에 종사하는 노동자들의 의료 및 보건 수준의 향상과 의약품 과도사용이나 남용 및 마약성 약품에 대한 지속적인 교육의 필요성에 의해 운영된다. 이에 대한 교육 시간은 전항 제34조에서 언급한 시간 안에서 이루어지며, 일정한 기술적 습득 능력을 갖추어야만 한다. 이에 대한 적용의 기준과 내용은 기업별 협약 안에서 개별화하여 작성된다.	
제36조 – 연구에 대한 권리	연구시간에 대한 권리는 최대한 허용하는 기준이 개인적으로 연간 150시간 이내로 한다. 이는 서비스 종사 중인 노동자의 3%에 해당하는 시간이며, 하나의 단위로서 산정하여 산출된 시간이다. 그와 같은 시간은 유급 노동시간에 해당하지만, 그에 상응하는 과정에서의 학위증 역시 필수적으로 취득해야 한다. 그러나 대학이나 그에 상응하는 법률적 자격을 갖춘 기관 등에서 숙식하는 일이나 강좌수강에 필요한 시간 등은 유급 노동시간으로 산정되지 않는다.	

1항의 유급 비근무일에 대한 규정과 2항의 무급 근무일에 대한 규정은 유급 전임노동 활동 시간에 대한 명확한 근거와 기준을 제시하고 있다.

이와 같은 세부적인 전국협약 사항이 가능한 것은 이탈리아에서 공공부문의 경우 법률에 근거한 명확한 세부적인 조건과 규정을 명시하는 원칙이 적용되기 때문이며, 의료부문의 경우 90% 이상이 공공영역의 노동자들을 대상으로 협약을 하는 상황에 기인한다. 그러나 일반적으로 타임오프제도에 대한 명확한 규정은 전국차원보다는 지역이나 기업협약에 규정하고 있는 것이 일반적이다. 다만 그 운영의 폭과 내용이 민간부문보다 훨씬 세부적이고 법규적 해석에 기반한다는 점이 차이가 있다.

(4) 타임오프제에 대한 전문가 자문 내용

이탈리아 전문가의 견해는 1970년의 노동자권리헌장을 근거로 주로 논의를 전개하고 있다. 현재 법개정 논의가 명확하게 어떻게 전개될지 모르는 상황에서 전문가의 선택이었을지는 모르지만, 몇 가지 차원에서 분명하게 짚고 넘어가야 할 것은 RSA제도는 1993년 도입된 RSU제도와는 차이가 있다는 점이다. 또한 4가지 수준에서 타임오프제도에 대한 문제를 묻는 방식을 취하는 과정에서 전문가가 이탈리아의 유사한 제도(이탈리아어로는 aspettativa로 표현하고 있는 부분) 운영을 전적으로 영미식 Time-Off제도로 볼 수 있는가에 대한 명확한 답을 줄수 없다는 이야기를 하고 있기 때문에, 전문에 대한 내용을 통해 판단할 수밖에 없을 듯하다.

라. 최근의 상황과 노동법 개정 문제와 제18조의 개정

이번 항에서는 노동법 제18조를 둘러싼 이탈리아의 노동시장 변화를 추적하고자 한다. 이는 타임오프제도뿐만 아니라 현재의 이탈리아 노동시장을 이해하는 중요한 배경이며, 향후 타임오프제를 비롯한 다양한 정책 변화를 가늠할 수 있는 시금자이기 때문이다. 미국식 신자유주의가 세계 경제의 모델로 부상함에 따라 이탈리아 역시 10여 년 전부터 신자유주의 모델의 도입을 시도했고, 이탈리아 노동시장의 구조는 근본적인 변화를 겪어왔다. 최근의 상황을 놓고 보았을 때 결코 긍정적인 변화라고는 할 수 없을 것 같다. IMF 사태 이후 한국의 현실과 크게 다르지 않은 현재 이탈리아 노동시장의 모습은 그동안 신자유주의 도입과 노동시장 유연화 정책이 국민들의 삶을 어떻게 변화시켜 왔는지 보여준다.

(1) 노동법 제18조

한때 이탈리아는 '이혼보다 해고가 어려운' 나라였다. 해고에 관한 사항을 규정하는 노동자 헌장 18조 때문이었다. 이전에는 기업이 경제적인 문제로 노동자를 해고하려면 작업장 폐쇄, 아웃소싱, 생산 공정의 자동화 등 생산 활동과 직접적으로 관련된 사유가 있어야 했다. 그렇지 않을 경우 판사는 노동자의 복직을 명령할 수 있었고, 기업은 해고 시점부터 복직 시점까지의 임금에 준하는 보상금을 지급해야 했다. 이 조항은 노동시장을 경직시키는 주요 원인으로 지적되어 왔지만 동시에 베를루스코니 정부 때부터 추진되어 온 신자유주의적 개혁 조치에 맞서 노동자들의 권리를 보호해 온 마지막 보루로 인식되어 왔다.

그러나 2012년 이탈리아가 국가 부도의 위기에 처하고 정리해고의 필요성이 대두되면서 상황이 변하기 시작했다. 노동사회정책부 장관 엘자 포르네로(Elsa Fornero)는 노동시장의 유연성 강화를 목적으로 한 '포르네로 법'을 기획했다. 포르네로는 무엇보다 해고를 자유롭게 하는 조치가 경영난에 빠진 기업들을 구할 수 있을 것이라고 보았다. 그리고 이러한 목적을 위해서는 노동법 제18조의 개정이 불가피했다.

(2) 포르네로 법과 현재의 상황

2012년은 개혁의 한 해였다. 베를루스코니가 유로존 경제위기의 책임을 지고 총리직에서 물러나자 대통령 조르지오 나폴리타노(Giorgio Napolitano)는 마리오 몬티(Mario Monti)를 후임 총리로 지명했다. 유럽연합 집행위원을 지낸 저명한 경제학자 몬티는 정치인 출신 인사들을 배제하고 각 분야의 전문가들로 정부를 구성하여 사회 각 분야에 걸친 강력한 개혁 정책을 추진했다.

몬티가 추진한 개혁 조치 중 사회적으로 가장 많은 논란을 야기한 것은 '포르네로 법'이라고 불리는 노동시장 개혁안이었다. 개혁안은 해고를 자유롭게 하는 대신 노동시장 진입을 용이하게 하고 실업자에 대한 완충조치들을 시행함으로써 노동시장의 유연성과 안정성을 동시에 도모하는 것을 목적으로 한다. 해고를 용이하게 하기 위해서는 노동자 헌장 18조가 개정되어야만 했고, 이와 같은 시도가 노조와 좌파 정당의 반발에 부딪힌 것은 당연한 일이었다. 이탈리아 최대 노조조직인 CGIL과 산하 금속노조 FIOM은 개혁안이 공개된 직후부터 전국에서 파업과 항의 시위를 벌였고 야당인 민주당(Pd) 역시 반대의 목소리를 냈다.

그러나 6월 28일과 29일 브뤼셀에서 열린 EU 정상회의가 다가오며 분위기가 바뀌었다. 이전부터 EU와 해외 투자자들은 지속적으로 이탈리아에 긴축정책과 노동시장 유연화를 요구해오고 있었다. 몬티로서는 그들이 만족할 만한 수준의 개혁 프로그램을 제시함으로써 자신의 요구를 관철시키고 투자자들의 신뢰를 회복할 필요가 있었다. '포르네로 법'은 정상회의 직전 의회에서 속전속결로 승인되었다. 비판적 입장을 보이던 민주당 당수 베르사니(Bersani)는 개혁안에 찬성표를 던졌고, 3대 노조 중 CGIL을 제외한 CISL과 UIL은 침묵했다. 그리고 EU 정상회의에서 이탈리아는 유럽기금으로 재정 위기 국가의 채권을 매입해달라는 요구사항을 관철시킬 수 있었다.

'포르네로 법'이 시행된 지 8개월이 지난 시점에서 이를 평가한다는 것이 그리 쉬운 일이 아니다. 이탈리아 통계청(Istat)에 따르면 포르네로 법안의 시행 이후 이탈리아의 실업률은 계속해서 상승해 왔다. 2012년 11월 실업률은 11.1%, 12월에는 11.3%, 그리고 2013년 1월에는 11.7%로 사상 최고치를 기록했다. 그리고 청년 실업률 역시 11월과 12월 37.1%, 2013년 1월에는 38.7%로 가파르게 증가하고 있다. 또한 최근 인력서비스업체 Adecco에서 실시한 여론조사는 대다수의 근로자와 취업 희망자들이 '포르네로 법'의 효과에 대해 부정적인 인식을 가지고 있음을 보여준다. 조사에 응한 2,300명의 근로자와 취업 희망자들 중 85%가 '포르네로 법'이 노동시장 진입과 재진입에 긍정적인 영향을 미치지 못했다고 대답했다.

2012년 9월부터 '포르네로 법'의 희생자들이 발생하기 시작하면서 여론은 다시 반전되기 시작했다. 로마 소재 Huawei 그룹, 베르가모 소재의 산업기계제조업체 Scaglia, 로마 소재의 금속기계업체 Luna Serrande와 의료법인 Idi 등에서 잇따라 경영난을 이유로 노동자들이 해고되는 일이 발생했다. 그러자 개혁안에 대해 현상 유지의 태도를 보이던 노조들이 일제히 비판에 나섰다. 3대 노조와 산하의 산별노조조직들은 일제히 기업들이 아무런 경제적 이유가 없었음에도 노동자들을 자의적으로 해고했다고 비난하는 한편 해고된 노동자들의 복직과 '포르네로 법'의 폐기를 요구했다. 좌파 정당들 쪽에서도 노동자 헌장 18조에 대한 재개정 요구가 나오기 시작했다. 가장 먼저 민주당의 중요한 연정 파트너인 좌파생태자유당(Sel)이 포르네로의 개혁안을 비판하고 나섰다. 좌파생태자유당은 노동자 헌장 18조의 재개정을 놓고 국민투표를 제안했고, 중도좌파 정당들과 노동조합의 연대를 촉구했다.

2013년 총선 직전 이탈리아 언론들은 '포위된 몬티'라는 표현을 사용했다. 노동시장 관련 이슈는 이번 총선의 가장 중요한 의제였고, 이 논의에서 몬티는 철저하게 고립되어 있었다. 개혁 지속의 필요성을 주장하는 몬티에 대해 좌파 정당은 노조와 연대하여 연일 강도 높은 비판을 쏟아냈고, 베를루스코니 전 총리 역시 몬티의 정책을 비판하며 정계에 복귀했다. 이탈리아 국민들은 총선을 통해 개혁정책에 대한 적대감을 드러냈다. 무엇보다 반개혁 노선을 표방한 베를루스코니의 자유국민당(Pdl) 그리고 베페 그릴로가 이끄는 오성운동(M5s)의 약진이 두드러졌고, 몬티는 상원에서 9.1%, 하원에서 10.6%의 득표에 그치고 말았다.

신자유주의 도입 이후 노동시장의 변화 양상은 이탈리아나 한국이나 별다를 바가 없다. 경제 위기는 노동자의 희생을 정당화했고 양국에서 노동시장 유연화 정책들이 잇따라 시행되었다. 그 결과 이미 비정규직이 정규직의 수를 능가했고 정년의 개념은 사라져 버렸다. 그러나 한국과 달리 이탈리아에는 전통적으로 강력한 노조와 좌파정당이 건재한다. 게다가 이미 10여 년 전 베를루스코니의 신자유주의 노동시장 개혁에 맞서 국민투표를 이끌어 내고 노동법 제18조의 개정안을 유예시킨 경험이 있다.

이탈리아에서 노동법 제18조 개정에 대한 논의는 현재진행형이다. 몬티 정부의 노동사회정책부 장관 엘자 포르네로의 '노동은 권리가 아니다'라는 발언을 했는데, 이에 대해 CGIL

총서기장 수잔나 까무쏘는 '노동은 양식이자 존엄'이라는 말로 응답했다는 사실은 적어도 이탈리아에서 노동자 해고와 임금정책이 생존과 인간의 기본 권리로서 갖는 중요성을 나타내는 시금석이 될 것이다.

2013년 현재 포르네로 법안과 관련하여 치열한 논쟁을 벌이고 있는 CGIL, CISL, UIL의 상급 노조가 임금정책과 관련하여 통일된 입장을 정리하여 발표한 내용을 보면 대충 다음과 같다.[3]

첫째, 노조는 정부에 그동안 작동하고 있던 전국협약시스템의 안정적이고 신뢰할 만한 수준의 기능 회복을 요구하고 있다. 이는 1993년 협약에 의해 출범한 전국협약위원회(CCNL)가 지나친 신자유주의적 방향 추구에 따른 노동정책의 협의 및 조정 기구의 성격을 잃어버렸다는 점이다. 노조는 이러한 기능성의 회복이 전제되어야만 협의와 합의라는 사회적 협약의 본래 기능을 되찾을 것으로 보고 있다.

둘째, 전국산별협약이 규정하고 있는 기본 원칙의 준수 및 법적 효력의 재설정 문제이다. 특히 2008년 4년마다 개최되는 전국협약의 개정에 맞추어 이러한 기본 방침의 천명은 어떠한 형태로든 정부의 입장과 이탈리아산업가협회의 입장을 이끌어 낼 수 있을 것이다. 전국협약에서 규정하고 있는 전국 차원과 기업(혹은 지역 단위) 차원의 두 단계 협약 수준의 준수가 그것이다. 이를 위해 노동자의 복지와 생산성 효과와 결과에 대한 공유를 위해 국가에서 정부 정책을 통제하고 조절하는 일반성에 기초한 원칙의 준수를 요구하고 있다. 이것이 노동자들의 실질 임금과 소득을 보장하는 주요한 원칙과 기준이 될 것이라고 판단하고 있는 것이다.

셋째, 민간영역과 공공영역에서의 노조대표성을 강화하고 국가 경제의 주체로서 노조의 법적 지위를 보장하라는 것이다. 국가는 전국노동경제협의회(CNEL)를 통해 국가 경영의 투명성과 예산상의 예측 가능성을 보장함과 동시에 시스템과 조직의 활성화를 위한 제도적이고 법적인 보장을 하라는 점이다.

넷째, 현재 유명무실화되고 있는 생산성 보장과 실질급여 상승을 위해 상여금이나 휴가기간 급여 지급을 원칙으로 정함으로써 정규직 이외 비정규직의 고용안정성과 임금보장을 법률적으로 마련하라는 점이다. 특히 비정규직 문제에 대한 국가 차원의 좀 더 정교하고 필수적인 제도적 보완 장치를 마련할 것을 적극적으로 요구하고 있다.

이외에도 사회적 협약 시스템에서의 '민주주의와 대표성 보장' 문제, '노조의 민주주의 보장', '산별분류의 노조대표성에 대한 합의' 등의 원칙을 규정하고 준수할 수 있도록 정부 차원의 노력과 가시적 성과를 촉구하고 있다.

그러나 실제로 이러한 선언적인 수준에서 나타난 노력에도 불구하고 실제로 노동운동이

3) hppt://www.cgil.it 참조.

나 노조에 얼마나 큰 실질적인 도움이 될 것인가에 대해서는 전술적인 차원에서 상당히 깊은 고민들이 묻어난다. 결국 노조의 입장에서 임금인상이나 실질임금의 보장 등과 같은 내용을 담보하기 위해서는 국가경제 전방에 대한 보다 실질적이고 전문적인 분석을 통해 대안과 실현가능한 목표 등을 제시하는 방향으로 나아가고 있으며, 유럽의 상위노조를 비롯한 국제노조단체와의 연계를 통한 국제적 압력과 압박이라는 대응책을 마련하고 있다. 그리고 최근 노동뿐만이 아니라 관련된 국내정치 문제와 연계하여 총파업이나 야당을 비롯한 정당들과의 연대를 통한 정책적 공조에도 상당한 노력을 기울이고 있다.

📖 참 고 문 헌

〈판례〉

(Cass. 7/4/01, n. 5223, pres. Trezza, est. Picone, in Orient. giur. lav. 2001, pag. 240)

(Cass. 24/3/01 n. 4302, pres. Trezza, est. Picone, in Lavoro e prev. oggi 2001, pag. 827)

(Pret. Varese 14/2/97, est. Papa, in D&L 1997, 507, nota Capurro)

(Pret. Milano 24/6/97, est. Ianniello, in D&L 1998, 83)

(Pret. Milano 6/12/94, est. Mascarello, in D&L 1995, 313)

(Pret. Milano 4/5/99, in Riv. Giur. Lav. 2001, pag. 179, con nota di De Paola, Sui permessi sindacali ai dirigenti esterni: alcune riflessioni)

(Pret. Milano 4/5/99, est. Martello, in D&L 1999, 508)

(Pret. Napoli 13/12/94, est. Vitiello, in D&L 1995, 560)

(Cass 15/12/99 n. 14128, in Mass. Giur. lav. 2000, pag. 194)

(Trib. Milano 6/12/2004, Est. Frattin, in Lav. nella giur. 2005, 801)

〈국내〉

김종법. (2004). 이탈리아 노동운동의 이해, 한국노동사회연구소.

장원봉. (2006). 사회적 경제의 이론과 실제, 나눔의 집.

정병기. (2000). 이탈리아 노동운동사, 현장에서 미래를.

〈외국〉

Baccaro. (2002). Il corporativismo in Italia, Rassegna sindacale, 2호, 4-6월호.

Baccaro. (2002). Il corporativismo "democratico" in Italia, Annotazioni conclusive, Rassegna sindacale, 2호, 4-6월호.

Baccaro. (2002). La teoria del corporativismo rivistata, Democrazia come strumento di coordinameno, Rassegna sindacale, 2호, 4-6월호.

Barber, B. (1984). Strong Democracy: Participatory Politics for a New Age, CA: University of California Press.

CGIL, Lo Statuto della CGIL(XII Congresso nazionale della CGIL). (1992). Sede della GGIL Piemonte, Torino, Centro d'Archivio.

Comparto Sanità. (2004). Contratto Collettivo Nzionale Di Lavoro-Normativo 2002' 2005-Biennio economico 2002-2003, FP CGIL, 4월.

DesJardins, Joseph R., ed (1999). Environmental Ethics: Concepts, Policy, Theory, Mayfield.

Diamond, Larry. (1999). Developing Democracy: Toward Consolidation, Baltimore: Johns Hopkins University Press.

Disciplina dei rapporti fra le imprese di assicurazione e il personale dipendente non dirigente, CCNL 2003년 7월 18일(합의 2004년 4월 5일), FIBA CISL/FISAC CGIL/UIL.C.A. UIL/FNA/ SNFIA, 2004.

F. Banca e I. Visco. (1993). L'economia italiana nella prospettiva europea: terziario protettivo e dinamica dei redditi nominali, Bologna.

George, Vic and Wilding, Paul. (2002). Globalization and Human Welfare, Palgrave Macmillan.

G. P. Cella(a cura di). (1983). Lavoro, solidarietà, conflitti, Studi sulla storia delle politiche e delle relazioni di lavoro, Roma.

Lipset, Samuel Martin. (1960). Political Man: The Social Bases of Politics, N.Y.: Anchor Book.

Lomborg, Bjørn. (2001). The Skeptical Environmentalist, Cambridge University Press.

M. Regini. (1986). "Political Bargaining in Western Europe during the Economic Crisis of the 1980s", edit. by Otto Jacobi, Bob Jessop, Hans Kastendiek and Mario Regini, Trade Union and the State, Croom Helm.

M. Regini. (1995). Uncertain Boundaries: The Social and Political Construction of European Economies, Cambridge, Cambridge University Press.

Putnam, Robert. (1995). "Bowling Alone: America's Declining Social Capital", Journal of Democracy 6:2.

Schmitter, Philippe. (1997). "Civil Society East and West," in Larry Diomond, Marc F. Plattner, Yun-Han Chu, and Hung-Mao Tien (eds.), Consolidating Third Wave Democracies: Themes and Perspectives, Baltimore: Johns Hopkins University Press.

Skocpol, Theda and Morris P. Fiorina(eds.). (1999). Civic Engagement in American Democracy, Washington, D.C.: Brookings Institution Press.

Skocpol, Theda. (2003). Diminished Democracy: from Membership to Management in American Civic Life, OK: University of Oklahoma Press.

Verba, Sidney, Kay Lehman Schlozman, Henry E. Brady. (2002). Voice and Equality: Civic Voluntarism in American Politics, Massachusetts: Harvard University Press.

World Bank. (1992). World Development Report 1992: Development and the Environment, Oxford: Oxford University Press.

Ⅶ. 이탈리아

2. 이탈리아 현지 전문가 의견: 실비아 취우치오비노(Silvia Ciucciovino)[1]

이탈리아에서 노조활동의 자유와 허가는 1970년 노동자권리헌장의 제23조와 24조 그리고 30조에서 규정하고 있는 내용을 근거로 하고 있다. 이 근거에 의하면 이탈리아에서의 노조활동은 법률에 의거 보호받고 지지받는 것으로 명기되어 있다.

1948년 제정된 이탈리아 공화국의 헌법에 의하면 일반적인 노조활동의 자유(제39조)를 규정하고 있었지만, 1970년 제300호 법률에서는 노동 장소 내부의 활동과 권리에 대하여 보다 명확하게 규정하고 있다. 노조활동과 노동자 개개인의 권리와 자유를 보장하는 노조활동의 직접적인 활동을 보장하는 세부적인 규정을 도입하였다.

1970년 제300호 법률에 규정된 이와 같은 노조활동의 세부적인 사항을 살펴보면 다음과 같다. 노동이 일어나는 곳에서 모든 노동자들은 노동 시간 중에 아무런 임금 삭감이나 무급이 아닌 유급의 노조활동에 대한 보장을 하는 노동조합 활동과 회의에 참여할 수 있는 권리를 보장한다(제20조). 노조활동을 보장하고 기업의 노조활동 보장에 대한 노조원의 권리는 법률에 의해 보호된다(제14조와 26조). 노동자들에 대한 상담을 위한 노동 장소에서의 투표를 독려하고 진흥하기 위한 노조원의 권리를 보장한다(제2조). 노조원들의 상호 소통의 고지와 게시를 위한 공간과 노동 장소 내부의 적절한 장소를 제공받을 수 있는 노조원의 권리를 보장한다(제25조와 27조).

따라서 1970년 제 300호 법률은 노조활동의 자유는 노조활동의 허가와 노조활동의 동기에 따른 휴직이나 일시적인 노동 중지에 대한 권리로 구분될 수 있다.

가. 노조활동의 허가

노조활동의 허가는 기업의 노조대표자로서의 노조운영자의 활동을 허가하는 부차적인

---

[1] 로마 제3대학 경제학과 교수. Facoltà di Economia, Via Silvio D'Amico 77, 00145 Rome, Italy. sciucciovino@tiscali.it

노동자 권리에 속한다. 그와 같은 노조활동의 허가는 노조대표자들에게 노조원 위임과 대리의 수행에 부응하기 위한 유급활동이어야 한다(제23조). 그렇지 않을 경우에는 노조협상에 참여하거나 노조활동의 성격을 갖는 회의에 참석하기 위한 노조운영과 대의원 활동일 경우 무급일 수 있다(제24조). 노조활동 허가의 이용은 모든 노동자들에게 부응하는 것은 아니지만, 1970년 제300조 법률 제19조에 따라 기업노조대표자들(RSA)의 운영자들에게는 허용되는 권리이다. RSA는 노조의 대표성을 국가로부터 인정받은 노조운영자들을 대표하는 이들이며, 노조운영자의 지명은 사용자에게 통보했을 경우 법적으로 효력을 갖는다. RSA의 노조운영자의 최소 혹은 최대 수는 정해져 있지 않다. 노조운영자의 수를 결정하는 것은 노조 자신들이다. 그러나 이들 각각의 노조운영자의 의해 활용되는 노조활동 시간은 사전에 결정되어 정해지게 된다.

단체협약은 노조활동의 허가가 노조운영자들에 따라 다양한 주체들과 대상 및 내용과 연관되어 있으며, 이러한 활동 시간에 대한 허가는 연간 최대 허용한계를 넘지 않는 범위 내에서 RSA의 활동을 제한한다. 이와 같은 노조활동 허가 시간에 대한 규정은 1970년 제300호 법률 제23조와 제24조에서 정하고 있는 바에 따라 합법적인 규정 사항으로 유효한 효력을 지닌다. 또한 노조활동의 허가를 활용할 수 있는 주체와 대상의 범위는 협의에 의해 결정된다.

아주 특별하게 민감한 문제는 RSA의 성격과 특징을 갖지 않는 법률의 규정에 근거한 권리가 담겨있지 않는 대상과 주체에 따른 노조활동의 이용은 단체협약을 통해 체결 사항으로 결정될 수 있는 가능성이 존재한다는 점이다. 이는 위법과 정당성 간의 아주 위험하고 미묘한 법의 판정과 상황에 따라 달라질 수도 있다는 것을 의미한다(1990년 제30호 헌법재판소 판결; 고등법원(파손재판소) 1986년 2월 7일자 제783호 판결과 3월 19일자 제1913호 판결). 이 사례들에 의하면 이와 관련하여 단체협약의 위법성에 대하여 판단하고 결정하였는데, 그러한 법률의 확장과 확대해석은 기업 안에서 RSA의 노조활동의 유효성을 사전에 판결하였던 만큼이나 통제 가능한 노조에 대하여 사용자의 불법적인 지지라는 가정을 실제로 구체화할 수 있을 것이다. 이는 이탈리아에서 노조의 자유라는 원칙에 반하는 것으로 평가할 수 있다.

유급 노조활동의 허가를 이용하기 위해서 노동자는 사용자에게 문서로 명확하게 지정하고 표현한 고지를 해야 하는데, 이는 적어도 24시간 전에 사전 통보해야 한다. 무급의 노조활동의 허가는 3일간의 사전 공지를 통해 공지할 수 있다.

사용자는 노조활동의 허가를 절대로 금지할 수 없을 뿐만 아니라 이를 관리하거나 통제할 수도 없다. 왜냐하면 이러한 허가는 법률에 의해서만 금지되거나 막을 수 있는 것이며, 노동자의 안정과 건강을 사전에 살펴보거나 명백하게 예상되는 분명한 필요성과 의도가 드러나지 않을 경우에는 종류나 범위 대상 등에 대한 한계를 사전에 설정할 수 없다.

노조활동 허가는 기업의 내부뿐만 아니라 외부에서의 노조 이해관련 활동을 위한 노동자에 의해 활용되어야만 한다. 예를 들면 협상을 위한 참석이나 노조의 신입노조원 가입권유 활동을 전개하거나 노조모임에 참석하는 것 등이 이에 해당된다.

주요한 사법적인 판단은 사용자가 허가와 관련한 노조활동의 동기들에 대하여 활용효과를 통제할 수 있다는 사실을 배제하고 있기 때문에, 노조행동이 진행되는 구면에서 사용자의 부당한 개입을 구성한다는 것이 일반적인 판단이다(2001년 4월 7일자 제5223호 판결). 오직 노동자의 대표성을 갖는 RSA만이 노조활동 허가의 올바른 활용에 대한 통제와 감독 권한을 갖고 있다.

유급 노조활동 허가에 대한 최신 가정은 1970년 제300호 법률에 규정되어 있다. 이러한 규정은 최근 RSA를 대체한 전국 차원과 지방 차원 그리고 직접적인 조직 구성원들을 위한 새로운 제도를 도입하였다. 이러한 노조활동의 허가는 상기 언급한 조직들의 회의 참석을 위해 양도될 수 있으며, 법률은 그러한 노조활동 허가 활용의 최대 한계를 미리 설정하지 않고 있다.

노동자에게 귀속되어 있는 제24조와 제30조의 유급 허가활동의 활용 기간 동안에는 일반 보수 규정을 따르며, 야간 노동에 대한 보수 증가(1987년 4월 7일 제3407호의 판결) 사례나, 출석에 대한 보상 수당(1988년 5월 18일 판결) 사례 혹은 식사 수당(1989년 12월 15일 판결) 사례와 같이 노동급부의 이행에 대한 특별 방식과 연관된 수당에 대해서는 예외 규정을 인정한다.

노조활동 허가의 여하한의 불법적인 한계와 제한은 사법적인 판결과 결정에 의해 사용자의 부당함을 금지하고 제한할 수 있다. 이러한 규범에 기반하여 판사는 불법 행위를 사용자에게 통보하고 반노조활동 행위를 그만둘 것을 명할 수 있다. 만약 사용자가 사법적인 결정에 대하여 준수하지 않을 경우에는 벌금과 형이 선고될 수 있다.

나. 노조원의 노동시간 대체 및 휴식 등의 기대 권리(aspettativa 제도를 의미)

노조활동의 동기로 인한 기대권리(노동시간 대체와 휴식 등)는 기업의 외부에서 발생하는 노조업무를 충족하기 위해 호출되는 노조원의 권리에 부합한다. 전국적이거나 지방의 노조에 소속되어 있는 노동자들이 노조임무를 수행하는데 필요한 시간 모두에 대하여 노동과 관계된 시간과 업무의 중지와 유예를 요청할 수 있다(1970년 제300호 31조). 이 경우 기대권리의 노조활동은 무급이다. 사용자는 임무가 수행되는 시간 모든 동안 기대권리의 노조활동을 허가해야 한다. 이것은 노동자가 노동직을 잃지 않는다는 것을 의미하는데 왜냐하면 노조활동의 기대권리가 끝나면 유예되었던 노동 업무가 다시 지속되는 것을 의미하기 때문이다. 노조업무 역시 지속적이거나 연속적일 수 없으며, 노조활동의 기대권리 기간은 분할(분절)하여 사용할 수 있다. 노조활동의 기대권리는 RSA가 존재하지 않은 여하한의 노조에 속해 있는 노조업무에 대해서도 허가되는 것이 원칙이다.

1970년 제300호 법률 제31조에서 규정하고 있는 무급 노조활동의 기대권리는 단지 노조가 분리된 별도 기관을 가진 공공기관의 종업원들에 대해서만 미리 예시되어 있다. 정규직 노동자 혹은 계약직 비정규직의 유급 노조활동의 기대권리에 대한 사항은 소속되어 있는 노조운영 기구의 구성 요소로 인정되어 왔다. 다시 말해, 단체협약과 법률에 명시되어 있는 정상적인 노조조직 안에서 유급 노조활동에 대한 것은 광범위하게 인정되는 것이 일반적인 원칙이다. 노동자는 노조활동 시간 동안의 유급 권리가 있다. 1970년 법률에 의하면 원칙적으로는 노조활동에 대한 시간적인 최대 한계나 최대 유급시간 등의 규정은 존재하지 않는다. 그러나 단체협약에서는 공공부문의 경우 모든 부문에서 연간 유급 노조활동 시간을 합의에 의해 규정하고 있다. 노조들 간의 합의는 이와 같은 대표성을 보장하는 조직과 구조에 의해 규정되어 효력이 발생한다.

(1) 사용자가 노조원에게 유급 대가를 지급한다는 명시적인 법률과 규정에 대한 근거와 이에 대한 설명

이탈리아에서 정규직 노동자의 노조전임자들은 다음과 같은 민간부문과 공공부문에서의 법률 규정 사항을 적용하여 고려할 수 있다. 1) 민간 기업의 사용자로부터 급여를 받는 노동자들은 1970년 제300호 법률 제31조에 의거 소속된 노조의 전국 혹은 지역의 조직 안에서 노조임무를 수행하기 위한 허가활동을 활용하여 노조활동에 임할 수 있다; 2) 공공부문 노동자들은 2001년 제165호 법률 제50조에 의거 소속 노조의 운영기구의 노조활동 수행을 위한 노조전임 활동을 활용할 수 있다.

1)번 항의 내용과 가정에 따르면 사용자는 노조활동 허가에 의한 작업장 이탈에 대하여 보수를 지급하지 않는다. 무엇보다 작업장 이탈 시간 동안은 근속월일의 효력이 발생하는데, 이는 최종 근무평가서의 급여 산정과 경력 산정의 목적을 위한 근속기간에 포함되기 때문이다. 모든 작업장 이탈 시간 동안 노동자는 상징적인 분담금(퇴직금이나 연금으로 산정되는 방식으로 해석됨)에 상응하는 신용대부 방식에 따라 자신의 직무와 기타 사회보장 관련 수혜를 안전하게 보장받을 권리가 있으며, 그러므로 분담금은 사용자가 비록 효과적으로 분담금을 지급하지 않았다 할지라도 마치 지급되는 것처럼 산정되기에 유급의 효과를 가진다는 것이다.

2)번 항의 내용과 가정에 따르면 공공부문 사용자는 작업장 이탈 시간 동안 노조활동에 상응하는 보수를 지급한다. 모든 작업장 이탈 시간 동안은 평시의 작업장에서의 노동시간과 동일하게 취급하며, 해당 작업장에서 수행하는 노동시간과 동일한 효력을 가지기에 사회보장 혜택이나 연금과 같은 항목에서도 동일하게 작용한다.

(2) 이탈리아에서 노조가 노조원에게 급여나 혹은 수당을 지급하는 경우가 있는지에
대하여 사례가 있으면 설명(노조에서 노조에 필요한 노동자를 채용하는 경우에 해당함)

이탈리아에서 노조원은 노동자가 노조원일 경우에도 보수를 지급한다. 이 경우 노조관련
임무를 수행하거나 사용자로부터 무급의 작업장 이탈의 경우에도 해당되며, 이는 1970년 제
300조 법률에 근거하고 있다.

가장 최근의 판례와 가정은 노조조직으로부터 직접적으로 노조원의 급여를 지급하는 것
으로 판결하고 있다. 이 경우 노조는 노조원의 사용자이며, 따라서 근속 노동자의 대우에 맞
는 급여와 보수를 지급해야 할 것이다. 급여 관련 협상은 노조조직에 적용하는 단체협약에
의한 기준에 따라 진행되며, 비록 몇몇 노조조직들이 역설적이게도 단체협약에 의해 자신들
의 조직에 속한 노동자들에게는 적용되지 않은 내용이라 할지라도 급여 협상은 개별 노동자
의 수준에서 협상하여 진행한다(기업별 협약에 따라 노조원에게는 적용되지 않을지라도 자신들이
고용한 노동자에게는 동일하게 처리해야 한다는 의미임).

(3) 기업단위에서 노조간부, 노사협의회 활동 등 time-off가 운영되는 사례를 제도나
입법 수준 및 법률 등에 적용되는 사례를 통해 설명해주신다면?

입법부는 다양한 유형의 허가활동과 기업 차원의 역할과 기능 등에 대하여 노조활동의
허가에 대한 최저보호를 규정하고 있다.

유급 허가활동 규정에 대한 것은 1970년 제300호 법률에 다음과 같은 양적인 측면의 한
계와 규정을 정하고 있다.

1) 종업원 200명까지의 공장과 사업장에서는 모든 구성원들에게 유급 허가활동을 연간 1
시간을 허락한다고 규정한다. 또한 각각의 RSA에 대하여는 한 명의 노조운영자를 가질 권리
를 갖는다.

2) 종업원 300명까지의 공장과 사업장에서는 모든 구성원들에게 유급 허가활동에 대해
월 8시간을 허락한다고 규정한다. 또한 300명 혹은 300명 이상의 종업원을 가진 분과별로
각각의 RSA에 대하여 한 명의 노조운영자를 가질 권리를 갖는다.

3) 전항인 2)에서 규정한 최저한의 종업원 수에 도달하고 보다 큰 규모의 사업장과 공장
에서도 각각의 종업원들은 월 8시간의 유급 허가활동을 규정하고 있다. 다만 500명의 종업
원이나 500명의 종업원을 가진 분과에서는 RSA에 대하여 한 명의 노조운영자를 갖는다.

이러한 허가활동에 대한 종업원 수에 대한 규정을 정한 사항은 단체협약에 보다 유리한
법률 규정이다. 단체협약의 경우에 종종 유급 허가활동의 총 시간만을 총합하여 규정하는
경우가 대부분이다(이 경우 종종 법률에서 규정한 산술적인 유급 활동시간을 초과하는 경우도 종종
존재한다). RSA는 그러한 구성원으로서 작업장의 규모에 맞게 조정한다.

1970년 제24조 무급 노조 허가활동에 대한 것은 연간 8일 이하가 아닐 경우에 해당되는 노조운영자에게 해당된다. 유급 노조 허가활동과의 차이점은 이 경우 허가활동의 시간이나 양적인 측면을 증가하는 단체협상에서 그 가능성을 입법부에 의해 규정하지 않고 있다는 점이다. 그러나 원칙적인 측면에서는 이러한 허가활동에 유리한 쪽으로 단체협상의 처리에 대하여 하나의 가능성을 고려하는 것이 일반적이다.

1970년 제300호 법률 제30조에 의거한 전국 혹은 지방 차원의 노조운영위원회나 조직의 회의에 참석하기 위한 유급 허가활동에 관해서, 법률은 최저시간을 규정해 놓고 있지는 않으며, 이에 대한 세부 규정은 단체협약의 통합적인 규정 원칙과 협의 사항으로 인정하는 것이 일반적이다. 이러한 원칙과 내용은 일반적으로 단체협상에서 총량에 따른 총 시간으로 산정되어 협상으로 표현된다. 만약 단체협상에서 이를 명확하게 규정하지 않고, 일반적인 원칙과 방향만을 규정할 경우에는 이러한 허가활동에 대한 권리는 최저한의 양적인 총량으로 세부적인 규정을 하지 않는다. 이는 비록 법률적인 판단에 의해 규정된다 할지라도 단체협약 제1175호 항목에 의거 보다 명확하게 규정해야 하는 원칙에 의거하여 판사가 한계와 최저시간을 설정할 수 있다.

공공부문의 경우 단체협약에서는 보다 명확하게 규정하는 방식으로 허가활동에 대한 것을 규정하는데, 허가활동에 대한 최저한의 보호 장치와 노조활동을 위한 작업 장소 이탈에 대하여 민간부문의 사용자에 속한 종업원에 비하여 공공부문 노동자들에게 좀 더 유리한 방향에서 내용과 조건 등을 규정하는 것이 일반적이다.

VII. 이탈리아(원문)

2. 이탈리아 현지 전문가 의견: 실비아 취우치오비노(Silvia Ciucciovino)[1]

I permessi sindacali in Italia

A. Introduca in modo generale il caso italiano dei permessi sindacali sia rispetto ai sindacalisti a tempo pieno sia rispetto ai lavoratori iscritti ai sindacati (Come ci si regola il limite massimo e minimo? La penalità sulla violazione delle regole?)

I permessi sindacali in Italia sono disciplinati dagli articoli 23, 24 e 30 della legge 20 maggio 1970 n. 300 (Statuto dei Lavoratori) che rappresenta la principale normativa di sostegno all'azione sindacale in Italia.

Infatti la Costituzione del 1948 prevede un generale principio di libertà sindacale (art. 39), ma soltanto con la legge n. 300 del 1970 è stato specificato e rafforzato tale principio all'interno dei luoghi di lavoro (Titolo II della legge n. 300 del 1970) e sono state introdotte disposizioni di sostegno diretto all'azione sindacale attraverso diritti e prerogative riconosciuti ai sindacati e ai singoli lavoratori (Titolo III della legge n. 300 del 1970).

Tra i principali diritti sindacali previsti dalla legge n. 300 del 1970 vanno in particolare ricordati: il diritto per tutti i lavoratori di partecipare ad assemblee sindacali nei luoghi di lavoro durate l'orario di lavoro e senza perdita della retribuzione (art. 20), il diritto dei sindacati a svolgere attività sindacale ed a raccogliere contributi sindacali in azienda (art. 14 e 26), il diritto dei sindacati a promuovere referendum sui luoghi di lavoro per consultare i lavoratori (art. 21), il diritto dei sindacati a disporre di appositi locali e di spazi per l'affissione dei propri comunicati (artt. 25 e 27).

---

1) Professore associato: Facoltà di Economia dell'Università degli Studi Roma Tre.

Per quanto riguarda poi in particolare i permessi sindacali, la legge n. 300 del 1970 distingue tra: a) i permessi sindacali e b) le aspettative per motivi sindacali.

(1) Permessi sindacali.

I permessi sindacali spettano ai lavoratori subordinati che sono anche dirigenti delle rappresentanze sindacali aziendali. Tali permessi possono essere retribuititi per consentire ai dirigenti l'espletamento del proprio mandato sindacale (art. 23) oppure non retribuiti per consentire ai dirigenti sindacali di partecipare a trattative sindacali o a convegni di natura sindacale (art. 24). La fruizione dei permessi sindacali non è consentita a tutti i lavoratori, ma soltanto ai dirigenti delle rappresentanze sindacali aziendali (RSA) costituite ai sensi dell'art. 19 della stessa legge n. 300 del 1970, RSA.[2] Sono dirigenti quei lavoratori che sono considerati tali dallo Statuto della stessa organizzazione sindacale di appartenenza e comunque la nomina di dirigente sindacale ha effetto se comunicata al datore di lavoro. Non esiste un numero minimo o massimo di dirigenti sindacali della RSA; è quindi lo stesso sindacato che determina il numero dei propri dirigenti. Sono invece previsti limiti quantitativi alle ore di permesso fruibile da ciascun dirigente (cfr. infra § 4).

Comunque i contratti collettivi spesso prevedono che i permessi siano concessi anche a soggetti diversi dai dirigenti, purché appartenenti alla RSA entro un limite massimo di ore annue. Questa disciplina deve ritenersi legittima perché più favorevole di quella prevista dagli artt. 23 e 24 della legge n. 300 del 1970 in quanto estende la cerchia dei soggetti che possono godere dei permessi sindacali.

Una questione particolarmente delicata è relativa alla possibilità di estendere pattiziamente attraverso la contrattazione collettiva la fruizione di permessi sindacali a soggetti che non ne avrebbero il diritto in base alle norme di legge perché non aventi le caratteristiche delle RSA. La giurisprudenza ritiene questi patti collettivi illegittimi (Corte costituzionale 18 gennaio 1990 n. 30; Corte di Cassazione 7 febbraio 1986 n. 783; Cass. 19 marzo 1986 n. 1913) in quanto tale estensione potrebbe pregiudicare l'efficacia dell'azione sindacale delle RSA nelle aziende e potrebbe perfino configurare un'ipotesi di sostegno illegittimo del da-

---

2) In Italia tali rappresentanze sono le RSA. Ai sensi dell'art. 19 della legge n. 300 del 1970 possono essere costituite rappresentanze sindacali aziendali nell'ambito di sindacati firmatari di contratti collettivi, di qualsiasi livello, applicati nell'unità produttiva. Firmatario significa secondo quanto affermato dalla corte costituzionale sindacato che abbia partecipato alle trattative attivamente e che non si sia limitato semplicemente a firmare il contratto collettivo già stipulato da altri.

tore di lavoro a sindacati di comodo, vietato in Italia perché contrario al principio della libertà sindacale (art. 17 della legge n. 300 del 1970).[3]

Per usufruire dei permessi sindacali retribuiti il lavoratore deve dare una comunicazione scritta preventiva al datore di lavoro di regola almeno 24 ore prima. Per i permessi non retribuiti è previsto un preavviso di 3 giorni.

Il datore di lavoro non soltanto non può impedire la fruizione del permesso, ma non lo deve neppure autorizzare perché il permesso spetta per legge e non può essere assoggettato a limiti i sorta se non quelli dettati dall'esigenza di salvaguardare la salute e sicurezza dei lavoratori.

Il permesso deve essere utilizzato dal lavoratore per attività di interesse sindacale sia all'interno che all'esterno dell'azienda; ad esempio per partecipare a trattative sindacali, per svolgere attività di proselitismo sindacale, per partecipare a riunioni, ecc.

La giurisprudenza prevalente esclude che il datore di lavoro possa controllare l'effettivo utilizzo per motivi sindacali del permesso poiché ciò costituirebbe un'indebita ingerenza del datore di lavoro nella sfera di azione sindacale. Sarebbe quindi illegittimo e antisindacale il controllo sia preventivo che successivo del datore di lavoro sull'utilizzo del permesso da parte dei dirigenti sindacali (Cass. 7 aprile 2001 n. 5223). Soltanto la RSA di appartenenza del lavoratore ha un potere di controllo e vigilanza sull'utilizzo corretto dei permessi.

Un'ulteriore ipotesi di permesso sindacale retribuito è previsto dall'art. 30 della stessa legge n. 300 del 1970 a favore dei componenti degli organi direttivi, provinciali e nazionali delle associazioni che hanno costituito RSA. Questi permessi sono concessi per la partecipazione alle riunioni degli organi suddetti e la legge non prevede limiti massimi di utilizzo di tali permessi.

Durante la fruizione dei permessi retribuiti di cui all'art. 24 e all'art. 30 al lavoratore spetta la normale retribuzione, fatta eccezione per quelle indennità che sono legate a modalità specifiche di svolgimento della prestazione lavorativa come, ad esempio, la maggiorazione per il lavoro notturno (Cass. 7 aprile 1987 n. 3407), l'indennità di presenza (Cass. 18 maggio 1988 n. 3461) o l'indennità di pasto (Cass. 15 dicembre 1989 n. 5647).

Qualsiasi limitazione illegittima dei permessi sindacali configura una condotta antisindacale del datore di lavoro perseguita in modo rapido ed efficace con uno strumento giudiziario ad hoc che gli stessi sindacati possono attivare ai sensi dell'art. 28 della legge n. 300 del 1970.[4] In base a tle norma, qualora il giudice ravvisi la condotta illegittima, or-

---

3) L'art. 17 della legge n. 300 del 1970 vieta ai datori di lavoro e alle associazioni di datori di lavoro di costituire o sostenere, con mezzi finanziari o altrimenti, associazioni sindacali di lavoratori.

4) Ai sensi dell'art. 28 della legge n. 300 del 1970 "Qualora il datore di lavoro ponga in essere comportamenti

dina la cessazione della condotta antisindacale e larimozione degli effetti. Se il datore di lavoro non ottempera all'ordine giudiziale incorre in sanzioni penali.

(2) Le aspettative sindacali.

Le aspettative per motivi sindacali consentono ai lavoratori dipendenti che siano chiamati a coprire cariche sindacali esterne all'aziende, presso i sindacati provinciali o nazionali, di chiedere una sospensione del rapporto di lavoro per tutto il tempo necessario all'espletamento della carica sindacale (art. 31, legge n. 300 del 1970). L'aspettativa non è retribuita. Il datore di lavoro deve concedere l'aspettativa per tutta la durata della carica. Ciò significa che il lavoratore non perde il posto di lavoro perché al termine dell'aspettativa ha diritto a continuare il rapporto di lavoro sospeso. La carica sindacale può anche non essere continuativa e il periodo di aspettativa può essere frazionato. L'aspettativa è concessa per coprire cariche sindacali presso qualsiasi sindacato anche non riconducibile alla RSA.

Accanto all'aspettativa non retribuita di cui all'art. 31, legge n. 300 del 1970 è previsto soltanto per i dipendenti della pubblica amministrazione l'ulteriore istituto del distacco sindacale (art. 50 D. Lgs. n. 165 del 2001). Si tratta di un'aspettativa sindacale retribuita riconosciuta ai lavoratori subordinati a tempo pieno o parziale assunti a tempo indeterminato e che siano componenti degli organismi direttivi dei sindacati di appartenenza. Il lavoratore ha diritto alla retribuzione per tutta la durata del distacco. Non esistono limiti temporali massimi del distacco, mentre la contrattazione collettiva stabilisce un contingente massimo

---

diretti ad impedire o limitare l'esercizio della libertà e della attività sindacale nonché del diritto di sciopero, su ricorso degli organismi locali delle associazioni sindacali nazionali che vi abbiano interesse, il giudice del luogo ove è posto in essere il comportamento denunziato, nei due giorni successivi, convocate le parti ed assunte sommarie informazioni, qualora ritenga sussistente la violazione di cui al presente comma, ordina al datore di lavoro, con decreto motivato ed immediatamente esecutivo, la cessazione del comportamento illegittimo e la rimozione degli effetti.

L'efficacia esecutiva del decreto non può essere revocata fino alla sentenza con cui il giudice del lavoro definisce il giudizio instaurato a norma del comma successivo.

Contro il decreto che decide sul ricorso è ammessa, entro 15 giorni dalla comunicazione del decreto alle parti, opposizione davanti al giudice del lavoro che decide con sentenza immediatamente esecutiva. Si osservano le disposizioni degli articoli 413 e seguenti del codice di procedura civile.

Il datore di lavoro che non ottempera al decreto, di cui al primo comma, o alla sentenza pronunciata nel giudizio di opposizione è punito ai sensi dell'articolo 650 del codice penale.

L'autorità giudiziaria ordina la pubblicazione della sentenza penale di condanna nei modi stabiliti dall'articolo 36 del codice penale".

di distacchi annuali in tutti i comparti della pubblica amministrazione. La ripartizione tra i sindacati è effettuata in relazione al grado di rappresentatività sindacale.

B. Spieghi le modalità legislative dello stipendio ai sindacalisti a tempo pieno da parte dei datori di lavoro.

I sindacalisti a tempo pieno in Italia possono considerarsi: a) i lavoratori dipendenti dai datori di lavoro imprenditori che usufruiscono di un'aspettativa per espletare cariche sindacali negli organismi provinciali o nazionali dei sindacati di appartenenza ai sensi dell'art. 31 della legge n. 300 del 1970; b) i lavoratori dipendenti dalla pubblica amministrazione che usufruiscono dei distacchi sindacali per svolgere attività sindacale negli organismi direttivi dei sindacati di appartenenza di cui all'art. 50, D. Lgs n. 165 del 2001.

Per quanto riguarda l'ipotesi sub a) il datore di lavoro non retribuisce il lavoratore in aspettativa, tuttavia durante l'aspettativa decorre l'anzianità di servizio ai fini delle competenze di fine rapporto e della progressione di carriera. Per tutta la durata dell'aspettativa il lavoratore ha diritto alla conservazione della posizione assicurativa e previdenziale mediante l'accredito di contributi figurativi e pertanto i contributi si calcolano come se fossero pagati anche se il datore di lavoro effettivamente non li versa.

Per quanto riguarda l'ipotesi sub b) il datore di lavoro pubblico versa la normale retribuzione al lavoratore in distacco sindacale. I periodi di distacco sono equiparati a tutti gli effetti ai periodi di lavoro prestato presso l'amministrazione di appartenenza, anche ai fini previdenziali e pensionistici.

C. Esistono alcuni casi italiani in cui il sindacato paga lo stipendio ai sindacalisti? Se sì, faccia degli esempi.

In Italia il sindacato paga lo stipendio al sindacalista nell'ipotesi in cui questo ricopra cariche sindacali e sia in aspettativa non retribuita dal datore di lavoro ex art. 31 della legge n. 300 del 1970.

Un'ulteriore ipotesi è quella dei sindacalisti direttamente dipendenti dalle organizzazioni sindacali. In questo caso il sindacato è il datore di lavoro del sindacalista e pertanto lo dovrà retribuire in qualità di lavoratore dipendente. Il trattamento retributivo è determinato dai contratti collettivi di lavoro applicati dalle organizzazioni sindacali anche se va rilevato che alcune organizzazioni sindacali paradossalmente non applicano ai propri dipendenti contratti collettivi e i trattamenti sono contrattati a livello individuale.

D. Come funzionano i permessi sindacali all'interno delle singole aziende? (Ci si regola con un limite minimo o massimo? Se esiste un limite minimo, faccia sapere intorno a quanto si aggirano le numerazioni reali)

Il legislatore fissa tetti minimi ai permessi sindacali che variano in funzione del tipo di permesso e delle dimensioni aziendali.

Per quanto riguarda i permessi retribuiti ex art. 23, legge n. 300 del 1970 si prevedono i seguenti limiti quantitativi:

a) nelle unità produttive che occupano fino a 200 dipendenti spetta 1 ora all'anno per ciascun avente diritto. Ha diritto un dirigente per ciascuna RSA;

b) nelle unità produttive che occupano fino a 3000 dipendenti spettano 8 ore mensili per ciascun avente diritto. Ha diritto un dirigente ogni 300 o frazione di 300 dipendenti per ciascuna RSA;

c) nelle unità produttive di maggiori dimensioni, in aggiunta al numero minimo di cui alla precedente lett. b) spettano 8 ore mensili per ciascun avente diritto. Ha diritto un dirigente ogni 500 o frazione di 500 dipendenti per RSA.

Sono consentite dalla legge previsioni più favorevoli dei contratti collettivi per quanto riguarda i limiti quantitativi dei permessi. Spesso i contratti collettivi prevedono un monte ore di permesso retribuito, anche superiore a quello legale, che le RSA distribuiscono tra i propri componenti.

Per quanto riguarda i permessi non retribuiti di cui all'art. 24 della legge n. 300 del 1970, questi spettano ai dirigenti sindacali in misura non inferiore a 8 giorni all'anno. A differenza dei permessi retribuiti in questo caso non è prevista dal legislatore la possibilità per la contrattazione collettiva di aumentare la quantità di permessi, ma la dottrina ritiene comunque possibile una disposizione della contrattazione collettiva più favorevole.

Per quanto riguarda i permessi retribuiti per la partecipazione alle riunioni degli organi direttivi dei sindacati provinciali e nazionali di cui all'art. 30 della legge n. 300 del 1970, la legge non fissa tetti minimi e rinvia integralmente la disciplina ai contratti collettivi. Questi ultimi normalmente prevedono un monte ore mensile di permessi. In mancanza di previsioni dei contratti collettivi si ritiene che il diritto a questi permessi non sia assoggettato a limiti quantitativi, anche se una parte della giurisprudenza ritiene che il giudice possa stabilire limiti in base ai principi di correttezza ai sensi dell'art. 1175 c.c.

Nel settore pubblico i contratti collettivi fissano in modo specifico i tetti minimi di permessi e distacchi sindacali con previsioni nel complesso molto più favorevoli di quelle operanti per i dipendenti dei datori di lavoro privati.

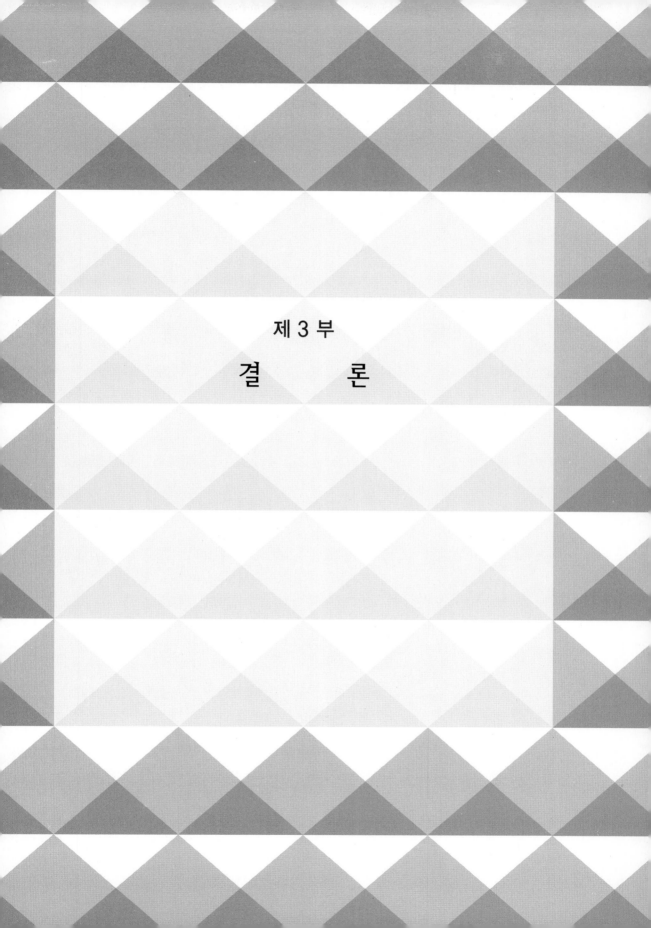

제 3 부

결   론

결 론

　본서에서는 주요 7개국의 전임자 사례를 중심으로 노조전임자의 개념 및 정의, 임금지급 규정 및 제도 및 규모와 규모 관련 규정 그리고 활동사항과 관련법에 관하여 고찰하였다. 지금까지 살펴본 영국, 미국, 프랑스, 이탈리아, 일본, 독일, 호주 7개국의 사례를 고찰한 결과 전임자 인정 수준과 범위는 각 국의 단체교섭과 국가 제도상의 특성에 따라서 큰 차이를 나타내고 있음을 알 수 있다.

　이는 노사관계의 제도들에 대한 수렴과 분산(convergence and divergence)의 이론틀에 비추어 볼 때, 전임자 임금제도는 수렴되기 보다는 국가별로 분산되는 특징이 있다는 점을 명확하게 보여주고 있다. 노사관계 제도의 수렴과 분산에 관한 논쟁은 오랫동안 지속되어 왔다. 수렴론의 대표적인 내용은 미국의 주요 노사관계 학자들(Kerr, Dunlop, Harbison, Myers)에 의해 1960년대부터 제기된 주장으로, 산업화가 진행될수록 세계의 노사관계 제도는 하나의 형태로 수렴되어 갈 것이며 그 중 가장 유력한 것이 미국식 산업화와 연관된 다원주의제도가 될 것이라는 주장이었다. 그러나 시간이 지날수록 이러한 예측을 벗어나는 여러 가지 현상들이 발생하게 되었고, 이는 각 국가나 산업별로 역사와 문화 환경 등의 특징에 따라 여러 가지 형태의 노사관계 유형과 제도로 분화된다는 분산론의 입장이 나타나게 된다. Katz & Darbishire(2000)는 6개국의 통신 산업과 자동차기업의 노사관계 시스템을 분석한 결과 국가별로 유사해지는 경향이 있으나 국내의 경우에는 다양한 형태의 시스템이 존재한다는 것을 밝혔다. Hall & Soskice(2001)의 'Varieties of Capitalism'도 각 국의 제도의 다양성에 기반한 분산론적 입장을 나타내고 있다. 각 국의 노조전임자 임금제도도 수렴보다는 분산의 현상을 보여주고 있는 것으로 파악된다.

　다음에서는 해외 주요국과 한국을 비교하여 노조전임자의 법적 개념 및 지위 인정 여부, 각 국의 노조 자주성관련 법과 노조전임자 제도와의 관계, 전임자 규모, 근로시간면제 시간, 근로시간면제를 인정하는 대상 활동 내용, 노동조합 간부의 급여 지불 주체에 대한 다양한 사례를 중심으로 논의하고자 한다.

1. 각 국의 노동조합의 구조와 협상구조

각 국의 노사관계의 제도와 관행은 그 나라의 노사관계의 역사적 흐름을 반영함과 동시에 정치적, 경제적, 사회적 환경, 그리고 노사관계의 이데올로기 등에 따라 다양한 형태를 지니고 있다. 연구의 대상인 7개의 국가에서도 서로 유사하거나 다른 형태의 노동조합 구조와 협상구조로 나눌 수 있다. 영국과 미국은 노사자율주의에 기반한 노사간의 협상구조를 가지고 있다. 이에 반하여 독일은 법률에 바탕을 둔 산별교섭과 종업원평의회의 중심의 이중적인 교섭구조를 가지고 있다. 프랑스와 이탈리아는 대표노동조합 제도를 중심으로 한 교섭구조에 따라 노사관계가 규율되고 있다. 기업단위로 노동조합이 결성되고 기업별 교섭이 중심이 되는 일본의 경우에는 조직률이 낮아지고 있지만 여전히 기업별 노동조합을 중심으로 운영되고 있다. 한국의 경우는 일본과 마찬가지로 기업별 노동조합이 중심이 되는 가운데, 일부에서 산별교섭이 이루어지고 있지만 그 비중은 적은 편이다. 호주는 산업별 노동조합을 중심으로 한 산별교섭체계와 강제중재제도가 바탕이 된 노사간 교섭구조를 가지고 있다 (〈표 3-1〉 참조). 이하에서는 보다 상세하게 각 국의 노동조합의 구조와 협상구조를 살펴보기로 한다.

〈표 3-1〉 각 국의 노동조합 형태와 교섭구조

구분	대표적인 노조형태	대표적인 교섭구조	비고
영국, 미국	직종별, 산별노조, 일반노조(전국단위연맹)	전국/산별/지역단위교섭	노사자율주의 기반
독일	산별노조, 종업원평의회(사업장단위)	산별교섭(통일교섭)	2중적 구조
프랑스, 이탈리아	전국단위 대표노동조합, 산별노조	산별교섭	임금/근로시간 기업별 교섭 의무화
일본, 한국	기업별 노조	기업별 교섭	
호주	직종별, 산별노조	산별, 직업별 교섭	강제중재(Award)제도, 무노조 교섭 증가

가. 노사자율주의에 기반한 노조구조와 협상구조: 영국, 미국

영국은 전통적으로 직종별 노동조합의 형태를 가지고 있었으나 이후 산업별 노동조합으로 발전한 뒤 1990년대 이후부터는 여러 산업과 직종을 아우르는 일반노동조합(generalist unions)이 대세를 이루고 있다. 대표적인 노동조합단체는 유나이트(unite the union), 유니손

(UNISON: The Public Service Union), 지엠비(GMB, Britain's General Union), USDAW(Unions of Shop, Distributive and Allied Workers) 등이다. 이들은 특정한 산업에 제한하지 않고 거의 모든 부분의 노동자를 가입대상으로 하고 있다. 따라서 같은 사업장에서 같은 직무에 종사하는 직원들 간에도 서로 가입한 노동조합이 다른 경우가 발생한다. 140만 명의 조합원을 보유한 유나이트(Unite)는 기존의 제조업, 기계공업, 에너지, 건설업에 종사하는 아미쿠스(Amicus)노조와 운수업종의 일반노동조합인 TGWU의 합병을 통해 만들어진 노동조합이다. 아미쿠스 역시 엔지니어 노동조합, 금융서비스 노동조합, 인쇄업 노동조합이 합쳐져서 만들어진 것이었다. 이처럼 영국의 노동조합 통합의 움직임은 매우 활발하게 일어나고 있으며, 영국노총(TUC)의 가맹 노조조합원의 53%를 상위 3개의 일반노조가 보유하고 있다. 더 나아가 가입 조합원 수 상위 3개의 일반노동조합은 계속해서 다른 노동조합과의 통합을 시도하고 있는데 이처럼 노동조합의 통합이 일어나는 가장 큰 이유로는 조합원 수의 감소 및 이에 따른 노동조합 재정상태의 악화를 들 수 있다. 조직의 통합을 통해 노동조합 내부의 구조를 개선하고 행정비용 절감의 효과를 추구하고 있다.

영국의 노동조합의 조직구조는 전국의 모든 조합원을 총괄하는 전국 단위의 노동조합과 지역별 또는 가입 대상자별로 조직되어 있는 지역본부 혹은 서비스그룹, 그리고 사업장 단위로 노동조합의 최하위 조직인 지부(branch)가 구성된 3단계의 형태를 가진다. 전국단위 노동조합과 지역 혹은 서비스그룹의 경우 단체교섭을 담당하며 노동조합 전임자를 두고 있는데, 이들은 노동조합에 의해서 고용되거나 임명된 자들로 자체 조합비에서 임금을 지급하고 있는 것이 일반적이다. 사업장 단위의 지부에서는 상급단체에서 결정된 정책이나 추진사항 등을 개별 조합원들에게 전달하고 사업장의 조합원들의 요구사항을 상부에 전달하는 의사소통의 통로 역할을 수행하고 있다.

영국의 노사관계를 대표하는 주요 키워드는 노사자율주의(voluntarism)이라고 할 수 있다. 성문법보다는 관습법 전통에 기반한 노사관계는 법에서 최소한의 원칙을 규정하고 구체적인 사항은 대부분 노사간의 자율적인 교섭에 맡겨두고 있다는 점이 영국의 노사관계를 관통하고 있는 대원칙이라고 할 수 있다. 자율주의는 노사관계에서 제3자로서의 국가의 개입이 최소화되고 이해관계 당사자로서 노동조합과 사용자간의 자율적인 교섭과 합의가 가장 기본적인 노사관계의 요소가 된다는 것을 의미한다.

미국의 노동조합도 영국과 유사하게 3단계의 구조를 가지고 있다. 미국의 노동조합은 가장 상층부에 노동조합연맹이 있으며, 그 하위에 직종별 또는 산업별 노동조합이 있고 그 산하에 노동조합지부가 구성되어 있다. 미국의 노동조합연맹으로는 1955년에 통합된 AFL-CIO가 대표적이다. AFL-CIO는 산하에 있는 직종별, 산별노동조합으로부터 회비를 받아 운영된다. AFL-CIO의 주요 기능은 정치권에 로비를 하여 근로자와 노동조합에 유리한 법안을 통과시키거나 조합원들에게 노동운동과 경제현황, 복지와 관련한 정보를 전파하거나 교육하며 노동조합지도자들을 교육훈련시키는 역할도 한다. 또한 산하 노동조합간에 관할권에 대한 갈등이 있는 경우에 이를 조정하는 역할도 담당한다. AFL-CIO는 직접 협상에 참여하지 않으며 산하노조의 단체협상에 필요한 조사, 연구, 조언 등의 지원활동을 하게 된다. 대부분의 미국의 직종별 산별노조가 AFL-CIO에 가입되어 회비를 납부하고 있다.

미국의 경우는 기업별로 노동조합이 결성된 경우는 드물며 대부분의 노조가 직종별, 산별, 혹은 지역별로 조직되어 있다. 직종별, 산별노동조합은 산하 노조지부의 활동을 지원하거나 문제가 있는 조합원이나 지부를 징계하고 산하 지부의 파업 시에는 적립된 파업기금을 사용하여 재정적인 지원도 한다. 최종 단계인 노동조합지부(Local union)는 미국 노동조합의 최소단위로 사업체별 혹은 지역별로 구성된다. 대부분의 경우 단체협상과 파업은 노동조합 본부의 감독 하에 노동조합지부단위에서 이루어진다. 자동차산업이나 철강산업과 같이 단체협상이 산별노동조합과 기업 사이에서 이루어지면 노동조합지부에서는 그 사업장이나 지역의 특성을 고려한 별도의 보충협약을 현지의 사용자측과 맺는 것이 일반적이다. 노동조합지부의 중요한 업무 중의 하나는 단체협약을 운영함에 있어서 노동조합원들의 고충이 제기되면 이를 처리하고, 체결된 단체협상이 준수되는지를 감시하는 역할이다.

이와 같이 영국과 미국은 노사자율주의의 근간 하에 노사관계가 이어져 내려온 전통이 있기 때문에 법률로 규정된 특정한 노동조합의 구조가 있다거나 별도의 교섭형태가 존재하지 않는다. 그리고 전국단위의 노동조합과 하부조직으로서 산별 또는 직종별노동조합, 최하위 조직으로 지역의 사업장 또는 기업별 노동조합지부를 운영하는 등 3단계의 조직구조를 가지고 있다는 공통점이 존재한다. 단체교섭도 최하위 조직인 지부단위에서 이루어지는 것이 아니라 산별, 지역별 교섭이 중심을 이루며 각 지부에서는 세부적인 특성을 반영한 보충적인 교섭이 이루어지고 있음을 확인할 수 있다.

나. 산별노조와 종업원평의회 중심으로 한 이중적 교섭구조: 독일

독일의 노사관계는 이원적 근로자대표시스템을 가지고 있다. 다시 말해서 근로자의 이익을 대표하는 구조가 노동조합과 종업원평의회라는 두 가지 형태의 구조를 통해서 이루어진다는 것이다. 노동조합은 독일의 기본법(한국의 헌법에 해당됨)에 보장된 결사의 자유를 법적 근거로 한 단결체로서 대부분 산별단위로 구성되어 있다. 종업원평의회는 경영조직법에 근거를 둔 단체로서 선거에 의해 선출되고 해당 사업장에 속한 전체 근로자를 대표하게 된다. 이들은 사업장 단위에서 일정한 사항에 관하여 공동결정권을 가지며 사용자와 합의한 사항에 관하여 경영협정을 체결하게 된다. 노동조합과 종업원평의회의 운영에 있어서는 양자간의 긴밀한 관계가 성립하게 되는데, 실제 종업원평의회 위원들 대부분이 노동조합의 조합원들로 구성된다는 점은 노동조합이 개별 기업에서의 영향력을 증대하려는 기본취지와 맞물려 있는 것이다.

이 밖에도 일부 노조(금속·광업·화학·에너지 노조 등)는 사업장 내에 '노조신임자'(Vertrauensleute) 제도를 두고 있는데, 1960년대 기업 내의 노조활동을 강화할 목적으로 도입되었다. 따라서 독일의 관련 제도는 산별노동조합의 전임자(hauptamtliche Gewerkshchafter), 종업원평의회의 전임자(freigestelle Betriebsratsmitglieder), 그리고 사업장 내의 노조신임자가 존재한다고 볼 수 있다. 업장 내의 신임자는 명문화된 법 규정은 없고 단체협약 혹은 관행에 기초한다. 독일 연방노동법원도 노조신임자에 관한 사항을 독일 기본법 제9조 3항에 의한 보호대상, 즉 협약자율의 대상으로 인정한 바 있다.

독일에서는 산업별 통일교섭이 주를 이루고 대각선 교섭도 부분적으로 이루어진다. 주로 산업별 단위노조와 사용자단체가 교섭하는 형태가 주를 이루지만 사용자단체에 속하지 아니한 사용자와 산업별 단위노조가 교섭하여 사업장 내 단체협약(Firmentarifvertrag)을 체결하는 경우도 있다. 이와 같이 단체협약의 체결은 단위노조별로 이루어지며, DGB는 각 노동조합의 협약정책을 조율하는 기능을 담당한다. 실제로 DGB는 협약정책과 관련하여 노동조합간 정기적인 정보교환을 담당하며, 대국민 홍보와 언론활동을 통하여 개별단체교섭을 지원하는 역할을 담당한다. 독일의 단체협약 현황을 보면 산별노조와 산별사용자단체가 체결하는 산별단체협약(Flächen- bzw. Verbandstarifvertrag)이 가장 전형적인 모습이라고 할 수 있다. 이와 같은 산별협약은 예컨대 동일산업부문(금속) 중에서도 자동차나 전자, 조선 등 특정 업종별로 단체협약이 체결되기도 하고 업종을 불문하고 산업 전체를 포괄하는 단체협약을 체결할 수 있다. 또한 지역적으로도 전국단위를 적용대상으로 하거나 지역단위로 적용대상을 정할 수 있다. 이와 같은 적용범위의 결정은 협약당사자의 협약정책 및 교섭전략과 밀접한 관련이 있다. 산별협약 외에 독일에도 산별노조가 사용자단체에 가입하지 아니한 특정 기업과 체결하는 기업별 협약(Firmentarifvertrag, Haustarifvertrag)이 존재한다. 이와 같은 기업별 단체협약의 수는 절대적으로는 많지만 전체 경제적 관점에서 그 사회경제적 비중은 산별단체협약보다는 낮다.

다. 대표노동조합제도 중심의 교섭구조: 프랑스, 이탈리아

혁명의 이데올로기를 바탕으로 한 개인주의는 프랑스의 집단적 노동관계법을 규율하는 기본이념으로도 중요한 역할을 하였다. 노동3권에 대한 개별적 자유와 평등의 원칙을 강하게 보장하면서 프랑스의 노동조합은 설립과 가입에 있어서 인적 제한이나 장소적 제한을 두지 않고 있었다. 따라서 프랑스에서는 복수의 노동조합들간에 차별이 있어서는 안 된다는 원칙을 삼고 있었다. 단체교섭에 있어서도 모든 단위의 근로자들에게 단체교섭권이 보장되어야 한다는 원칙을 세웠다. 단체교섭은 개별적 차원에서의 다양한 의사들이 집단적 차원에서 표출되는 경로로써 모든 대표적 노동조합의 동등한 교섭 참가가 보장되어야 한다는 원칙이 생기게 된다.

1950년 단체협약법은 단체협약에 만인효(단체협약을 체결한 노동조합의 조합원만이 아니라 단체협약의 적용 범위 안에 있는 모든 근로자, 비조합원을 포함한 모든 근로자에게 단체협약이 적용되는 것)를 부여하면서 단체협약을 체결할 수 있는 자격을 대표적 노동조합에게만 허용하였다. 그리고 최초로 대표성의 심사 기준을 마련한 것도 1950년 단체협약법이다. 1966년의 행정명령은 노동총연맹(CGT), 프랑스민주노동총연맹(CFDT), 노동자의힘(FO), 프랑스기독노동자총연맹(CFTC), 관리직총연맹(CGC) 등 다섯 개의 노동조합 총연합단체에 대해서 대표성을 부여하였다. 이 대표성은 법령에 의하여 부과된 것이기 때문에 대표성 판단 기준의 충족 여부와는 상관없이 인정되는 것이었다. 그러나 1980년대에 들어와 단체협약이 기존의 근로조건을 근로자에게 불리한 방향으로 변경하는 내용을 담기 시작하면서 대표성이 취약한 소규모 노동조합이 그러한 내용의 단체협약을 체결하여 전체 근로자를 구속하는 것이 정당한가에 대한 문제 제기가 시작되었다. 결국 2004년 법에서 과반수 대표제의 일반화가 이루어졌다. 이 과반수 대표제는 단체협약의 성립과 관련하여 적용되는 것이었고, 단체교섭에 대해서는 종전과 마찬가지로 모든 대표적 노동조합의 동일한 발언권이 인정되었다. 대표성 의제 제도는 2008년 8월 20일 법에 의하여 폐기된다. 이 법은 MEDEF, CGPME, CGT, CFDT가 서명한 "공동입장"(2008년 4월 10일)에서 규정한 내용을 입법적으로 반영한 것이다. 2008년 법은 대표성 의제 제도를 폐기하고 새로운 대표성 판단 기준을 도입하였다. 그 판단기준은 ① 조합원 수 및 조합비, ② 재정의 투명성, ③ 자주성, ④ 공화국 가치의 존중, ⑤ 영향력: 활동, 경험, 지역별 직업별 분포, ⑥ 2년의 연혁, ⑦ 기업 내 종업원 선거 득표율이다. 2013년부터 2017년까지 전국단위 대표성을 가진 노동조합은 CGT, CFDT, FO, CFE-CGC, CFTC의 5개 노동조합이다.

프랑스는 산업별 교섭의 영향력이 여전히 강한 나라이지만, 유럽의 다른 나라들과 다르게 일찍부터 기업 수준의 교섭을 발전시켜온 나라이기도 하다. 1970년대 말부터 시작된 경제 위기를 극복하기 위하여 직업훈련이나 근로시간의 단축 등과 같은 새로운 노동 정책이 기업 내에서 빠른 시간 내에 도입되도록 할 필요성이 있었는데 종전과 같이 산업별 협약을 경유하는 방식은 비효율적이고 기업별 교섭을 통하여 곧장 도입될 수 있도록 하는 것이 효율적이라고 판단하였던 것이다. 우파 정부가 산업별 협약의 영향력으로부터 기업의 자율성, 즉 유연성을 보장하기 위하여 기업별 교섭을 강화시켰다면, 좌파 정부는 사용자의 권한이 직접적이고 구체적으로 행사되는 공간에서 노동조합의 개입을 강화시키고 사용자의 권한을 제어함으로써 노사관계의 균형에 기여하는 것을 기업별 교섭의 목적으로 삼았다. 임금과 근로시간에 관한 기업별 연례 교섭을 의무화한 것이 가장 대표적인 예라고 할 수 있다.

이탈리아의 경우에는 업종이나 산업별로 다양한 스펙트럼을 가진 노조들이 존재하며, 그에 상응하는 만큼의 사용자 단체들도 많은데, 총 9개의 사용자 단체가 조직되어 있다. 이에 상응하는 노동자의 대표성 역시 1993년 이후 새로운 형태의 통합노조대표성에 기반한 RSU (Rappresentanza Sindaclae Unitaria)의 제도 개선이었다. 각 노조의 입장을 모두 통합하여 사업장의 노동자 이해를 대변한다는 점에서 기존의 제도들보다는 훨씬 바람직한 것으로 평가받는 이 제도는 결국 기존 노조들의 통합과 변화된 환경 하에서 노동자들의 요구와 이해를 직접 반영한다는 목적을 가지고 탄생하여 운영되었다. RSU의 조직률이 산별에 따라 다르기도 하며, 민간부문인 경우 RSU 자체가 존재하지 않는 경우도 있기 때문에 RSU가 있는 기업이나 사업장 또는 지역에서는 이들이 분명한 대표성을 갖지만, 그렇지 않은 경우 이를 어떻게 인정하고 승인하는냐는 사정에 따라 다르다고 볼 수 있다. 외형적인 측면에서 이탈리아 산별협상은 3가지 수준에서 구성되어 운영되고 있다. 첫 번째 수준에서는 노사정 간 최상위 조직들 사이에 정기적으로 개최되어 주요 현안과 방향 등을 결정하는 수준이 있고, 둘째는 산별협상의 기준이자 구체적 방침이라 할 수 있는 전국단체협상(CCNL)이 체결되며, 마지막으로 기업 차원이나 소규모 영세 사업장 단위별로 지구 내에서 이루어지는 협상이 존재한다. 임금협상의 경우 1차 단협에 의한 협상의 범주와 내용 등이 결정되며, 2차 단협에 의해 구체적인 내용과 사항들이 결정된다. 단협 기간은 산별전국협약의 경우 일반협약은 4년 단위로 이루어지며, 임금 협약의 경우는 2년마다 갱신된다. 기업별 협약 역시 4년 기본에 임금협약의 경우 2년마다 갱신되고, 기업의 재조직이나 노동조건, 고용 기준과 채용조건의 변화, 기타 노동자들의 동등한 권리구조의 변화, 및 기업내부 조직이나 위상의 변화에 대하여는 언제든지 협상이 가능하다. 최근의 추세는 교섭구조 자체의 특별한 변화라기보다는 업종에 따른 기업별 또는 지역별 협약이 더욱 중요성이 증대하고 있다. 노동자들 역시 산별협약보다는 자신이 몸담고 있는 기업에서의 협약 내용에 더욱 관심을 갖고 있으며, 경제적 이익과 관련된 내용을 협상의 주된 내용으로 삼고 있다. 통합노조대표제도는 현재의 이탈리아 노사관계의 핵심적 제도이자 사회적 협의의 틀을 가능하게 하였던 중요한 계기로 작용하였다. 특히 1970년대 이후 끊임없이 제기되고 논의되어 오던 통합노조를 실현할 수 있는 계기를 부여하였고, 이를 통해 기업별 단체협상이 성립될 수 있는 제도적 장치가 되었다. 또한 기업-산별-전국 차원으로 제도화 될 수 있는 출발점이 되었다는 측면에서 이탈리아의 코포라티즘이 비교적 현재까지도 운영될 수 있었던 주요한 계기였다고 평가받는다.

라. 기업별 노동조합 중심의 교섭구조: 일본, 한국

일본의 대표적인 노동조합 조직형태는 기업별 노동조합이다. 전후 맥아더 연합군정 하에서 일본은 1945년 노동조합법을 만듦과 동시에 폭발적인 노조조직화가 일어나게 되었으며, 1946년 말에는 약 500만 명이 노조에 가입하게 되면서 조직률은 41.5%에 달하게 되었다. 당시의 대표적인 두 개의 노동조합은 K. Tokudark가 이끄는 공산당계열의 노조(산별회의)와 서구의 노조를 모델로 삼고 있었던 사민당계열의 Japan Confederation of Trade Unions(총동맹)가 있었다.

이들 두 노조의 지도부들은 모두 산별 혹은 직능별 노조를 추구하고 있었다. 그러나 노조조직화는 이들의 주장과는 반대로 생산직과 사무직을 모두 포괄하는 자발적인 노조로 나아가고 있었다. 이러한 노조조직화 추세는 기업별 노조의 형태를 가지고 있었는데 이러한 움직임의 배경에는 첫째로 노사관계를 전문적으로 다루는 대공장 중심의 사용자 조직인 NIKKEREN의 등장이 있었다. NIKKEREN은 1948년에 사용자의 경영권 복권을 주창하며 설립되었으며 실제로 1950년 사업장 수준에서의 관리자의 통제권을 확보할 수 있게 되었다. 두 번째는 산업별 협약을 주창했던 전력산업 노조이자 강력한 전투적 노동운동의 상징이었던 DENSAN 노조가 정부와 사용자의 강력한 반발에 부딪히면서 쇠퇴하게 되었다.

전후 연합군정하에서 단체협상에 대한 법적 틀은 1945년에서 1947년 사이에 완성되었다. 노동조합법의 주된 목적은 자율적인 노조성장을 지원하고 단체협상의 관행을 고무하여 고용과 노동조건을 결정하도록 하는 것이었다.

일본에서 기업별 노동조합이라는 조직구조가 안정화되었는데, 그 배경에는 unionshop을 통한 정기적인 정규직 노조의 조직화와 조합비의 check-off 시스템 때문이었다. 각 노조들은 산업별 노조연맹에 가입되어 있으며, 이들 산별연맹들의 기능은 주로 정보교환과 조정기능을 담당하고 있다. 또한 이들 산별연맹들은 약 6.5백만 명의 조합원을 대표하는 렝고와 70만 명을 대표하고 있는 젠로렌에 가입되어 있다.

약 89%의 노동조합이 단체협약을 체결하고 있으며 유효기간은 보통 1년이지만, 2-3년의 유효기간을 가진 노조도 있다. 단체교섭은 오늘날 거의 정례화 되어가고 있다. 매년 연말 노조는 임금요구안을 결정하며, 산별연맹은 각기 다른 노조들간의 정보 네트워크를 통해 정보를 교환한다. 사용자 단체(일본 경단련)는 매년 White Paper를 발간하여 노조가 요구하는 요구안에 대한 대기업의 입장을 발표한다.

서구와는 달리 일본의 단체협약은 매우 간단하게 기록되어 있으며 실질적인 내용은 임금이나 복지와 관련된 협약에서 다뤄지고 있다. 노사간의 높은 신뢰를 바탕으로 하여 특정 권리와 책임성을 규정하고 있기에, 서구와 같이 세부적인 단체협약안이 따로 존재하지 않는다. 단체협상은 공동협의제도와 매우 밀접하게 연관되어 있으며, 대부분의 인사관리에 관한 사항이나, 경영전략, 생산기획, 퇴직시스템, 산업안전위원회등을 기업별 수준에서 다뤄지고 있다.

2012년 6월 현재 일본 노동조합 조직률은 17.9%이다. 1949년 55.8%를 피크로 거의 지속적으로 조직률이 저하하였다. 1994년까지는 조합원 수도 증가하였지만, 1995년부터는 조합원 수도 감소하면서 조직률이 저하하고 있다. 노동조합 조직률은 기업규모별로 큰 차이가 있다. 1,000명 이상 대기업의 경우 45.8%로 거의 50%에 가까운데 반해, 100-999명의 중소/중견기업은 13.3%, 그리고 99명 이하의 소기업은 1.0%이다.

일본의 노동조합운동은 기업별 노조를 중심으로 매년 봄에 임금인상협상과 투쟁을 전개하는 춘투의 관행을 유지하고 있으나 그 규모가 줄어들고 있으며 협조적인 노사관계의 양상이 뚜렷하게 나타나고 있다. 일본은 가족주의의 공동체 원리를 근간으로 집단주의와 화합의 원리가 이념적으로 크게 자리잡고 있기 때문에 기업별 노동조합의 구조 속에서는 더욱 협력적인 분위기가 강하게 작동된다고 할 수 있다.

한국은 일본과 유사한 기업별 노동조합이 대표적인 형태이지만, 1997년 IMF 경제위기 이후 산업별 노동조합을 조직화하기 시작하여 일부 산업에서는 산별노조가 조직되었다. 그러나 산별사용자 단체의 구성이 활발하지 않고, 대규모 기업노조가 산별교섭에 참여하지 않는 등 산별교섭이 활성화되지 못하고 있는 실정이다. 기업별 교섭은 한국의 노동조합이 오랫동안 유지해 온 교섭구조이다.

한국은 1980년 이후로 기업별 노동조합제도를 기반으로 하여 교섭구조를 가지고 있었으나, 실질적으로는 1987년 이후로 단체교섭이 활발히 진행되면서 기업별 노동조합과 기업별 교섭이 중심을 이루었기 때문에 서구식의 산별교섭, 지역별 교섭 등의 교섭구조와는 다른 특징을 가지고 있다. 기업별 교섭은 해당 기업의 경영실적과 근로조건의 특수성을 잘 반영하지만 동종 유사산업 내의 기업 간 임금과 근로조건의 차이를 유발할 수 있다는 단점도 존재한다. 또한 일본에서와 같이 협력적 노사관계를 유지하지 못하는 경우에는 노사갈등이 빈번히 발생할 수 있으며, 노사간 힘의 관계에 따라 단체교섭의 향방이 변하게 되는 문제도 내포하고 있다.

1997년 노동법 개정 이후 법률적으로 허용된 기업단위에서의 복수노조의 결성은 노조전임자에 대한 급여지급금지와 함께 13년간 유예되면서 2010년 1월 1일 법 개정을 통해 2011년 7월 1일부터 실질적으로 적용되었다. 그러나 복수노조가 허용되었음에도 불구하고 전국규모의 상급단체에 가입하는 복수노조보다는 미가맹 복수노조가 증가하는 현상을 보이고 있다. 또한, 복수노조 설립 시 교섭창구 단일화의 문제가 존재하기 때문에 향후 창구단일화를 둘러싼 갈등이 다시 점화될 우려도 존재한다.

마. 산별노동조합과 강제중재제도 중심의 노사관계: 호주

호주에서의 노동조합은 1880년대 말까지 성장세를 나타냈다. 대다수 산업에서 조직화에 성공하였으며, 안정적인 경제상황과 지속적인 노동수요로 인해 많은 노동자들은 임금과 근로조건의 상당한 개선을 이루어냈다. 하지만 1890에서 1894년 사이, 네 차례 거대파업(해운, 축산 및 광산업)에서 패배하면서 정당설립과 강제중재를 통한 보호에 관심을 가지게 되었다. 1901년에서 1921년 사이 호주 노동조합 가입률은 6%에서 52%로 급격하게 상승하였으며, 이는 세계에서 최고수준의 조직화 정도를 보여주었다. 1927년 호주 노총(Australian Congress of Trade Union, ACTU)이 설립되었다. 호주 노총은 상이한 산업별/정치적 목표를 가진 다양한 이해집단(정통적인 직능별 조합을 지향하는 집단과 자본가계급을 붕괴시키고 계급에 기반을 둔 단일조직을 지향하는 집단)을 통합하였다. 1980년대에 호주 노총은 노동당 정부와 사회적 합의를 협상하면서, 호주 정치의 핵심 주체로 등장하였으며 가입 노조들에게 상당한 권한을 행사할 수 있게 되었다. 2000년대 이후 호주의 노조가입률은 지속적으로 하락하여 18%까지 떨어졌으며, 노동당 연방정부와도 다소 멀어지면서 노조의 정치적 파워도 약화되었다. 또한 2005년에 보수당정부가 재선에 성공하면서 노동조합의 영향력이 더욱 악화되었다. 단체협약은 개별계약에 의해 무너졌으며, 단체협약을 강제할 수 있는 노조의 역량은 훼손되었다. 학법적인 노동쟁의는 더욱 힘들게 되었으며, 불법행위에 대한 벌금은 높아졌다.

　호주의 단체교섭을 이해하기 위해서는 재정(강제중재)(裁定, Award)에 대하여 알아볼 필요가 있다. 대다수 서구 노사관계에서 단체교섭이 집단적 고용관계를 결정하는 중요한 제도적 장치였던 것과 비교하여 호주에서는 1980년대까지 재정(강제중재)이 호주 고용관계시스템을 결정하는 주요 장치였다. 재정(강제중재)(Award)은 개별 기업 혹은 산업에서 고용 기간과 조건을 포함하고 있는 일종의 법적 구속력을 가진 판결문 혹은 문서로 정의할 수 있다(Sutcliffe and Callus, 1994). 1904년 알선 및 중재법 제정 이후, 노동재판소(노사관계위원회(Australian Industrial Relations Commission)의 전신)는 분쟁의 양당사자로부터 제출된 증거와 주장을 청취한 후, 재판소 위원들이 판결을 내리면 그 결정문이 재정(강제중재)이 되었다. 바꾸어 말하면, 노동재판소 위원들이 재정(강제중재)의 대상이 되는 근로자들의 최저임금 및 근로조건을 결정하도록 하는 매우 일방적인 독특한 룰-제정방식이었다. 재정(강제중재)의 제정은 협상 대상이 되는 주체들뿐만 아니라 재정(강제중재) 대상에 포함되는 종업원과 사용자에 영향을 미쳤다. 호주 근로자들의 임금 및 근로조건은 재정(강제중재)에 상당한 영향을 받게 되었으며, 1974년 재정(강제중재) 및 단체협약이 확장되는 범위는 전체 작업장의 87%에 다다랐으며, 기업별 교섭이 도입되기 전인 1990년까지 80% 수준을 유지하였다. 호주의 업종별 노동조합 형태와 마찬가지로, 재정(강제중재) 역시 사업장에 적용해야 하는 수많은 재정(강제중재)들이 존재하였고, 이는 사용자들에게 중복교섭과 교섭지연에 대한 불만을 야기하였다. 또한, 전국단위 임금 및 근로조건의 결정은 사업장 혹은 기업 단위에서 중요한 이슈들을 협상할 수 없고, 기업의 특수한 환경에 부적합한 기준을 수용해야 한다는 사용자들의 불만을 야기하였다. 노조가 교섭력이 높을 때는 단체교섭보다 중재제도를 활성화시키고자 하였다. 반대로, 노조는 자신의 힘이 강할 때는 중재제도보다 교섭을 통해 더 높은 임금 및 근로조건을 확보하고자 하였다. 즉, 노사 모두 자신들이 고용관계 주도권을 가질 때, 단체교섭과 중재제도 중 유리한 방식을 채택하고자 하였다. 1997년 이후 현재까지 분권화된 단체교섭이 유노조 업종에서 지배적인 룰-제정 방식이 되었으나, 지속적으로 업종축소 및 범위 축소, 개인별 교섭 및 경영권이 무노조 업종에서 지배적이 되었고 재정(강제중재)은 점차 제한적인 안정망을 제공하고 있다.

호주의 대다수 노동조합들은 전통적으로 직업별(occupational)로 구성되어 있고, 이로 인해 한 작업장 내에서 복수노조들이 존재해왔다. 작업장 단위, 또는 한 사업장 내에 상이한 노동조합의 작업장대표자들(workplace delegates)로 구성된 숍(shop) 위원회 혹은 작업장대표자 위원회가 구성되어 있다. 동일산업에 있는 노동조합들 역시 종종 산별연맹을 형성하고 있다. 작업장대표자 위원회와 같이, 복수노조체제는 노동조합간 협력을 필요로 하게 되었다. 다만 작업장대표자 위원회와 달리, 산별연맹에서는 여러 노동조합들의 노조전임자(full-time union officials)로 구성되는 경향이 있다.

2. 전임자 법적 개념

각 국의 노조전임자의 종류는 노사관계의 특성에 따라서 다양하게 존재하고 있다. 연구의 대상이 되는 7개 국가의 노조전임자 제도의 운영 현황은 크게 세 가지로 나눠진다. 하나는 법률상 그 공식적 지위를 인정하여 사업장에서 근로를 제공하지 않고 노조업무에 전념하도록 허용하고 있는 국가들이 있다. 한국을 포함하여 독일의 종업원평의회, 프랑스, 이탈리아가 이에 속한다. 두 번째로 전임자에 대하여 법률상 법적 지위를 명시하고 있지는 않지만, 근로시간면제 규정으로써 노조간부의 유급 노조활동을 보장하고 있는 국가들이 있다. 이들 국가들은 노사간의 작업장 교섭을 통해서 전임자를 운영을 관례적으로 허용하고 있으며, 이에 속하는 국가들은 영국, 미국, 호주, 독일의 신임자 제도가 있다. 세 번째로 법률상 노조전임자의 공식적 지위를 인정하지 않는 국가로서 일본이 이에 속한다. 일본에서는 사용자가 전임자 임금을 포함한 노조에 대한 경비 원조 행위를 노조 자주권 침해 행위로 간주하여 금지하고 있다. 〈표 3-2〉는 노조전임자에 대한 법률상 개념정의를 비교한 것이다. 이 표를 살펴보면, 각 국에서 노조전임자를 어떠한 방식으로 인정하고 있는지를 비교할 수 있다.

〈표 3-2〉 노조전임자에 대한 법률상 개념정의 비교

구분	법률상 인정	근로시간면제 규정(법률)	단체협약으로 인정
영국	X	O	O
미국	X	O	O
독일	O	O	O
프랑스	O	O	O
일본	X	X	X
호주	X	O	O
이탈리아	O	O	O
한국	O	O	O

첫 번째 유형으로 노조전임자의 법률상의 공식적 지위를 인정하고 있는 국가들을 살펴보기로 한다. 이들 유형에 속하는 국가로서 한국을 비롯하여 독일 종업원평의회, 프랑스, 이탈리아가 있으며, 법률상 전임자의 법적 지위가 명시되어 있다. 4개의 국가 모두가 사업장 수준의 전임자에 대한 법률상 지위를 인정하고 있으며, 전임자에 대한 사용자의 유급지급을 명시하고 있다. 또한 프랑스와 이탈리아의 경우 법률상 개별 사업장의 노조전임자가 해당 사업장을 벗어나 노조(지역 혹은 전국수준의) 상급단체에 파견되어 노조업무를 수행할 수 있도록 허용하고 있다. 반면, 독일의 경우 종업원평의회 대표자는 해당 작업장의 사안에 한해서 활동하도록 제한하고 있으며, 한국은 법률상 상급단체 파견에 대한 허용 규정은 명시되어 있지 않다. 첫 번째 유형에 속하는 국가들 중 한국의 사례를 우선 살펴보자면, 노동조합및노동관계조정법(이하 노조법) 제24조의 제1항 및 제2항에 노조전임자에 대하여 '단체협약으로 정하거나 사용자의 동의가 있는 경우에는 근로계약 소정의 근로를 제공하지 아니하고 노동조합의 업무에만 종사하는 자'라고 정의하고 있다.

독일의 경우, 독일노사관계의 이원적 특수성에 근거하여 두 개의 제도가 존재하고 있다. 하나는 노조신임자 제도와 종업원평의회가 있는데, 법률상 전임자의 공식적 지위를 인정하고 사용자로 하여금 이들의 유급활동을 보장하도록 명시하고 있는 제도는 종업원평의회제도이다. 경영조직법 제74조 제2항에 의하면 종업원평의회의 대표자(freigestelle Betriebsratsmitglieder)는 "종업원평의회의 구성원은 사업의 종류와 범위 등에 따라 종업원평의회의 통상적인 임무를 수행하기 위하여 필요한 한도에서 임금의 감액 없이 자신의 본래의 직무로부터 면제될 수 있다"고 규정하고 있다(동법 제37조 제2항).

프랑스의 공공부문에서는 공무원노동조합유급전임자(fonctionnaire qui bénéficie d'une dé-charge de service pour l'exercice d'un mandat syndical)와 민간부문의 노동조합유급전임자(salarié mis à disposition d'une organisation syndicale; permanent syndical payé par l'employeur)가 있다. 공공부문의 경우 "노동조합의 업무에 종사하기 위하여 공무 수행을 면하는 공무원은 공무 중에 있는 것으로 본다"고 규정하고 있으며,[1] 민간부문의 경우 "기업 내에서 노동조합을 대표하기 위하여 노동조합에 의하여 임명된 자"로 규정하면서 이들에 대한 유급전임 노조활동을 보장하고 있다.

이탈리아의 노조전임자는 RSU(Rappresentanza Sindaclae Unitaria) 제도에 의해서 규정된다. RSU는 1993년 이후 사업장 내에 존재하는 각기 다른 복수 노조의 입장을 모두 통합하여 사업장의 노동자 이해를 대변하기 위하여 새로 도입된 제도이다. 이 제도는 각기 다른 노조들의 통합과 변화된 환경 하에서 노동자들의 요구와 이해를 직접 반영한다는 목적을 가지고 운영되어 왔다. 이들 RSU의 대표성은 단협의 성격이 전국적이냐 기업적 수준이냐에 따라 차이가 있다. RUS의 조직률이 산별에 따라 다르기도 하며, 민간부문인 경우 RSU 자체가 존재하지 않는 경우도 있기 때문에 RSU가 있는 기업이나 사업장 또는 지역에서는 이들이 분명한 대표성을 갖지만, 그렇지 않은 경우 이를 어떻게 인정하고 승인하느냐는 사정에 따라 다르다고 볼 수 있다.[2]

RSU에 대한 법률상의 공식적 지위는 1970년 노동자권리헌장 300호 법률 제1조와 제14조에 의거하여 보장되고 있다. 이 법률에 따르면 "민간 기업의 사용자로부터 급여를 받는 노동자들은 소속된 노조의 전국 혹은 지역의 조직 안에서 노조임무를 수행하기 위한 허가활동을 활용하여 노조활동에 임할 수 있다"고 규정하고 있다. 공공부문의 경우 2001년 제165호 법률 제50조에 의거 국가 공무원, 지방 공무원, 공사직원, 교원 및 보건 의료 공무원의 신분에 관한 각각의 법령과 조직법에 근거하여 "노동조합의 업무에 종사하기 위하여 공무 수행을 면하는 공무원은 공무 중에 있는 것으로 본다"고 하면서 노조전임자의 유급 노조활동을 인

---

1) 국가 공무원의 신분에 관한 1984년 1월 11일 법 제33조/ 국가 공무원의 단결권 행사에 관한 명령 제16조, 지방 공무원의 신분에 관한 1984년 1월 26일 법 제56조, 제100조/ 지방 공무원의 단결권 행사에 관한 명령 제20조, 보건 의료 공무원의 신분에 관한 1986년 1월 9일 법 제97조/ 보건 의료 공무원의 단결권 행사에 관한 명령 제19조, 제20조, Code du travail Art. L.2135-7 ~ L.2135-8.

2) 금속부문의 경우 민간부분 약 40%의 기업이나 지역에서 RSU가 조직되어 있다. 이에 반해 공공부문의 경우 RUS의 조직률은 거의 100%(몇몇 부문을 제외하는데, 이는 한국에서 공공이라고 인정하는 부문과 이탈리아에서 공공으로 인정되는 부분이 다르고, 부문에 따라 수익성이나 경제성의 정도에 따라 차이가 나기 때문이다)에 가깝기 때문에 실제적인 노동자들의 현장성을 직접적으로 그리고 완전하게 반영하고 있는 부문은 공공부문이라 볼 수 있다.

정하고 있다.

다른 나라의 노조전임자 제도와는 달리 프랑스와 이탈리아의 경우 개별 사업장에 소속되어 사용자로부터 임금을 지급받고 있는 노조전임자가 소속 작업장을 벗어나 지부 혹은 전국 수준의 노조상급단체 혹은 사용자 단체에 파견되어 노조업무를 수행할 수 있도록 허용하고 있다.

프랑스의 공공부문의 경우 "업무의 필요성을 해치지 않는 범위에서 지방자치단체와 기관은 그 공무원을 대표적 노동조합에 파견하여 그 업무에 종사하도록 한다"(「국가 공무원의 신분에 관한 1984년 1월 11일 법」[3] 제33조, 「지방 공무원의 신분에 관한 1984년 1월 26일 법」[4] 제100조)고 하여 상급단체 파견을 허용하고 있다. 보건 의료 공무원의 경우 「보건 의료 공무원의 신분에 관한 1986년 1월 9일 법」에 의거 "기관장은 업무의 필요성을 해치지 않는 범위에서 대표적 노동조합 책임자의 공무 수행을 면하며, 그 공무원을 전국 차원의 대표적 노동조합에 파견하여 그 업무에 종사하도록 한다. 노동조합의 업무에 종사하기 위하여 공무 수행을 면하거나 전국 차원의 대표적 노동조합에 파견되어 그 업무에 종사하는 공무원은 공무 중에 있는 것으로 본다."라고 규정하고 있다.

프랑스의 민간부문의 경우, 「사회적 민주주의의 혁신과 근로시간의 개선에 관한 2008년 8월 20일 법」[5] 제10조 1항 "노동조합으로 근로자 파견"(mise à disposition des salariés auprès des organisations syndicales)에 의거하여 "단체협약에서 정한 바에 따라 그리고 해당 근로자의 명시적인 동의를 조건으로 해서 노동조합 또는 사용자단체에 전임자를 파견할 수 있다. 전임 기간 동안 해당 근로자에 대한 사용자의 의무는 유지된다. 전임 기간이 만료된 후 근로자는 종전의 업무 또는 적어도 대등한 수준의 임금이 지급되는 유사한 업무에 복귀한다[6]"고 하였으며, 동법 2항에서는 "산업별 협약 또는 기업별 협약으로 전임자 파견에 관한 조건들을 정[7]"하도록 하고 있다.

이탈리아의 경우 2001년 제165호 법률 제50조에 의거하여 "업무의 필요성을 해치지 않는 범위에서 기관장은 그 공무원을 대표적 노동조합에 파견하여 그 업무에 종사하도록"하고 있다. 민간부문의 경우 산별협약(CCNL)에서 정한 바에 따라 전임 기간 동안 해당 근로자에 대

---

3) Loi n° 84-16 du 11 janvier 1984 portant dispositions statutaires relatives à la fonction publique de l'Etat.

4) Loi n° 84-53 du 26 janvier 1984 portant dispositions statutaires relatives à la fonction publique territoriale.

5) Loi n° 2008-789 du 20 août 2008 portant rénovation de la démocratie sociale et réforme du temps de travail.

6) 노동법전 L. 2135-7조.

7) 노동법전 L. 2135-8조.

한 사용자의 임금지급 의무는 유지되도록 하고 있으며, 해당 근로자의 명시적인 동의를 조건으로 해서 노동조합 또는 사용자단체에 전임자를 파견할 수 있도록 하고 있다. 또한 전임 기간이 만료된 후 근로자는 종전의 업무 또는 적어도 대등한 수준의 임금이 지급되는 유사한 업무에 복귀하도록 하고 있다.

두 번째로 전임자에 대하여 법률상 법적 지위를 명시하고 있지는 않지만, 노조간부의 유급 노조활동을 보장하도록 규정하고 있는 국가들로서 영국, 미국, 호주, 독일의 신임자 제도가 이에 속한다. 이들 국가들에서는 법률상 전임자에 대하여 명시적으로 규정하고 있지 않지만, 원활한 노조활동을 위하여 사용자가 유급 노조활동시간 보장하도록 규정하고 있다. 활동사안별 유급 노조활동보장 범위가 규정되어 있으며, 이를 근거로 각 사업장 수준에서 노사협상에 따라서 노조전임자 제도를 운영하도록 하고 있다. 영국은 법률상 유급 노조활동보장이 명시되어 있으며, 미국에서는 노동자가 근무시간 중 임금의 손실이 없이 사용자와 상의하는 행위를 금하여서는 안 된다고 하고 있다. 호주의 경우 영국과 미국의 사례와는 달리, 활동 사안별 허용 규정이 명시되어 있지 않지만, 제한적 수준에서의 유급 노조활동보장을 규정하고 있다. 한편 독일 신임자 제도는 법률상이 아닌 산별협상에서 유급 노조활동시간을 보장하도록 하고 있다.

영국에서는 고용보호법(Employment Protection Act 1975), 노동조합 및 노동관계법(TULR(C)A 1992) Section 168에서 "특정 기업이나 사업장 단위에서 노조업무 혹은 단체교섭을 수행하기 위해 노동조합에서 권한을 부여받은 자"들로 대표되는 노조임원(union officer)과 노조간부(union official)에게 직무수행시 "합당한 수준의 유급 노조활동시간을 보장"하도록 규정하고 있다. 유급 노동시간의 수준은 법률상 정해져 있지 않으며, 사업장 단위 노사 교섭을 통해 최종 결정되고, 사용자와 노동조합대표들에 의해 '합당하다'고 여겨지는 범주에서 제한 없이 활용가능하다.[8]

사업장 노조(지부)에서 보장되고 있는 유급 노동조합 활동시간의 규모를 UNISON의 캠든 카운슬 지부(조합원 3,500여 명)사례를 통해 살펴보자면, 전임(full time)으로 지부 활동을 하는 사람은 지부 사무총장 1명이며, UNISON 북동부 링컨셔 지부(조합원 1,600)에서는 선임노조대표(convenor) 2명이 풀타임으로 노동조합 활동시간을 보장받고 있다.

미국의 경우 노조전임자에 대하여 연방법에서 규정하지 않고 있으며, 주로 판례, 연방노

---

8) Trade Union and Labour Relations (Consolidation) Act 1992, part Ⅲ, section 168. 만약 사용자들이 유급 활동시간을 보장하지 않는다면 노동조합은 노동법원에 제소할 수 있다.

동위원회의 결정 혹은 노사간의 관행에 따라 규정하고 있다. 그래서 노조전임자의 임금지급 주체를 구별하는 용어나 개념은 존재하지 않는다. 연방노동법에서는 노동자가 근무시간 중 임금의 손실이 없이 사용자와 상의하는 행위를 금하여서는 안 된다고 규정하고 있으나, 노조간부의 노조사무 활동시간에 대하여 임금지급이 적법한지 명시하고 있지 않기에 그간 미국 연방 노동위원회와 미국의 법원에서 노사간의 법적 분쟁 대상이 되어왔다(Leahy, 1975).

민간부문의 경우에는 주로 판례와 NLRB의 결정, 그리고 관행에 의하여 노조간부의 노조활동에 대한 임금지급이 이루어지고 있으며, 공공부문의 경우에는 법과 관습에 의하여 전임자 제도운영을 허용하고 있다. 다만, 민간부문과 공공부문 모두 임금의 지급을 받는 노조간부의 숫자나 노조업무의 종류에 대하여 제한을 두고 있다.

호주의 경우 노조전임자에 대한 법적 규정은 없으며, 노조전임자에 대한 임금은 사용자가 아닌 산별노조에서 지급하고 있다. 즉, 호주에서는 사용자로부터 임금을 지급받으며 노조업무만을 수행하는 전임자가 존재하지 않으며, 노조업무만을 수행하는 노조간부들은 산별노조에 소속되어 산별노조로부터 임금을 지급받고 있다. 이러한 노조전임자 제도의 운영은 호주의 노동운동이 직종별 혹은 산업별로 발달해 온 역사적 배경에서 근거한다. 이들은 노동운동 초기부터 부동산 등을 소유하면서 상당한 노조기금을 확보하면서 이 기금으로 노조전임자에 대한 임금을 제공해 왔다. 이러한 배경하에서 호주의 노조전임자들은 산별노조에서 임금을 지급받고 있으며 사용자의 임금지급 관행은 존재하지 않는다.

개별 사업장에 소속되어 있지 않은 노조간부들이 개별 사업장 내에서 원활한 노조활동을 허용하기 위하여 이들의 다양한 권리규정이 존재하고 있다. 노조간부들이 개별 사업장을 출입하며 개별 사업장의 노사관계 관련 사안에 대하여 관여할 수 있도록 규정하고 있으며, 이를 근거로 개별 사업장 수준에서 조합원을 만나고 조직하는 노조활동을 할 수 있도록 하고 있다.

산별노조로부터 임금을 지급받고 있는 노조간부 외에, 사업장 수준에서는 작업장 대표자(delegate)에 한해서 매우 제한적으로 이들의 유급 노조활동을 보장하고 있다. 법률상 원칙적인 수준에서 작업장 대표자들의 사안별 유급 노조활동이 보장되어 있으나, 이들에 대한 근로시간면제 권리는 명확하게 정의되어 있지 않기에 사업장 수준의 노사 협상을 통해 결정되고 있다. 그래서 작업장 대표자의 유급 근로시간면제의 범위와 시간은 작업장에서 개별 노조의 힘에 의해서 결정되어진다고 볼 수 있으며, 단체협상 동안 부가적인 이슈 가운데 하나로 다루어지고 있다. 호주의 Royal Perth Hospital의 사례를 보면 작업장 대표자들에게 인정되는 근로시간면제 시간은 2주당 총 8시간에 불과하다.

독일의 경우 작업장 수준에서 노동조합과 종업원평의회를 연결하는 일종의 소통 매개자로서의 노조의 업무를 수행하는 자는 노조신임자(gewerkschaftliche Vertrauensleute)가 있는데, 법률상 공식적 지위가 명시되어 있지 않고, 노사간의 산별협약과 추가로 작업장 수준의 개별 노사간의 협약을 통해서 규정하고 있다. 산별이든 작업장 수준의 협약이든 노조신임자에 대해서는 대개 전임 노조간부로 인정하고 있지 않으며, 근로시간면제 제도를 통해서 제한된 활동(IG BCE의 경우 1분기 2시간 이내)정도의 활동만을 인정하고 있다.

세 번째로 노조활동만을 담당하는 노조전임자에 대한 공식적 지위를 허용하지 않는 경우로서 이에 속하는 국가는 일본이 있다. 일본의 경우 법률상 전임자의 지위를 인정하지 않고 있지 않으며, 사업장 수준에서 노사간의 협상에 따라서 전임자 제도를 활용하고 있다. 그러나 이들의 역할은 다른 국가들의 전임자들과는 차이가 있다. 이들은 노조활동 외에 기업의 생산성 향상을 위한 다양한 활동을 함께 하기에 개별 사업장의 사용자는 이들의 유급 노조활동을 보장하고 있다.

일본에서는 노사의 합의에 의하여 사용자로부터 임금지급을 받으며 노조활동을 하는 전임자가 존재하고 있는데, 이들은 노조활동 외에 기업의 생산성 향상을 위한 협력관계와 관련된 활동을 동시에 수행하고 있다. 이들은 생산성 향상, 산업안전, 배치전환 등 독일의 작업장위원회(Betriebsrat)와 같은 성격의 역할을 하고 있어 그러한 역할을 하는 전임노조간부에게 임금을 지급한다고 하여 크게 문제될 것이 없다는 인식이 퍼져있기 때문이다. 그러나 노조전임자에 대한 기업의 임금지급을 포함한 경비원조에 관하여, 일본의 기업별 노조의 역할을 보다 실질적으로 검토하여 적법성을 논의해야 한다는 의견이 나오고 있다.

3. 전임자 제도와 노조자주성의 침해관련 법 규정

국가 제도 및 노사관계 특성에 따라서 노조전임자 존재 여부가 달라지는 주요한 이유는 사용자가 노조활동을 전담하는 노조간부에 대하여 임금을 지급하는 행위가 노조의 사용자에 대한 재정적 의존도가 지나치게 높아져 노조의 자주성을 저해할 우려가 제기되기 때문이다. 각 국가별로 노조의 자주성과 관련한 노조전임자 제도 운영상의 차이를 보자면, 세 가지 유형으로 나눠진다. 첫째, 전임자임금지급을 노조의 자주성을 침해하는 사용자의 부당노동행위로 간주하여 전임자 임금지급을 전혀 인정하지 않는 유형으로서 일본이 이에 속하며, 둘째, 구체적인 사안별로 사용자의 전임자 임금지급을 법률상 허용하는 경우와 허용하지 않는 경우를 활동 사안별로 규정하고 있는 유형으로서 이에 속하는 국가는 영국, 미국, 한국이 있다. 한국에서는 근로시간면제가 허용되는 노조전임자의 활동내역에 대하여 규정하고 있으며, 영국의 경우 노조의 자주성이 확보되고 공식적으로 인정된 경우에만 유급 전임자를 활용하도록 규정하고 있다. 미국도 마찬가지로 사용자가 임금을 지급하지 않아도 되는 활동 사항과 임금을 지급할 경우 부당노동행위로 간주되는 사항을 법으로 규정하고 있다.

세 번째 유형은 독일, 프랑스, 호주, 이탈리아의 경우로서 사용자의 전임자 임금지급을 노조의 자주권 침해로 보지 않고 있는데, 호주와 독일의 경우 지부나 중앙에서 활동하는 노조간부들의 경우 산별노조가 임금을 지급하고 있어, 자주성과 관련한 논의가 쟁점이 되지 않는다.

일본 사례를 보면 노조의 자주성 확보, 사용자의 부당노동행위 금지, 복수노조하의 중립 유지의무라는 측면에서 전임자 임금지급을 노조의 자주성을 침해하는 사용자의 부당노동행위로 간주하여 전임자 임금지급을 법률상 인정하지 않고 있어, 사용자는 노조전임자에 대한 임금을 지급하지 않는 것이 일반적이며, 유급 전임자의 경우 위법 가능성이 있기에 노조전임자는 원칙적으로 무급 전임자이다. 공무원 대상의 법 규정에서는 국가공무원법 제108조 6항 6호에 의거하여 국가공무원은 인사원 규정에서 정하는 경우를 제외하고, 급여를 받으며 직원단체(노조)를 위한 업무 및 활동을 해서는 안 된다고 명시하고 있다. 지방공무원도 마찬가지로 지방공무원법 제55조 2항 6조에 의거하여 조례에서 정하는 경우를 제외하고, 급여를 받으며 직원단체를 위한 업무 및 활동을 해서는 안 된다고 명시하고 있다. 복수노조가 존재할 경우 기업이 노조전임자에게 임금을 지급하는 행위는 부당노동행위로 판단하여, 노조전임자에 대한 임금지급을 제한하고 있다. 노조전임자에 대한 임금지급을 부당노동행위로 판단하고 있는 이유는 사용자의 노조에 대한 중립성을 견지하도록 하기 위함이며, 복수노조들에 대한 각각의 단결권을 평등하게 승인, 존중하도록 하기 위함이다. 또한 노조에 대한 특혜를 준다든지 혹은 다른 쪽 노조의 약체화를 꾀하기 위한 사용자의 행위는 일체 허용하지 않는다.[9]

영국, 미국, 한국의 경우 사용자의 전임자 임금지급을 법률상 허용하는 경우와 허용하지 않는 경우를 활동 사안별로 규정하고 있다. 영국의 경우 유급 노조활동시간 보장을 위한 전제조건으로서 노조가 '자주적인 조직'이라는 인정을 받아야 한다는 점을 명시[10]하고 있다

---

9) 닛산자동차 사건, 조합사무실 관련 사건 1987년 5월 8일, 잔업차별 관련 사건 1985년 4월 23일. 荒木尚志(2009) 『労働法』有斐閣에서 인용.

10) 사용자(들, 혹은 단체들)의 지배나 통제 아래 존재하지 않고 여타의 수단에 의한 사용자들의 개입에 의존하지 않는 노조에 한해 자주성을 인정한다. 노조의 자주성을 확보하지 못하면 해당 노조는 사용자의 단체교섭 상대로 인정받을 수 없고 유급 노조활동시간을 요구할 수 없다.

(노동조합 및 노동관계법(TULR(C)A 1992)). 노동조합대표가 사용자와의 관계에서 조합원들을 대변하는 역할을 하는 경우, 즉, 노동조합대표들의 직무(trade union duties)를 행할 경우에 사용자가 임금을 지급할 의무가 있다고 보고 있으나, 일상적인 노동조합 활동(union activities or union business)을 하는 경우, 사용자는 이들에 대한 임금지급의 의무는 없다. 그러나 실제 많은 사용자들은 노동조합과의 별도 합의를 통해 노동조합 내부적인 활동에 대해서도 추가적인 유급 노동조합 활동시간을 보장하고 있다(Carley 2012).

미국의 경우 민간부문의 노사관계를 규율하는 법인 연방노동법의 Section 8(a) 2에서 민간기업의 사용자가 노동조직에 대하여 금전적 기여나 다른 종류의 기여를 할 경우 부당노동행위로 규정하고 있다. 예를들어 "노조간부가 고충처리에 사용한 시간이 일반적인 경우에 비추어 지나치게 많을 경우에 사측에서 이 시간에 대하여 임금을 지급하는 경우[11]"나 "노조간부가 신규 회원 모집활동을 한 시간에 대하여 회사가 임금을 지불하는 경우[12]"에는 부당노동행위로 간주하고 있다. 1997년 Argo-Tech Corportaion 사례에서는 노조만을 위한 활동과 사업장 내에서 활동할 수 있는 노조활동의 시간을 분리하여 노조만을 위한 활동에 대한 사용자의 임금지급을 제한하였다. 노조지부장과 지부장이 전임으로 노조사무에 종사할 경우 주 40시간에 대한 임금지급은 적법하지만, 40시간을 초과하는 경우 초과근무수당은 지급할 수 없다고 판시하였다.

한국의 경우에는 2010년 1월 1일 노조법 개정을 통하여 근로시간면제 제도를 도입하기 이전과 이후의 관계를 살펴보아야 한다. 2010년 1월 1일 이전에는 노조법 제24조 제2항의 규정에 의하여 '노동조합의 업무에만 종사하는 자는 그 전임기간 동안 사용자로부터 어떠한 급여도 지급받아서는 아니 된다'라고 규정하고 있을 뿐만 아니라, 부당노동해위 규정인 제81조 4호 본문 후단에서 '노동조합 전임자에게 급여를 지원하거나 노동조합의 운영비를 원조하는 행위'를 부당노동행위로 규정하고 있었다. 그러나 법률개정 당시(1997년)에 기업단위 노조에 복수노조의 설립을 허용하는 조항과 연계가 되면서 기존에 급여를 지원하고 있는 사업 또는 사업장의 경우에 이를 부당노동행위에 포함시키는 것을 2006년까지 10년간 유예하였으며, 2007년 노조법 개정 시에 다시 이를 3년간 유예하면서 사실상 노조전임자에 대한 급여지급은 부당노동행위에서 제외되고 있었다.

그러나 2010년 1월 1일 노조법 개정을 통하여 기업단위에 복수노조 설립을 허용하는 것

---

11) 예를 들면, Axelson Mfg. Co., 88 NLRB 761 (CA-2, 1950).
12) NLRB vs. Bradford Dyeing Assn., 292 F. 2d 627 (CA-3, 1961).

과 노조전임자에 대한 급여지급을 금지하는 것을 동시에 해결하자는 논의를 모아 근로시간 면제 제도가 2010년 7월 1일부터 시행되었다. 노조법 제24조 4항(신설규정)에서는 '단체협약으로 정하거나 사용자가 동의하는 경우에는 사업 또는 사업장별로 조합원 수 등을 고려하여 결정된 근로시간면제 한도를 초과하지 아니하는 범위에서 근로자는 임금의 손실 없이 사용자와의 협의·교섭, 고충처리, 산업안전활동 등 이 법 또는 다른 법률에서 정하는 업무와 건전한 노사관계 발전을 위한 노동조합 유지·관리 업무를 할 수 있다'고 규정하고 있다. 즉, 법률이 정한 바에 따라 유급이 인정되는 근로시간의 한도가 정해지고, 그 한도 내에서 다시 단체협약 등을 통해 구체적인 유급 근로시간면제범위를 정하면 관련 근로자는 해당 조합 활동시간에 대하여는 계속해서 급여를 받게 되는 근로시간면제 제도가 시행되고 있다.

사용자의 전임자 임금지급을 노조의 자주권 침해로 보지 않고 있는 유형 중의 하나인 독일의 경우 사용자의 임금지급 여부에 따른 노조의 자주성 침해관련 법 규정은 존재하지 않는다. 산별노조의 전임자로 활동하는 노조간부들은 산별노조에서 임금을 지급하고 있기 때문이며, 사업장 수준에서 활동하는 노조간부들의 경우 노조신임자들이 있는데, 이들은 산별노조의 연락책 역할을 담당할 뿐이며 법률상 공식적으로 그 지위를 인정받고 있지 않고, 산별협약에 따라서 매우 제한적인(분기당 2시간) 유급 노조활동을 인정받고 있다. 만약 노조신임자들에게 전임제도를 부여한다면 종업원평의회와의 이중권력을 제도적으로 허용하게 될 것이며, 이 경우 경영조직법 제3조의 규정에 반하는 결과를 초래할 것이기 때문이다. 일상적으로 사업장 내에서 근로자의 이익을 보호하고 실현하는 기구는 종업원평의회로 규정하고 있으며, 종업원평의회 관련 업무와 임무의 수행을 위한 전임자 제도를 인정하고 있을 뿐이다.

프랑스의 경우도 마찬가지로 사용자의 임금지급 여부에 따른 노조의 자주성 침해관련 법규정은 존재하지 않는다. 또한 사용자가 노동조합의 기업 내 권리들을 확대하는 것을 금지하는 규정은 노동법전에 없다. 그러나 원칙적으로 근로면제시간은 해당 기업과 관련된 일이 아닌 다른 일에 사용되어서는 안 된다. 그러나 현실에서는, 대기업과 공공부문에서는 노동조합 간부들이 노동조합 활동시간 중의 일부를 지역연합일이나 중소기업 쟁의를 지원하기 위하여 기업 밖으로 나가기 위하여 쓰는 것을 용인하기도 한다.

호주사례의 경우 독일과 마찬가지로 사용자의 임금지급 여부에 따른 노조의 자주성 침해관련 법 규정은 존재하지 않는다. 호주 노동조합운동은 역사적으로 직종별 혹은 산업별로 발달하는 과정에서 상당한 기금을 확보하고, 이러한 기금을 바탕으로 노조가 고용한 노조전임자에 대한 임금을 지급하고 있다. 이에 호주 고용관계에서 노조전임자에 대한 임금지급 여부를 둘러싼 노사 혹은 노사정간 논쟁이나 갈등이 존재한 적은 거의 없었다.

이탈리아의 경우 사용자의 임금지급 여부에 따른 노조의 자주성 침해관련 법 규정은 없다. 1970년 노동자권리헌장에 따르면 노조활동 자체는 법률에 의해 보호받으며, 이에 준하는 노조 관련 활동 역시 노동자의 권리로 인정받고 있다. 특히 1970년의 법률은 작업장과 기업체 및 작업장 이외의 지역에서도 노동과 관련된 임무에 대해서는 노동에 준하는 것으로 해석하고 있다. 그러나 노조의 운영과 관련된 활동과 집회 참석 등의 업무는 무급일 수 있다. 특히 무급과 유급의 경우는 개별 사례에 따라 다소 차이가 있다.

4. 전임자의 규모 비교

각 나라별로 전임자 수를 파악하고자 각 국 사례연구에서 파악된 전임자의 규모를 산출하였으나, 그 정확한 수치를 알기 어렵다. 각 국에서 공식적으로 파악한 전임자 수의 통계자료가 빈약할 뿐만 아니라, 추정한 전임자 수를 제시한 시기도 상이한 현실이다. 또한 기업수준에서 활동을 하는 노조전임자에 대한 법률상의 인정 여부뿐만 아니라, 노조전임자에 대한 임금지급 의무 주체들이 각 국별로 다르기에 일정한 기준에 따라서 그 규모를 추산하기에 한계가 존재한다.

이에 각 국가의 사례에서 조사된 규모나 선행 연구에서 조사된 자료의 분석 등을 통해서 추산할 수밖에 없다는 한계가 존재한다. 그러나 전임자의 규모를 파악하는 것은 국가별로 전임자를 허용하는 범위와 정도를 간접적으로 확인할 수 있기 때문에 조사된 범위 내에서 규모를 산출해보기로 한다.

각 국의 전임자 수는 각 국의 제도적 특징을 반영하여 추산된 자료인데, 임금지급 주체가 사용자인지 노조인지의 구별 없이 각 국별로 추정할 수 있는 전임자를 추정한 수치이다. 이들은 사용자에게 근로를 제공하지 않고 노조업무만 전념하는 노조간부에 대한 수치를 나타내고 있으며, 아래의 〈표 3-3〉에는 전체 전임자 수를 근거로 하여 1인당 전임자가 대표하고 있는 조합원 수를 나타내고 있다.

〈표 3-3〉 국가별 노조전임자 1명당 조합원 수 비교

국가	영국[13]	미국	독일	프랑스	일본	호주	이탈리아
전임자 1인당 조합원 수	184	PSE&G : 260 캘리포니아 주립대 : 500	-	르노 : 168 철도공사 : 336	580	641	300
기준 시기	현재	현재	-	현재	2008년	1996년	1998년

출처: 각 국가별 사례 종합정리

영국 노조전임자의 규모는 법률상 규정되어 있지 않기 때문에 정확한 규모를 알 수는 없지만 현재 영국에는 약 20만 명의 노조대표들이 사업장 단위에서 노조활동에 대한 시간을 보장받으며(facility time) 활동하는 것으로 추정된다(Carley, 2012; TUC, 2012). 이 중 고용계약상 정해진 업무시간을 노조활동에 사용하는 전임자 비율이 19%이므로, 총 전임자 수는 약 38,000명으로 추산된다. 조합원 1명당 전임자 수를 추정하기 위하여, 전체 노조조합원 수 700만 명을 38,000으로 나누면, 전임자 1명당 조합원 수는 약 184명으로 추정된다.

미국의 뉴저지주 미들섹스카운티에 소재하는 전기 및 가스 공급 민간업체인 PSE&G는 총 근로자가 약 10,000명 정도이며, 이 중 6,500명이 노동조합 조합원이다. 회사에는 복수노조가 존재하는데, 업무부문(예, 가스부문, 전기부문)과 직종(배관공 등)에 따라 총 5개의 노동조합이 존재한다. 완전전임자는 노동조합별로 5명씩 총 25명이며 부분전임자(steward 등)는 그 수를 정하고 있지는 않다.

캘리포니아주 정부는 캘리포니아 주립대학교의 근로자를 대표하는 각 노동조직마다 3명까지의 근로자 대표에게 보상과 복리후생의 손실 없이 근로시간 중에 합리적인 시간을 면제할 수 있다"와 같이 상한선을 규정하고 있는 경우도 존재한다. 풀타임 노조전임자는 상당히 오랫동안 (3년, 재연장가능) 노조활동을 할 수 있으며 500명의 근로자 당 1/2에서 1명의 풀타임노조전임자를 둘 수 있다.

독일은 1995년도 금속노조(IG Metall)의 업무보고에 의하면 1991년 현재 141,201명의 노조신임자가 사업장에서 활동하고 있으며 그 중에서 80,946명이 조합원에 의하여 선출된 것으로 기록되어 있다. 금속노조 차원에서는 전체적으로 10,000개 이상의 사업장에서 노조신임자가 활동하고 있는 것으로 파악되고 있다.[14] 화학노조(IG BCE)의 경우 1995년에 전체 750개의 사

---

13) 영국의 경우는 활동중인 전임자 20만 명 중, 고용계약상 정해진 업무시간을 노동조합 활동에 사용하는 전임자의 비율인 19% 산정하여 추산함.

14) 통계는 Kittner(Hrsg.), Gewerkschaften heute 1995, S. 290.

업장에 17,254명의 노조신임자가 있는 것으로 보고되어 있다.15) 그러나 최근의 노조신임자에 대한 전국적 통계는 독일정부도 가지고 있지 않다고 보고되었다.

프랑스의 르노프랑스 자동차 사례에서는 근로면제시간의 총 합이 344,412시간 정도 되는데, 이를 연간 법정근로시간인 1,607시간으로 나누면 약 214명분의 근로시간 전체 면제가 가능하다. 또한 SNCF사례에서 총 507,778시간이 면제받는 시간인데 만약 1인 1년 근로시간을 법정근로시간인 1,607시간으로 계산한다면, 위 시간은 316명의 전임자를 추가로 보장할 수 있는 시간으로 추산이 가능하다. 그러나 이 또한 추산에 기초한 것이지 실제로 면담을 통해 확인한 것은 아닌 것으로 보이지만, 대략적인 규모를 파악할 수는 있을 것이다. 이에 따를 경우 르노프랑스는 총 36,000명의 종업원을 기준으로 계산 시 168명당 1명의 전임자를 두고 있는 셈이며, SNCF(프랑스철도공사)는 전국 27개 사업장에 16만 명의 근로자를 고용하고 있으므로, 2010년 노동조합에 제공된 근로면제시간은 총 507,778시간이다. 만약 1인 1년 근로시간을 법정근로시간인 1,607시간으로 계산한다면, 위 시간은 316명의 전임자를 추가로 보장할 수 있는 시간이다. 결국 종업원 16만 명의 프랑스철도공사에서는 유급 전임자 159명에 316명분의 근로면제시간을 합하여 총 475명의 전임자를 제공한다고 볼 수 있다. 즉 근로자 336명당 1명의 전임자를 제공하는 셈이다.16)

일본은 아래의 〈표 3-4〉에서와 같이 노조전임자 1명당 조합원 수는 2008년 580.3명으로, 조합원 약 580명에 1명의 노조전임자를 두고 있다. 노조규모별로 전임자 수를 보면, 299명 이하는 0.3명에 불과하여 거의 전임자를 두지 않고 있고, 300-999명 1.6명, 1,000-4,999명

〈표 3-4〉 연도별 및 노조조직규모별 전임자 수(일본)

		노조전임자 수	노조전임자 1명당 조합원 수	평균 조합원 수
연도	2008년	7.4	580.3	4,212
	2005년	7.6	570.9	4,336
	2003년	8.5	534.4	4,628
노조조직 규모	299명 이하	0.3	175.3	174
	300-999명	1.6	354.0	652
	1,000-4,999명	5.4	431.7	2,393
	5,000-9,999명	13.5	492.4	6,629
	10,000명 이상	40.8	763.3	31,176

15) 1995년 노동조합총회에 보고된 활동보고서 참고.
16) 이성희 외,『복수노조 및 전임자 실태와 정책과제』, 한국노동연구원, 2011, 299면 참조.

5.4명, 5,000-9,999명 13.5명, 그리고 10,000명 이상 40.8명이었다. 노조전임자 1명당 조합원 수는 299명 이하 175.3명, 300-999명 354.0명, 1,000-4,999명 431.7명, 5,000-9,999명 492.4명, 그리고 10,000명 이상 763.3명으로 노조조직규모가 크면 클수록 노조전임자 1명당 조합원 수는 많았다.

호주는 1979년 호주 노동조합이 고용한 노조전임자 수는 2,400여 명이며, 노조전임자 수의 급속한 증가는 이후 지속되었으며, 1986년 3,231명, 1991년 4,306명으로 증가하였다. 하지만 노조조합원 수 감소와 함께, 1996년 증가폭은 둔화되어 4,364명 수준으로 줄어들었다. 조합원 당 전임자 수를 살펴보면, 1986년 조합원 1,000명당 전임자 1.01명, 1991년 1.27명, 1996년 1.56명 정도로 전임자 1인당 조합원 수는 641명으로 추산될 수 있다.

이탈리아는 산별협약의 내용에 의해 결정되기 때문에 일반적으로 각 노조의 조합원 수를 통한 추산만 가능하였다. 1998년을 기준으로 최대노조인 CGIL의 공식 조합원 수가 5,249,010명이며, 다른 주요 노조인 UIL, CISL, COBAS, 등등의 노조원 수를 추정한다면 6백만 명에서 7백만 명 사이일 것으로 산출할 수 있다. 따라서 이탈리아의 노조원 수는 대략 1,200만 명으로 추산할 수 있다. 여기에 200명당 3인의 RSU라는 사실을 감안한다면 전임자의 규모는 약 18만 명 정도가 가능하다고 추산할 수 있다. 그러나 15인 이하의 기업의 경우 이를 준수하는 것은 거의 불가능하기에 현재 RSU를 역임하고 있는 전임 유급 노동자를 4만 명 정도로 추산되며, 1인당 조합원 수는 약 300명으로 산출할 수 있다.

5. 근로면제시간 기준 비교

국가별 근로면제시간의 기준을 볼 때, 영국과 미국, 일본, 호주는 업무의 내용을 기준으로 근로면제시간을 노사간의 합의에 의해서 설정하도록 운영하고 있다. 독일, 프랑스, 이탈리아, 한국은 법령 혹은 산별협약에 따라서 근로시간면제 시간에 대한 규정 혹은 구체적인 인원 수에 대하여 규정하고 있는 국가들이다. 법령에 따라서 그 기준을 명시하고 있지만, 독일, 프랑스, 이탈리아는 하한선을 규정하고, 최소기준을 바탕으로 사업장에서 노사간의 합의에 따라 그 범위를 확장하여 운영하고 있다. 반면 한국의 경우 법령에 따라서 조합원 규모에 따른 근로면제시간을 규정하고 있지만, 이는 상한선으로 규정하는 경우로서 독일, 프랑스, 이탈리아와는 차별성이 존재하고 있다(〈표 3-5〉 참조).

업무내용에 따른 근로시간면제를 규정하고 있는 국가들인 영국, 미국, 호주, 일본을 우선 살펴보고자 한다. 우선, 영국의 경우, 근로면제시간에 대한 법률적 규정은 따로 없고 노사가 합리적인 시간으로 합의한 시간에 따라서 규정된다. 근로면제시간에 대한 현황을 2011년도 WERS 설문조사 결과로 파악하자면, 노동조합대표들은 주당 13시간, 비노동조합대표들은 주

〈표 3-5〉 국가별 근로시간면제 기준 비교

구분	면제기준	상한선/하한선	비 고
영국	업무내용 기준	노사합의	합리적인 시간 내
미국	업무내용 기준	노사합의	합리적인 시간 내
호주	업무내용 기준	노사합의	자체기준 별도협의
일본	업무내용 기준	노사합의	자체기준 별도협의
독일	인원 기준(법률)	하한선	규모별 기준 상이
프랑스	인원 기준(법률)	하한선	규모별 기준 상이
이탈리아	인원 기준(법률)	하한선	생산성, 실질이익, 감가상각 등 면제시간의 기준을 설정한 단협도 존재
한국	시간 기준(법률)	상한선	조합원 규모에 따라 면제시간을 설정함

당 3.2시간을 활용하였다. 약 절반 정도(51%)의 노조대표들이 현장 노동자 이해를 대변하기 위한 활동에 주당 5시간 이하를 썼다. 아래의 〈표 3-6〉은 UNISON 캠든카운슬 지부 사례를 나타내고 있는데, 사업장 수준에서 노사의 합의에 따라서 각 노조간부들의 직책 및 규모, 그리고 이들의 근로면제할당시간을 통해 사업장 수준의 근로시간면제 제도 운영사항을 파악할 수 있다.

위 사례에서 나타나듯이, 지부의장, 사무총장, 보건안전대표의 경우 전임자로서 근로시간 면제 대상이며, 70명의 숍 스튜어드와 6명의 선임노조대표를 제외한 간부들은 활동 내역에

〈표 3-6〉 UNISON 캠든카운슬 지부의 근로시간면제 시간 활용 사례(영국)

노조간부의 직책	영문명	명수	전임유무	근로시간면제 시간
지부의장	branch chairperson	1	전임	-
사무총장	branch secretary	1	전임	-
회계감사	treasurer	1	비(非)전임	회계감사기간
선임노조대표	convenor	6	비(非)전임	노동시간의 50%
보건안전대표	Health and Safety Officer	1	전임	-
평생교육대표	Life Long Learning Officer	1	비(非)전임	교육시간
숍 스튜어드	Shop stewards	70	비(非)전임	주당 2시간
안전대표	Safety representatives	5	비(非)전임	필요시

따라서 제한적으로 그 활동시간을 규정하고 있다. 예를 들어 비(非)전임노조대표들의 경우 사용자와의 교섭, 교섭 전 단계로서 조합원들의 의견을 수렴하기 위한 모임, 사전 자료 조사, 노조대표로서의 직무수행을 위한 훈련 참여 등의 사안별로 활동 내역과 필요한 시간을 적시한 문서를 자신의 부서 혹은 라인 매니저에게 제출해야 하며, 사용자는 해당 비전임노조대표들이 요청한 노동시간면제의 합리성 여부를 판단하여 허용할지에 대한 결정을 내린다.

미국도 영국과 마찬가지로 "합리적인 범위"의 시간을 초과하지 않는 선에서 노조업무 내역을 대상으로 근로시간면제의 범위를 판단하고 있다. '합리적'인 시간범위는 판단 기준이 정해져 있지 않지만, 한 사례에 따르면 '근무시간의 10% 정도'를 적당한 수준으로 보고 있다. 사용자의 입장에서도 노사간의 열린 의사소통을 원활하게 운영하는 것이 필요하다고 판단하고 있기에 일정시간의 근로시간면제를 인정하고 있다. 일반적으로 일주일에 2시간(점심시간을 전후)으로 활용하는 경우부터 일주일에 4시간을 활용하는 경우가 일반적이었다. 사업장 수준의 근로시간면제 제도의 운영은 오랜 기간 동안 형성된 노사간의 관행에 의해 정해져 왔으며, 다른 민간 기업들의 경우 타임오프의 시간과 범위를 구체적으로 정하여 운영하고 있는 회사도 있다.

호주의 경우도 마찬가지로 그 활동 내역에 따라서 근로시간면제를 규정하고 있다. 다만, 작업장 대표자에 대한 근로시간면제의 권리가 명확하게 정의되어 있지 않고, 작업장 수준의 개별 노조의 힘에 의해서 결정되며, 노사의 단체협상에서 주요하게 다루지 않고 부가적인 사안으로 다루어져 왔다. 작업장 대표자의 유급 근로시간면제의 범위는 종업원에게 정보제공을 위한 시간, 사용자와 노동재판소에서 조합원의 이해를 대변하는 시간, 정규 근로시간 동안 현장에서 다른 대표자들, 노조전임자들과 함께 협의하고, 현장에서 노조간부들과 관련 사항에 대한 논의하는 시간으로 제한되어 있다. 더불어 현장관계 문제에 대한 훈련(노조에 의해 제공되는 훈련 포함)에 합리적으로 참석하는 시간에 대해 합리적인 유급 근로시간면제, 소속 노조포럼에서 조합원을 대표하기 위해 참석하는 시간에 대해서만 유급 근로시간면제로 인정하고 있다. Human Resources Portfolio Agency와 CPSU(호주 공공노조)가 체결한 사례를 보면 활동사안별로 근로시간면제 범위를 규정하고 있는데, 인정되는 활동 내역은 종업원들에게 공동 브리핑하는 활동에 참여하는 시간, 개별 작업장 문제에 대해, 종업원의 요청에 의해, 종업원의 공식적 대변하는 시간, 작업장에서 종업원에게 정보제공과 피드백 활동, 개별 작업장 문제에 대해, 종업원의 요청에 의해, 종업원들을 지원하고 조언 제공, 종업원 대표자가 격년제의 지부회의에 참석하는 시간 등을 근로시간면제 대상으로 규정하고 있다.

근로시간면제의 시간으로 허용된 시간은 매우 적은 편인데, Human Resources Portfolio Agency와 CPSU(호주 공공노조)가 체결한 사례에서 보자면, 노조간부가 전자회의에 참여하는 시간으로 월 1시간만을 명시적으로 인정하고 있다. 그리고 종업원대표자가 노조간부 역할을 수행하기 위하여 필요한 개발활동으로 활용하기 위한 시간으로서 연간 2일의 유급휴가만을 인정하고 있다.

일본에서도 미국과 영국과 마찬가지로 시간으로 규정하는 것이 아니라, 활동 내역에 따라서 정하고 있으며, 그 규정 내역은 회사마다 다르게 규정되어 있다. 아래 〈표 3-7〉에 제시된 한 노조의 사례를 보면, 각 내역별로 사측이 근로시간면제로 인정하는 특정 항목이 규정되어 있다. 사측과의 관계에서 활동하는 경우는 거의 근로시간면제를 통해서 유급활동으로 인정하고 있으며, 노조관계의 경우 정기대회출석과 중앙집행위원회에 출석할 경우 유급으로 인정하고 있다.

근로시간면제 규정이 시간 혹은 인원에 따라서 법률상 규정된 국가들 중 독일의 경우를

〈표 3-7〉 E노조 취업시간내 조합원 활동관련 사용자의 비용부담(일본)

관계구분	항목	비용부담
사측관계	경영위원회 출석 중앙노조위원장, 서기장 경영협의회 출석 중앙집행위원 인사교류위원회/간사회 출석 임원 급여위원회 출석 위원 노무위원회 출석 위원 직원예금보전위원회 출석 위원 직원의 조회 회의/감사 출석 위원 기타 사측관계 업무에 관한 회의 등	병원 이하 같음
노조관계	정기대회출석 조합원 중앙집행위원회 출석 위원 중앙집행위원회 전문부회/위원회 출석 위원 의료연구집회 출석 조합원 기타 노조의 신청으로 사측이 인정한 것	병원 병원 노조 노조 노조
사측 전국조직관계	정기대회에 출석하는 조합원(사측이 인정한 자) 의료연구집회 출석 조합원(사측이 인정한 자) 블록회의 출석 조합원(사측이 인정한 자)	병원 병원 노조
기타	상부단체의 임원으로서 선출/추천되어 각종회의에 출석하는 관계자 노조주최 의료연구집회 출석 조합원(사측이 인정한 자) 기타 노조가 신청하고 사측이 인정한 것	상부단체 노조 노조

자료: E노조제공자료

〈표 3-8〉 종업원평의회 위원 정원(독일)

종업원 수(명)	근로자위원 정원(명)
5 ~ 20	1
21 ~ 50	3
51 ~ 100	5
101 ~ 200	7
201 ~ 400	9
401 ~ 700	11
701 ~ 1,000	13
1,001 ~ 1,500	15
1,501 ~ 2,000	17
2,001 ~ 2,500	19
2,501 ~ 3,000	21
3,001 ~ 3,500	23
3,501 ~ 4,000	25
4,001 ~ 4,500	27
4,501 ~ 5,000	29
5,001 ~ 6,000	31
6,001 ~ 7,000	33
7,001 ~ 9,000	35

주: 9,001명을 넘는 경우에는 종업원 수가 3,000명을 넘을 때마다 위원 정원을 2명씩 증가

보자면, 경영조직법에 의해서 종업원평의회의 위원 수에 대하여 최소 기준이 명시되어 있으며(〈표 3-8〉 참조), 전임자 외의 종업원평의회 위원에 대해서는 평의회 활동을 위해 근로시간을 면제해 주고 있다.

프랑스 공공부문에서는 근로면제시간을 법령이나 법령에 준하는 「규정」에서 정하고 있고, 민간부문에서는 근로면제시간은 법령에서 정하고 있다. 국가 공무원의 경우에는 별도의 근로면제시간 제도는 규정되어 있지 않고, 노조전임자 제도가 이를 포괄하고 있다. 지방공무원의 경우 「지방 공무원의 단결권 행사에 관한 명령」의 제18조에서, 보건 의료 공무원의 경우, 「보건 의료 공무원의 단결권 행사에 관한 명령」 제16조에서 근로면제시간에 대해서도 다음의 〈표 3-9〉와 같이 정하고 있다.

〈표 3-9〉 지방공무원과 보건 의료 공무원 대상 근로시간면제 시간 규정(프랑스)

지방공무원		보건 의료 공무원	
기준(공무원 수)	시간	기준(공무원 수)	시간
100명 미만	인원수와 동일한 월 근로면제시간	공무원 수 100명 미만	인원수와 동일한 월 근로면제시간
100명 ~ 200명	월 100시간	100명 ~ 200명	월 100시간
201명 ~ 400명	월 130시간	201명 ~ 400명	월 130시간
401명 ~ 600명	월 170시간	401명 ~ 600명	월 170시간
601명 ~ 800명	월 210시간	601명 ~ 800명	월 210시간
801명 ~ 1,000명	월 250시간	801명 ~ 1,000명	월 250시간
1,001명 ~ 1,250명	월 300시간	1,001명 ~ 1,250명	월 300시간
1,251명 ~ 1,500명	월 350시간	1,251명 ~ 1,500명	월 350시간
1,501명 ~ 1,750명	월 400시간	1,501명 ~ 1,750명	월 400시간
1,751명 ~ 2,000명	월 450시간	1,751명 ~ 2,000명	월 450시간
2,001명 ~ 3,000명	월 550시간	2,001명 ~ 3,000명	월 550시간
3,001명 ~ 4,000명	월 650시간	3,001명 ~ 4,000명	월 650시간
4,001명 ~ 5,000명	월 1,000시간	4,001명 ~ 5,000명	월 1,000시간
5,001명 ~ 25,000명	월 1,500시간	5,001명 ~ 6,000명	월 1,500시간
25,001명 ~ 50,000명	월 2,000시간	6,000명 초과	1,000명 증가할 때마다 월 100시간 추가
50,000명 초과	월 2,500시간		

〈표 3-9〉와 같이 정해진 전체 근로면제시간 수는 각 노동조합의 대표성에 비례하여 배분된다. 지방공무원의 경우 전체 근로면제시간 수의 25%는 지방공무원중앙협의회에 참여하는 각 노동조합에 동등하게 배분하며, 나머지 75%는 지방공무원협의회(comité techinique de la collectivité) 선거에서 각 노동조합이 획득한 득표수에 비례하여 배분한다. 보건 의료 공무원의 경우 전체 근로면제시간 수의 절반은 보건 의료 공무원 협의회에 참여하는 각 대표적 노동조합이 차지하고 있는 의석수에 비례하여 배분한다. 나머지 절반은 각 대표적 노동조합이 보건 의료 공무원 협의회 선거에서 획득한 득표수에 비례하여 배분한다.

프랑스의 민간부문에서는 노조전임자 제도와 달리, 근로면제시간 제도는 법령에서 정하고 있다. 주로 노동조합대표위원, 노사협의회 종업원위원 및 고충처리위원에게 주어지는 시간으로서 일정한 시간 동안 근로 의무를 면하고 노동조합이나 종업원 대표 임무에 종사할 수 있는 시간을 말한다. 근로면제시간은 근로시간으로 간주되며 임금이 지급된다. 단체협약으로 노동조합대표위원이나 종업원 대표의 수 및 근로면제시간의 수를 법상의 기준보다 높게 정할 수 있다.[17] 아래 〈표 3-10〉에서는 노동조합대표위원에게 보장된 근로시간면제 시간과 기업별 교섭의 준비를 위하여 허용된 추가적 근로면제시간을 나타내고 있다.

〈표 3-10〉 기업별 단체교섭을 위한 노조대표위원 수 산정 기준과 (추가)근로시간면제 시간(프랑스)

노동조합대표위원		근로면제시간		추가적 근로면제시간	
종업원 수 기준	대표위원	종업원 수	시간	종업원 수	시간
50명~999명	1명	50명~150명	월 10시간	500명 이상	연 10시간
1,000명~1,999명	2명	151명~499명	월 15시간	1,000명 이상	연 15시간
2,000명~3,999명	3명	500명 이상	월 20시간		
4,000명~9,999명	4명	중앙노동조합대표위원	월 20시간		
9,999명 초과	5명				

위 〈표 3-10〉에서 나타나듯이 상시 근로자 50명 이상의 기업에서 노동조합지부를 설치하고 있는 대표적 노동조합에게 노동조합대표위원(délégué syndical)을 선임할 수 있는 권리가 주어지며, 주요 권한은 기업별 협약을 교섭하고 체결하는 것이며, 추가적 근로시간면제 시간은 각 노동조합지부는 기업별 교섭의 준비를 위해 사용하게 되고, 노동조합지부별로 시간이 할당된다. 할당된 시간은 노동조합지부는 교섭에 참가하는 노동조합대표위원에게 배분된다.

부분적 근로면제시간을 허용하는 경우도 존재하고 있는데, 노동조합지부대표제도를 통해 4년마다 사업장 내 복수노조가 존재할 경우 각 노조들의 대표성을 4년에 한 번씩 조합원 수 및 조합비, 재정의 투명성, 자주성, 공화국 가치의 존중, 영향력(활동, 경험, 지역별, 직업별 분포), 2년의 연혁, 기업 내 종업원 선거 득표율(종업원 선거, 노사협의회 선거, 고충처리위원 선거에서 10% 이상을 득표한 노동조합)의 기준에 따라서 평가하게 되며, 해당 조건 충족한 노동조합에게 "대표적 노동조합"의 자격을 부여하여 대표성을 인정한다. 초기업 단위에서는 기업별 선거 결과를 합계하여 8% 이상을 득표한 노동조합만이 대표성을 갖는다. 타 조건들은 충족하면서도 종업원 선거 득표율이 10%에 미치지 못하는 노동조합의 경우 '적격 노동조합'으로서 부분적으로 그 대표성을 인정하고 있으며, '적격 노동조합' 소속의 노동조합지부대표에

---

17) 노동법전 L. 2141-10조, L. 2312-6조, L. 2325-4조.

게는 한 달 4시간의 근로면제시간이 인정된다.

이탈리아에서 노조전임자의 대표적인 형태는 RSU(Rappresenza Sindacale dell'Unione)로서 법률상 그 활동이 보장된다. 일반적으로 RSU 선출은 해당 기업 혹은 사업장의 종업원 규모에 따라서 정하게 된다. 즉, RSU의 선출이 가능한 종업원 규모가 200명 이상이며 200명 이하 규모의 사업장에서는 지역별 협약이나 산별협약에서 별도로 RSU의 숫자를 협의하게 된다.

구체적인 기업의 협약 사례를 살펴보면, 전임노조활동 시간의 부여와 산정기준 및 유무급의 명시 등은 기업별로 다르게 나타나며, 경우에 따라서는 보다 포괄적으로 인정되기도 하고, 반대로 보다 구체적이고 협소하게 운영된다. 협약의 포괄성과 구체성은 때로 노동쟁의와 노동법 위반 소송의 빌미를 제공하며, 이러한 경우 사법적 판단의 기준은 1970년 제300호 법률과 해당 기업이 속해 있는 전국차원의 산별협약이 법률적 판단의 근거가 되는 것이 일반적이다. 금속부문의 TEXSID 사의 경우 노조전임활동 시간을 총 1일당 8시간으로 산정하고, 이를 주야의 2개 그룹으로 나누어 각각 4시간씩 인정하고 있다.

〈표 3-11〉 한국의 근로시간면제 한도

조합원 규모*	연간 시간 한도	사용가능인원
99명 이하	최대 2,000시간 이내	
100명~199명	최대 3,000시간 이내	
200명~299명	최대 4,000시간 이내	○ 조합원 수 300명 미만의 구간: 파트타임으로 사용할 경우 그 인원은 풀타임으로 사용할 수 있는 인원의 3배를 초과할 수 없다. ○ 조합원 수 300명 이상의 구간: 파트타임으로 사용할 경우 그 인원은 풀타임으로 사용할 수 있는 인원의 2배를 초과할 수 없다.
300명~499명	최대 5,000시간 이내	
500명~999명	최대 6,000시간 이내	
1,000명~2,999명	최대 10,000시간 이내	
3,000명~4,999명	최대 14,000시간 이내	
5,000명~9,999명	최대 22,000시간 이내	
10,000명~14,999명	최대 28,000시간 이내	
15,000명 이상	최대 36,000시간 이내	

전체 조합원 1,000명 이상인 사업 또는 사업장의 경우, 광역자치개수에 따라
► 2 - 5개: (사업 또는 사업장 연간 근로시간면제 한도) × 10%
► 6 - 9개: (사업 또는 사업장 연간 근로시간면제 한도) × 20%
► 10개 이상: (사업 또는 사업장 연간 근로시간면제 한도) × 30%

* '조합원 규모'는 「노동조합 및 노동관계조정법」 제24조 제4항의 '사업 또는 사업장'의 전체 조합원 수를 의미하며, 단체협약을 체결한 날 또는 사용자가 동의한 날을 기준으로 산정한다.

한국은 2010년 1월 1일부로 노조법 개정을 통하여 근로시간면제 제도를 도입하여 운영하고 있으며, 근로시간면제는 조합원 수를 기준으로 하여 허용되는 면제시간의 한도를 상한선으로 규정하고 있다. 사용자의 전임자 급여지급을 원칙적으로 금지하는 경우에도 단체협약 또는 사용자의 동의가 있는 경우에는 허용되는 활동과 업무(교섭·협의, 고충처리, 산업안전 등 노사공동의 이해관계에 속하는 활동 및 건전한 노사관계 발전을 위한 노동조합의 유지·관리 업무)는 근로시간면제방식을 통해 유급처리를 허용하고 있다. 근로시간면제 한도는 사업장별 전체 조합원 수 규모를 고려하여 근로시간면제심의위원회가 결정하는 바에 따라 노동부장관이 고시하게 된다. 현재 시행되고 있는 근로시간면제 한도는 〈표 3-11〉과 같다.

6. 근로시간면제 대상 활동

각 나라별로 근로시간면제 대상으로 허용되는 노조활동의 범위가 다르게 인정되고 있는데, 그 유형은 크게 3가지로 나뉜다. 첫 번째 유형은 최소 기준을 법으로 규정하고 이후 이를 바탕으로 사업장에서 노사가 그 범위를 확대하여 규정하는 국가로서 독일, 프랑스, 이탈리아가 있으며, 두 번째 유형은 매우 포괄적인 법 규정이 존재하고 이를 바탕으로 노사가 자율적으로 정하도록 하는 영국, 미국, 호주가 있으며, 한국도 여기에 속한다. 세 번째 유형은 협상만으로 그 범위를 노사간 규정하는 일본이 있다.

첫 번째 유형에 속하는 국가들의 경우 노동법 혹은 판례와 노동위원회와 같은 법 규정에 따라서 근로시간면제 대상 활동에 대한 가이드라인이 제도적으로 규정되고, 이를 바탕으로 각 사업장별로 각 사업장의 특성에 따라서 노사간의 협상에 의해서 세부적인 근로시간면제 대상 활동을 규정하고 있다.

독일의 경우 노조신임자와 종업원평의회의 두 가지 유형으로 나누어 봐야 하는데, 우선 노조신임자의 경우 단체협약 등의 규정이 없는 한 사용자의 동의가 없으면 노조신임자는 사업장에서 자유롭게 활동할 수 없으며 근로시간 중에는 사업장을 떠날 수도 없다. 이는 노조신임자 제도가 독일기본법 제9조 제3항에서 직접 도출되는 권리가 아니라고 판단하고 있어, 원칙적으로 근무시간 외에 활동을 하게 된다. 연방헌법재판소는 노조신임자에 대한 법적 지위를 인정하기도 하지만, 노조만의 자체 회의참가시간에 대해 당연히 근로시간면제를 인정할 정도는 아니라고 판단하고 있다. 또한 근무시간 중 사업장 내에서 노조신임자를 선출할 수 있도록 사용자에게 요구할 수 있는 권리도 보장되지 않는다. 독일연방노동법원은 노조신임자의 선출은 "노동조합의 내부조직적 활동"으로서 "노동조합의 고유한 사항"이기에, 근로조건의 유지·개선을 위한 단지 "필요한 인적 요건"을 창출하는 것일 뿐 근로조건의 유지·

개선에 직접 관련되는 것은 아니라고 보고 있다.[18] 노조신임자도 일반 근로자와 동일한 법률관계가 적용되는 것이 원칙이므로 노조업무를 수행한다는 이유로 특별한 혜택을 부여하는 것은 차별금지원칙에 어긋나 독일기본법 제9조 제3항 2문에 저촉된다고 보고 있다. 다만 금속노조의 경우 노조신임자의 노조회의 참석 등에 대해 50% 정도가 근로시간면제를 인정해 준 것으로 나타나고, 전체 사업장의 경우 약 65% 정도가 근로시간면제를 인정하는 것으로 나타나고 있다.

종업원평의회 대표자의 경우 경영조직법에 근거하여 사업장 단위 근로조건 결정, 고충상담, 사업장 내 쟁점에 대한 공동결정 및 각종 동의·결정·참여 기능을 수행한다. 종업원평의회의 회의는 근로시간 내에 개최되고, 회의를 언제 개최할 것인지 또한 얼마나 자주 회의를 할 것인가는 종업원평의회가 결정하며, 이후 회의개최 전 회의시각을 사용자에게 통지하여야 한다(동법 제30조). 회의에 참석할 자격을 가진 위원은 회의시간 동안 근로제공의 의무는 없으며, 해당 활동의 범위와 종류에 따라 필요한 경우, 임금의 저하 없이 근로제공이 면제된다(동법 제37조). 이를 일시적 근로시간면제(vorübergehende Arbeitsfreistellung)라고 부른다. 종업원평의회 모든 위원은 원칙적으로 종업원평의회의 임무를 수행하며 그를 위하여 소요되는 시간은 유급으로 인정된다.

프랑스의 경우 근로시간면제 대상 활동을 법률상 명시적으로 규정하지 않고 있다. 단지, 근로시간면제 시간 규정에 따라서 노동조합 활동에 대한 자유를 인정하고 있다. 이는 일반적인 원칙으로 근로자의 권익 보호활동을 하는 조합 활동에 대한 포괄적인 활동의 자유를 인정하고 있기 때문이다.

이탈리아의 경우 노조전임자의 법적 지위와 활동은 법률로 규정되어 있기에 일반적으로 보호되는 것이 원칙이다. 특히 공공부문과 학교 및 보건 의료 분야 등에서는 노조전임자 활동이 국가의 법으로 규정되어 있어서 노조전임자 활동이 원칙적으로 보호되고 있다. 그러나 민간부문의 경우, 영역과 기업 혹은 지역에 따른 격차가 존재한다는 점에서 일률적인 규정이나 내용을 파악하는 것이 쉽지 않다. 이는 개별 협약 수준에서 결정할 수 있는 사항이기에 개별 기업의 노사간의 협약 내용에 따라 다르게 규정되어 있다.

두 번째 유형은 매우 포괄적인 법 규정이 존재하고 이를 바탕으로 노사가 자율적으로 정하도록 하는 영국, 미국, 호주, 한국의 사례인데, 법 규정에서는 포괄적인 범위에 대하여 법

---

18) BAG AP Nr. 28 zu Art. 9 GG.

규정 혹은 판례를 통해서 가이드라인을 제공하고 있고 노사는 이러한 범위에 한해서 사업장 특성에 맞게 근로시간면제 대상 활동을 규정하고 있다. 영국에서는 노동조합 및 노동관계법 (TULR(C)A 1992)에 유급 근로시간면제 대상으로 인정되는 범위가 규정되어 있으며, 미국의 경우 노동위원회 혹은 판례를 통해서 근로시간면제 대상이 되는 노조활동과 사용자가 근로시간면제를 허용하지 않아도 되는 활동 범위를 규정하고 하고 있다. 호주는 Fair Work Act 2009, Public Service Act 1999 및 연방법에서 노조간부의 유급 노조활동 대상을 원칙적인 사항에 한해서 규정하고 있다.

영국의 경우 유급 노조활동 시간으로 인정되는 노조의 직무(union duty)는 ① 임금, 노동시간, 휴일, 연금, 평등한 기회 등 고용계약조건에 관한 사항, ② 채용과 선발 정책, 인적자원 기획, 해고 및 정리해고 등 고용관련 사항, ③ 직무 평가, 분석, 유연노동관련 정책, 가족친화적 정책(일과 생활의 균형)에 관한 사항, ④ 징계 절차 등에 관한 사항, ⑤ 조합원 규정에 관한 사항이 있다. 이외의 노조활동(union business)의 경우는 법률상 유급으로 규정하고 있지 않는다. 예를 들어 노동조합 내부 이슈를 논의하기 위한 회의에 참석하거나, 노조정책결정기구에 참여하는 활동, 사용자와의 교섭 시 필요한 노조전술을 논의하기 위해 사업장 단위 회의 참석, 사업장 단위 이슈를 논의하기 위하여 사업장 외부 회의에 참석, 사업장 단위 노조(지부) 대표를 선출하는 노조선거에서 투표활동 등은 유급 노조활동 범위에 포함되지 않는다. 그러나 특정 사안별로 사용자가 노조활동에 대하여 사용자가 '유급'으로 노조활동시간을 보장할 의무는 없지만, 노사의 자율 협상에 따라서 유급으로 인정하는 사례도 존재한다.[19]

한편, 사용자는 노동조합대표가 야간노동이 이뤄지는 시간에 노동조합 직무를 수행해야

---

19) UNISON 정기 대의원대회(National Delegate Conference 2013, 2013년 6월18-21일, 리버풀)에 참석한 노조대표들은 대부분 사용자로부터 유급 노동조합 활동시간으로 인정받아 대회에 참석했다고 답했다. 인정받은 기간은 차이가 있었다. 대회기간 나흘 모두를 인정받은 경우도 있고, 절반인 이틀만 인정받은 경우도 있었다.
"대의원대회 참석은 법률상으로 노동조합 직무에 포함되지 않는다고 여겨진다. 하지만 우리 사업장에서 노사 관계가 상대적으로 좋은 편이어서 사용자는 나흘 모두를 유급 노동조합 활동시간으로 인정해 주었다." (햄프셔 카운슨 지부)
"유급 노동조합 활동시간을 보장받기 위해서는 라인매니저에게 신청서를 제출해야 한다. 무엇보다 라인매니저의 노조에 대한 태도가 보장받을 수 있는 활동시간의 규모에 상당히 큰 영향을 미친다. 우리 부서의 경우, 라인매니저 역시 UNISON 조합원이다. 덕분에 큰 어려움 없이 나흘 모두를 유급 노동조합 활동시간으로 보장받았다." (북동부 링컨셔지부)
"우리 지부에서 2명의 대표가 대의원대회에 참석하였다. 1명은 풀타임으로 노동조합 활동시간을 보장받은 지부 사무총장이어서 별도의 절차를 거칠 필요가 없었다. 나는 노동시간의 절반으로 노동조합 활동에 쓸 수 있는 보건안전대표이기 때문에 나흘 동안 내 업무를 비우고 대의원대회에 참석하기 위해 라인매니저와 협의를 해야 했다. 그 결과, 이틀은 유급 노동조합 활동시간으로 보장받고 이틀은 내가 휴가를 내는 방식으로 합의했다." (레스터셔 경찰지부)

했다 하더라도 야간노동에 따른 할증임금을 지급할 의무는 없으며, 파업이 발생할 경우, 노동조합대표들은 다른 파업 참가 노동자들과 같은 대우를 받게 되며, 유급 노조활동시간으로 인정하지 않아도 된다.

미국의 경우에는 ① 조합원들의 교섭대표로서 노동조합에 의해 수행되는 활동, ② 신규 조합원 모집활동 등 노동조합 자체를 위하여 수행하는 활동, ③ 고충처리 절차에 참여하는 등 단체교섭과는 관련이 없지만 조합원들의 이익을 위한 활동에 한해서는 근로시간면제로 인정되는 활동들이다(BNA, 2013). 반면, 사용자가 근로시간의 면제 자체를 허용하지 않아도 되는 활동들은 ① 노동조합의 정치적 행위와 관련한 위원회 등에 참여하는 활동(Anchor Duck Mill, 5 LA (Hepburn, 1946)), ② 다른 노동조합을 위한 활동 Swift & Co., 6 LA 422 (Gregory, 1946), ③ 다른 사용자와 교섭하기 위한 활동(Leonetti Furniture Mfg. 64 LA 975 (O'Neill, 1975)), ④ 다른 사용자에 대한 피케팅 행위(Chrysler Corp., 11 LA 732 (Ebeling, 1948))로 규정하고 있다.

호주에서는 Fair Work Act 2009, Public Service Act 1999 및 연방법에 작업장대표자의 권리와 역할에 대한 원칙을 제시하면서 작업장대표자의 근로시간면제를 포함한 제 규정들이 제도화되고 있다. 구체적으로, ① 정상 근로시간 동안 기관에서 작업장 관련 문제에 관해 현장 종업원들에게 정보를 제공하고 피드백을 받는 활동에 대한 합리적인 유급 근로시간면제의 권리, ② 사용자와 노동재판소에서 조합원의 이해를 대변하는 시간에 대해 합리적인 유급 근로시간면제의 권리, ③ 정규 근로시간 동안 현장에서 다른 대표자들, 노조전임자들과 함께 협의하고, 현장에서 노조스탭과 전임자로부터 조언과 지원을 받는 시간, ④ 현장관계 문제에 대한 적절한 훈련(노조에 의해 제공되는 훈련 포함)에 합리적으로 참석하는 시간에 대해 합리적인 유급 근로시간면제, ⑤ 소속 노조포럼에서 조합원을 대표하기 위해 참석하는 시간에 대해 합리적인 유급 근로시간면제 등이 있다.

한국은 근로시간면제 제도 도입 이전의 경우에는 전임자의 활동범위는 소정의 근로를 제공하지 않고 노동조합의 업무에만 종사할 수 있다(노조법 제24조 제1항)고 규정하여 전임자의 업무범위를 구체적으로 명시하고 있지는 않았다. 여기에서 의미하는 노동조합의 활동은 근로조건의 유지ㆍ개선과 근로자의 경제적ㆍ사회적 지위의 향상을 위하여 사용자와 단체교섭을 하고 단체협약을 체결하며, 근로조건의 향상을 위한 주장을 관철하기 위한 수단으로 사용자에 대하여 노동조합 등 근로자단체를 통하여 집단적인 쟁의행위나 그 밖의 활동 등을 할 수 있는 권리가 포함되는 것으로 해석되었다. 즉, 단체협약으로 정하거나 사용자의 동의가 있는 경우에는 전임자는 노동조합 활동에 대하여 특정한 활동에 국한되어 활동이 제한되는 것이 아니라 노조법 상의 노동조합의 활동에 저해되지 않는 범위 내에서 활동이 허용되었다.

2010년 1월 1일 개정된 노조법에 의한 근로시간면제 제도에서는 근로시간면제의 대상 업무가 규정되어 있는데, 제도 도입 전의 법률상 규정과 비교하면 전임자의 활동 영역에 대하여 일부 구체화되어 규율되고 있다는 점에서 차이가 존재한다. 개정법에 따르면, 근로시간면제 한도를 초과하지 않는 범위 내에서 근로자는 임금의 손실 없이 '사용자와의 협의·교섭, 고충처리, 산업안전 활동 등 이 법 또는 다른 법률에서 정하는 업무와 건전한 노사관계 발전을 위한 노동조합의 유지·관리 업무'를 할 수 있다고 규정하고 있다.

세 번째 유형은 사업장의 노사간의 합의에 따라서 근로시간면제 대상 활동을 규정하는 유형으로서 법은 매우 원칙적인 규정만 있기에, 사업장 단위의 노사가 협상에 따라서 사업장 단위에서 구체적으로 근로시간면제 활동 대상을 정하는 경우이다. 이 유형에 속하는 국가는 일본으로서 근로시간면제를 인정하는 활동에 대하여 "노동자가 근로시간 중 시간 또는 임금을 잃지 않고, 사용자와 협의하거나 교섭하는 것은 사용자가 허용할 수 있다"고 규정하면서, 후생자금이나 경제상 불행, 재해를 방지하거나 구제하기 위한 지출에 실제 사용되는 복리, 기타 기금에 대한 사용자의 기부 및 최소한 넓이의 사무소의 공여는 사용자의 경리상의 원조로 노조의 자주성을 저해하는 부당노동행위에 해당하지 않는 것으로 보고 있어 근로시간면제를 허용할 수 있는 활동 범위로 규정하고 있다. 작업장 수준에서는 구체적으로 노사간의 협의에 따라서 범위를 정하고 있다.

7. 전임자에 대한 임금지급 주체 비교

가. 상급단체의 경우

모든 국가들은 전국단위의 노동조합이나 산별노동조합 등 기업단위 노동조합의 상급단체에 종사하는 다수의 노조전임자의 경우에는 해당 노동조합에서 자체적으로 임금을 지급하고 있다. 사업장 수준에서 파견된 제한적 규모의 노조간부들에 한해서 사용자의 임금지급을 법률상 허용하고 있거나, 노사간의 합의에 따라서 사용자로부터 임금지급을 받으며 상급단체에 파견되어 노조업무를 수행하는 사례도 존재한다.

노조가 자체적으로 임금을 지급하는 국가들은 영국, 미국, 독일, 호주이며, 전국 단위 또는 상급단체의 노동조합 전임자의 임금은 노조가 자체적으로 지급하고 있다. 일본의 경우 다수는 노조자체가 임금을 지급하고 있으며, 단위사업장에서 상급단체로 파견된 일부 간부의 경우 단위사업장의 노조에서 지급하는 경우가 존재한다.

프랑스와 이탈리아의 경우 사용자로부터 임금지급을 받는 노조전임자를 사업장 단위 노조에서 파견할 수 있도록 한 법 규정에 따라서 일부 노조전임자가 상급단체에서 노조업무를 수행하고 있다.

반면 2010년 1. 1 노동법 개정 이전 한국의 경우 프랑스, 이탈리아와는 달리 법 규정이 아니라 사업장 수준의 노사간 합의에 따라서 사용자로부터 임금지급을 받는 노조간부가 상급단체로 파견되어 노조업무를 수행하고 있다.

나. 사업장 단위의 경우

사업장 단위의 노조전임자에 대한 임금지급 주체는 국가별로 상이하게 규정되어 있다. 미국, 프랑스, 일본, 한국의 경우에는 법률상 허용하는 범위의 차이는 존재하지만 허용되는 한도 내의 노조전임자 활동에 대해서는 사용자가 임금을 지급하지만, 그 한도를 벗어나는 활동에 대해서는 노동조합이 임금지급의무를 지닌다. 영국의 경우에는 근로면제시간으로 허용되는 시간이 적기 때문에 사용자가 임금을 지급하고 있다. 독일의 경우에는 종업원평의회의 법적 성격상 사용자가 임금지급의무를 부담하고 있으며, 이탈리아의 경우에는 사용자가 원칙적으로 부담하지만 노동조합이 직접 채용한 기업 내 전임자는 노동조합이 임금을 부담하고 있다. 구체적인 사례를 살펴보면 아래와 같다.

영국의 경우에는 사업장 단위 노조(지부)가 노조대표들의 급여를 지부의 자체 재정에서 충당하는 사례는 찾아보기 힘들다. 물론 전국단위 노조대표들에 대해서는 노조재정으로 급여를 지급하는데, 이는 이들이 사업장 단위에서 사용자와 고용관계를 맺지 않고 노동조합에 고용되어 있기 때문이다.

사업장 단위 노조(지부)대표들은 풀타임으로 노동조합 활동시간을 보장받는 경우를 제외하면 고용계약에 따른 본인의 업무와 노동조합 활동을 병행하고 있고, 사용자와 합의된 노동조합 활동시간 범위 안에서 이해대변 활동을 다하지 못한 경우에는 자신의 업무시간 전후, 주말 등의 시간을 활용하거나 연월차 휴가 등을 내는 방식으로 노조활동시간을 확보하고 있다. 이러한 활동에 대해 노조지부가 별도로 급여를 지급하는 경우는 찾아보기 힘들다.

실제 사례인 UNISON 호머튼대학병원지부(조합원 640여 명)의 경우, 2011-12년 회계연도 동안 지출한 총액 14,800파운드 가운데 노동조합대표에게 지출된 금액은 270파운드에 불과했다. 이는 노동조합 활동에 따른 노동조합대표의 임금 지급의 성격이라기보다는 아주 적은 규모의 활동비 지급에 관한 것이다. 그 비율도 총 지출액의 2%를 약간 밑도는 수준이다.

미국에도 유급 전임자와 무급 전임자의 개념이 모두 존재하고 있다. 우선 유급 전임자는 "사용자와 근로계약관계를 유지하면서 노동조합 활동을 위한 시간에 대한 임금도 사용자로부터 지급받는 자"를 의미한다. 이는 다시 구체적으로 유급 근로시간면제에 의한 풀타임 노조전임자와 부분전임자로 구분된다. 둘째, 무급 전임자는 다시 두 가지 유형이 존재한다. 우선, 위에서 설명한 바와 같이 노동조합(산별 또는 직종별 노조) 자체에 의해 고용 혹은 임명된 자로서 노동조합으로부터 임금을 지급받는 자가 있다. 다음으로는 사용자와의 근로계약이 유효한 근로자이면서 노동조합의 활동을 위하여 일정기간 동안 휴직(Union leave)을 하고 임금은 노동조합으로부터 지급받는 유형이다.

미국의 민간부문과 공공부문 모두 주로 단체협약에 의하여 경우 노조활동을 하는 노조간부에 대한 임금지급을 규정하고 있다. 특히 노조활동의 내용이 산업안전, 교육훈련 참가, 고충처리업무, 단체협상에의 참여, 고충중재업무인 경우에 주로 사용자가 임금을 지급하도록 단체협약에서 규정하고 있다. 반면, 신규노조원 가입활동 등 사업장 내의 노사관계와 무관한 노조의 자체적인 업무(Internal union business)를 수행하는 경우에는 사용자가 임금을 지급하도록 단체협약에 규정된 경우가 거의 없는 것으로 보인다.

캘리포니아 주법에 의하면, 풀타임 노조전임자는 3년간(재연장가능) 노조활동을 보장받게 되며 500명의 근로자 당 0.5명~1명의 풀타임 노조전임자를 둘 수 있다. 임금지급에 있어서 노조와 사용자의 비용분담이 존재하는데, 사용자는 전임자의 총인건비의 66%를 지급하는 반면, 노동조합은 34%를 지급하도록 규정되어 있다.

프랑스의 경우에는 공공부문과 민간부문이 약간 상이하게 운영되고 있다. 먼저 공공부문의 경우, 노조전임자에 대한 임금지급은 사용자가 부담한다. 프랑스 철도공사의 경우 법에서 규정한 인원수에 해당되는 전임자는 사용자가 임금지급을 부담하지만, 노동조합에서 그 외에 필요로 하는 전임자에 대해서는 정해진 수의 30% 내에서 사용할 수 있으며, 이들에 대한 임금을 사용자가 지급하지만 지급받은 임금을 노동조합이 환불해야 한다.

민간부문의 경우 대표적으로 은행 산업에서는 무급 전임자와 별도로 은행 산업의 각 대표적 노동조합은 은행 산업에 속하는 기업의 근로자 1명을 임명하여 산업별 노동조합 또는 은행 산업에서 대표성이 인정되는 전국 차원의 노동조합 조직의 업무에 종사하도록 할 수 있다. 이 전임자의 임금은 소속 기업에서 지급하며 은행 산업 사용자단체(AFB)에서 해당 기업에게 환불을 해 준다. 이 유급 전임자는 은행 산업 전체에서 대표적 노동조합당 1명씩 선임하는 것으로서, 전임자가 선임된 기업은 은행 산업의 사용자를 대신하여 전임자를 보내고 임금을 지급하는 것이므로 은행 산업 사용자단체에서 그 비용을 보전해 주는 것이다. 이 유급 전임자가 전임 기간이 만료하여 원래 기업으로 복귀하는 경우 무급 전임자에게 적용되는 규정들이 동일하게 적용된다.

　일본은 법률상 노조전임자 임금지급을 금지하고 있다. 일본은 노동조합의 자주성에 관한 규정이 적용되어 노조전임자에 대한 임금지급이 허용되지 않는다. 노동조합의 전임자가 되기 위해서는 사용자의 승인을 필요로 하는 단체협약이 많다. 따라서 조합의 임원을 전임자로 하려면 인건비 또한 조합비로 충당하여야 하기 때문에 비용부담이 크기 때문에 조합이 전임자를 늘리기 어려운 구조이다.

　한국의 경우에는 근로시간면제 한도를 조합원 규모에 따라 시간으로 규정하고 있으며, 전임자의 활동범위도 법률의 규정에 따라 단체협약으로 정하도록 되어 있다. 따라서, 그 범위를 벗어나거나 근로시간면제 한도를 벗어난 전임자의 활동시간에 대해서는 노동조합이 임금을 지급해야 하는 해석을 가능하게 한다.

　호주는 최근에 기업별 단체교섭으로 분권화됨에 따라 작업장대표자의 권리와 역할이 점점 중요하게 되었다. 이에 따라 2009년 호주 정부는 작업장대표자의 권리와 역할에 대한 원칙을 제시하고, 공공기관들은 단체협약에 이를 최저기준으로 적용하여 사용자에게 임금지급 의무를 부여하고 있다. 그러나 호주의 노동조합은 역사적으로 재정이 풍부하기 때문에 사용자가 임금을 지급하지 않는 경우가 대다수이다.

　독일의 종업원평의회는 법으로 종업원으로부터 회비나 별도의 기금을 징수할 수 없도록 규정[20]하고 있기 때문에, 종업원평의회의 운영·활동비는 사용자가 전적으로 부담하게 된다. 따라서 전임자에 대한 급여도 당연히 사용자가 지급한다.

　이탈리아에서는 노동조합이 채용한 전임자의 경우에는 노동조합이 임금을 지급한다. 이 경우는 노동조합이 사용자로서의 의무를 가지며, 이는 1970년 제300조 법률에 근거하고 있다. 가장 최근의 판례는 노동조합이 직접적 채용한 경우에는 해당 전임자의 급여를 노조가 지급하는 것으로 판결하고 있다. 이 경우 노조는 노조원의 사용자이며, 따라서 근속 노동자의 대우에 맞는 급여와 보수를 지급해야 할 것이다. 이들을 제외한 일반적인 경우의 노조전임자의 임금은 사용자가 지급한다.

---

20) 경영조직법 제41조.

8. 소   결

이하에서는 지금까지 살펴본 각 국의 노조전임자 및 근로시간면제 제도를 바탕으로 몇 가지 구체적인 검토를 하고자 한다. 먼저 전임자에 대한 임금지급을 금지하는 사례가 있는 지 구체적으로 살펴보고, 근로시간면제의 기준이 하한선이라고 규정할 경우 노사간의 합의 로 그 기준을 무제한 늘릴 수 있는지에 대하여 검토할 것이다. 그리고 마지막으로 각 국의 근로시간면제 제도를 분석하여 전임자를 허용하는 정도에 관하여 국가별로 어느 정도의 위 치에 속하는지를 점수법을 사용하여 분석하고 이론적 함의를 살펴보기로 한다.

가. 전임자에 대한 임금지급을 법으로 금지하는 사례

외국사례를 보면 노조전임자에 대한 사용자의 급여지급을 법으로 금지하는 나라는 일본 으로서 사용자의 임금지급을 노조의 자주권을 침해하는 부당노동행위로 간주하여 유급전임 자를 인정하고 있지 않다. 또한 영국의 경우도 마찬가지로 노조의 자주성이 인정될 경우에 만 사용자가 유급 노조활동을 인정하도록 전제하고 있다. 그리고 미국의 경우 사용자가 노 동조직에 대하여 금전적 기여나 다른 종류의 기여를 할 경우 부당노동행위로 간주하면서 사 용자의 임금지급을 금지하고 있다. 예를 들어 노조간부가 고충처리에 사용한 시간이 일반적 인 경우에 비추어 지나치게 많을 경우에 사측에서 이 시간에 대하여 임금을 지급하거나 신 규 회원 모집활동을 한 시간에 대하여 회사가 임금을 지불하는 경우에는 부당노동행위로 간 주하고 있다.

나. 근로면제시간의 무제한 확장 가능성 검토

영국, 미국, 호주, 일본에서는 근로시간면제 시간을 노사간의 협상에 따라서 규정하도록 하고 있으며, 일정한 시간을 정하기보다는 사안별로 회의참가, 교섭 등의 시간을 근로시간면 제 사안으로 규정하고 있다. 독일, 프랑스, 이탈리아의 경우에는 법률상 하한선이 규정되어 있다. 이러한 최소기준을 바탕으로 사업장에서 노사간의 합의에 따라 그 범위를 확장하여 운영하고 있다. 법률상 최소규정을 정하고는 있지만, 이탈리아의 경우 사안별로 무급으로 간 주되는 활동이 있으며, 독일의 경우도 종업원평의회의 경우 작업장 사안에 국한된 활동만을 유급으로 인정하고 있다. 프랑스의 경우에도 철도공사의 사례에서 보듯이 법률상 정한 전임 자의 기준을 상회하는 전임자를 둘 수 있지만 그 한도가 30% 이내로 정해져 있으며, 이들에 대한 임금도 사용자에게 받지만 결국에는 노동조합이 사용자에게 환불해야 되는 규정이 있 기 때문에 무제한적으로 확장하기에는 한계가 존재한다. 결국, 독일, 프랑스, 이탈리아와 같 이 법률상 하한선만을 규정한 경우에도 근로면제시간을 무제한으로 확장하는 것은 현실적으로 불가능한 것이다.

또한 미국의 경우 민간부문과 공공부문 모두 임금의 지급을 받는 노조간부의 숫자와 노조업무의 종류에 대한 일정한 제한을 두고 있다. 제한의 사례는 매우 다양하게 나타난다. 즉, 전임자의 인원이나 근로시간면제의 상한선을 두고 있는 경우, 상한선을 두되 해당 상한선을 넘으면 기존 면제시간을 포함한 인건비 전액을 노동조합이 부담하도록 정한 경우, 구체적인 상한선을 설정하지 않지만 합리적인 범위에서 운영되도록 노사가 노력하는 것으로 정한 경우 등이 존재한다.

호주의 경우 유급 근로시간면제를 받는 노조전임자는 없으며, 산별노조에 직접 고용된 노조대표가 있다. 단, 매우 제한적으로 근로시간면제를 종업원 대표자(delegate)에게 보장하고 있다.

영국의 경우 노동조합대표가 사용자와의 관계에서 조합원들을 대변하는 역할을 하는 경우 즉 노동조합대표들의 직무(trade union duties)를 행할 경우이기에 사용자가 임금을 지급할 의무가 있다고 보고 있으나, 일상적인 노동조합 활동(union activities or union business)을 하는 경우에는 사용자의 임금지급 의무가 없다.

일본의 경우 많은 조합임원을 전임자로 하면, 이들에 대한 인건비를 조합비로 부담하지 않으면 안 되기 때문에, 조합 재정에 문제가 발생할 소지가 많다. 따라서, 전임자의 인건비는 조합이 부담하지 않으면 안 된다는 법률상의 규정 때문에, 실질적으로 전임자의 증가는 현실적으로 가능하지 않은 현실이다.

따라서 모든 국가의 사례를 살펴볼 때 근로면제시간의 무제한적인 확장은 가능하지 않음을 알 수 있다.

다. 근로시간면제, 전임자 규정 및 부당노동행위 규정 정도에 따른 분석

다음에서는 각 국가들의 근로시간면제 제도를 부당노동행위로 규제하는 정도와 제도적 허용정도에 따라서 분류를 하고자 한다. 지금까지 논의한 각 국들의 근로시간면제 제도의 특성을 바탕으로 하여 각 국의 제도를 다음과 같이 측정하였다.

각 국의 제도적 특징을 파악하기 위하여 4개의 변수를 통해서 측정을 하였다. 우선 각 국에서 사용자가 임금을 지급하고 근로시간을 면제받는 노조간부에 대한 법률상의 공식 규정 정도에 따라서 1~5점으로 측정하였다. 법률상 전임자를 규정하고 그 공식적 지위를 인정하는 정도가 가장 높은 국가들인 독일의 종업원평의회(독일WC), 프랑스, 이탈리아, 한국의 경우 5점으로 측정하였다. 다음으로 법 규정상 전임자에 대하여 명시하고 있지는 않지만, 유급 활동을 사용자가 보장하도록 하는 근로시간면제를 법률로 규정하고 있으며, 이를 바탕으로 노사의 협상에 따라서 전임자 제도를 운영하도록 한 미국과 영국의 경우 4점으로 측정하였다. 한편 호주의 경우 사용자가 임금지급을 하는 전임자가 존재하지 않고 매우 미미하지만 노사협상에 따라서 제한적으로 근로시간면제 제도를 운영하고 있도록 하고 있어 3점으로 측정하였다. 마지막으로 전임자의 법적 지위를 인정하고 있지 않는 경우는 1점으로 측정하였는데 이에 속하는 국가는 일본과 독일의 신임자 제도이다.

두 번째 변수는 법률, 혹은 산별협약 등을 통해서 근로시간면제 제도를 규정하는 정도를 5점으로 측정하였는데, 독일, 프랑스, 이탈리아의 경우 법률상 규모별 세부 근로시간면제시간 혹은 전임자 수를 규정하고 있어 제도적 인정 정도가 가장 높아 5점으로 측정하였다. 다음으로 법률상 작업장 규모에 따른 시간을 명시하고 있는 경우는 4점으로 측정하였고, 한국이 이에 속하고 있다. 작업장 규모별 전임자 인원수나 근로시간면제 시간을 규정하고 있지는 않지만, 활동내용에 따라서 법률상 구체적인 유급지급 가이드라인이 명시되어 있으며, 이를 바탕으로 노사가 결정하여 제도를 운영하도록 하고 있는 영국과 미국, 그리고 근로시간면제제도가 도입되기 이전의 한국은 3점으로 측정하였다. 다음으로 활동내용에 따른 법률상 유급지급 가이드라인이 매우 미미하게 규정되어 있고 대개 노사협상을 통해 결정하도록 하고 있는 경우는 2점으로 측정하였고 이에 속하는 국가는 호주이다. 마지막으로 법률상 근로시간면제 제도운영을 보장하는 법규정이 존재하지 않고, 노사간의 협상을 통해서 결정하고 있는 경우는 1점으로 일본이 이에 속하고 있다.

근로시간면제 제도 시간 운영상의 상한선과 하한선의 규정 역시 각 국의 근로시간면제제도의 특징을 규정하는 변수로서, 하한선을 통해서 최소한의 법률상 가이드라인이 제시되고 이를 기준으로 상회하는 제도운영을 인정하고 있는 경우는 5점으로 측정하였고 이에 속하는 국가는 독일, 프랑스, 이탈리아이다. 법률상 근로시간면제 시간을 제한하지 않고 있으며, 노사가 합리적인 근로시간면제 제도운영을 권장하고 있는 경우 4점으로 측정하였고 이에 속하는 국가는 영국, 미국이다. 3점으로 측정한 경우는 법률상 상한선을 정하고 있는 경우로서 한국이 이에 속하고 있으며, 상한선과 하한선에 대한 규정 자체가 없으며, 법률상 노조활동의 유급인정에 대한 제한적인 규정이 존재할 뿐이며, 실질적으로는 노사간의 협상을 통해서 그 제도를 운영하는 경우는 2점으로 측정하였고 이에 속하는 국가는 호주이다. 마지막으로 법률상 근로시간면제에 대한 원칙적인 내용만 있으며 실제로 노사간의 협상으로 매우 제한적인 범위로 운영되고 있는 경우는 1점으로 측정하였고 이에 속하는 국가는 일본이다.

마지막으로 사용자의 임금지급을 부당노동행위로 규정하고 사용자의 전임자 임금지급을 불허하는 정도에 따라서 각 국의 제도적 특성을 파악하였는데, 부당노동행위로 규정하면서 사용자의 전임자 임금지급을 불허하고 있는 정도가 높은 경우 1점으로 측정하였고 일본의 경우가 이에 속하고 있다. 세부 사안별로 사용자의 임금지급을 불허하는 항목이 법률상 존재하고 있고, 해당 내용을 한 노조간부에 대하여 임금지급을 한 사용자에 대하여 부당노동행위로 규정하고 있는 경우 2점으로 측정하였고 이에 속하는 국가는 미국이다. 세부 사안별로 사용자의 임금지급을 인정하고 있지 않는 항목들이 법률상 규정되어 있는 경우는 3점으로 측정하였고, 이에 속하는 국가는 영국이다. 부당노동행위로 사용자의 전임자 임금지급을 규제할 수 있다는 법률상의 규정은 존재하고 있으나, 그 세부 행위별 규제 내용은 없는 경우는 4점으로 측정하였고 이에 속하는 국가는 한국이다. 마지막으로 전임자에 대한 사용자의 임금지급을 부당노동행위로 규제하는 법률상 규정이 전혀 없거나, 실행하고 있지 않는 경우는 5점으로 측정하였고 이에 속하는 국가는 독일, 프랑스, 이탈리아이다. 〈표 3-12〉는 지금까지 설명한 각 변수별 점수에 대한 설명을 정리한 것이다.

각 국을 각 변수의 특성에 따라서 5점 척도로 측정하여 요약한 표는 〈표 3-13〉과 같으며, 각 국의 제도적 특성에 따른 점수들을 합산한 결과는 〈그림 3-1〉에 나타나 있다.

〈표 3-12〉 각 변수별 측정점수에 대한 설명

점수\변수	5	4	3	2	1
전임자 법적 공식성	법률상 전임자 규정 존재	상세한 근면위 제도 규정+단체협약	미미한 근면위 제도 규정+단체협약	단체협약	법률상 인정하지 않음
근로시간면제 제도의 규정	법률상 규모별 세부 근로면제 시간 또는 인원수 규정 존재	작업장 규모에 따른 시간명시	활동내용에 따른 유급 가이드라인 + 단체협약	활동내용에 따른 제한적 유급인정 가이드라인 + 단체협약	단체협약으로만 허용
면제시간 규정(상하한선 명시 여부)	하한선 규정 + 노사협상	상/하한선 없으나 합리적인 시간으로 노사협상	상한선	상/하한선 없으며 노조의 활동에 따른 유급시간 인정에 대한 제한적 규정	노사협상으로 하지만 매우 제한적 범위만 인정
부당노동 행위 규정 정도	없음	부당노동 행위 규제여지 문구 있음	세부사항별 사용자 임금지급 허용/불가 항목 규정	세부사안별 사용자 임금지급 허용 불가 항목 존재 + 지급 시 부당노동 행위 간주 규정	부당노동 행위 규정 존재

〈표 3-13〉 각 국의 제도적 특성에 따른 변수의 측정

변수 ＼ 국가	독일 종업원 평의회 (WC)	독일 신임자 제도	미국	영국	이탈리아	일본	프랑스	한국	호주
전임자 법적 공식성	5	1	4	4	5	1	5	5	3
근로시간면제 제도의 규정	5	2	3	3	5	1	5	4	2
면제시간 규정 (상하한선 명시 여부)	5	2	4	4	5	1	5	3	2
부당노동행위 규정 정도	5	5	3	3	5	1	5	4	5
총합	20	10	14	14	20	4	20	16	12

〈그림 3-1〉 각 국의 제도 변수 측정에 따른 위치도

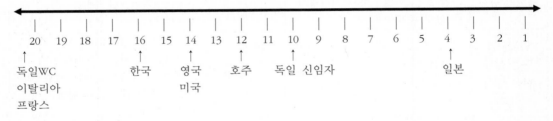

독일의 종업원평의회와, 이탈리아, 프랑스의 경우가 같은 유형으로 위치되어 있으며, 근로시간면제의 제도적 허용범위가 가장 많은 국가들로 분류되었다. 한국의 경우 다음으로 그 제도적 허용범위가 많은 국가로 분류되었는데, 그 이유는 전임자를 법률상 공식인정하고 있고, 제도적으로 규정하고 있는 범위와 부당노동행위 처벌이 실질적으로 도입될 수 있을 만큼의 세부 조항이 존재하고 있지 않기 때문이다. 영국과 미국의 경우 다음으로 제도적 허용범위가 많은 국가로 함께 분류되었는데, 이는 법률상 전임자의 공식적 지위를 인정하고 있고, 노사간의 합의 및 관행에 따라서 그 제도 운영상의 유연성이 존재하기 때문이다. 반면 미국의 경우 전임자 임금지급에 대하여 사안별로 부당노동행위로 규정하고 있으며, 영국의 경우

자주성이 확보된 노조에 한해서 전임자 제도를 운영하도록 하고 있다는 점에서 제한적 제도 운영의 특징이 존재한다.

호주의 경우 노동운동의 역사적 특징으로 전임자의 임금을 산별노조에서 지급하고 있다는 점에서 법률상 그 공식적 지위인정 정도가 상대적으로 낮은 편이며, 또한 사업장 수준의 대표자의 유급 노조활동인정 정도가 낮아 비교적 중간 범위 정도의 제도운영을 하고 있다. 독일신임자의 경우 법률상 그 공식성이 인정되고 있지 않을 뿐만 아니라, 노사간의 합의에 따른 제도 운영을 하고 있으며, 그 인정 범위가 매우 제한적인 특징을 지니고 있다. 일본은 법률상 전임자를 인정하고 있지 않으며, 사업장 수준에서 노조가 전임자의 임금을 지급하고 있다. 간혹 사용자가 지급하는 사례가 있다 할지라도 그 수행업무가 노조업무에 국한된 것이 아니라 사업장의 생산성 향상 등을 포함한 다양한 회사 업무를 동시에 수행하고 있기에 제한적으로 사용자가 지급하고 있을 뿐, 원칙적으로 사용자가 임금을 지급하고 있는 전임자는 존재하지 않는다는 점에서 가장 낮은 수준의 제도운영을 하고 있는 특징을 지니고 있다.

라. 이론적 시사점

이상에서 살펴본 바와 같이 각 국의 노조전임자 제도와 근로시간면제 제도는 국가별로 상이한 특징을 가지고 있으며 서로 다른 형태로 운영되고 있다는 점을 확인하였다. 이는 비교노사관계에서의 주요 논쟁 중의 하나인 수렴론(convergence)과 분산론(divergence) 논쟁을 바탕으로 분석할 수 있다. 즉, 전임자 제도는 하나의 유일한 제도로 수렴할 것이라는 수렴론의 주장보다는 국가별로 상이한 노사관계 역사와 환경의 변화에 따라 다양한 형태로 운영되고 있다는 분산론을 지지하고 있는 것이다.

또 다른 이론적 시사점은 각 국의 교섭구조에 따라 전임자제도가 유형을 달리하고 있다는 점이다. 가령, 영국과 미국과 같은 노사자율주의에 기반을 둔 교섭구조에서는 법률에 기반한 근로시간면제 제도보다는 당사자의 단체협상을 위한 가이드라인을 마련하는데 중점을 두고 운영되고 있다는 점을 알 수 있다. 프랑스나 이탈리아와 같이 다양한 스펙트럼을 가진 노동조합이 전국적으로 활동하는 경우에는 대표노동조합제도를 기반으로 한 교섭구조를 가지고 있다. 이러한 경우에는 각 지역 또는 사업장별로 각각의 대표노동조합을 인정해야 하기 때문에 전임자의 규모 또한 구체적이고 개별적으로 법률로 규정하여야 하며, 규모도 다른 국가에 비해 크다는 특징이 있다. 따라서 각 국가의 교섭구조는 전임자 제도의 유형 형성에 강력한 영향을 행사하고 있는 것으로 보인다.

찾아보기

저자약력

김 동 원
고려대학교 경영대학 졸업
미국 위스콘신대학교 (매디슨) 대학원 졸업(노사관계학 박사, 1993)
(현) 고려대학교 노동대학원장 겸 경영대학 교수 겸 노동문제연구소장, 국제노동고용관계학회(ILERA) 차기회장
국민경제자문회의 민간위원, 근로시간면제심의위원회 위원장, 고용노동부 정책자문위원
(역임) 뉴욕주립대학교 경영대학 교수, 고려대학교 총무처장, 기획예산처장, 행정고등고시 출제위원
저서: 현대고용관계론(박영사, 2014)
한국의 노사관계—산업별 동향과 전망(박영사, 2013)
한국과 OECD 국가의 노사관계 비교평가(박영사, 2012)
Gainsharing and Goalsharing(Praeger, 2004)

박 지 순
고려대학교 법과대학 및 동대학원(법학사, 법학석사)
독일 Augsburg 대학교 법과대학(법학박사)
(현) 고려대학교 법학전문대학원 교수
고용노동부 노동정책자문 및 평가위원, 산재 재심사위원회 위원, 서울지방노동위원회 공익위원
저서: 근로자개념의 변천과 관련법의 적용(한국노동연구원, 2004, 공저)
사내하도급과 노동법(신조사, 2007, 공저)
기업집단과 노동법(한국노동연구원, 2007, 공저)

오 학 수
동경대학 박사(사회학)
(현) 일본 노동정책연구/연수기구 주임 연구위원
일본노동사회학회 연보편집 위원장
저서: 노사관계의 새로운 지평—일본의 노사 혁신과 노조운동 부활 전략(한울, 2013)
정년60세 시대 인사관리 이렇게 준비하자(호두나무, 2014, 공저)

박 제 성
프랑스 낭트대학교 노동법 박사(2005)
한국노동연구원 연구위원(2006년부터 현재까지)
프랑스 낭트고등과학연구원 초빙연구원(2011-2012)
저서: 기업집단과 노동법(한국노동연구원 2007, 공저)
사내하도급과 노동법(한국노동연구원, 2009, 공저)
필라델피아 정신(번역, 2012, 한국노동연구원)

전   인
영남대학교 경영학과 졸업
University of New South Wales, Australia 노사관계학 박사
(현) 영남대학교 상경대학 경영학부 조교수
대구광역시 고용노사민정협의회 일터혁신차별위원회 위원
고용노동부 맞춤형일자리창출사업 지역평가 자문위원

김 윤 호

명지대학교 경영무역학부 졸업

고려대학교 노동대학원 졸업(경영학 석사), 고려대학교 대학원 경영학 박사

미국 뉴저지주립대학교(Rutgers) 경영노사관계대학(SMLR) Visiting Scholar, 고려대학교 노동문제연구소 연구교수,

전 한국기술교육대학교 산업경영학부 대우교수, 공인노무사

저서: 한국과 OECD 국가의 노사관계 비교평가(박영사, 2012, 공저)

한국 우량기업의 노사관계 DNA(박영사, 2008, 공저)

정 흥 준

성균관대학교 졸업

고려대학교 노동대학원 졸업(경영학 석사), 고려대학교 대학원 경영학 박사(경영관리)

고려대학교 노동문제연구소 연구교수

미국 뉴저지주립대학교(Rutgers) 경영노사관계대학(SMLR) Visiting Scholar

김 종 법

한국외국어대학교 졸업

토리노국립대학 정치학부 석박사 통합과정수료, 토리노국립대학 정치학부 국가연구박사

(현) 서울대학교 국제대학원 EU연구소 HK연구교수

연세대학교 EU센터 전문연구원

저서: 현대이탈리아 정치사회(바오출판사), 천의 얼굴을 가진 이탈리아(학민사)

이 정 희

영국 워릭대 석사 및 박사(고용관계 및 조직행동, 2014)

고려대학교 노동대학원 졸업(사회학 석사)

매일노동뉴스 편집장

한국비정규노동센터 월간 「비정규노동」 편집장

저서: 87년 이후 노동조합과 노동운동―한국 노사관계 시스템의 변화와 미래전망(87년 이후 노동 20년

연구시리즈) (노동연구원, 2008, 공저)

김 주 희

미시건주립대 사회학과 졸업(1996)

고려대학교 노동대학원 졸업(경제학 석사) 및 고려대학교 대학원 경영학 박사

고려대학교 노동문제연구소 연구교수(2011-2012), 고려대학교 스페인·라틴아메리카 연구소 연구교수(2012-현재)

저서: 한국 우량기업의 노사관계 DNA(박영사, 2008, 공저)

이 정 훈

한양대학교 행정학과 졸업

고려대학교 노동대학원 졸업(경영학 석사)

고려대학교 대학원 경영학 박사(수료)

(현) 고려대학교 노동문제연구소 연구실장

고려대학교 기업경영연구원 연구교수

저서: 한국노사관계 시스템 진단과 발전방향 모색(한국노동연구원, 2013, 공저)

서비스산업의 감정노동 연구(한국노동연구원, 2012, 공저)

노조전임자 임금제도 외국 사례 연구

초판인쇄	2014년 4월 22일
초판발행	2014년 4월 30일
지은이	김동원 외 10인
펴낸이	안종만
편 집	김선민·배우리
기획/마케팅	박광서
표지디자인	홍실비아
제 작	우인도·고철민
펴낸곳	(주) **박영사**
	서울특별시 종로구 평동 13-31번지
	등록 1959. 3. 11. 제300-1959-1호(倫)
전 화	02)733-6771
f a x	02)736-4818
e-mail	pys@pybook.co.kr
homepage	www.pybook.co.kr
ISBN	979-11-303-0065-8 93320

copyright©김동원 외 10인, 2014, Printed in Korea

정 가   32,000원